启笛

加勒比海

五百年

[美] 斯图尔特·B. 施瓦茨 (Stuart B. Schwartz) 著

左晓园 译

Sea of Storm

北京大学出版社
PEKING UNIVERSITY PRESS

目　录

序　言

　　1986 年夏天，我从书架上取下那本折了角的《地中海与菲利普二世时代的地中海世界》，开始重读费尔南德·布罗代尔（Fernand Braudel）的这本著作。从 20 世纪 60 年代中期到 80 年代中期，我大部分时间都花在了研究巴西甘蔗种植园与奴隶制历史上，并就这一主题撰写了一本书。那段时间，我广泛阅读了当时出版的一些精品著作，内容基本围绕巴西、西班牙美洲展开，还囊括了北美和加勒比地区的奴隶制、种族关系、种植园体系及殖民社会等相关领域。写完那本关于巴西蔗糖的书后，我开始考虑做一个有关加勒比地区的新项目，但这一次，我想将视野转向奴隶制以外的、能为我的研究提供一个统一主题的新领域。加勒比地区与地中海似乎大致相似，因此我翻开了布罗代尔的《地中海与菲利普二世时代的地中海世界》——一位老朋友，以期从中汲取灵感。这本巨著颇具奇思，作者另辟蹊径，将目光投注于遍布地中海中的岛屿以及环抱海洋的大陆、半岛、山脉和海岸。当时，这种重新看待一个地区历史的方式无疑相当令人兴奋。布罗代尔淡化政治变迁，无视这片海域分为基督教区和穆斯林区，或其历史划分受到民族或文化疆界限制。他致力于发掘哪些要素能够将地中海地区定义为一个整体,这些要素往往超越民族、宗教和其他文化差异,在塑造该地区共同的行为方式、信仰和行动方面发挥着重要效用。

那年夏天,随着阅读的深入,我清楚地看到,地理和环境,或是布罗代尔所说的"气候",决定了那片古老海域的文化、政治和历史要素,面包、橄榄和葡萄树在那里创造出了共同的文明。尽管在 20 世纪 40 年代后期,布罗代尔坚持认为气候是人类活动不变的物理背景——这种观点会遭到今天的环境史学家质疑——但他的研究中心却已经逐步转向探索人类活动与物理世界的关系——这是他与战后许多法国同僚的共同兴趣,也是历史学的一个重大突破。[1] 并非只有布罗代尔、勒华拉杜里(Le Roy Ladurie)和其他法国学者采用这种研究方法。作为一名功底还算扎实的拉丁美洲学者,我当然知道,早在"环境史"这个名词出现之前,智利学者本哈明·比库尼亚·麦克纳(Benjamín Vicuña Mackenna)在 1877 年就已经写出了一本关于智利气候的早期环境史杰作,我也重读了这本书。[2] 在构思这个研究项目并就加勒比地区进行更广泛的阅读时,我发现,几乎没有哪个地方比环加勒比地区更适合用布罗代尔的历史分析方法了。相较于环加勒比地区,更适合这种历史叙事的地区可谓屈指可数。在这种历史叙事中,横亘于不同民族、不同史学之间的政治、语言和文化界限可能被打破。在古老的地球构造运动作用下,数百个岛屿散落在两块大陆的沿海地区之间,形成一条岛链,绵延约 2500 英里(4000 公里),中美洲和墨西哥地峡将两块大陆连接在一起,这条地峡也被巴勃罗·聂鲁达称为"美洲的小蛮腰"。这些原本按拓殖者的语言和文化划分的地区,后来都形成了自己的地方话或克里奥尔语变体,在地理上也划分为拥有各自历史和民族身份认同的大陆国家和岛国，有许多理由将它们分别对待。正如牙买加历史学家内维尔·霍尔（Neville Hall）曾经提到的加勒比岛"珍珠"链一样，"从加勒比人、西班牙人、其他欧洲殖民者到后殖民政体都试图将这些'天然散落的珍珠'重新串在一条持久的链子上，用某种鼓舞人心的团结原则把它们凝聚在一起，然而这些持续不断的政治诡计都落空了"[3]。

但同时，这些加勒比国家有明显的共同点。从查尔斯顿到卡塔赫纳，从韦拉克鲁斯到布里奇敦，相似的植被、相似的景观、相似的生活节奏和相似的物产使加勒比社会既具有相似的经历，又是在生存上相互竞争的手足。所有的加勒比国家都曾以某种方式或在某种程度上经历过欧洲人的殖民、土著人口的毁灭、非洲奴隶制、种植园制度、多种族社会的形成，来自非洲、亚洲和欧洲的移民潮、种族遗留问题，以及争取独立的斗争。为了寻求切实可行的政治和经济出路，它们都曾进行过各种政治形式试验，一些国家也曾陷入专制统治的泥沼。在后现代社会，这些实验有时甚至会提出类似离岸银行、毒品交易或性旅游等看似荒诞的解决方案。想要从加勒比地区餐桌上常见的加勒比大蕉、盐鳕鱼和朗姆酒中看出与布罗代尔笔下那个由面包、葡萄酒和橄榄构成的地中海文明相对应的文化统一体或许有些异想天开，但是，加勒比地区在过往经历、时空条件等各方面的确拥有很多共同点，其中地理因素的影响更是重中之重：生活在共同的环境条件下、遭受共同的灾害——地震、火山、海啸、干旱、流行病——打造出某种"跨国"的共同经历。在这些共同的挑战中，气旋风暴（北大西洋的飓风）最严峻、最频繁，特点也最鲜明。

因此，我开始考虑用飓风以及大加勒比社会如何看待和回应飓风作为一种元叙事、一个总主题来组织材料，在漫长的历史进程中审视这个地区的过往。过去有人采用过其他类似的主题，譬如奴隶制、战争、种植园、移民和殖民主义，这些主题都提供了"跨国的"元叙事角度或是大加勒比地区历史的叙述方式。我的研究目的并非取而代之，而是希望用一个自然历史的元素作为主题，为审视大加勒比地区历史提供另一个有用的工具，这个元素也以各种方式影响了其他所有的主题。然而，在我有些天真的意图之下隐藏着两个认识论问题：首先，飓风似乎是典型的"上帝之作"，是历史之外的现象，无法为人类所掌控，因而更应该用神学或科学解释，而不是用历史分析。同时，也容易落入地理或环境决定论的陷阱，许多学者就曾不幸"中招"，把地理或气候当作自变量，用环境制约来描述一切，使其他一切元素都成为因变量。我一直努力对这个陷阱保持警觉，避免过多地归因于环境，或者淡化人类对环境的影响。气候与地理在设定界限的同时也创造了无数种可能性，而人类社会也在不断试探或重塑这些界限。在此过程中，人类充分发挥自身的能动性，有时能抓住机会，有时会错失机会。本书旨在探讨这一切为何能在这样一个广阔的地区发生，又是如何实现的。尽管地区内部存在相当大的文化和历史差异，但相同的环境威胁却能让人们给出类似反应，当然，这些活动总是受到当地政治和社会现实的限制。

在这项研究中，我坚持这样一种普遍的立场，即自然灾害从来都不仅仅是自然现象，也是在灾害发生之前、发生时和发生后人类行为、政策和态度的结果。在这项关于飓风的研究中，风暴本身并不像在气象学家们的著作中那样担任主角，无可否认，气象学家们在再现历史上风暴的规模、强度和轨迹方面做出了相当出色的研究[4]，我从中获益良多，但我的研究目的不同。我关注的是受风暴影响的社会、人们和政府如何应对风暴，以及随着时间的推移，不同文化如何感知或理解风暴的本质和意义。因此，尽管大气现象是这项研究的中心，而且一些研究的元素来自环境史的主要方法，例如对于飓风的物理特性和科学理解，或是对于自然、科学和上帝的理解发生变化如何塑造了人们对风暴的反应，本研究的重点是飓风如何塑造人们的社会和政治生活，以及大加勒比地区的社会和政治模式又是如何影响了风暴。[5] 考虑到大加勒比地区的地理位置和历史渊源，这本书必然是跨国研究和比较研究。飓风不受政治和文化边界的限制，因此本研究将集中呈现不同人民和国家如何面对同样的自然灾害：面对同样的风暴，采用不同的政策往往会产生不同的结果；但有时面临共同的挑战，人们也会寻求同样的解决方案，甚至不顾宗教或政治分歧携手应对。

在一个自然灾害频发的地区，飓风仅仅是一种潜在灾难。某种程度上，区分飓风与更笼统的自然灾害毫无意义。历史上，火山喷发比大多数飓风更致命，例如，1902 年马提尼克岛的贝利火山喷发造成 3 万人死亡，而且几个世纪以来，疾病一直是最致命的杀手，导致大批土著居民丧生、无数被迫移居此处的非洲人病亡，而生活在大加勒比地区的欧洲人因病致死的概率更是非洲人的 4 倍。[6] 尽管如此，在大加勒比地区人们面临的危险中，最有特点的还是飓风。飓风本身便带有毁灭性的力量，不仅如此，它还会引发其他灾难。甚至在 18 世纪，人们就认识到飓风对居所和庄稼的破坏会引起人口减少，人们更容易遭受饥荒、流行病或其他灾害威胁。

xiii

早期的现代观察者们也察觉到了飓风"祸不单行"的特点。他们认为飓风、物资短缺、干旱和疾病是相互关联的灾害，与海盗、战争、帝国竞争和种族清洗的早期形式一起构成大加勒比地区的显著特征。这些危险加起来有时会导致宿命论，把大加勒比地区视为反乌托邦。然而，某种程度上，大加勒比地区在提供财富和权力方面的潜力抵消了这种负面观点。1781 年，约翰·福勒在大加勒比历史上最严重的飓风造成的废墟上写道，正如最善良的人和最有才华的人往往受到强烈的激情驱动，拥有最肥沃的土壤和最丰富的物产的加勒比群岛，比世界其他地方遭受更多的飓风和地震。因此，对于福勒而言，这里的灾难证明了大加勒比独特的潜力和优势。[7]

尽管人们的确经常把人类无法控制的自然现象与人类行为或决定导致的战争或经济崩溃等加以区分，但总有一些人认为，对于受害者来说，他们的痛苦无论是源自大自然还是文化，本质上没有什么区别。事实上，关于这种区分本身是否有意义的争论构成了政府应对自然灾害的核心，也是福利国家（état Providence）的起源。此xiv外，自 20 世纪中叶以来，随着人们越来越关注环境问题，人类对气候条件的广泛影响得到证实，进一步模糊了人为灾难和自然灾害之间的区别。

飓风是强烈的气旋风暴，通常但并不总是伴随着暴雨。在北大西洋，盛行的东北信风与自赤道以南而来的东南风交锋的区域经常形成飓风，气流相遇造成了大气不稳定。夏季，在热带和副热带海域上空形成低气压带，暖湿空气上升进入不稳定气流，随着风开始逆时针旋转，对流导致水分迅速上升。在有利的大气条件和温度下，风暴将在相对平静的"风暴眼"周围加剧。这里的飓风通常伴随着雷暴和暴雨，风速可达每小时 175 英里以上，风暴的直径可以覆盖 300—500 英里甚至更大的区域。强飓风的破坏潜力令人恐惧。

气旋风暴是一种全球性的气候现象，在北太平洋、南太平洋、印度洋和北大西洋都有气旋风暴发生。尽管每年全世界的飓风仅有 11% 左右发生在北大西洋，但我对其中的大部分地区——在这里我称之为大加勒比地区——尤为感兴趣，因为这个地区过去的殖民定居点、种植园经济和奴隶制，以及它们随后发生的独立斗争、去殖民化和美国霸权的历史等诸多要素总是相互关联。这个环加勒比海地区或（大）加勒比地区在地理和概念上都处于近代早期大西洋世界的核心，这个大西洋世界由殖民征服、奴隶制和种植园的历史所定义，直到今天该地区大部分国家仍然背负着这些沉重的历史负担。[8]

不同的学者做过各种尝试来界定大加勒比地区的界线，本书将墨西哥湾和美国东南部也包括在内。如果拿一个指南针，指向巴巴多斯的首都和主要城市布里奇敦，我们就可以画一个大圈，将形成这个大西洋世界的主要地点大体囊括其中。向东 2800 英里是塞内加尔的达喀尔，向西 2700 英里是墨西哥城（图 0.1）。里约热内卢港距离巴巴多斯以南约 2700 英里，而巴西殖民地时期的首都和奴隶贸易的主要终点站——萨尔瓦多距离巴巴多斯比里约热内卢近约 430 英里。在北部，切萨皮克湾标志着奴隶经济和烟草经济的北部边界。华盛顿特区距离布里奇敦大约 2000 英里。当然，在这个大圈之外的土地上，同样存在着奴隶劳动，种植园和庄园也得到蓬勃发展，马德里、伦敦、阿姆斯特丹、哥本哈根和巴黎的殖民当局都在大圈之外，但在某种程度上，用一以贯之的历史来定义，巴巴多

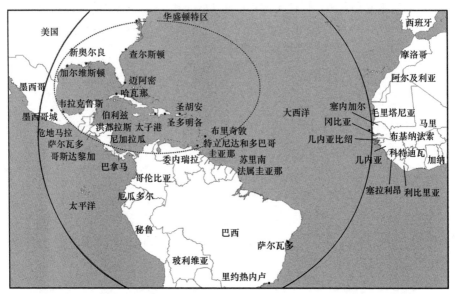

图 0.1　大加勒比地区和飓风袭击的主要区域示意图（由圣地亚哥·穆尼奥斯·阿巴莱斯绘制）

斯仍然是大西洋世界的地理中心。[9]

与其他着眼于大西洋、强调历史比较和相互关联的书不同，本书通过展现近代早期历史的连续性和相互关联性，以及技术、科学、思想、金融和其他形式的现代性在大西洋世界的创新[10]，将时间跨度扩展到了 20 世纪以降。从这个意义上讲，我也通过用长时段观察的方法追随布罗代尔，尽管我深知，如此之大的研究范围势必会带来重点不突出、覆盖面过大等一系列挑战。

在大加勒比地区，有一个狭小得多的大西洋飓风区；巴巴多斯靠近飓风区的南缘。尽管形成飓风的热带低气压在广阔的大西洋上生成，并一直威胁着海上贸易和水手的生命，但我却在本书中将笔墨主要集中在这些风暴对陆地和社会的影响。当然，总是在温暖的海面上孕育和形成的飓风，突显了海洋在大加勒比地区生活中的主导地位，但各地对飓风影响的感受不尽相同。飓风也并不是随机现象，大气条件和物理特性限制了它们的运动。例如，极少有飓风在北纬 20 度以上直接向西横穿大西洋，袭击美国东南部海岸，因为百慕大上空的高压区相对静止，迫使它们向南或向北偏转返回大西洋。[11]巴巴多斯位于北纬 13 度左右，因此不经常受到飓风袭击。飓风在该纬度地区并不常见，并且从未在距赤道 5 度的范围内形成，因为在物理因素的作用下，气旋风暴的旋转运动受到所谓"科里奥利效应"的阻碍，其中地球在赤道纬度的自转阻碍了飓风特有的循环风模式。因此，巴巴多斯以南的岛屿，诸如特立尼达和多巴哥及库拉索岛很少受到风暴的影响，委内瑞拉、圭亚那和哥伦比亚的边缘地带也很少受到风暴的影响，尽管它们都在大加勒比地区发挥了重要作用，也具有许多该地区的其他重要属性。再往南是巴西沿海地区——美洲的另一个大种植园—奴隶制综合体，在历史上大部分时间里，它一直是加勒比地区的对手，有时也是榜样，同样不受飓风及其相关问题的困扰。因此，在本书中，巴西沿海地区没有扮演主要角色，尽管在许多方面，它的历史与加勒比岛屿和美国南部的历史相似。

本书关注的重点并非飓风本身，而是大加勒比地区的民众、政府和社会如何应对飓风。我从 1492 年欧洲人首次抵达加勒比地区开始讲起，但现代气象学和海洋学研究表明，在更新世智人作为一个物种出现之前，飓风已经造访北大西洋数万年，远远早于美洲开始有人类居住。当然，只要人类的生命没有受到威胁，这些自然现象就不是"灾难"，但古气候学的子领域（古代风暴和天气的研究）和数百项现代的后飓风研究表明，大风暴对动植物、水资源以及地貌景观、珊瑚礁、筑巢地和物种生存都产生了巨大影响。[12] 研究表明，对于大陆和岛屿、大岛和小岛，气旋风暴的影响不尽相同，从热带以北分布的高温和湿度是构成飓风的基本要素，一些研究还分析了这个过程如何对大陆和岛屿的形成及其居民产生长期影响。当代许多关于飓风的研究都围绕这些环境和生态过程而展开[13]，我采用了现代飓风研究中的一项进展，但用得有些不合时宜。20 世纪 70 年代初期，工程师赫伯特·萨菲尔和气象学家鲍勃·辛普森开创了萨菲尔-辛普森（Saffir-Simpson）飓风等级，根据持续风速和气压创建了从一级到五级的飓风等级分类（图 0.2）[14]。这个飓风等级表可以帮助估算伴随飓风的风暴潮的高度以及相关的财产和环境损失。三级及以上的风暴（风速达到 111—130 英里/小时），气压变化从 27.90—28.46 英寸汞柱（945—964 毫巴）是强烈飓风。在使用这种分级方法之前，很难对飓风及其影响进行比较，尽管人们一直在这样做（即使不准确）。17、18 世纪总督和观察员们的报告经常提到老年居民的记忆，他们可能会说一场特定的风暴"比 1699 年的那场飓风更糟"，或者"比 1728 年的那场更可怕"。政府和社会只能依靠这种轶事性的描述以及损失和死亡记录来衡量风暴的影响。现在，用萨菲尔-辛普森等级表可以更轻松地进行跨越时间的比较，本书也将运用这个衡量标准来估计飓风强度和影响。[15]

在飓风发生的任何海域，气旋风暴与人类力量互动的历史总是在强调破坏与应对这一不变的主题，而这一主题包括却不限于风暴起源理论、政府职责、科学知识及技术的重要影响、通信系统在降

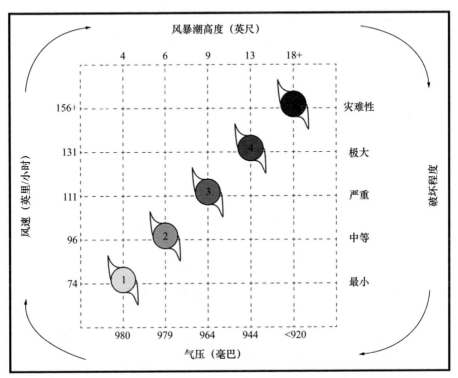

图 0.2　萨菲尔-辛普森（Saffir-Simpson）飓风等级表（由 R.L. 谢泼德设计）

低风暴影响上的作用等。但是，如前所述，如果对奴隶制及其遗留下来的种族偏见这两个贯穿始终又相互联系的特殊历史条件避而不谈，或是对 20 世纪美国政治、技术和经济霸权视而不见，就无法充分讲述大加勒比地区的飓风历史。这两种现象都给整个地区及其应对自然灾害的历史留下了长久的影响，这种影响有时甚至会非常鲜明而强烈。正如本书将展示的那样，即使在奴隶制被废除很久之后，社会和种族差异仍然左右着社会反应的模式，而种族问题，即使像在 19 世纪和当代社会那样，逐渐演化为阶级词汇，我们依旧可以从大加勒比地区政府和民众应对风暴的方式当中窥见它的身影。通过阅读本书，读者也不难发现，在过去五个世纪中，支持或是反对政府向受灾民众提供援助的论点有显著的连续性。而到了 1898 年以后，美国向加勒比地区的军事和政治扩张、冷战时期的外交政策目标、通过倡导某些形式的资本主义以及将自己的偏好强加于国际机构的能力，也影响了整个地区面对飓风和其他灾害的应对方式。

书写五个多世纪里环境现象与不同社会之间相互作用的历史势必要采取一定的方法，当然，也会受到一些限制。由于这个地区在当代每年平均发生 8 次飓风，我们可以粗略地估计，自哥伦布到达大加勒比地区以来，这里经历了大约 4000—5000 场飓风级别的风暴。因此，我们显然不可能对飓风进行逐个描述。而且，即便这样做，对风暴特征和轨迹的重复描述，以及大篇幅描绘涨水、狂风、被掀飞的屋顶、支离破碎的家园以及人们心碎的眼泪，也会令人麻木。因此，在整本书中，我都会挑选出每个时期那些能够代表当时人们对自然现象的主流看法的飓风，或者那些在具备一定资源的前提下有可能激发社会和政治对策的飓风。我选择的飓风往往与社会或政治变革明显相关，或是能够刺激政府政策的变化继而引发社会变革。这个策略也让我将注意力集中在特别致命或代价惨重的风暴上，因为它们通常会有更多的史料，引发政府更多的关注，但这些"大"风暴有些也并非十分典型，因此我试图以更概括的方式讨论灾难较轻情况下的社会反应，来平衡对各种情况的阐述。

xx　　　这项研究的内容跨越了五个多世纪，研究区域横跨多个文化和国家，我意识到有时我对重要的子主题，如气象学、通信技术或保险业的历史处理得过于简略，而且对与本研究相关的其他成熟领域也只是浅尝辄止地一笔带过。自 1942 年彼蒂里姆·索罗金的灾害研究首次发表以来，从对某场洪水或地震的微观研究到将灾害作为后现代世界一个重要组成部分的广义研究[16]，社会学家已经撰写了关于灾害和风险的大量文献。灾害管理政策及灾难经济学也发展成为独立的研究领域，拥有自己的出版物、专业会议，以及来自公共部门、非政府组织和国际救援机构的作者和读者。我从这两个领域都学到了很多，但同时我也发现它们并不总是有助于理解其他时代和其他文化。我的目标是写一部历史，它不仅要反映天意和自然的概念变化如何塑造人们对大风暴的看法，还要体现出人们如何应对风暴的理念。在这本书中，我想探讨对慈善机构、社区和政府职能的态度转变是如何改变国家和民众应对自然灾害的方式的，进而探讨政治和思想变革如何塑造了人们对自然现象的看法：人类逐渐认识到，人类对环境本应负有一定责任，而自然现象正是构成环境的一部分。

　　飓风史学由来已久。最早的研究出现在 19 世纪，学者们凭直觉认为，建立风暴及其特征的记录可能有助于确定预测未来飓风的模式。后来，气象学家开始涉猎历史资料，认识到风暴同样是物理世界的重要组成部分，从而加深了对其特征的理解。到 20 世纪，出现了许多针对飓风史的研究，有些是对个别风暴的详细研究，有些则是对个别岛屿、国家或州的飓风史的研究，这些研究有时并不拘泥于分析，而是将重心放在区域和古代上，但通常来说这些研究都提供了丰富的当地信息。在过去 20 年关于飓风和其他自然灾害的社会和政治史的新书和文章更是层出不穷，为本书提供了极好的范本，一些书甚至详写了我在此书中仅以概括方式介绍的事件和问题。马修·马尔卡希对英属西印度群岛飓风的深入研究、查尔斯·沃克对 1746 年利马地震的研究、约翰·姆克内尔的《蚊子帝国》、杰弗里·帕克的《全球危机》、路易斯·佩雷斯和谢里·约翰逊关于古巴飓风的著作、埃瑞克·拉森关于加尔维斯顿大灾难的研究，以及雷蒙德·阿森诺对美国飓风政策的概述文章都是创新史学的一部分，以一种新的方式将环境、社会、文化和政治历史结合在一起。[17]我希望这本书能够在他们的研究基础上再向前迈进一步，通过对过去灾难的研究，我们可以更好地了解如何应对未来社会和政治层面的环境挑战。

致　谢

　　尽管我对飓风的兴趣始于 20 世纪 80 年代，曾在 1992 年发表了一篇关于波多黎各圣西里科飓风的文章，一直以来也收集了很多档案资料和参考文献，但手头的其他项目使我无暇写这本书。2012年，普林斯顿大学的谢尔比·卡卢姆·戴维斯中心（Shelby Cullum Davis Center）邀请我作为主讲人出席劳伦斯·斯通讲座，使我有机会重拾这个话题，把注意力集中在多年来收集的材料上。那三场演讲的题目是《普罗维登斯政治与风：飓风对加勒比社会的影响》，但仅仅涉猎了近代早期的情形。本书在这些材料的基础上，将时间跨度从 19 世纪推到了 21 世纪。借此机会，我想对戴维斯中心及其主任丹尼尔·罗杰斯和菲利普·诺德的邀请致以诚挚的感谢，也感谢与会者带来的那些精彩讨论、批评和建议。除此以外，我也非常感谢杰里米·阿德尔曼、阿卡蒂奥·迪亚斯·基诺埃斯、安东尼·格拉夫顿、卡利·霍兰、迈克尔·巴拉尼和威廉·乔丹提出的问题和建议。我还要特别感谢已故的大卫·卢德伦（1910—1996），他毕业于普林斯顿大学历史专业，是一名陆军气象学家，长期居住在普林斯顿社区。他是研究美国天气的重要历史学家，1984 年我在高级研究所做研究员时，有幸与其多次会面，当时我刚刚开始这个项目，他不仅给了我一些方向和建议，还赠予我一本他撰写的《早期美国飓风》。从一开始他就对这个项目表现出浓厚的兴趣，我想他一定会很高兴看到本书的出版，亲手翻阅这本他为之做出很大贡献的书。我还要感谢我以前的教授斯坦利·J.斯坦因，在我的讲座上提出了有趣的问题，正如他一直所做的那样，促使我重新审视自己的材料来源和假设。

　　我有时会提醒研究生们注意马塞尔·普鲁斯特的警告："书是孤独的作品，是沉默的产物。"历史学家花费大量时间仔细阅读档案中的文件，或者对文本进行独自研究。但事实上，写这样一本书往往需要多人的合作与努力。首先，和所有历史学家一样，我特别感谢我曾拜访过的欧洲、美国和加勒比地区各档案馆和图书馆的负责人及工作人员，他们的帮助、指导和专业精神对我的工作不可或缺。其次，在这些年的旅行、档案整理、会议、午餐和通信中，我从许多朋友和同事那里受益良多，学到了很多东西。他们与我分享自己的工作，提供档案和书目建议，有时慷慨地分享自己的研究发现，帮助我解决难题。对他们来说，我那无休止的询问肯定令人十分恼火。他们的友谊、耐心、鼓励、建议、批评和告诫赋予了我愉快的合作体验，让历史学者如同坐冷板凳一样的枯燥工作变得更容易忍受。在美国，格雷格·格朗丹、弗朗西斯科·斯卡拉诺、马修·马尔卡希、马修·雷斯托尔、罗宾·德比、豪尔赫·卡尼萨雷斯—埃斯格拉、菲利普·摩根、丽贝卡·斯科特、莉莲·格拉、J.R.姆克内尔、路易斯·佩雷斯、谢里·约翰逊、雷蒙德·阿森诺、维姆·克洛斯特、查尔斯·沃克、卡拉·拉恩·菲利普斯、艾伦·艾萨克曼、大卫·赖登、拉塞尔·梅纳德和已故的泰雷斯塔·马丁内斯都曾给予过我帮助和鼓励，并为我指出了一些明显的错误。亚历杭德罗·德拉·富恩特和洛朗·迪布瓦非常慷慨地把他们的研究笔记供我借阅，允许我使用和引用。美国上诉法院的何塞·卡布拉内斯法官亲切地与我分享了他的家族与1899年圣西里亚科飓风相关的悲惨故事，还对这个项目一直保持着兴趣。

在加勒比生活和工作的学者和朋友们对我的工作做出了重大贡献，我也从罗伯托·卡萨、阿尔代尔·罗德里格斯、赫纳罗·罗德里格斯·莫雷尔、马诺洛·罗德里格斯、佩德罗·圣米格尔、费尔南多·皮科、热瓦西奥·路易斯·加尔·加西亚、弗朗西斯科·莫斯科索、雷纳尔多·富内斯·蒙佐特、理查德—萨利·普莱斯、詹姆斯·罗伯逊和特伦西亚·约瑟夫的帮助和建议中受益匪浅。这里我要特别感谢波多黎各大学加勒比研究所的温贝托·加西亚·穆尼斯及其同事的支持，他们不仅为我提供了工作机构，还邀请我在他们的系列讲座中分享我的工作。在波多黎各大学历史调查中心工作期间，我也从中心主任、我的朋友玛丽亚·多洛雷斯"洛丽塔"卢克的支持和帮助、米丽娅姆·卢戈在编辑方面的帮助以及其他工作人员的慷慨相助中受益良多。波多黎各的官方历史学家，我的老同学路易斯·冈萨雷斯·瓦赖斯一直在为这个项目提供支持，为我提供了他的办公室赞助的一些珍贵再版历史资料。欧洲的各位同事和朋友，包括何塞·皮克拉斯、费尔南多·博萨·阿尔瓦雷斯、让·费德里克·绍布、贝萨尼·阿拉姆、戴安娜·帕顿和加德·霍伊曼，也给了我档案资料方面的提示，给我指出了正确的方向，让我避免了一些严重的错误。

作为教师和学者，我也从与学生的接触中受益匪浅。在波多黎各大学和圣保罗大学的卡特德拉·雅依梅·科尔特斯奥学院（the Catedra Jaime Cortesão），我负责教授与本书主题相关的课程，学生们对我的观念提出质疑，也给我推荐了一些新的材料。我也有幸在拥有优秀研究生项目的大学任教多年，那里的许多学生，包括之前我教过的学生在很多方面帮助了我。路易斯·冈萨雷斯、阿琳·迪亚斯、凯西·金、埃琳娜·佩卢斯、塔蒂亚娜·塞哈斯、英格丽德·卡斯塔涅达、詹妮弗·拉姆比和迈克尔·布斯塔曼特等人在阅读了各章节的基础上为我提供了建议或文件线索，圣地亚哥·穆尼奥斯·阿尔巴莱斯协助我准备地图。我还要特别感谢泰勒·贾德诺，他曾努力尝试用数字方式让我了解最新动态（虽然没有成功），还在编辑准备工作上帮了我很多。

我要感谢耶鲁大学的凯瑟琳·阿诺德、圣胡安的拉莫尼塔·维加·卢戈、哥本哈根的乔纳斯·彼得森和荷兰的罗珊娜·巴尔斯在研究上对我的帮助。在许多机构和各种学术讨论会议上的演讲和研讨会加深了我对该领域的了解，同事和学生的评论和讨论更让我深受教益。我要感谢纽约大学、加州大学洛杉矶分校、哥伦比亚大学、印第安纳大学、哈佛大学、波多黎各大学、圣多明各大学、里约热内卢联邦大学、米纳斯吉拉斯联邦大学和海梅一世大学让我有机会聆听各校的演讲，以及在美国历史协会会议以及佛罗里达大学在第三届艾伦·莫里斯会议（2004）上提交的关于佛罗里达和大西洋世界的论文也给我的研究提供了极大的助力。

我对耶鲁的许多同事心怀感激。罗伯托·冈萨雷斯·埃切维里亚分享了他对加勒比海的广博知识和在古巴少年时代的记忆。劳伦娜·阿尔多诺向我提供了一些殖民时期的资料，而阿尼瓦尔·冈萨雷斯和普里西拉·梅伦德斯让我注意到当代加勒比文学中提到了飓风，给了我鼓励和支持。

我还要感谢历史学同事爱德华·鲁格默尔、保罗·弗里德曼、吉尔伯特·约瑟夫、詹妮弗·克莱因、卡洛斯·艾尔、弗朗西斯卡·特里维莱托、艾伦·米哈伊尔、史蒂夫·平卡斯、安迪·霍洛威茨和杰伊·吉特林，他们的知识和对历史的掌握还有很多值得我学习的地方。我的同事杰伊·温特分享了他的新书中关于人权的材料，这一点特别有帮助。普林斯顿大学出版社的编辑布里日塔·范·莱茵伯格让这本书的出版准备过程变得轻松许多，他的鼓励和耐心在出版的每个阶段都帮助了我。

在个人层面，我的孩子艾莉森·伯德和李·施瓦茨一直很有耐心，他们就数据方面提供了很多令人鼓舞的建议和意见，在看顾自己家庭的同时对这个项目投注了很多心血。最后，也是最重要的一点，我应该承认，我对加勒比的热情在很大程度上归功于我与妻子玛丽亚·霍尔丹的结合，她是波多黎各本地人，也是一名学者，为我提供了大量有关飓风、政治、流行文化和其他加勒比地区的信息。从她、她的兄弟姐妹，特别是她的父母堂娜迪维亚·阿罗约·德·霍尔丹和已故的堂维克托·霍尔丹·埃尔南德斯那里，我对风暴的历史以及风暴阴影下的生活和政治有了更为广泛而深刻的了解。我希望他们能从本书的字里行间捕捉到那些源自他们的真知灼见。玛丽亚也是一个优秀的读者，偶尔也会从事一些文本翻译的工作。2012 年，当远离大加勒比地区的我们被迫因飓风桑迪而离开康涅狄格州的家时，她对飓风的经验和知识引导我们度过了那段艰难时光。在许多方面，她使这本书的诞生成为现实，有她在身边陪伴，奋笔疾书的夜就是再长，也丝毫不觉得难捱了。

斯图尔特·施瓦茨·吉尔福德（Stuart B. Schwartz Guilford），

康涅狄格州，2014 年

第一章

西班牙海中的风暴与众神

世界上所有海域中最严重的风暴就发生在这些岛屿和海岸。

——巴托洛梅·德·拉斯·卡萨斯（1561）

天使长圣米格尔（San Miguel），

总领天使的王子

把我们从大风暴的闪电中拯救出来吧。

——波多黎各乡间传统的祷告词

1552 年 8 月的最后一天，周四，风渐渐刮起来，到周五时，已经演变成了狂风暴雨。新西班牙港口城市韦拉克鲁斯的居民们早已习惯了十一二月冷锋带来的强劲北风，在海岸边和海湾风力甚至能达到每小时 80 英里。但这次情况不同。当天晚上，狂风已经变成了从北方刮来的猛烈风暴，接着便是"狂风暴雨无处不在"——一名亲历者如是说，这是近代用来描述飓风的话。暴雨如注，周五晚上，城市附近的惠茨拉潘河和圣胡安河河水大涨，随时可能越过河岸。附近平原上的镇子岌岌可危。1519 年，埃尔南·科尔特斯最初来到韦拉克鲁斯时，将定居点选在了海岸附近的沙滩上，那儿蚊虫肆虐，缺少干净的水源，又离能供应食物的当地土著人小镇太远。[2] 后来，他迁至离印第安小镇更近的地方，但选址仍然不尽如人意，

1524—1525 年间，定居点再一次搬迁至两条河流交汇处[1]。当地的托托纳克人（Totonac）居住在海岸后面的山里，大山挡住了侵袭低地地区的凛冽北风和洪水。相比之下，这群西班牙人选的城址很糟糕。托托纳克人很可能早就警告过他们那片区域很危险。北边不远处的高地上是托托纳克人供奉风暴之神塔金（Tajín）的祭祀中心——在玛雅文化中，风暴之神被称为胡拉坎（Hurakan）。

周六上午 10 点，巨浪席卷了离海岸不远的圣胡安·德乌卢阿（San Juan de Ulúa）岛，岛上建造了用来保护港口的大型堡垒。暴风雨袭击了整座城市以及附近的村庄，树木被连根拔起，房屋在风雨中摇摇欲坠。主教堂的巴托洛梅·罗梅罗神父后来证实，那时风雨交加，无论是他自己还是其他神父，都没法去教堂主持弥撒。河水势不可挡，涌入街道、广场，人们被困在家里，随着水位上涨，许多人甚至不得不爬上房顶。

港口一片狼藉。韦拉克鲁斯是新西班牙的主要港口，为了把墨西哥的白银运送到西班牙，再把葡萄酒、纺织品和移民运回新西班牙[2]，西班牙王室建立了护航体系，韦拉克鲁斯则成为这条航线的终点。圣胡安·德乌卢阿的保护要塞对泊在近岸锚地的船只毫无帮助。五艘大型商船沉没，另外还有四艘船桅被吹坏，许多提供服务的小船以及来自尤卡坦、塔巴斯科和坎佩切从事沿海贸易的商船，还有来自古巴或伊斯帕尼奥拉的船只也沉没了。房屋和货仓被洪水淹没，码头不是被冲走就是被损坏。许多船上的水手逃上圣胡安岛，在锚地前面的一所大房子里避难，虽然有四五个人溺亡，但大多数人都在席卷码头的巨浪中幸存下来，滔天巨浪冲毁了海堤，把一些石头冲到附近的另一个岛上。风向改变时，岛上的一间客栈被风卷入海中，在里面避难的约 10 个或 12 个黑人和白人，除了一个幸运儿在树上坚挺了两个小时、最终游到了安全的地方以外，其余所有人全都不幸罹难。有五六十个西班牙人跑到另一座大房子的上层，以求得一片安全的容身之地，还有一些奴隶抓着房屋残骸活下来。教堂的钟松动了，被风吹到岸边。这是一场"人们记忆中很久没有见到过的灾难"。[3]

　　谁能在灾难中提供帮助？周六上午 9 点或 10 点，市长和市议员们骑着马在街上跑来跑去，警告居民们把家人和财产转移到地势高的地方，因为水位不断上涨，会超过前一年城里遭受的那场大洪水。许多人骑着马逃到周围的山里。到周六晚上，有些地方的水位已经超过一人高。土坯房坍塌，成桶成桶的葡萄酒，一瓶又一瓶的醋和橄榄油，还有成箱的商品如流水般涌上街道，又被冲到海里。罗梅罗神父后来证实说，到了周六晚上，他看到马丁·迪亚斯镇长和一些帮手驾着一艘船，在城里四处转，营救那些留在家里的居民，带走之前逃到屋顶上的妇女和儿童，他们哭得很悲惨，祈求上帝的怜悯，把他们从死亡中解救出来。一个名叫胡安·罗梅罗的年轻人带着他的两个奴隶划着独木舟，把病人、体弱者、男人、女人和孩子，从教堂附近的一所大房子转移到地势高的地方。独木舟有时会侧倾，乘客的钱和珠宝在小舟调整角度时丢失了。

　　这是一个被洪水淹没的城市：残骸和垃圾到处漂浮，家园破碎、生活停摆、商业中断，动物和人的腐尸在水中泡到肿胀，几天后被冲到岸上，腐烂和死亡的气味弥漫在空气中，各种疾病接踵而至，伴随着水和食物的短缺。这些是 16 世纪卡特里娜飓风过境的惨状——但它们被局限在一个社会、政治和概念框架

中，人们对这场灾难的理解仅仅停留在对人类罪恶和道德失范引发
上帝愤怒的反思。随着时间的推移，到了 18 世纪这种解释则从神
意论观点转而强调灾难是自然界的正常风险，人类不再是灾难的罪
魁祸首。20 世纪末，对飓风的解释再次转向，强调气候变化，又一
次将自然灾害的责任推给了人类的错误，但这一次错在人类的决定
和政策，而不是罪恶或道德失范。[4]

罗梅罗神父在他的房子里看着树木在风暴中倒下，房屋夷为平
地，过了一个又一个小时，他就这样眼睁睁地看着河水上涨，最终
漫过河岸，淹没了街道和广场，在街道上形成大浪。他等待着游到
教堂的机会，去抢救神圣的圣餐，但这显然是不可能实现的事。风
暴过后，罗梅罗神父终于能够进得去这座圣所，里面满是泥泞和瓦
砾，但据他后来的描述，水位还没有上升到保存圣餐的金圣餐柜的
位置，因此没有必要把它带到山上。他相信教堂里的圣餐柜阻止了
水的上涨，事实上，这解释了为什么整个城市没有消失。"是上
帝，"他说，"是上帝令我们失去财产和家园，这是对我们所有人的
惩罚。他留下我们的命是为了让我们为自己的罪恶忏悔。"社会与
自然并非直接相关，而是通过上帝的意志来调节。大自然的动荡和
混乱映照出罪恶造成的社会失序，背离美德是这场风暴的道德根
源。[5] 天主教也可能对灾难做出其他解释。邪恶和魔鬼的力量也可能
造成这种伤害，因此需要圣徒的保护、公众祈祷和游行来安抚和保
护信徒。[6]

来自西班牙的官员和定居者此时对新大陆的自然灾害已经不陌
生了。他们已经在地震、干旱、流行病、洪水和飓风方面积累了 60
年的经验。在某种程度上，他们一直把这些现象解释为天意，甚至

像地震这样异常的自然现象在神圣光环的笼罩下也被视为正常。尽管认可灾难主要是上帝的意志，但他们的看法和反应总是有务实和政治性的一面。在 1552 年韦拉克鲁斯飓风的例子中，我们之所以能够了解到灾难的细节，正是因为新西班牙的总督堂路易斯·德·维拉斯科（don Luis de Velasco）以及他的顾问班子——监审庭或高 5 等法院委员会的成员们要求了解飓风带来的损失，以便国王查理一世决定采取相应措施。韦拉克鲁斯市市长加西亚·德·埃斯卡兰特·阿尔瓦拉多对这个要求做出了回应，提供了一份有多名证人证词支持的报告。亲历者的证词清楚地表明，市政府和勇敢的城镇居民最早做出反应，他们向居民发出危险警报，并将一些人带到安全的地方。这个时候，王国政府将提供帮助。在风暴之后的几个月里，总督采取措施，确保韦拉克鲁斯地区的人民能够获得食物，他在同样遭受风暴袭击的普埃布拉地区指定一些印第安人社区为其提供食物。[7] 埃斯卡兰特·阿尔瓦拉多请求把韦拉克鲁斯市从河流和海洋之间的危险位置搬迁走，但直到 1599 年，韦拉克鲁斯的第四次，也是最后一次搬迁才得以实现，即使在那时，就像这个地区的其他城市一样，这座城市及其港口仍然处于加勒比地区最典型的危难——大风暴的阴影之下。

风神

先是西班牙人，再是其他欧洲人都在这些美洲大风暴中看到了超自然的力量，在这方面，他们与大加勒比地区的土著人相差无几。对于土著人来说，大风暴是每年生命周期的一部分。他们敬重风暴的力量，往往将其神化，但他们也寻求实用的方法让自己的生

活适应风暴。这样的例子很多。佛罗里达州西南部的卡卢萨斯人
（Calusas）种植成排的树木当作防风林，保护村庄免受飓风的袭击。
在大安的列斯群岛——古巴、牙买加、伊斯帕尼奥拉岛和波多黎
各——的岛屿上，泰诺人（Taino）更愿意种植像木薯、黄肉芋
（malanga）和箭叶黄体芋（yautia）这样的块根作物，因为它们能
抵御风暴的破坏。尤卡坦半岛的玛雅人通常不在海岸建造城市，因
为他们知道这样的地方容易受到飓风以及伴随风暴而来的海浪的影
响。研究中美洲的考古学家认为，人们生活的方方面面，如田地管
6　理和作物选择、城市布局和排水系统、房屋建造、森林使用和维
护、战争、迁徙、贸易和文化变迁或有中断，如玛雅人放弃的一些
重要城市（约公元前200—1000年），都受过飓风和其他自然灾害
的影响。[8] 欧洲人最初对风暴的了解便来自岛上的居民——大安的列
斯群岛的泰诺人和居住在小安的列斯群岛较小岛屿上的加勒比人，
但他们随后也接触了居住在墨西哥湾沿岸的人以及尤卡坦半岛和中
美洲北部讲玛雅语的人，进一步拓展了对风暴的认知。所有中美洲
人都相信风、水和火是标志时间流逝、代表周期性破坏的基本元
素。因此雨神和风神——墨西哥高原纳瓦特尔人（Nahuatl）的特拉
洛克（Tlaloc）和埃卡特尔（Ehcatl，羽蛇神的一种形式）；韦拉克
鲁斯的托托纳克人（Totonacs）的塔金（Tajín）；玛雅人的查克
（Chaak）和胡拉坎（Hurakán）——在这些民族对宇宙起源的认识
和宇宙哲学的形成中起了主导作用。在基切族玛雅人的起源神话
《波波尔·乌》（Popol Vuh）中，胡拉坎——"天堂之心"，风、风
暴和火之神，是宇宙毁灭和创造周期中的创世神之一。从埃尔塔金
（El Tajin）的托托纳克（Totonac）遗址，到玛雅城市乌斯马尔
（Uxmal）和科潘发现的雕塑，再到征服前和征服后的象形文字手抄
本，无一不凸显了这些神的重要性和破坏力。中美洲的宗教认识到

力量的双重性，因此风神可以仁慈地为庄稼带来雨水，但也邪恶地破坏房屋和玉米地，带来苦难和死亡。[9] 即使在当代的金塔纳罗奥族（Quintana Roo）玛雅人中，仍然留存着这样一种信念，认为飓风代表着查克（Chaak）自身善良的一面和邪恶的一面之间的斗争，是宇宙战争的一部分，这场战争可以带来洪水、潮涌和强风的破坏，但也可以使地球恢复生机，带来生命之水。[10]

大量的混淆掩盖了"huracán"一词的词源，西班牙人由这个词知道了风暴，英语中的"hurricane"、法语中的"ouragan"、荷兰语中的"orkaan"和丹麦语中的"orkanen"都是由此而来的。泰诺语中的"hurakan"和玛雅语中的"Huracán"如此相似难道真的只是巧合？还是语言联系、亲缘关系和文化接触的结果？也许西班牙语的"huracán"一词是在与中美洲接触后才出现的，而后又被在岛上负责记录殖民者与本地土著之间早期接触的编年史家采用。我们知道，这个词并没有出现在15世纪90年代拉蒙·帕内修士对泰诺（Taíno）文化的描述中，而是1526年在费尔南德斯·德·奥维多的《博物学》中首次使用。哥伦布的日志中也用过这个词，但是那份文件的原件很久以前就消失了，最终版本直到16世纪中期才出版，而这已经是在征服墨西哥很久之后的事了。因此，这个词的含义有可能因为之后与中美洲的接触而发生改变。[11] 也有可能"huracán"的词源根本不是来自美洲印第安人。在第一本西班牙语词典——1611年版的塞巴斯蒂安·德·科瓦鲁维亚斯的大词典中，我们找不到这个词，但据1674年的一个版本声称，该词源可以追溯到西班牙动词 horadar（渗透），因为水几乎渗透了沉船，从而导致了"huracán"。一部18世纪的西班牙词典将这个词的起源归于拉丁语 ventus furens（猛烈的风），然后变成西班牙语的"furacan"

7

或"furacano"——哥伦布首次使用了这个形式。[12]

　　然而，无论这个术语的起源是什么，从南美大陆移居到这些岛屿的美洲土著人已经学会了根据风暴的季节性、频率和威力来安排生活。大岛上的泰诺人（Taínos）将歌唱祖先和部族酋长的伟大事迹与回忆大飓风相结合，在他们的阿雷托（arreitos）（公共仪式舞蹈）中标记飓风发生的时间。1492 年陪同哥伦布第二次航行的奥古斯丁修会修士拉蒙·帕内是第一个描写大安的列斯群岛土著人的欧洲人，他描述说，泰诺人把风看作是神灵的力量，他们将风的女主宰者命名为瓜班塞克斯（Guabancex），她有两个随从，一个是制造飓风的先锋——瓜塔布（Guataubú），另一个则是制造洪水的科特里斯基（Coatrisquie）。[13]人们普遍对这些神灵的力量充满畏惧。风暴对农业的影响和破坏让岛上的居民害怕它们，但泰诺人也开始了解风暴，认识到风暴的季节性，并逐渐掌握预测风暴即将到来的征兆。

　　泰诺人把大风暴看作是形成世界的一股危险但富有创造力的宇宙力量。在他们的宇宙学中，这些风过去曾将维尔京群岛和巴哈马群岛与古巴分开，它们的力量继续塑造着岛屿世界的轮廓。正如古巴学者费尔南多·奥尔蒂斯在 20 世纪 40 年代所指出的那样，也许能够证明泰诺人熟悉飓风的最有力、也最令人印象深刻的证据来自古巴东部的考古成果，一张圆脸的陶瓷图像，两支旋转的胳膊指向相反的方向，表明泰诺人感知到飓风绕着一只眼睛旋转（图 1.1），这一事实直到 19 世纪中叶才被西方科学所证实。[14]

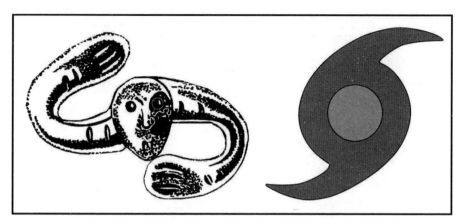

图 1.1　古巴瓷器上泰诺人的神灵弯曲的手臂似乎表明了对飓风旋转的认识，　8
就像现代气象学中飓风的标志一样。[神灵的原画出现在费尔南多·奥尔蒂斯
的《飓风及其神话和象征》中，1947 年，由经济文化基金会（墨西哥城）提
供]

　　风暴的威力和危险对加勒比海岛屿的另一个主要群体——小安
的列斯群岛的加勒比人来说同样重要。他们也认识到风暴的破坏
性，认为风暴是恶灵或玛波亚 （maboyas）① 造成的。他们也害怕风
暴，但认识到了风暴具有季节性，并把它们融入一年的生活节奏
中，尤其是融入他们对主要的敌人——泰诺人的复仇和战争的循环
中。每年夏至后，小熊座，也就是小北斗七星出现在加勒比海的上
空，向加勒比人发出了袭击季节即将到来的信号。他们称这个星座　9
为"苍鹭独木舟"，每年 6 月中旬左右它的回归标志着风暴季的开
始，在历经 7 月、8 月和 9 月初的风雨交加后，他们自己的独木舟
下水了。加勒比人袭击泰诺人，争夺女人、食物和俘虏，以及后来

① 加勒比文化中一个非常令人畏惧的神灵，通常在夜间出现，毁坏庄稼。当地人
　为了安抚该神灵会献上祭品。——译者注

对欧洲人的袭击，主要发生在 9 月底至 12 月。[15] 在欧洲人到达这些岛屿后，这些模式持续了近一个世纪。尽管西班牙人对加勒比人的家园多米尼克岛和瓜德罗普岛进行了反击，但加勒比人对波多黎各的袭击一直持续到 17 世纪初。[16] 西班牙人将加勒比人视为典型的"野蛮人"，而"加勒比"一词不仅是一个种族名称，更成了一个法律名称，因为根据西班牙法律，所谓的加勒比人食人和其他野蛮行为证明西班牙人对其奴役是合理的。同时，西班牙人，以及后来的法国人和英国人，对加勒比人的航海技术和知识印象深刻。加勒比人凭借云的形状、风的方向、天空的颜色以及他们对星星的了解，能够航行三四百英里，令人钦佩。一位法国观察者——人们只知道他被称为卡庞特拉的无名氏——声称加勒比人的航行显示了他们对太阳和星星几乎不可思议的了解。他的同胞雅克·布顿则称加勒比人对天空奇迹般地熟悉，他们预测恶劣天气和风暴的能力同样异乎寻常。[17]

这些本土的认识论和理解，一种当地知识成为文化转移——即物体、语言和知识传播的一部分，形成了独特的美洲"征服文化"中发展的一面，这种文化是在欧洲人占领加勒比的首个世纪形成的。在某种程度上，这种交流之所以成为可能，或者能被接受，是因为欧洲人也有着历史悠久的习俗和信仰传统，将宗教和占星术与对物理世界了解和揭示它的征兆相结合。尽管经常被官方称为"迷信"，但这些流行的信仰仍然是塑造世界观的强大力量，加勒比地区的欧洲人很快吸纳了他们从当地土著人那里学到的宇宙观。

10　早期欧洲人的观察

哥伦布无疑是一位熟练的水手，但他也非常幸运。大西洋大约90%的热带风暴在北纬 10 度到 35 度之间形成，然而在 1492 年 9 月，哥伦布沿着大西洋飓风的主要路径航行，在本该是飓风季节的高峰期撞上了一连几日的好天气，从加那利群岛平安无事地航行到巴哈马群岛的登陆点。虽然历史学家不确定哥伦布在加勒比海的第一个十年是否真的经历过今天我们可以定义为飓风的风暴，但很明显，到 1498 年，他已经经历过一些强烈的风暴或热带低压气旋，并对加勒比海及加勒比地区的风有了足够的了解，能够感知到热带风暴的迫近。[18]

1502 年 7 月，哥伦布从西班牙开始第四次航行，这也是他最后一次出海航行。在继续向西探索大陆之前，为了装备另一艘船，他在圣多明各港停留，这个港口此时是西班牙在加勒比海的主要港口。当时哥伦布在圣多明各发现了一支由三十艘船组成的西班牙船队，准备在皇家调查员弗朗西斯科·德·博瓦迪利亚（Francisco de Bobadilla）的指挥下起锚前往塞维利亚。此人于 1500 年曾将哥伦布戴上镣铐押送回西班牙，当时很多人出于对哥伦布统治的不满掀起了一场叛乱。这支船队满载着泰诺族印第安人开采的黄金。总督尼古拉斯·德·奥万多（Nicolás de Ovando）受命维护皇家的控制权、削弱王室最初给哥伦布的特许权，他与哥伦布不睦，拒绝让他的船只在港口避难，尽管哥伦布警告他，东南方向的涌浪、高高的卷云和雾蒙蒙的大气都预示着暴风雨即将来临。奥万多对哥伦布提出让西班牙船队在港口停留几日的建议置之不理，一些水手和领航员甚至嘲笑他的预言自命不凡。[19] 船队最终还是启航了。哥伦布自己的小型船队在一个避风的海湾里安然度过了风暴，但总督的船队在出港两天后遭遇风暴后措手不及：大约有二十艘船沉没，船上全部人员遇难；另外六艘沉没的船上有少数幸存者上岸；只有三四艘船还在漂浮。其中，只有装载着远洋舰队司令哥伦布个人所属黄金的那 11 艘船得以继续驶往西班牙。这种运气，以及哥伦布对飓风预兆卓越的感知能力，引发了这样的谣言：哥伦布是一个与魔鬼合作的魔术师，不仅如此，他还将风暴召唤到了他的敌人身上。[20] 后来的编年史家、他的儿子费尔南多和多明我会神父巴托洛梅·德·拉斯·卡萨斯都说，哥伦布相信，在博瓦迪利亚的船队、五百名水手和其余的黄金沉入海底时，上帝之手拯救了自己的财宝。

在这篇欧洲人关于加勒比飓风的最早描述中，我们发现，早期关于飓风的观察中经常出现三个相互交织的因素：对剧烈的自然灾害的描述，基于天意或魔鬼作祟的解释，以及利用理论知识和实践经验来理解风暴并在风暴中活下来。在接下来的三个世纪里，面对自然时，神学、理论和经验之间的张力让欧洲观察家们既着迷又困惑。最早到达加勒比地区的欧洲人很自然地用自己以前的经验作为指南。虽然在地中海和北大西洋，水龙卷和龙卷风并不陌生，古代自然哲学家和宇宙学家也对它们进行过评论，但飓风实际上并不为人所知，因此，就自然哲学、占星术和气象学理论以及以前的实践经验而言，飓风是一种全新的现象，欧洲人对此基本上束手无策。先是对西班牙人，然后是对在接下来的两个世纪里旅居加勒比的其他欧洲人而言，大风暴挑战了那种认为文献充分了解、解释了世界及其物理相互作用的观点。像新大陆自然界的许多事物一样，飓风似乎是一种异常现象，它们的毁灭性力量，无论是自然的、恶魔的还是神圣的，都引起了自然哲学家、神学家以及水手、殖民者和国王的关注。

16 世纪，西班牙人文主义者和神学家试图在亚里士多德和奥古斯丁的思想框架内解释飓风的存在。在亚里士多德的《气象学》（*Meteorologica*）和普林尼（Pliny）这样的古典地理学家的著作中，没有提到非自然的解释，因此当阿奎那（Aquinas）这样的基督教作家评论这些文本时，他们很少能够摆脱上帝执掌万物之类的概括性陈述。[21] 但是，与在美洲见到但在欧洲不为人知的许多事物不同，尽管人们进行了积极尝试，但很难用已有的经典和圣经中对宇宙的解释来解释飓风。[22] 此外，博学的自然哲学家和神学家之间围绕风暴和自然现象的变幻莫测所展开的斗争，从来不仅仅是宗教信仰与自然世界理论之间的冲突，抑或只是对自然的解释从中世纪向更"科学"的现代过渡的又一个插曲。它还包括与另类的民众信仰和习俗的共同对话，这些信仰和习俗虽然经常被教会当局定义为"迷信"，却成功地把经验和另类知识体系带入讨论。这些关于风和天气的另类信仰和知识，往往与祈祷、典礼、遗迹和教会的圣餐仪式结合在一起，给人这样一种感觉：人在面对自然现象时并非完全无能为力。[23] 最终，在加勒比地区，尽管欧洲人普遍看不起土著人，认为土著文化低劣，土著人的宇宙观及其对大风暴的了解也让欧洲人不得不考虑并汲取当地的理解和经验。

在西班牙，对新大陆自然现象的兴趣发展缓慢。尽管哥伦布第一次航行后引起一阵骚动，印刷信件和新闻信札在欧洲迅速传播，但西班牙君主卡斯蒂利亚的伊莎贝拉（卒于公元 1504 年）和阿拉贡的费迪南德（卒于公元 1516 年）在执政期间并没有对新大陆的独特之处表现出多少兴趣。尽管早期的探险家、水手、传教士和地方官员对新大陆的地理、人文和自然表现出了好奇心，但统治者却对其兴致寥寥，根据安托内洛·戈比的研究，在 1492 年航行后的最初几十年里，新大陆的特征和特性似乎并没有引起皇室的关注或学术界的兴趣。例如，其他早期的西班牙探险队不需要提交所考察的陆地和海洋的报告。西班牙人唯一能找到的关于哥伦布功绩的出版物是彼得·马蒂尔·德·安格尔里亚的《几十年》，其中一部分 **13** 于 1516 年以拉丁文出版，1530 年出版了更完整的版本，此后没有再版（最终于 1892 年翻译成西班牙语）。而在欧洲其他地方，从安特卫普到威尼斯，出现了许多拉丁语和当地语言的不同版本。[24]

1532 年，查理一世国王（1516—1556 年在位）任命人文主义者贡萨洛·费尔南德斯·德·奥维多（Gonzalo Fernández de Oviedo）为西印度群岛的编年史官，国王下令西印度群岛的所有官员都应向他提交报告，王室对新大陆的漠不关心随之发生了变化。也许是征服危地马拉和秘鲁导致了官方政策的变化，16 世纪 40 年代，很明显王室重燃了对西印度群岛的自然条件及居民的兴趣。[25] 这种好奇心，就像当时西班牙的许多科学，是实用的，而非哲学的，因为查理一世的帝国追求"像一个国家一样看待事物"，也就是清点、分类和控制新的领土及其人民。[26]

16 世纪 20 年代后，宇宙学家、历史学家和自然哲学家开始撰写关于这个新世界的著作。为了描述当地的状况、呈现出当地的特别之处和潜在危险，这些作者收集、评论并编纂了像哥伦布那样的船长和其他飓风季节在加勒比海航行过的早期水手的观察记录。[27] 提及大风暴成为许多早期西班牙语描述西印度群岛特别是加勒比地区的一个普遍特征。[28] 马丁·费尔南德斯·德·恩西索（Martin Fernandez de Enciso）的《地理概要》（塞维利亚，1519），是第一本关于西印度群岛的书，其内容包括讨论风暴的猛烈程度，作者还在书中警告说，不了解飓风已经导致了许多船只的损失。[29] 恩西索是个律师，在圣多明各住过一段时间，还去过巴拿马，目睹或至少听说过风暴的危险。[30] 巴托洛梅·德·拉斯·卡萨斯神父也很了解这片土地，他是定居者，后来也成为这里的神父。他在自己的《西印度史》（1561）中说，"世界上所有最严重的海洋风暴就是这些岛屿和海岸的风暴"，他讲述了风暴决定历史事件的各种情况。[31]

　　这些早期的观察者试图使他们的经验符合风暴的理论逻辑和自然的解释。奥维多（Oviedo）于 1514 年先是到达圣多明各；他也参与了征服巴拿马，最终六次横渡大西洋。大约在 1524 年，他开始撰写一本自然史，以作为一部通史的一部分。[32] 他目睹了大风暴的破坏力，认识到风暴影响的重要性。例如，他记述了在 1504 年一场毁灭性的飓风之后，圣多明各市迁了址，并且在 1508 年和 1509 年新城址再度遭袭。[33] 奥维多根据目击者的经历写道："我见过风暴将长满大树的茂密森林夷为平地，留下一片 1.5 里格①长、1/4 里格宽的空地。这风暴是如此骇人，以至于在印第安人看来，无疑是魔鬼所为。"奥维多本人似乎也同意。他说魔鬼"是一个老占星家"，它知道天气的变化，也知道自然如何支配万物；它可以通过控制太阳和雨水带来富足或饥荒。但是奥维多给他的基督教读者带

---

① 里格（League）是古代欧洲国家惯用的长度单位之一，但在各国没有统一标准，陆地和海洋中均可使用。里格曾经是航海中常用的测量单位，1 里格等于 3.18 海里，但通常取值 3 海里，相当于 5.556 千米（1 海里＝1.852 千米）。在陆地上时，1 里格通常被认为是 3 英里，即 4.827 千米（1 英里＝1.609 千米）。——译者注

来了一缕超越自然的希望之光。他告诉他们，圣餐放置在哪里，哪里的"飓风和大风暴就不再像以前那样频繁或危险"[34]。这是在重复彼得·马蒂尔早先的话，圣餐有神力的故事在 16 世纪西班牙人的叙述中司空见惯。[35] 这些故事尝试证明宗教可以支配、控制新大陆的野蛮新奇。西班牙殖民者普遍持有这个观点，有时这种观点得到神职人员的支持，正如我们在这一章的开篇所看到的，当时罗梅罗神父认为圣餐面饼拯救了韦拉克鲁斯免于彻底毁灭。[36] 事实上，圣餐也许有能力改变大风暴的想法在欧洲并不新鲜。农村社区的神父把天主教信仰与一些神学家所抱怨的"农民迷信"结合起来，经常把教堂里的圣物和圣餐面饼带到田野里来转移风暴。各种教会会议试图禁止这种做法，但人们经常祈求这种把神父手中的面饼变为耶稣身体的神奇力量，把猛烈的风暴或冰雹变成滋养生命的和风细雨。[37] 西班牙殖民者也把这些做法带到了新大陆。

奥维多和其他早期的评论家表现出一种强烈的经验主义倾向，这种倾向源于他们自身的经验，或者基于收集到的第一手资料。

然后，他们试图通过引用古典自然历史和神学来解释这些现象。[38] 但是，虽然典籍和圣经中提到过干旱、洪水、地震或很多其他灾祸，但大飓风速度极快、高速旋转、规模巨大，具有规律的季节性，是传统权威或地中海先例几乎无法提供指导的新现象，因此早期的观察者尽管没有放弃神学或古典解释，但转而依靠自己的经验或转向欧洲流行的天气知识和丰富的信仰传统，甚至依赖于原住民的本地知识。从这个意义上讲，飓风为跨越文化和种族界限的知识交流提供了机会和途径。

16　　　早期欧洲的飓风图像（图1.2）和几乎所有西班牙目击者的描述都揭示了暴风雨的力量所激发的敬畏和恐惧。例如，大约在1566年，尤卡坦半岛的主教迭戈·德·兰达（Fray Diego de Landa）修士讲述道：

图1.2　《可怕的、闻所未闻的风暴》是欧洲最早的飓风图像之一。正在沉没的船只和逃跑中的西班牙人、美洲土著人突出了人类面对风暴时的无助。[选自约翰·费耶阿本德（Johann Feyerabend）和西奥多·德·布里（Theodor de Bry）的《美洲第四卷》（*Americae pars quarta*），美因河畔法兰克福，1594年；由布朗大学约翰·卡特·布朗图书馆提供]

15

一个冬日的夜晚，大约晚上 6 点钟左右，暴风雨降临，很快变成从四面八方袭来的飓风。风暴刮倒了所有的大树，鸟兽大量死亡；高大的房子被推倒，这些茅草屋顶的房子因室内寒冷而生着火御寒，房子着火后许多人被烧死，而一些逃脱火海的人被倒下的木头砸伤。飓风一直持续到第二天中午，这时他们发现住在小房子里的人都逃了出来，其中包括新婚夫妇，他们的习俗是婚姻生活的头几年在父亲或岳父家门前建小屋居住。就这样，这片土地失去了它曾经的名字，"火鸡和鹿的地方"，树木没了，以至于今天的树木，都长到了同一尺寸，看起来就像是一批种植的。因此，从某个高点看地面，好像是用一把大剪刀修剪过。[39]

水手们了解风暴及风暴带来的危险。掌管着西班牙跨大西洋贸易或"西印度航线"的许多船只、最终晋升为新西班牙舰队总司令的胡安·埃斯卡兰特·德·门多萨（Juan Escalante de Mendoza），在 1575 年的航海指南中用了很长一段篇幅来讲述风暴的起源及危险。他把风暴称为"狂暴的逆风，像旋风，在岛屿和附近的大陆之间孕育、聚集，由极端高温和潮湿造成"，这一观察正确地揭示了风暴的循环性以及温度和湿度在风暴形成中的重要作用。他的叙述里写满了暴风雨来临之前和暴风雨过程中船上需要采取的措施；船长必须表现得无所畏惧并鼓励船员，以及在飓风期间他必须不停地监督所有人。他还报告了要观察的迹象——月亮的位置、鱼的行为或鸟的飞行。他小心翼翼地提到"未来的事情，你知道，先生，只有上帝——我们的主知道，除非上帝仁慈地揭示，没有人能知道"。[40] 天气预报的危险性与教会对占卜的反对密切相关。 17

但是，虽然航海家们很自然地关注风暴及其特征多是出于实用目的，西班牙的神学家和文人也对这些新奇而危险的现象产生了兴趣。[41] 这些早期作家中没有人比托马斯·洛佩斯·梅德尔（Tomás López Medel）能提供更丰富的信息。作为一名高等法院法官，洛佩斯·梅德尔在 16 世纪 40 年代和 50 年代曾在圣多明各、危地马拉和新格拉纳达（今天的哥伦比亚）的监审庭（上诉法院）任职，他非常了解西印度群岛。受拉斯·卡萨斯捍卫土著人的著作和他本人人文主义解读的影响，洛佩斯·梅德尔成为西班牙文明使命的忠实信徒和西班牙剥削印第安人的批评者。从美洲结束任期回到西班牙后，他立刻进入神职人员行列，随后被提名（但没有任职）为危地马拉主教。1570 年前后，也许是为了响应塞维利亚贸易署（the Board of Trade in Seville）收集西印度地理信息的需求，他编写了《三要素：论新世界的自然与人》（*Of the Three Elements: Treatise on Nature and Man in the New World*）。[42] 这是一项关于气候对人类的影响和西印度群岛环境特征的研究。第一册书的第五章，关于"风和微风"，特别关注了（尽管有些简要）所谓的"伯拉坎风"（buracanes），他称之为"各种逆风的相遇和争夺"。[43] 他敏锐地捕捉到了独特之处，风向和漩涡（后来人们才认识到是圆形旋转）"难以分辨"（indistinctiveness），使它们有别于其他风向稳定的风。事实上，这种认识很超前，比飓风的旋转理论早了三个世纪。洛佩斯·梅德尔像拉斯·卡萨斯和奥维多一样，亲身经历了 1551 年袭击尤卡坦半岛和韦拉克鲁斯的狂风，目睹了飓风的威力。[44] 他将亲身观察的结果与从他人那里学到的知识结合起来，描述了飓风带来的骇人惨状；满载的船只被风驱赶到陆地上，装满铁的桶被带到空中，韦拉克鲁斯一个重达 3 厄罗伯（75 磅）的钟被风力运送了将近 2 英里。"当然，"他说，"当大自然借飓风宣泄着自己的愤怒时，我们遭受了许多痛苦。"[45]

在洛佩斯·梅德尔对飓风的简短论述中，我们可以看到这类早期描述中常见的两个方面：一是飓风巨大的破坏潜力，二是美洲原住民解读飓风迫近迹象的方式。洛佩斯·梅德尔像奥维多一样，认为与自西班牙人将圣餐带到伊斯帕尼奥拉岛后相比，印第安人生活在偶像崇拜的黑暗中时飓风更加强烈和频繁；但他也指出，尽管岛上的原住民生活在对大风暴的恐惧中，"实践和经验"教会了他们如何解读飓风迫近的迹象。同样，彼得·马蒂尔指出，印第安人低矮的茅草屋顶小屋（bohios）似乎比西班牙人建造的房屋更能经受住风暴的袭击；也许西班牙人很快意识到，泰诺人喜欢的块根作物非常适应飓风频发的环境，后来整个地区的奴隶和奴隶主都学到了这一点。

先是西班牙人，后来是来到加勒比地区的其他欧洲人，经常注意到土著人已经神化了风暴并敬畏它们，但也了解到风暴的潜力和季节性；而且，最让欧洲人感兴趣的是，原住民似乎能够读懂飓风到来的迹象。在气压计和温度计发明之前，预测问题一直困扰着欧洲的观察者，他们中的大多数人，像洛佩斯·梅德尔一样，开始相信原住民已经开创了某种预测系统，使预测成为可能。

在 16 世纪的欧洲，占卜和预言是危险的活动，所谓的神断占星术（judicial astrology），即基于恒星或行星运动预言人类事件的占卜，因妄图揣测上帝的意志而受到谴责。奥古斯丁认为，知晓未来仅仅是上帝拥有的一种能力，没有上帝的启示人类单靠自身是不可能实现的，这是一种超越人类认知的力量。真正的预言只有通过启示才有可能。魔鬼可能凭借其奸诈的本性预测一些事情，窥见未来的一鳞半爪，但没有真正的预言能力。从 13 世纪开始，主教和宗教裁判官们就开始发起反对占星士的行动，这些占星士超越了认为天体可能影响自然或人类事务的公认界限，转而提出天体运动决定结果。同样，也有人试图压制和抹黑预言家和占卜者、看手相的、巫师和魔术师，他们的预言被认为是迷信或欺诈，偶尔正确，也纯属偶然。[46]1586 年教皇的一份敕令谴责了所有的占卜行为，尽管总是为实际应用于航海、医学或农业的观测留有回旋余地。教会当局倾向于容忍这些做法，并纠正其中的过度行为，除非在这种活动中似乎隐含着恶魔契约。[47]

　　但是，尽管各种形式的占卜很可疑并具有争议性，但正如欧洲年鉴的大量出版和购买所证实的那样，解读天气迹象在农业社会中普遍存在，有时甚至是必要的技能。就像在欧洲其他地方一样，在西班牙，人们将目光投向云的形状、微风的变化、水的味道、动物的活动和鸟类的飞翔。有时，这些观察被整合成谚语集（refraneros）——短小而朗朗上口的书，被认为是民间智慧宝库。这些谚语集通常是博学的人文主义者搜集和组织的。桑蒂利亚纳侯爵（1398—1458）于 1508 年首次出版的《老妇人的火边语录》是其中最重要的一本，类似这样的书有很多，也很受欢迎。[48]年表也是如此，年表是结合了占星术、天文学、气象学和历史的书，用来指导人们了解服用某些药物的最佳日期，或者如何解读寒冬将至，以及明天是否下雨的标志。赫罗尼莫·德·查韦斯（1523—1574）的《节气记录》（*Chronographia o repertorio de tiempos*，*Chronography or Repertory of the Weather*）在 1588 年出版长达 500 页的版本之前已经出过 39 个版本。查韦斯的这本书读者众多，对正统观念没有威胁。书中充满了对托勒密、亚里士多德和其他古典权威的引用，还附有一封菲利普二世的介绍信和批准信。

然而，与此同时，一系列更不可靠的流行做法依然存在。例如，西班牙人会对一年中某些日子的天气进行观测，这种预测又被称为"卡巴尼奥拉"（cabañuelas），即在一年的头 12 天所做的观测 20 结果被用来预测接下来 12 个月的天气。特定的圣徒日同样被用作天气预测，并在谚语中传播，如"圣文森特日晴朗，收成好；圣文森特日天气糟糕，无收成"。除了这些广泛实践的习俗，还有一种流行的运用占星术观察月亮和其他星体的活动。教会会议试图禁止这种"智慧"，神学家撰文谴责它是迷信，但这些传统在西班牙和欧洲其他地方根深蒂固，并且轻易地跨越了大西洋。直到 20 世纪，古巴农村居民还保留着各种形式的"十二日天气预测"（"卡巴尼奥拉"）。[49]

这些传统也很容易跨越学术文化和大众文化之间所谓的分野。基督教思想的预言派和千年派认为，这些流行的认识论本身可能得到了神的启示。[50]哥伦布晚年把自己描绘成一个普通水手，他那遭到博学之士嘲笑的计划，诞生于自身的观察和圣灵的启发。他坚持认为，"我曾遇到过一个普通村民，他解释天空、星星及其运动比那些花钱学习了的人解释得更好。我还相信，圣灵不仅在理性的人（rational beings）身上揭示未来事件，只要他高兴，他还会通过天空、大气和动物的迹象向我们透露未来的线索"。上帝通过圣经和体验向全人类揭示他的计划。"我相信圣灵存在于基督徒、犹太教徒、穆斯林教徒和所有信仰的人中。"[51]

虽然欧洲人试图避免恶劣天气造成的伤害和破坏，但他们也接受灾难可能是神对人类未能像好基督徒一样生活的惩罚，这一可能性由阿奎那（Aquinas）明确提出，在 1551 年的特伦特会议上得到强化。这些上帝旨意的证明可能已经被当作一种对罪恶的净化来接受，但人们很少欢迎灾难，事实上，有一些扎实的学术论述基于亚里士多德对主要和次要原因的区分，证明避免灾难影响的努力是合理的。此外，还有纯粹的生存策略常识。[52] 尽管如此，飓风在恐惧文化中有实用目的，这种文化满足近代人们对救赎的关注。[53] 对风暴的解释可能各有不同。奥维多曾提出，在西班牙人将圣餐礼带到新大陆后，飓风减少了，但印第安人的保护者及西班牙暴行的批评者巴托洛梅·德·拉斯·卡萨斯神父叙述说，印第安人声称，从前飓风并不常见，自从西班牙人到达西印度群岛后，飓风就变多了。他认为出现这种情况的原因是西班牙人犯下了许多新罪恶。[54] 人们普遍接受自然灾害是神的意图，在总督、皇家官员或神职人员报告飓风或其他自然灾害的影响时很少不提到上帝的意志。[55] 一份匿名的小册子讲述了 1680 年袭击圣多明各的飓风，称之为"神的审判的执行者"，并指出"我们的错误总是激发（上帝）的厌恶，这事出有因"。[56] 但是，尽管这些说法暗含谦卑和顺从，但西班牙加勒比海的居民仍然满怀希望地求助于传统的补救和保护措施。

值得注意的是，在这些关于风暴起因和意义的早期猜想中，早期的西班牙观察者和评论者很少依靠博物学的学术方法或占卜术，即依靠古典世界的文本，或占星术或玄学的复杂系统来解释风暴的起源，抑或是提出与风暴做斗争的方法。相反，他们回到农业社会广泛认同的流行观念和做法中寻找答案。例如，在西班牙，应对危险风暴威胁的传统方式之一是敲响教堂的钟声或发射火炮，这种做法的理论依据是声音会产生驱散云层的热量。[57] 炮手的守护女神圣芭芭拉实际上被视为抵御风暴的保护神，[58] 这一理论也许是许多早期评论家在加勒比海地区关心飓风期间有无雷声的原因，很可能也解释了古巴农民认为飓风期间的雷声意味着暴风雨即将结束的信念来源。[59] 奥维多警告说，暴风雨中没有雷声是最坏的迹象，与西班牙不同，在早期的伊斯帕尼奥拉岛，雷电受到欢迎，因为它们预示着暴风雨的结束。[60]

传统上应对天气危险的关键是祈祷、游行、守祈祷日、圣物和 22
圣餐礼。[61] 在 9 月、10 月的古巴和 8 月、9 月的波多黎各，祈祷躲开大风暴成为礼拜仪式的一部分，这也反映了当地人眼里风暴最有可能发生的时间。1645 年在圣胡安举行的教会会议上，波多黎各注意到，在俗众的压力下，一些神父实际上已经将神圣的圣体从圣体匣子移走，甚至将其暴露在教堂外以抵御大风暴。这种做法是被禁止的，主教会议敦促使用教会许可的祈祷和驱魔代替。但是传统习俗根深蒂固，因此，作为让步，主教会议允许在紧急或极端紧急的情况下可以这样做，"这样人们就可以被带到教堂祈求上帝——也就是主的仁慈，或许能把他们从危险和困境中解救出来"[62]。

即使这样的让步也不能阻止民众转向其他不太被认可的传统抵御手段来应对危险的风暴。棕榈主日，人们将用于教堂祈福的棕榈叶带回家中，放在门廊和窗户上抵御灾难。有时人们焚烧这些棕榈叶，希望升起的烟雾能够驱散危险的云，在 20 世纪初古巴农村和波多黎各仍然保留着这一传统。[63] 老水手们解开船绳上一切不必要的绳结，给帆带来风的做法也适用于这种情况，因此打结或解开绳结被视为一种或束缚或释放风的方式。水手们祈祷："圣劳伦斯，圣劳伦斯，绑起狗，放开风。"[64] 方济各会是早期西班牙人定居时期的重要教派，绑系方济各会长袍的绳结被认为是抵御飓风的强大力量。在飓风季节，10 月的圣弗朗西斯节被认为是一个特别重要的礼拜日。[65] 在加勒比群岛，许多这样的信仰和做法最终与非洲控制自然力量的思想或概念相结合或重叠。[66]

那时，预测只是信仰和保护措施的延伸，出自同一合法的宗教
23 联盟以及一系列不同来源的民间做法。为了获得保护，人们寻求各种圣人的干预，就像这两个例子：

> 圣女芭芭拉，把我们从闪电中解救出来；
> 就像你从鲸鱼肚子里救出约拿一样。
> 农夫圣伊西多尔①
> 驱走大雨，
> 给我们阳光。[67]

早期的殖民者及其后代也求助于像马蹄铁或龟甲这样的护身符，以及其他有时会引起神职人员不适的"迷信"做法。在早期的加勒比海地区，预测飓风来临的确是一件关乎性命的事，因此神职人员对流行的天气预测和保护形式态度十分矛盾。欧洲人借用加勒比有关风暴的本土知识或信仰也遭到了类似的反对。尽管对大多数欧洲早期观察家而言，加勒比海地区的土著居民代表着野蛮和偶像崇拜，但也有人对本土的认识论表现出认可，这种认识论可能是有益的，也有可能蕴含着潜在的危险。许多作者似乎钦佩印第安人察识这些迹象的能力，并试图向他们学习，但 1550 年，对波多黎各总督的一项调查（residencia）显示，他曾下令惩罚一名预测飓风到来的印第安巫师。[68] 同样令人好奇的是，人文主义者奥维多在描述

---

① 圣伊西多尔是农民和农村社区的守护神。——译者注

土著人对风暴的看法时，将他们的知识与土著萨满和魔鬼结盟的影响联系起来，这样做将对新风暴的认知与疾病的传统原因联系起来。

到了 17 世纪，英国和法国在加勒比殖民地的观察家同样认为，印第安人有办法预测风暴。"印第安人如此有技巧，以至于他们提前两天或三四天就能感知到飓风的到来。"约翰·泰勒在他的《来自圣·圣克里斯托弗的新奇事：被印第安人称为"飓风"的狂暴神灵》（1638）[69] 中写道。就像在西班牙群岛一样，土著人解读气象迹象的技巧也可能会对他们不利。英国人和法国人有时从加勒比人的观察和预测能力中看到他们与魔鬼达成协议的明证。早期的法国传教士起初拒绝接受这种预测，认为是假预言，但当预言成真时，他们声称这些预言只有通过与魔鬼接触才有可能实现。[70] 这种指控有时用作将印第安人逐出某个岛屿的理由，但这种思维方式可能是短视的。欧洲人征服期间排除原住民的做法也使得欧洲人在风暴面前脆弱不堪。在圣克里斯托弗岛上，加勒比人被驱逐出岛后，英国殖民者不得不派人到邻近仍有印第安人居住的多米尼克带回印第安人来提供风暴警报。一位名叫兰福德的船长说，在法国和英国占领的岛上，定居者习惯于向多米尼克和圣文森特的加勒比人打听风暴迫近的消息，而后者的预测很少出错。[71]

一些欧洲观察家试图记录印第安人用来预测风暴的征兆。1788年，西班牙奥古斯丁教派神父伊尼戈·阿巴德-拉谢拉在对波多黎各的描述中指出，印第安人将某些征兆视为飓风来临的预警：红日、海上传来的强烈气味、微风从东向西的快速变化等。[72] 不是每个欧洲观察者都相信西印度人的预测能力。17 世纪中叶，耶稣会士让·巴蒂斯特·杜·特尔神父根据自己在法属岛屿的经历写道，许多定居者认为印第安人可以预测风暴的到来，但事实上，风暴每年几乎都在同一时期到来，这是很自然的事。有时他们的预测是正确的，即使他们在这方面没有特殊的知识。

到了 17 世纪中叶，解读自然征兆不再是岛上土著居民或水手的专有技能。它已经成为当地或克里奥尔人的知识、所有人必备的技能。随着时间的推移，殖民者的观察、水手的经验与从土著人那里学到的线索结合在一起，发展成一种每个岛屿上寻找飓风征兆的本地智慧。殖民者向印第安人学习观察某些鸟类和鱼类的行为。让·巴普蒂斯特·拉巴特神父，一位法国多明我会修士，在对 17 世纪法国殖民岛屿的描述中指出，当飓风来临时，鸟儿们表现出某种不安，它们会飞离海岸，飞向房屋。即使在今天，在美国濒临墨西哥湾的各州和巴哈马群岛，军舰鸟飞向内陆仍然被视为暴风雨即将来临的征兆。[73] 在其他地方，人们用另一些征兆。"当蟋蟀、蝉、蟾蜍和青蛙消失时，飓风肯定要来"是波多黎各的一句谚语。[74] 定居者也观察非本地物种的习性，这些是他们带到岛上的熟悉动物。洛佩斯·梅德尔惊奇地讲述了牛如何感觉到风暴的来临：

> 动物们在暴风雨来临前许多个小时就会感觉到并预见到。它们是如何预见到这一点呢？有些动物从高处下来到低地，然后去到那些根据它们过去的经验会更安全的地方，这真是了不起。这些动物的本能如此精确，以至于人们和那些岛屿上的居民从它们那里得到警告来预测和解读即将发生的事情。[75]

洛佩斯·梅德尔在观察中遵循了长期实践的观察技巧，那些技巧已经成为博学的编年史作者和西班牙城乡居民之间共享和交流的共同智慧的一部分。那些技巧现在被带到新的环境，用于预测新的危险。

每一个加勒比海岛屿和沿海村社的民众智慧都包括识别预示着飓风来临的"征兆"，例如波多黎各的鳄梨收成特别好，得克萨斯湾海岸蛤蜊在海底深处打洞，或者尼维斯岛上的鸡进窝。这些征兆与气压计读数、航拍照片和计算机模拟的现代预测一样得到了认可。[76] 卓越的古巴博学之士费尔南多·奥尔蒂斯写道："雷声和母鸡进窝是古巴农民绝对可靠的气压计。"[77]

尽管本地知识通常围绕如何预测风暴到来以及如何在风暴中生存的直接挑战，但西班牙自身的科学兴趣却更多集中在飓风给贸易和交通联系带来的实际问题上。贸易署（Casa de Contratacción）为从事西印度群岛贸易的水手和引航员成立了信息及海图交流所和学校，关注大西洋和加勒比海的风向，尝试着整理相关知识。1573年，菲利普二世（Philip II）命令每个镇、村庄和城市上报人口、地形和经济活动的信息，以便编制一份关于西印度群岛的信息总汇。这些指示包括搜集当地的水文地理信息，还有关于飓风发生的具体问题。在同一时期，贸易署的官方编年史家、宇宙学家胡安·洛佩斯·德·维拉斯科（Juan López de Velasco）于1570年出版了他的《西印度地理及普遍性质》。这篇论文基于从西印度各地收集的报告，构成了西班牙对其帝国的地理和特征的知识汇编。文章指出，"被称为飓风的风暴是已知最大的海上风暴"。[78] 洛佩斯·德·维拉斯科的目的是实用，他警告水手们注意季节性危险。[79] 但是，尽管洛佩斯·德·维拉斯科的论述具体而科学，他也忍不住注意到风暴看似"神奇"的力量。

描 述 风 暴

飓风的新奇体验，及其无规律地降临在任何一个岛屿上，使得持续观察很难进行，无法确定风暴的确切性质。西班牙语中普遍使用"飓风"（huracán）一词，而在其他欧洲语言中，任何大规模的破坏性风暴都可以用相似的词来描述，这也使得飓风的特征更容易混淆。人们使用这个词的许多变体；在常见的形式确定下来之前，仅在英语中就已经统计出了大约 38 种变体。[80] 到了 17 世纪，用这个词描述在大西洋世界任何地方造成破坏的风暴并不少见。西班牙人把 1622 年持续不到几分钟的马德里风暴（可能是龙卷风）称为"huracán"（飓风）。[81] "飓风"一词成为描述任何破坏性的风或暴雨的形容词。

27　　加勒比地区最常受到真正的飓风冲击，在那里飓风经常与另一种频繁的威胁——地震联系在一起。对大多数欧洲人而言，飓风的破坏程度超出了以往的经验认知，因此人们做出了一个假设，也就是飓风必须伴随着大地的震动才能造成如此之大的破坏；支撑这一信念的还有亚里士多德《气象学》中一个由来已久的理论基础，该理论认为风是自然界中最强的力量，在地球表面下移动又倏尔即逝的风则是地球震动和颤抖的主因。[82] 这个观念一直延续到 18 世纪，尽管亚里士多德的观点不再成立，但仍有地震学家试图在飓风和地震之间建立直接联系。[83]

部分问题只是术语问题。事实上，在西班牙语中，飓风（huracán）和地震（terremoto）这两个词有时会互换使用。对 1624

年一场可怕的飓风的描述中提到，"强烈的电闪雷鸣，夹杂着暴风雨的地动山摇"[84]。剧作家卡尔德龙·德·拉·巴卡（Calderón de la Barca）在他的戏剧《费斯王子》（1668）中曾把术语"暴风雨"（tempestad）和"地震"（terremoto）互换使用来描述一场地中海风暴。在近代的西班牙语世界，"飓风是空中的地震，地震是地下的飓风"[85]。

但是术语使用混乱并不能对地震和飓风有时同时发生的误解做出令人满意的解释。许多早期对风暴的描述，尤其是风暴亲历者的描述，表明飓风和地震是同时发生的，在 18 世纪、19 世纪也存在这种说法。部分原因是人们最初很难相信只是风就能造成这么大的破坏，另外则是亚里士多德的气象学中也有本可循，正如上文所述，亚里士多德认为，在地表下面移动的风是地震活动的原因。18 世纪，认为电与地震有关的看法开始流行，这也使把地震与经常伴有雷电的飓风联系在一起成为再自然不过的事。[86] 后来，英国观察家和西班牙评论家一样倾向于记述二者的巧合。牙买加总督达林（Dalling）少校在报告 1780 年大风暴造成的破坏时指出，地震的剧烈震动伴随着风暴。[87] 历史学家布莱恩·爱德华兹（Bryan Edwards）记叙了 1788 年圣卢西亚遭受的一场猛烈的飓风袭击，期间地震造成数百名居民死亡。[88] 1848 年，在大不列颠服役、能力出众的普鲁士历史学家和博物学家罗伯特·赫尔曼·尚伯克（Robert Hermann Schomburgk）列举了 1722—1821 年期间加勒比海各地发生过 8 次这样的巧合，但他同时也认可英国气象学家威廉·里德（William Reid）对于把这两种现象联系在一起的质疑。正如许多与飓风相关的事物一样，尚伯克说，"它们带着一层人类无法揭开的面纱"[89]。

对观察者而言，比飓风和地震之间可能存在联系更重要的是飓风的频率，以及加勒比地区的某些岛屿或地区是否不受或不太可能受到飓风的袭击。奥维多的记述指出，印第安人声称，在西班牙人到来之前飓风并不频繁；他还讲述了教堂放置圣餐面饼后似乎保护了圣多明各的故事。虽然我们可能对他的解释保留疑问，但他对飓风频率变化的观测很可能是准确的。我们现在知道，大西洋飓风频率与太平洋水域变暖（厄尔尼诺现象）和变冷（拉尼娜现象）的厄尔尼诺—南方涛动（ENSO）周期有关。在厄尔尼诺时期，太平洋温暖的赤道水域进一步向东延伸，风向东吹向南美洲，导致其太平洋沿岸大量降雨，这往往会减少大西洋盆地的飓风活动和降水，从而导致干旱。在拉尼娜时期，情况正好相反：温暖的海水没有向东延伸，而是吹向亚洲，大西洋的热带风暴则增加。[90] 飓风可以在两者中任何一个时期或中性时期发生，但拉尼娜的气候条件使飓风频率上升。重要的研究已经建立起了可以追溯到 16 世纪的天气记录，其他轶事可能会为飓风发生的普遍模式提供一些线索。给奥维多提供资料的人或许是正确的。在哥伦布抵达之前的几十年里，可

29　能是一个飓风频率较低的厄尔尼诺时期，而在 1498—1510 年前后，具有拉尼娜现象特征的飓风活动有所增加。随后又发生了另一次厄尔尼诺现象，这与 1510 年后教会的稳定和传教士活动的增加同时发生，似乎支持了奥维多对神圣的圣餐礼具有保护力量的看法。总体而言，对周期的主要研究表明，在西班牙几乎完全控制加勒比海地区的 1530 年、1550 年和 1570 年前后，飓风活动频繁。接下来的时期，从 16 世纪 90 年代到 17 世纪 40 年代初，当英国人、法国人和荷兰人开始建立各自的定居点时，是飓风活动较少的时期，这一因素可能促进了其种植园农业的成功发展。[91]

当然，当时人们并不了解这些气候周期。飓风的无规律性加剧了不安全感和忧虑。定居者希望不受风暴的威胁，寻找不受飓风袭击的岛屿或海岸。这些希望往往落空。评论者指出，有时会有很长一段时间没有风暴。英国人很幸运，在 1655 年占领牙买加后，他们开始相信，此地不像尼维斯、圣克里斯托弗或蒙特塞拉特，出于某种原因，他们的岛屿不受风暴的影响——也就是说，在 1712 年被风暴袭击后，并在 1722 年再次遭到风暴肆虐之前，该岛屿享有一阵短暂的安宁。巴巴多斯也曾一度享有安全港的美誉，直到 1675年一场灾难性的飓风证明了这一观点的错误。到了 17 世纪，欧洲人已经开始认识到最靠近南美洲北部沿海的岛屿和海岸相对不受飓风的"可怕侵袭"。靠近小安的列斯群岛南端的小火山岛格林纳达和委内瑞拉沿海附近的多巴哥岛一样，享有这样的名声；对这个地方大肆宣扬的约翰·波因茨写道，作为最南端的岛屿，"迄今为止，没有任何一个居民听说过有飓风入侵"[92]。现在我们知道，事实上，位于北纬 12 度以南的这些岛屿和海岸受益于地球自转的"科里奥利效应"提供的保护，当飓风接近赤道时，会产生一种阻碍风旋转的力，从而大大降低但没有完全消除飓风袭击这些低纬度地区的威胁。

危险天意与理性　　　　　　　　　　　　　　　　　30

居住在加勒比海的欧洲人开始接受飓风是在该地区生活或经商不可避免的危险之一。他们很快将飓风同干旱、饥荒、流行病、海盗、外国竞争对手、糟糕的市场价格、奴隶起义以及地震、海啸和火山一并纳入危险的范畴。基督教的天意论和神学上接受上帝因人类的罪过而发怒的观点被广泛接受，至少被当权者接受，成为理解大风暴的最佳框架。圣多明各主教座堂全体教士大会关注到各种灾难大大减少了供养神职人员的"什一税"收入，在 1600 年的记载中，上帝已经"降予这片土地许多考验和磨难"来表示不悦。它从弗朗西斯·德雷克抢劫和烧毁这座城市开始，记录了在海上失踪的船队，夺走一半奴隶生命的瘟疫，摧毁庄稼、糖厂和家园的三次飓风，以及各种"其他瘟疫"，如狗群使牲畜减少，从前的牧场正在变回荒野。[93]岛上耶稣会的一封年度信函说，1663 年飓风对可可树和贸易造成的破坏是由于商人和种植园主的贪婪，他们没有支付欠教会的"什一税"。信件的作者说，失衡的自然显示了上帝的审判。如同饥饿是土地贫瘠的标志，风聚集成大风暴表明空气不稳定，也显示了上帝的愤怒。[94]

然而，在西班牙殖民早期的加勒比地区，明显没有形成在秘鲁和墨西哥大陆殖民地非常典型的大量绝望和自我批评的文学。在那里，自然灾害，特别是地震和火山活动，孕育了一种兼具恐惧和末世痛苦的文化，通过各种文学和艺术手段丰富地呈现出来。[95]1647年智利圣地亚哥地震、1746 年利马地震和 1755 年里斯本大地震之后都举行了天启布道和纪念仪式，在加勒比没有相似的活动，几乎没有证据表明飓风成为罪责话语的核心要素。[96]法学家和法律权威胡安·德·索洛扎诺·佩雷拉（Juan de Solórzano Pereira）在他的《论西印度法》（*De indiarum iure*，1628）中认识到新大陆的巨大潜力，相信西班牙在展现其土地和人民时的天赐角色，但对新大陆存在许多潜在危险提出警告，特别是地震和火山。然而，他的新斯多葛派哲学使他相信，人类应该把所有的自然现象视为天意的一部分，与其绞尽脑汁地思考究竟是什么导致了自然灾害，不如多关心死后会发生什么。也许是由于他在秘鲁担任法官的个人经历，他更关心地震活动和火山爆发，却从未提及飓风。[97]

即使在加勒比地区，教会对飓风的关注也相对较少。除了1645年的圣胡安主教会议谴责把圣餐置于户外抵御风暴外，它和1681年古巴的圣地亚哥主教会议对风暴的挑战或其神学意义没有任何特别关注。诚然，在某种程度上，由于19世纪之前西班牙加勒比地区没有印刷业，现代研究者可能无法从文献资料中看到这种情绪。在西班牙裔加勒比没有形成关于风暴的大量出版的布道词和流行的印刷品。但是这种文献的缺乏很可能不仅是出于缺少发达的印刷业、大众读者群或教会对出版和阅读的限制等相对表面的原因。飓风具有周期性和季节性，这削弱了将人类错误和上帝的审判视为造成飓风的主要原因的解释力。如果说自然界的异象可能反映了需要纠正的社会混乱，那么每年同一季节袭击该地区的飓风似乎对这种推理提出了挑战。它们的规律性、季节性和在加勒比地区不同地方看似随机的出现使得对风暴的道德解释变得困难。与此同时，季节性的可预测性使飓风有别于其他类型的"自然灾害"，尽管它们的影响仍然令人敬畏和恐惧。飓风发生得太频繁、太随机，根本不适合把它归于毁灭性的暴风雨、双头小牛、畸形婴儿、流行病和反复发生的灾难等构成的"道德宇宙"，近代社会将这些现象作为上帝的惩罚来解释世界。[98] 因为，对于天主教信徒而言，自然灾害可能 32 是恶行的结果，在西班牙属和法属加勒比海地区，人们求助于传统的宗教保护，如祝祷、祈祷、游行以及圣母或圣人的干预，在大自然的变幻莫测中保护他们。天意论的解释确实存在，有时被用来解释单个的风暴，但通常是一年内连续的风暴袭击或几年内的多次袭击促使人们认为他们的罪行或社会的罪恶是灾难的主要原因。

西班牙人对飓风的理解仍然是亚里士多德自然解释、系统观察和宗教信仰的混合体。这些方法同时存在于学术话语和大加勒比世界的日常生活中。1699 年,墨西哥城商人迭戈·马丁内斯·德·阿尔塞向检察官透露,他梦见了毁灭性的"胡拉坎"(飓风),他用风暴的形象来描绘生活的不安全感。[99] 水手、种植园主、奴隶、总督和家庭主妇都试图学习风暴的征兆,并在预计飓风到来之前到达地势较高的地方或寻找避难所。与此同时,他们求助于传统的宗教补救和保护措施,比如圣餐面饼转移风向的超自然力量,或者将十字架扔进海里,以平息惊涛骇浪的力量。风暴过后,他们可能会感恩和忏悔,就像 1622 年从哈瓦那到塞维利亚的一艘西班牙帆船在一次飓风中幸存下来后,船员们举行了一次弥撒来纪念圣母卡门——水手的守护神和暴风雨中的保护神。[100] 随着 17 世纪其他欧洲人到这里定居,很明显,世俗和宗教反应的融合跨越了宗教和教派的分野。上帝可能派飓风来惩罚或警告人们,也有可能举起手来叫停狂风的威胁。大加勒比所有居民面临的问题不仅仅是上帝会采取什么行动、风暴为什么会发生,或者是否会有其他自然或邪恶力量介入,而是当海洋变暖,8 月的风又开始旋转时,人们和政府在道德层面以及物质层面都能做些什么。

第二章

忧郁的时刻：殖民世界的飓风

一场狂风暴雨和严重的疾病使我们的状况更为恶劣。为了防止黑人趁乱起事，我命令所有的房屋熄灯，让巡警在镇上守望……我们的不幸并没有结束。这里以前疾病流行，我相信这些从大陆沼泽地带吹来的南风和西风增加了在我们中间肆虐的疾病。

——巴巴多斯总督弗朗西斯·拉塞尔致贸易大臣的信（1694）

在 8 月、9 月和 10 月人们普遍恐惧预期灾难的来临……发挥想象力，在每一朵云中寻找洪水，在每天微风吹拂时就预计暴风雨会来临。

——威廉·贝克福德（1780）

1492—1550 年间，西班牙扩大了对加勒比海大岛的控制，完成了对伊斯帕尼奥拉岛、古巴、牙买加和波多黎各的征服、探索、袭击和奴役，但还没有占领巴哈马群岛（所谓的"无用岛屿"）和小安的列斯群岛（图 2.1）。在 16 世纪 20 年代和 30 年代，新西班牙（墨西哥）大部分都被西班牙控制。控制尤卡坦半岛需要更长的时间，但是到了 16 世纪 40 年代，尽管仍有玛雅人零星的抵抗，尤卡坦也被征服了，就像墨西哥北部大部分地区一样。在北方，1513 年西班牙人从波多黎各开始探索佛罗里达。1565 年，西班牙在圣奥古斯丁建立了一个设防的港口，守护其返回欧洲的海上航线的北翼。法国人在那里也曾尝试建立殖民地，但最终这一念头却被西班牙人摧毁。

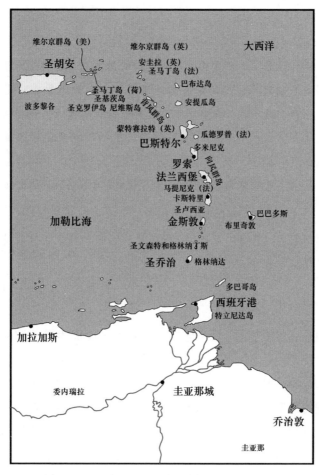

图 2.1　小安的列斯群岛示意图（由圣地亚哥·穆尼奥斯·阿韦拉埃斯绘制）

到了 1570 年，西班牙帝国在美洲的基础已经建立。在大安的列斯群岛，随着溪流枯竭，以及战争与强制劳役造成的社会动荡和流行病造成土著人口锐减，埃斯帕尼奥拉（Española）和波多黎各早期的淘金阶段很快结束。西班牙人在圣多明各、波多黎各的圣胡安、古巴的圣地亚哥，以及 1519 年后在古巴北海岸的哈瓦那建立起了自己的城市，而小城镇则分散在大岛。16 世纪 40 年代，伊斯帕尼奥拉岛（Hispaniola）和波多黎各都有糖厂在经营，到 16 世纪 90 年代，古巴也出现了糖厂。作为西班牙定居点的劳工，非洲奴隶开始抵达这些岛屿，16 世纪 50 年代，常规的非洲奴隶贸易发展起来。1520—1540 年间，征服墨西哥和秘鲁大陆成为西班牙帝国的野心及其美洲帝国的核心，早期的加勒比定居点现在成为帝国关注的次要地区。除了建立在奴隶劳动基础上的甘蔗种植园和其他一些如烟草和生姜等已经萎缩的出口农业部门，西属加勒比地区的经济主要转向了畜牧业和小规模自给农业。然而，加勒比海上的岛屿和大陆港口作为西班牙维系与美洲联系的纽带和大西洋贸易的承压点仍然很重要。

西属加勒比是帝国技术和暴力的试验场，也是锻造文化融合、种族融合和帝国控制模式的熔炉。它仍然是通往西印度的重要门户，但这些岛屿成为帝国的后方；与更富有、防御更好的墨西哥和秘鲁总督区的中心相比，这里更穷困、人口更稀少、更脆弱。岛上定居点分散、主要岛屿上土著人口多数已经消失，与此同时，来自小安的列斯群岛的加勒比人持续的敌意和袭击给西班牙殖民者带来了一种不安全感和脆弱感。孤独和暴力成了永恒的主题：由于远离故土，通讯不稳定，除了少数几个主要港口外，消息和货物很少到达，因此与世隔绝；征服和消灭泰诺人、与加勒比人的持续战争、被奴役的非洲人越来越多，以及当这些奴隶成为逃亡黑奴时产生的零星抵抗都形成暴力。16 世纪 40 年代后，随着欧洲海盗的入侵和 36 竞争，以及最终外国对手于 17 世纪中叶开始建立自己的殖民地，西班牙的主要定居点开始受到威胁，暴力活动也在不断增加。从某种意义上说，贸易、种植园、奴隶制和帝国竞争提供了讲述加勒比地区历史的最佳主题，但所有这些主题背后都是危险和脆弱的环境与生态背景，而飓风是其中的核心要素。

与风共存

在整个征服和拓殖时期，飓风是一个持续而危险的限制因素，塑造了西班牙人以及后来其他欧洲人的行动和策略。西班牙征服的许多早期历史和一些典型的故事与人物都受到了大风暴的影响。以两个海难幸存者赫罗尼莫·德·阿吉拉尔和贡萨洛·格雷罗（Gonzalo Guerrero）为例，他们都曾在 1510 年和巴尔博亚一起去巴拿马探险。1511 年，他们的船从巴拿马启航，遭遇飓风，阿吉拉尔和格雷罗是被尤卡坦的玛雅人俘虏的幸存者。在被奴役 8 年后，阿吉拉尔加入 1519 年到达尤卡坦半岛的科尔特斯探险队，成为一名重要的翻译。然而，格雷罗娶了一位玛雅女人，成了尤卡坦玛雅人的一个小头目。他拒绝了回归的机会，随后在领导玛雅人抵抗他的征服者同胞中战死。再往北，另一个幸存者阿尔瓦尔·努涅斯·卡韦萨·德·巴卡徒步穿越了墨西哥湾沿岸和美国西南部，详细记录了他所见过的人和到过的地方，以及那场开启了他的苦难的暴风雨。[1]他的旅程始于 1528 年，彼时的他还是前往佛罗里达的潘菲洛·德·纳瓦埃斯探险队的一员：一场飓风却把他抛到了得克萨斯海岸。

风暴不仅改变了个人的命运，也塑造了整个环境。1530 年的一系列飓风使波多黎各陷入饥荒，毫无防御能力，遭到了经济同样遭受风暴重创的小安的列斯群岛加勒比人的袭击。加勒比人的一次突袭屠杀了风暴后仅存的几头牛，杀死或俘虏了大约 30 名西班牙人以及印第安人和黑人奴隶，他们被带回多米尼克岛的加勒比人居住地。[2] 剩下的定居者把家犬带到岛上充当哨兵，防止突袭并帮助照看牛。随着时间的流逝，这些狗变成非常凶猛的野狗，对牲畜和农村人口构成威胁，这种情况一直持续到 18 世纪，成为飓风造成的生态变化带来的间接影响。

在争夺加勒比地区政治和军事控制权的过程中，飓风不断影响着战术和战争的结果。先是西班牙，然后是涉及加勒比的所有欧洲国家的行政和军事信件都提到了飓风季节。圣克里斯托弗的一位英国总督在信中写道："每年都对飓风感到忧虑"，他同样认识到了这些风暴对航行和军事行动的威胁。[3] 飓风对军事和政治决策的影响很可能倍增。例如，西班牙人决定不在百慕大设定居点，为英格兰创造了机会。北安普敦伯爵急于赢得王室对定居百慕大的支持，他在 1612 年告诉英国国王，西班牙人不在百慕大设立定居点，因为飓风使他们害怕在这些"魔鬼岛"（damoniorum islamim）冒险，但是"百慕大的魔鬼们保留英国人开采的琥珀和小粒珍珠的意愿并不比护佑卡斯蒂亚的天使想收回这些东西的意愿更强烈"，[4] 因此英国人尽可以大胆殖民百慕大。1565 年，在佛罗里达东海岸，法国人从加罗林堡（今天的杰克逊维尔附近）的前哨向西班牙人占领的圣奥古斯丁发起进攻，但一场飓风迫使法国人中断进攻，由此造成的损失导致争夺加勒比地区的斗争形势向有利于西班牙倾斜，以至于法国放弃了在该地区的大多数主权要求。[5]

暴风雨没有国籍偏好。1666 年，英国巴巴多斯总督威洛比勋爵率领一支由十七艘帆船和两千名士兵组成的舰队，在法属瓜德罗普岛附近遭遇了一场猛烈的飓风，整个舰队几乎全军覆没，他本人也在这场灾难中丧生。此后很久这场风暴都被称为威洛比勋爵飓风。法国人也记得这场飓风。随后，法国王室成立了一个基金，在每年 38 8 月 15 日圣母升天节举办《感恩赞》演唱，庆祝飓风带给法军的胜利。[6]

飓风每年都会发生，因此也成为历史进程中的一个常规特征：因其经常发生而需要关注和计划，但飓风发生的具体地点，以及在任一地点发生的情况都不可预测，因此飓风的威胁和影响总是难以估量。西班牙是进入加勒比地区的第一个帝国，而西班牙人作为第一批定居者和管理者，学会了与风暴共存，并根据飓风的模式调整农业、航海和商业的节奏。[7]后来的帝国和人民也紧随其后，以西班牙人的经验和知识为指南，但在此基础上增添了自己的观察、经验和文化解释。

从西班牙帝国的角度来看，飓风的主要影响是对跨大西洋商业航线和模式的影响。16 世纪 40 年代，墨西哥和秘鲁发现银矿，并且塞维利亚和西印度群岛之间的商业往来日益增长，促使西班牙建立了护航系统（船队 flota）；该系统在 16 世纪 50 年代建成，通过限制走私品、保护商船免受海盗和外国对手的袭击，增强了海路运输的安全性。船队从塞维利亚起航，最终在加勒比海分成两队，一队驶向韦拉克鲁斯及其圣胡安·德乌卢阿港，另一队驶往铁达菲尔梅（Tierra Firme，今巴拿马）的农布雷—德迪奥斯港（后来改为更便利的波托韦洛港），目的是从秘鲁沿太平洋海岸进行白银贸易。

1555 年后，两支船队分别派遣成为一种惯例，第一支船队于 4 月驶向新西班牙，第二支于 8 月开往巴拿马，在那里休整后再驶向南美洲海岸防御坚固的卡特赫纳港。这种模式冒着在飓风季节航行的风险，但避开了韦拉克鲁斯港和波托贝洛港等加勒比港口疫病流行的夏季。[8] 铁达菲尔梅船队能够在飓风季节抵达加勒比，是因为它在飓风多发的纬度以南作业。根据西班牙人的计划，驶往巴拿马的船只和驶往墨西哥的船只总是第二年春季在哈瓦那会合，他们在那里装上补给、水以及加勒比地区的产品，如兽皮、蔗糖和生姜，然后在全副武装的大帆船的保护下返航，这些大帆船也装载着国王的那份财宝。这个护航系统受到大西洋两岸季节性天气的影响：船只必须在 7 月飓风开始之前驶往欧洲，避开安达卢西亚海岸的冬季风暴。[9] 它们的航行路线是穿过佛罗里达和巴哈马之间的海峡，然后沿着墨西哥暖流向北航行到卡罗来纳的纬度，然后在风和洋流的推动下向东航行。航程两端的延误司空见惯。

正如一位指挥官在 1630 年所说，未能按时离开哈瓦那会使船队有在风暴中毁损的风险，那是在"试探上帝"。然而，护航系统的规律性和可预见性也使船队容易受到海盗和外国对手的袭击，袭击者可能会躲在佛罗里达礁岛群或巴哈马群岛附近，伺机攻击船队，因为他们知道满载白银的船队出现的时间和地点。[10] 海盗或对手造成的损失通常只是个别船只，而海上飓风造成的破坏更为普遍，但这些海上风险有时不仅对船只和人员，甚至会对西班牙的政策产生灾难性的后果。17 世纪的第二个十年尤其糟糕。1622 年，新西班牙船队很大一部分，包括 3 艘满载 150 万比索白银的大帆船，在一场风暴中遇难。1624 年，又有 3 艘大帆船遇难，同时损失的还有 100 多万比索的私人财产，约 50 万比索的皇家财产。1631年，新西班牙船队离开韦拉克鲁斯港太晚，遭遇飓风，在坎佩切附近失去了旗舰和所有白银。1628 年，荷兰人甚至在古巴马坦萨斯捕获了整支船队。[11] 由于贸易和流入皇家国库的白银中断，西班牙很难为履行国内义务、执行外交政策和帝国责任提供资金。

与此同时，西印度群岛航线（carrera de Indies）塑造了加勒比的定居点。这种船队体系的结构使哈瓦那成为通往新世界的关键。这座码头云集、造船和修船业兴盛的城市，不仅成为船队的集结地和服务中心，也是各殖民地间繁忙的主要贸易中心。它吸引了来自加勒比地区的贸易和走私品，而西班牙重商主义体系则把它们排除在与西班牙的直接贸易之外。16 世纪，几乎 2/3 进入哈瓦那港的船只来自西印度群岛的其他港口，只有 1/3 来自塞维利亚、加那利群岛或非洲。到了 16 世纪 90 年代，每年大约有 100 艘船从哈瓦那驶往塞维利亚，其中大部分在 7 月、8 月飓风高峰季节到来之前离开。[12] 水手和船长们都对风暴了如指掌。胡安·埃斯卡兰特·德·门多萨在《西印度群岛航线航海指南》中警告说："飓风的征兆不同于发生在西班牙、佛兰德和东方的海上和陆地的其他普通风暴。"他的专著详细介绍了如何察识这些征兆，以及如何让船只和人员做好准备，应对最恶劣的海上风暴。

尽管从马德里的皇家委员会或塞维利亚商会的角度来看，飓风的主要威胁始终是中断大西洋贸易和阻碍金银流向国王金库，但在

40

西印度群岛，它们的威胁是日常生活的一个恒常特征。根据强度和持续时间的不同，风暴在这些岛上造成的大致破坏模式有所不同，但具有足够的共同特征，因此民众和机构知道会发生什么。风暴一般发生在夏末，恰逢甘蔗和许多其他作物的收获已经结束。因此，一年的投资和辛苦后，总有遭受损失惨重的危险。倒伏的玉米地始终是一种风险。像木薯这样的块根作物更抗风抗涝，但是过于潮湿的环境也致使其腐烂在地里。不仅当季作物歉收，第二年的种子也岌岌可危。1546 年，法官阿隆索·洛佩斯·德·塞拉托在圣多明各写道，在遭受 3 次飓风袭击前，圣多明各呈现出前所未有的繁荣景象，飓风过后，没有一棵树、一株甘蔗、木薯、玉米或一个棚屋是站立的。[13]1692 年，一场猛烈的飓风袭击了古巴西部，摧毁了“这里的人们赖以为生的芭蕉、木薯和玉米”的所有种子和作物。哈瓦那没有粮食，总督命令农村的地主自己花钱清理道路，以便从岛上其他地方运送补给；如果不应募政府的劳动队，奴隶和他们的主人都会受到惩罚或罚款。[14]暴风雨后的饥荒在古巴、牙买加和伊斯帕尼奥拉岛（Hispaniola）等大岛并不算大问题。飓风可能不会影响整个岛屿。然而，在小岛上，真正的饥荒已经开始，特别是由于农业过度集中于出口作物，即使在正常情况下，这里的粮食供应也容易出现短缺。农作物被毁后，昆虫和其他害虫的侵袭经常接踵而至。1580 年，圣胡安市政委员会抱怨说：“由于我们的罪恶，大多数年份上帝都会降下风暴和虫子，破坏我们的补给。我们遭受的痛苦和磨难不止于此，每年还要受到来自多米尼克岛和其他邻近岛屿的加勒比印第安人的骚扰。”[15]

飓风过后，物理效应清晰可见。暴风吹来的盐水经常会剥落树木的叶子，或者使剩下的叶子变黑。观察家们有时评论说，飓风肆虐过的地区看起来像是被火烧过，英国评论员谈到了被"炸毁"的地区。在百慕大，"爆炸"（blast）成了"飓风"的同义词。

在飓风期间，沿海风暴潮和上涨的河流淹没城镇，水位暴涨，无数牲畜溺死。大风摧毁了建筑物，刮倒了树木。暴风雨过后，道路无法通行，桥梁被冲毁或损坏，使得恢复缓慢而艰难。饮用水源经常被暴风雨带来的微咸水污染，食品短缺成了主要问题。飓风过后的头几天，有芭蕉、刺果番荔枝和其他可食用的水果落到地上，但这些水果很快就被吃光或腐烂了，然后饥饿开始了。人们转向应急食品，如通常不吃的植物根，磨碎后制成面包或汤。接下来是各种疾病。例如，1685 年飓风过后，波多黎各约 900 人死于主教所说的"致命瘟疫"，包括麻疹、天花和斑疹伤寒。[16] 蚊子、苍蝇和其他节肢动物大量繁殖。飓风袭击后，洪水蚊和静水蚊在积水的田地和死水池中繁殖。缺乏食物使人口锐减。本笃会修士伊尼戈·阿瓦德—拉谢拉写道，1772 年波多黎各飓风过后是"饥饿、痛苦、疾病和死亡"。这个描述非常恰当，普遍适用于描述所有主要加勒比飓风过境后的惨象，至少直到 19 世纪晚期都是如此。

到 18 世纪后期，一些观察家已经意识到，飓风可能会在更大的生态框架内产生积极的影响。阿瓦德—拉谢拉修士观察到飓风过后往往会有大丰收，他认为"剧烈的颤动翻动了这片土地的表面，为它的繁衍做好了准备"。牙买加历史学家爱德华·朗承认，飓风"使泥土肥沃，清除了大气中的有害蒸汽，带来了一个有益健康的季节"。[17] "有飓风总比没有甘蔗好"是一些岛上种植园主的老生常谈。然而，问题是通常只有大种植园主才有资本从风暴的恢复效应中获益。对绝大多数人来说，飓风对食品、住房和健康的直接影响超过了未来的任何好处。18 世纪末，出生于马提尼克岛的法国法学家莫罗·德·圣梅里写道，任何亲身经历过飓风恐怖的人都很难相信飓风在"绝妙的宇宙治理秩序"中的效用。作为那个时代的人，他相信只有开明的哲学家才会明白，如果没有飓风，安的列斯群岛将无法居住，因为虫子到处都是，覆盖着土地，弥漫在空中。[18] 然而，绝大多数人只看到了风暴的破坏性，对风暴充满了畏惧。

西班牙帝国的对手

到 17 世纪初，欧洲的竞争对手已经打破了西班牙独占加勒比区域的局面。英国人、法国人和荷兰人不再满足于掠夺西班牙的船只和港口，或者进行有利可图但违禁的商业活动，他们开始向已然成为西班牙海的加勒比海挺进。16 世纪最后几十年里，英国和西班牙的敌对行动有时导致英国人发动大规模的进攻，如 1598 年进攻波多黎各，英国人从这场袭击中获得稳定的收入，而西班牙的防卫成本却不断上升。

袭击和劫掠商船也是有成本的，最终签订的条约让英国商人在有机会获得美洲产品的同时，也激发了他们更多的欲望。最初是贸易公司，然后是贵族赞助人受利润和权力吸引，开始寻求皇家特许状进行殖民地的拓殖。17 世纪初，英国人在弗吉尼亚和百慕大设立定居点后，于 1623 年在圣克里斯托弗建立殖民地（与法国人共享），1627 年在巴巴多斯建设殖民地，此后不久又对尼维斯、安提瓜和蒙特塞拉特进行殖民。作为克伦威尔"西方设计"的一部分，1655 年英国对圣多明各的一次军事行动因当地军队的英勇防御而失败，但就在同年，英国从西班牙人手中夺取了人口稀少、防御薄弱的牙买加。因此，与大多数其他英属加勒比定居点不同，牙买加从一开始就是皇家事业。在很大程度上，英国人的殖民地由领主或贸易公司赞助，直到 17 世纪中叶，特别是在恢复王国政府之后，国家才开始对殖民地的经济和社会施加权威和控制。[19]

1642 年后，英国殖民地在英国光荣革命期间成立了议会，扩大了地方统治。议会的权力因殖民地而异，代表种植园主利益的议会常与国王任命的总督不和。随着 1660 年查理二世复辟，议会接受了国王的征税权，以及强制实行排他性的贸易政策，为殖民地产品换取确定的市场。[20]

法国占领的地区也发生了类似的王室控制慢慢增强的过程。自 16 世纪 40 年代以来，法国海盗和商人经常在加勒比地区抢劫和走私，他们常常在圣克里斯托弗、蒙特塞拉特，或者更南边的圣卢西亚或多巴哥等小岛上加水、补给和休息。1627 年，在几乎没有国家支持的情况下，法国人从圣克里斯托弗岛（圣基茨）开始了小规模的殖民活动，随后从 17 世纪 30 年代到 17 世纪 50 年代，在马提尼克岛、瓜德罗普岛和玛丽加兰特岛等多山岛屿以及圣巴特勒米岛、圣马丁岛和格林纳达岛等一些较小、较平坦的石灰岩岛上建立了定居点。法国人经常发现，他们遭到的抵抗更多来自这些岛上的加勒比人而不是西班牙人，西班牙人基本上已经放弃了这些岛屿，将殖民目标转向了大安的列斯群岛，甚至秘鲁和墨西哥。1625 年，法国海盗占领了伊斯帕尼奥拉岛（Hispaniola）西北海岸的托尔图加岛，到 17 世纪中叶之前他们在这个大岛西端活动相对自由。1697 年，作为谈判条约的一部分，伊斯帕尼奥拉岛西部被正式割让给法国，

44

成为其圣多明戈殖民地（即今天的海地）。其中一些法国人的定居点部分由国家赞助，其他的是自由船长和代理人的项目，但在 17 世纪早期，总的政策是利用特许公司作为代理人或者给领主拨款，以便在几乎没有国家直接参与或政府不承担风险的情况下开发这些殖民地。像圣克利斯托弗公司和美洲群岛公司这样的企业被授予广泛的司法、行政和贸易权力，它们的殖民动机是从烟草、棉花或靛蓝种植中获利。他们依靠商人资本以及看到利润和权力机会的绅士冒险家和廷臣的支持。这些早期定居点的管理者通常是公司或业主的代理人，很有权势。法国大臣黎塞留（1624—1642）和马扎兰（1642—1661）对这些殖民地几乎没有直接的兴趣，但有时利用这些公司作为他们的代理人。[21]

　　直到 17 世纪 60 年代路易十四和他的大臣柯尔培尔（Colbert）统治时期，中央集权的进程和王室的控制才在法属西印度群岛变得明显起来，但即使那时，中央集权也有点像神话。[22] 作为"谈判来的帝国"的一部分，国王通过与岛上当地商业和种植园主利益合作来保持对殖民地的控制，坚持要求他们只与法国进行贸易，并尽可能使用法国船只，但实际上国王既缺乏意愿也缺乏手段来实施排他政策。尽管如此，随着这些岛屿开始生产糖和其他经济作物，当地政府以及法国王室开始从税收中受益。到 17 世纪 70 年代，国王在马提尼克岛设立了总督处理军务，1714 年后，在圣多明戈设立了另一个总督府，划分了他们的地理管辖范围。民政事务和财政事务由地方行政长官（intendant）控制，地主要是通过一个吸纳了当地代表的委员会进行管理。在很大程度上，这至少在理论上是由王室官员控制的中央集权制。先是公司，然后是王室想要控制贸易、设定商品价格、调节货币价值、消除走私、对定居者征税，这些做法从

17 世纪 60 年代开始激起了法属诸岛白人的一系列叛乱，此后反抗行动零星爆发（马提尼克岛，1717 年；圣多明戈，1722 年和 1768 年）。这些叛乱代表了一系列的殖民地利益，以及在面对常受到总督和地方行政长官分权制约的中央政权时，拥有一定程度自治权的愿望。

从个体的主动行动到公司控制的转变也是荷兰在加勒比地区活动的特点。强大的荷兰西印度公司成立于 1621 年；其商业和军事目标皆为荷兰联合省反对西班牙哈布斯堡王室统治斗争的一部分。公司最初把主要精力集中在征服巴西东北部（1624—1654），但也对加勒比地区感兴趣。17 世纪 30 年代，荷兰人在委内瑞拉沿海附近的库拉索岛、博内尔岛和阿鲁巴岛定居。事实证明，这些岛屿几乎没有农业潜力，但却非常适合与西班牙大陆进行走私贸易。此外，在 17 世纪 30 年代，荷兰人还在圣马丁、火山萨巴和圣尤斯特歇斯等背风岛链上的小岛上建立了定居点（见图 2.1）。[23] 在开发这些殖民地的过程中，荷兰西印度公司任命总督，提供人力物力，发挥了核心作用；当资本不足时，政治权力有时会委托给个体商人。[24] 荷兰西印度公司把更多的资源投入了像采盐这样的采掘业，而不是种植农业，还利用庞大的航运能力向其他国家的殖民地提供给养和奴隶，荷兰加勒比前哨成为自由港，荷兰人的岛屿定居点一直很小，但对加勒比地区的商业影响远远大于其规模，特别是在战争时期。[25] 1781 年埃德蒙·伯克在下议院对圣尤斯特歇斯岛的描述可能 46 适用于整个荷属西印度群岛：这里没有防御，没有军事组织，各国人杂居于此，对人人都有用，这就是最好的防务；"它像另一个提尔（Tyre）城，① 在海浪上升起，连接所有的国家和气候区，运送生活的便利和必需品。"26

　　除了苏里南大陆上的荷兰人定居点寻求建立类似巴西的甘蔗种植园经济以外，在其他荷属殖民地，种植园主阶级所表达的殖民地利益并不像在法属和西班牙属岛屿那么受追捧。由于西印度公司的式微（1674 年倒闭，同年重组）以及荷兰的非排他性贸易政策，荷属诸岛对地方自治的要求低于法国和英国殖民地。最后，丹麦王室也利用丹麦西印度群岛和几内亚公司作为开发商，占领了维尔京群岛的圣托马斯岛（1671）、圣约翰岛（1717）和圣克罗伊岛（1733）。丹麦人随后在这些岛屿上开发了小规模的种植园殖民地，特别是在圣克罗伊岛，那里有 40 平方英里非常适合甘蔗种植。在1754 年丹麦国王直接控制了这些岛屿之前，丹麦殖民诸岛在很大程度上仍然严重依赖西印度公司提供奴隶和物资的能力。27 应该指出的是，严格按照国家界线划分大加勒比地区可能是假象。有些岛屿由多个国家的拓殖者定居和分享；例如，法国人和荷兰人定居在圣马丁和圣克里斯托弗，圣巴特勒米曾被瑞典人占领过一段时间。由于军事行动和随后的条约谈判，多巴哥、特立尼达和路易斯安那、佛罗里达和伯利兹的大陆地区都被假手于人。在主要由一个欧洲国家占领的地区也有相当多其他国家的人，荷兰人占主导地位的萨巴岛，或丹麦人的圣托马斯岛和圣约翰岛都是如此。主权、语言和文化在加勒比地区并不总是一致。

----

① 　提尔（位于现代黎巴嫩）是世界上最古老的城市之一，可追溯到 4000 多年前，在此期间几乎一直有人居住。它是腓尼基最重要的城市之一，传说它是由伟大的神梅尔卡特建立的。这座城市由两部分组成，一部分是岛上的主要贸易中心，另一部分是"旧提尔"，位于其对面约半英里的陆地上。——译者注

在大多数拥有必要土壤和气候条件的岛上，普遍模式是从自给农业向种植甘蔗、烟草、咖啡、靛蓝、可可和其他出口作物的农业转变。由于维持生计的土地、贫穷农民和前契约劳工的小块土地被雇用大量非洲奴隶的大地产所取代，这一过程通常伴随着土地逐渐集中在少数有权势的地主手中。1700 年以前，巴巴多斯和像圣卢西亚和圣文森特这样的英属向风群岛引进了 27.7 万名非洲人，到那时，这些岛屿 90% 的产值来自蔗糖业。[28] 到 1700 年，法属西印度群岛有 2.7 万名黑奴；在随后的一个世纪里，大约有 100 万非洲人被引进。奴隶制和种植园制度在整个加勒比地区蓬勃发展。到 1815 年左右，英属西印度群岛的总人口为 87.7 万人，其中 7% 是白人，8% 是自由有色人种，85% 是奴隶。事实上，在大多数岛上白人是少数；在种植园发展缓慢或没有站稳脚跟的地方则是例外，如缺乏合适土壤的巴哈马群岛的小岛屿，或大岛屿古巴，那里大部分经济活动都会涉及为来往于欧洲的船只提供补给。

就我们的目的而言，有四点需要强调。首先，这些岛屿大规模的、出口导向型种植园农业往往将人口集中在沿海地区或低地附近，常常靠近可以提供水力或便利运输的河流和小溪。主要港口形成大型人口中心，这些港口是重要的商业活动中心。所有这些都使岛民在通常由飓风引起的狂风、潮汐和洪水危害面前，面临更大的损失风险。人们有时会修建防护堤、防波堤或防洪堤，或者改善港口设施，但考虑到经济活动的性质，几乎没有什么有效措施可以减少在灾难面前的脆弱性。

其次，尽管飓风促进了许多岛屿和一些大陆殖民地（如卡罗来纳）从自给自足或小规模农业向奴隶种植园的过渡，但也增加了社

47

会的脆弱性。在飓风破坏之后，拥有资本或获得信贷的大种植园主
48 能够更好地恢复和重建，他们经常购买处于劣势的邻居的地产。[29] 随
着时间的推移，种植园农业的盈利能力导致巴巴多斯和小安的列斯
群岛的一部分主要作物高度集中，在飓风破坏了正常的供应线时，
这些岛屿特别容易出现粮食短缺和饥荒。在以单一种植为主的小岛
上尤为如此。西班牙、英国、法国和丹麦的帝国体系都试图建立
"独家经营"（l'exclusif）的形式：与宗主国的排他性殖民贸易，禁
止与其他欧洲国家或其殖民地进行贸易，限制与外国人的贸易，甚
至经常限制与本体系内其他殖民地的贸易。虽然例外、豁免和许可
证制度经常打破这些排斥，但这些重商主义措施是帝国体系的核
心。这些排他性规定也是造成殖民地非法买卖、走私、避税和普遍
的不服从或抵制等行为屡禁不止的背景。

在这种情况下，飓风暴露了排他性贸易政策的局限性以及加勒
比地区人民规避这些政策的愿望。所有帝国的管理者都试图遵守限
制性政策，但也意识到了这些政策的局限性。饥饿和必需性迫使人
们无视帝国对与外国人贸易的限制，助长了加勒比地区不间断的走
私贸易，特别是在风暴之后食品价格飙升的时候。[30] 每个帝国都试
图尽可能从宗主国和帝国大陆部分向其加勒比殖民地提供物资。新
西班牙向古巴和波多黎各运送食物、材料和白银补贴，有时在新格
拉纳达或委内瑞拉也能获得食物。新英格兰和费城、查尔斯顿等港
口与英属诸岛保持着定期、必要的商业往来，供应木材、面粉和咸
鱼，加拿大和路易斯安那对法国殖民地发挥了类似的作用，但战
争、政治问题和气候条件意味着这些联系并不总是安全可靠。1700
年，在马提尼克岛，由于飓风毁掉了一切食物，岛上的军队和奴隶
填不饱肚子，当地的法国行政长官弗朗索瓦·罗歇·罗贝尔不得不

开始抱怨上年的面粉和资金迟迟不到，"在目前的情况下极其令人沮丧"。[31] 同样，马提尼克岛的一名皇家军官抱怨说，1713 年的一场 飓风摧毁了甘蔗、粮食和可可之后，马提尼克岛受到饥荒的威胁，岛上的食物只够士兵和奴隶吃两周。他请求"立即运送"粮食，但他对粮食很难从相距甚远的法国送到的现实心知肚明。[32] 与今天的自然灾害一样，最贫穷的人受到的影响最严重，由于岛上社会越来越依赖奴隶劳动，奴隶首当其冲地承受了灾害，他们占有最少的资源，却不得不面对灾害带来的最大后果。

再次，奴隶制对社会的长久效应增加了飓风的潜在影响。在这些充满不确定性的社会，疾病、工作条件和日常生活中的危险导致死亡率很高，如果没有人口输入，无论白人还是黑人都无法维持人口增长。这些岛上奴隶人口众多且难以驾驭，白人和自由有色人种的人数则少得多，这种社会构成极大地助长了焦虑和不稳定性，进而催生了镇压和反抗。当战争爆发或天灾发生时，蓄奴社会中普遍存在的那种焦虑与不安就会更加强烈。飓风往往是紧张局势加剧的时刻，对抢劫、权威崩塌或奴隶叛乱的恐惧在风暴后并不少见，但与此同时，奴隶往往因飓风后的食物短缺和疾病受到的伤害最严重。

最后，在英属、法属、荷兰属和丹麦属的定居点中，早期定居点的商业或物业性质及其治理往往会削弱自然灾害或其他危险可能激发的共同体意识、互惠意识或贵族义务感。这并不是说人们意识不到共同的风险，也不是说他们不可能做出合力反应，例如攻击敌对的加勒比人，有时不同国籍的定居者甚至能够团结起来共同应对灾害。尽管如此，面对自然灾害，国家关怀和国家对民众的责任意识慢慢减弱，这种现象直到 18 世纪才开始好转。

面 对 风 暴

　　到 17 世纪的第二个十年，当西班牙的对手开始在加勒比的殖民统治时，西班牙人对加勒比地区的危险和风险已经有了一个多世纪的经验，其他欧洲人也借鉴了这一经验。此外，这些国家的水手、船长和商人也对风暴有了自己的了解。像西班牙人一样，观察、理论和宗教信仰混合在一起影响了英国、法国和荷兰观察家和评论员的看法与解释。所有欧洲定居点都被迫面对同样的现象，面对这些危险，环境和地理的性质往往要求所有政府和人民做出类似的反应，这些反应决定了政府和人民在面对这些危险时可以做出的选择。[33] 帝国和军事目标的共同背景以及基于奴隶生产的出口农业经济也造成了应对方法和目标的相似性，尽管政治和文化不同导致了部分细微差异。共同的飓风危险总是对政治或文化差异漠不关心，正如我们将会看到的，这一现实最终创造了一个经验的共同体，并且常常是跨越帝国竞争或政治分裂的广泛的利益共同体（图 2.2）。

　　自 16 世纪中叶以来，荷兰人一直在加勒比地区进行贸易和掠夺，他们像西班牙人和其他欧洲水手一样，试图了解飓风并制定应对策略。荷兰人热切地观察新大陆的自然现象，明白对抗西班牙的成功取决于他们在大西洋的商业和战争中的生存能力。他们以西班牙人的经验为指南，阅读他们能读到的一切，但也依赖于观察、道听途说和谣言。到了 17 世纪，荷兰读者通过评论家、航海家和旅行者们的记录熟知了风暴。乔安妮斯·德·劳特（Joannes de Laet）在《西印度群岛的描述》中写道，月球运动的各个阶段都对飓风的

图2.2 "飓风袭击陆地"表明，飓风的威力和恐怖继续成为18世纪欧洲人所描述的大风暴的特征。[出自彼得·范德阿（Peter van der Aa）：《东印度和西印度最难忘的海陆航行集》，莱顿，1707年；由布朗大学约翰·卡特·布朗图书馆提供]

形成产生直接影响。[34]1623年，迪里克·勒伊特在《航海技术的火炬》中准确地记录了风向的变化，但将这一观察结果与对飓风频繁 51
发生的幻想混为一谈。

　　很久以前，当西班牙人刚刚来到西印度群岛时，发生过一场飓风，有些人说，从野蛮人那里听说过，飓风往往发生在闰年，不过其他人说每七年发生一次，尽管可以肯定的是，飓风每七年出现一次，但频率在降低：因此现在 16 年已经过去了，飓风还没有出现。人们在飓风到来之前没有意识到它的存在，它到达和消失的时间相同，也就是持续了 24 个小时，开始是暴雨、雷鸣、闪电和从四面八方刮来的狂风，因此风在 24 小时内环绕了整个区域，在如此不可思议的风暴中，六到七英寻高的树木被彻底连根拔起，从前，风力甚至如此强大，以至于整个西班牙船队被吹向森林和树木以外的陆地。[35]

17 世纪后期，人们对飓风的描述不再充满震惊，但对风暴的破坏性依旧印象深刻。到了 17 世纪 60 年代，风暴的危险已经众所周知，以至于吸引殖民者到苏里南的广告强调这里"比该地区其他地方的土地更肥沃，而且没有在该地区常见的被称为'飓风'的危险风暴"。[36] 荷兰人最初认为库拉索岛也不会遭到飓风的威胁，但 1681 年 10 月的一场破坏性风暴使希望破灭。吉尔哈特·布兰特在 1687 年描述了这场风暴的威力，指出飓风

> 摧毁整个森林，从山上撕下岩石，投入山谷，摧毁建筑物，摧毁田野；搅动大海，海天似乎融为一体：将船只在海岸上挤压，就像它们是浮木一样，或者把它们抛入海中，直到破裂下沉。这些飓风通常发生在 7 月、8 月或 9 月，过去每七年一次，现在一年中要经历两次甚至三次。[37]

早期的法国观察家也接受了关于飓风间隔七年的神话。杜特尔特神父在《安的列斯群岛通史》（1667—1671）中声称，欧洲人在此定居后，这里的风暴才变得更加频繁。他的这个想法很可能来自

早期的西班牙作家，但是法国人很快获得了他们自己的飓风知识。瓜德罗普岛、马提尼克岛和附近的安提瓜的纬度（北纬 16—17 度）使得它们特别容易受到佛得角风暴的影响。佛得角风暴形成于大西洋东部靠近佛得角群岛的地方（北纬 15.1 度，西经 23.6 度），当它们向西移动穿过外海时，能量和破坏力会增加。1635 年，也就是法国人建立定居点的第一年，这些法属岛屿遭到了飓风袭击。17 世纪，瓜德罗普岛平均每十年左右遭遇一次飓风袭击。1666 年 8 月，它与马提尼克岛和圣克里斯托弗岛一起再度遭受飓风重创，当时威 53
洛比勋爵指挥的一支英国舰队在进攻该岛时受飓风袭击遇难。1699—1720 年间，瓜德罗普岛四度遭到强烈风暴的袭击，随后又遭遇了 1738—1742 年（四次袭击）和 1765—1767 年（三次袭击）的两个飓风密集期。马提尼克岛也经常遭到风暴袭击，1680 年和 1695 年的飓风袭击造成大量人员伤亡和港口航运受损，后来在 18 世纪周期性地遭到风暴袭击。

　　早期法国人对风暴的评论经常指出，关于风暴的信息是从岛上的加勒比居民那里得来的。在 17 世纪天主教神父杜特尔特和拉巴特以及可能是胡格诺派的罗什福尔的作品中，飓风往往作为岛上生活的一个特征和上帝的力量与审判的标志出现，但所有这些作者也表达了对风暴的具体性质和自然起因的好奇心。例如，拉巴特指出风暴来临前的平静、云的形成、鸟类的活动和海平面的上升是风暴来临的迹象，还根据他在瓜德罗普岛的亲身经历提出飓风可能造成的破坏。[38] 雷纳尔神父在那本流行的、被翻译成多种文字的欧洲人定居史中描述了飓风造成的恐怖，似乎预示着"濒临消亡的大自然的最后挣扎"，他认识到印第安人对飓风有着特殊的了解。他警告说，忽视"野蛮民族关于时间和季节的观念甚至偏见"将是一种轻率的行为。[39] 法属岛屿上殖民者的私人信件和其他地方的一样，经常反映风暴的危险和破坏，但视之为常见的风险。1775 年，鲁奥迪耶夫人在她位于圣多明各的庄园里写道，这场"残酷的飓风"造成了如此巨大的伤害，第二年她抱怨说，树上既没有果实也没有花。[40]1785 年，她再次写道，当年的飓风并不特别强烈，而且与1772 年和 1775 年的风暴不同，只破坏了房屋和庄稼。1788 年，她可以松一口气，感谢上帝，10 月 16 日至 17 日导致河流泛滥的"可怕飓风"并没有对她的财产造成更大的损害。在她居住的农业殖民地，飓风可能很可怕，但这是做生意要付出的代价。[41]

54　　　由于马修·马尔卡希最近出色的研究，也由于英国文献记录保存良好、记叙清晰，使我们对英国人对抗飓风的观念和方法掌握得相当全面。面对飓风，17 世纪英国人的记录与早期西班牙人的报告和编年史一样，充满了敬畏和恐惧。虽然英国殖民者发现热带的高温、昆虫和总体环境令人不快，但正如莎士比亚在《暴风雨》中向伦敦观众所展示的那样，飓风似乎是加勒比地区及其民众原始野蛮的独特象征。威廉·史密斯在《尼维斯自然史》（1745）中告诉读者："别在东印度或西印度群岛寻找天堂，因为那里有地震、酷热、蚊子和飓风。"[42] 航行和殖民的危险程度使新英格兰殖民地有别于加勒比和卡罗来纳（在某种程度上还有弗吉尼亚）殖民地，加勒比和卡罗来纳是风险最大的地区。威廉·贝克福德在他的《牙买加史》中说，相比之下，英格兰的暴风雨不过是和风细雨。他把飓风和地震看作是最严重的"威胁热带地区居民的自然灾害"。[43] 在殖民地所有地方，"加勒比"风暴成为衡量暴力和风暴的尺度，其破坏力几乎被所有幸存者记录下来。安提瓜总督拉尔夫·佩恩目睹 1772 年袭击该岛的飓风造成了灾难性后果，哀叹道，"一场刻骨铭心、灾难性的暴风雨所带来的悲惨境遇以及它给整个国家留下的忧郁可能会在最坚硬的内心唤起最敏锐的情感"[44]。所有经历过这些风暴的人都不断重复这样的哀叹，尽管通常不用这么文学化的语言。

早期的殖民者像他们之前的西班牙人一样（英国人尽可能地阅读西班牙人的描述），也向土著居民寻求风暴到来的信息，到了17世纪80年代，他们对风暴的季节性和暗示风暴到来的迹象已经了如指掌。随着加勒比岛殖民地和卡罗来纳越来越多地转向种植甘蔗、烟草、水稻和其他基于奴隶劳动的主要粮食作物，种植园主和商人相信飓风风险是做生意需要付出的代价，但他们对风暴依旧保持警惕。他们的通信中充满了对飓风季节及其可能带来的影响的焦虑。[45] 他们学会了如何降低风险，避免在飓风季节航行、为货物投保或将货物分散在多艘船上，鼓励奴隶种植块根作物，在飓风季节过去之前避免购买新奴隶。甘蔗种植园主学会了如何在飓风袭击其他岛屿时从价格波动中获益，正如我们将看到的那样，学会了如何在请愿书中利用财产损失作为申请免税的理由。[46]

殖民者及其总督们从经验中了解了风暴带来的挑战。17世纪70年代中期巴巴多斯有据可查的经历是很好的例证。该岛遭遇了两次风暴，一次在1674年，另一次破坏性更大，发生在1675年，据总督估计，给教堂、房屋和糖厂造成了20多万英镑的损失。他发现应对飓风特别困难，因为他的求助得到伦敦的回复至少需要六到八个月，而在五个月的飓风季节里，几乎没有一艘船可以把他的求助信送出去。[47] 当时，巴巴多斯仍在从小规模自由经济向种植园制度过渡，1675年飓风来袭时，岛上约有2.3万名白人和4万多名黑奴。暴风雨令乡下面目全非。大范围的破坏无法用从新英格兰获得补给的寻常方法进行弥补，因为那些殖民地已经在"菲利普国王战争"[①] 中被土著人的野蛮破坏所瓦解，无法运送食物和木材。巴巴多斯的糖料作物损失殆尽，债权人要求偿还贷款。由于无法在下一次收获之前重建或获得信贷，许多小农和小种植园主放弃了巴巴多斯，前往较小的岛屿，如尼维斯或安提瓜，或多巴哥和其他被认为不会遭受飓风袭击的岛屿。[48] 白人的外流改变了种族平衡；到 1780 年，岛上只剩下 2.2 万名白人，大多数是工匠、管理者和小农，到 1815 年，这个数字已经减少为不足 1.6 万人。[49]

56　　在背风群岛的安提瓜、蒙特塞拉特、尼维斯和圣克里斯托弗也可以发现类似的模式。1670 年，安提瓜岛上的定居者迫切希望搬到卡罗来纳，摆脱"每年都会摧毁房屋和庄稼的可怕飓风"。1733 年，许多爱尔兰移民定居的蒙特塞拉特遭受了沉重的打击，36 家糖厂中只有 6 家屹立不倒，岛上四分之三的建筑被毁；几年后，另一场飓风将其主要港口普利茅斯淹没，蒙特塞拉特再次遭受重创。其生产力从未完全恢复。[50] 小岛尼维斯主要是一个不活跃的火山锥，被一片翠绿的森林所覆盖，土壤肥沃。虽然平均来说岛上的庄园比其他岛屿的小，但到 1680 年，尼维斯已经成为一个主要的甘蔗产地。然而，种植者发现了尼维斯不仅容易遭受飓风的侵袭，还容易受到干旱的影响，种植甘蔗很有风险；随着时间的推移，这些因素，再加上侵蚀、土壤枯竭和外来侵略，都限制了它作为产糖岛的

---

① "菲利普国王战争"也被称为纳拉甘西特大战（Great Narragansett War），是 1675—1676 年新英格兰的美洲原住民反对殖民者及其印第安盟友的战争。战争以印第安万帕诺亚部落联盟的酋长梅塔卡姆（菲利普）的名字命名。纳拉甘西特人在这场冲突中发挥了核心作用，他们由当时新英格兰南部最大的美洲原住民群体组成，因此，一些历史学家也将这场冲突称为纳拉甘西特大战。——译者注

发展。[51]

即使殖民地居民开始敬畏"可怕的拜访",在殖民地和英格兰,人们的注意力转向了对飓风起源和特征的解释。将飓风解释为"天赐"、认为是上帝的审判造成了风暴和其他灾难的人比比皆是。到底是谁的罪孽——殖民者、印第安人、异见者或政府——导致了神的愤怒通常是一个有争议的问题。大多数英属岛屿在飓风季节开始时就设立了祈祷日,在飓风季节结束时设立了感恩日,甚至无宗教信仰的人也经常加入礼拜。切萨皮克烟草种植园主罗伯特·卡特坚信是上帝的仁慈使他的田地、家人和奴隶得以幸免。[52] 很少有人会不同意描述 1772 年圣克里斯托弗飓风的作者所说的"若上帝之手干涉摧毁我们的希望,我们所有的计划都是徒劳"[53]。那场风暴也促使年轻的亚历山大·汉密尔顿,一位住在丹麦属圣克罗伊岛的年轻人,用大觉醒式(Great Awakening)的语言给岛上的报纸写了一封慷慨激昂的信,呼吁在飓风造成灾难后给予同情和采取慈善救助。

虽然宗教情感和虔诚的话语很常见,特别严重的风暴有时会带来有关世界末日的布道和小册子,但虔诚不能只看表面。《牙买加新史》的匿名作者指出,人们虔诚地保留着抵御地震(6 月 7 日)和飓风(8 月 28 日)的祈祷日,但这是一年中仅有的两个祈祷日,牙买加的星期天就像任何其他日子一样。[54] 这里是英国国教教会势力很弱的地方,牧师经常心不在焉、玩忽职守,去教堂的人很少。牙买加人彼得·马斯登在 18 世纪 80 年代写到教堂里空荡荡的长椅,哀叹"种植园主似乎根本没有宗教信仰"。[55] 飓风似乎重新唤起了宗教情感——至少是暂时的。1772 年全面记述了圣克里斯托弗和尼维斯飓风的匿名作者写道:"我们在危险面前颤抖,然后,但是

57

或许只是在那时，向能以一己之力保护我们的上帝求救"，他补充说，"在幸运的安全中，我们忘记了幸福的创造者，享受他的礼物，仿佛幸福自然发生于我们自身"。[56]

17 世纪中叶，更多关于飓风的物理解释已经出现，比如在拉尔夫·博翁的《论风的起源与性质》（1671）中，将亚里士多德思想、占星学和实践的知识融合在一起，形成了一个精确观察、神话和错误构成的奇怪的混合体。[57] 自然哲学家们着眼于从月相的变化、太阳对大气湿度的影响，或者东风和西风的交锋中寻求对飓风的物理解释。特别是在 18 世纪，随着这种探索的持续及新的科学工具如气压计的出现，用自然规律解释变得更加普遍。正如历史学家马修·马尔卡希（Matthew Mulcahy）所强调的那样，在英国人心目中，飓风仍然是上帝所为，但被视为更普遍的天意的一部分，而不是对特定罪行的惩罚。任何一年，可能少则一两场，多则 10 或 12 场北大西洋飓风在已被殖民的岛屿或海岸登陆。除非破坏性巨大或在某种程度上异于寻常，否则过于频繁的飓风是无法被视为超出自然规律的。[58] 如同加勒比地区其他地方一样，飓风在英属加勒比被视为一种可怕的、潜在的毁灭性或致命性危险，但也是可能为某些人创造巨大财富的环境的一部分。无论欧洲人如何看待和对待飓风及其他自然现象，它们都造成了美洲殖民地政府和人民不得不面对的一系列危害。

灾难的政治

58

在每一个殖民政权中，社会和经济背景决定了当地期望和政府行动的性质。大多数情况下，所有殖民地的宗主国政府都很少关注飓风袭击前的预防，风暴过后，居民主要依靠邻居或地方当局的帮助。在整个 17 世纪和 18 世纪的大部分时间，这种模式长期存在于法国的、英国的和荷兰的殖民地。西班牙殖民地的情况不同。那里的殖民者和殖民地行政官员最先面对危险并寻求减轻灾害影响的方法。他们认为加勒比海的生活是一种"持续的磨难、损失和灾难"，正如圣多明各的市议员在 1630 年所说的那样，在他们抱怨飓风摧毁了城市的大部分地区之时，接下来看到庄稼被海上的敌人偷走，所剩无几。[59] 他们做出西班牙殖民地通常的反应：请求国王积极干预。

西班牙有着悠久的市政组织和自治传统，这一传统是在中世纪后期从穆斯林手中收复西班牙时发展起来的，后来的 16 世纪王室政府逐渐控制和颠覆了这一传统。市政府和一定程度的自治传统已经延伸到新大陆。市政委员会管辖地方政府的大多数方面，自然而然也就成了社区危机的第一反应者。例如，在 1557 年的飓风之后，哈瓦那市政委员会下令重建城市屠宰场，并清理通往马坦萨斯、巴塔瓦诺和瓜纳哈伊的道路，这些是肉牛和食品抵达哈瓦那的主要路线。1588 年，一项类似的命令得以通过，确保从巴亚莫向哈瓦那的肉牛供应，而皇家总督则负责联系韦拉克鲁斯要面粉，联系伊斯帕尼奥拉要木薯饼（casabe）。[60] 市政府和王室政府都可以直接干预。 59 1692 年，一场可怕的飓风摧毁了古巴西部一半以上的糖厂和大部分甘蔗。哈瓦那的大多数穷人无处安身也没东西吃。曼萨内达总督发布命令，要求糖厂主、牧场主和商人支付疏通道路的费用，并命令所有在城市街道和港口工作的奴隶报告工作细节。[61] 这种为了共同利益的反应措施有时遭到怨恨，但被视为总督和地方政府的首要责任。市政委员会特别精明地借助地缘政治的考虑，要求王室出资修复被暴风雨损坏的防御工事或政府建筑，确保王室同意他们的请求。[62]

市政委员会和王室总督是面对灾难的第一道防线，它们通常是第一批做出反应的机构，但他们这样做往往是为了保护精英阶层的利益。市政会不是人人平等的机构，而是由有权有势的人主宰，因此很难代表整个社会。市政委员会的委员们不仅将灾难视为艰难的挑战，也将其视为牟利的机会。他们总是很自然地倾向于认为自己的利益与更广泛的社会利益一致。早在 1515 年，圣胡安市政委员会就注意到飓风造成的破坏，以及随后许多印第安人因其导致的饥饿和疾病死亡。这个城市的精英阶层需要劳动力，因此市政会要求国王释放那些因无法交纳黄金贡赋定额而坐牢的印第安人，认为监禁印第安人对国王毫无用处，在这个劳动力短缺的时候，他们是殖民者的宝贵财产。[63]1531 年，王室批准了圣胡安市政委员会的要求，因风暴和飓风造成的损失，暂停两年偿还圣胡安岛的所有债务。[64]圣胡安市政委员会看起来并不满足，1534 年再次提出要求享有与圣多明各同样的特权，抱怨由于黄金已经枯竭，圣胡安人口在减少，定居者被吸引到像秘鲁那样更富裕的新征服地。他们认为，这样迁移和放弃定居区有悖国王的利益。经济低迷应该得到"梅赛德斯"（mercedes），即王室特许，如政府支持供应黑奴，债务延期偿还，以及税收减免。请愿者经常根据他们的受灾情况和为王室提供的服务，反复提出这些理由。1546 年，一位皇家地方法官——塞拉托律师（Licenciado Cerrato）在圣多明各写道，飓风、反叛的奴隶和新的税收确实正在破坏岛上的经济，阻碍当地的发展。他主张给殖民者特许权，但警告说，如果殖民者能够得逞，他们一分钱也不会付。[65]

西班牙人像其他欧洲人一样，将飓风和其他自然现象视为天意和上天的惩罚或警告；然而，即使接受飓风源于天意或者神的意图，西印度群岛的居民仍然毫不犹豫地寻求帮助，或将这种挑战转化为好处。定居者认为，加勒比人的突袭，法国、荷兰或英国的袭击、干旱、奴隶叛乱、洪水，甚至是岛上产品价格下跌都应该被列入救济和君主仁慈的清单。恶劣的天气，特别是飓风，或者通常所说的"带来洪水和狂风的风暴"，被视为在岛上居住的众多风险之一，而王室可以并且应该采取行动应对这种风险。[66]1546 年的波多黎各是一个很好的例子。早先关于由于黄金匮乏及其他地区的诱惑而造成人口减少的报告再次出现，现在原因又扩大到包括加勒比人的持续袭击和飓风造成的破坏。[67]同样，圣多明各的市政委员们于1555 年 6 月写信给王室，抱怨法国的袭击和奴隶短缺造成的粮食短缺以及"许多"飓风和风暴。他们要求将某些"自由"扩大到这些岛屿：允许进行商业活动，也就是说，在南美沿海搜捕印第安奴隶，特别是免除纳税义务。[68]那年晚些时候，即 8 月底，圣多明各遭到持续 20 小时的飓风袭击，对糖厂、农场和牲畜造成了巨大破坏。风暴还击沉了许多向西班牙运送兽皮和蔗糖的船只，以及那些从事岛屿间交通的船只。圣多明各需要重建，市政委员会提出的解决方案是王室顾及"繁重的任务和居民遭受的巨大损失"。市政委员会声称，王室应采取适当行动，扩大免税和特权来帮助和支持殖民者。[69]这种请求成为西属加勒比岛屿定居点的一个固定特征。1592 年，方济各会修士弗雷·埃尔南多·德·孔特雷拉斯在伊斯帕尼奥拉岛的亚瓜纳镇写道，如果不降低销售税和减少某些贸易限制，这个被海盗和飓风蹂躏的城镇将永远无法恢复。他认为，这里的居民是忠诚的附庸，应该得到王室的恩典。[70]

1615 年，波多黎各驻马德里代表弗朗西斯科·内格雷特上尉代表总督和市政委员会做出了类似的、更具体的论述，从中可以看出如何可能把飓风的破坏变成好处。他建议采取措施帮助波多黎各岛从一系列灾难中恢复过来，包括 1598 年的英国袭击、蔗糖和生姜价格下跌、海上损失，最严重的是 1615 年 9 月 17 日的飓风。据波多黎各岛总督费利佩·德·维蒙特（Felipe de Veumont）报告，这场风暴降临之前，岛上于 9 月 8 日发生了一场"上帝因我们的罪而降罪"的地震，随后大风暴肆虐，破坏了岛上的农业，摧毁了甘蔗地和糖厂，导致普遍饥饿。[71] 圣胡安市政委员会委员此时恳求王室给予考虑，指出该岛"已被耗尽，夷为平地"，无论是出于王室的仁慈，还是刺激农业以增加收入的自身利益抑或是福音传道的责任，都要求国王对殖民地采取仁慈的行动。委员会要求给予殖民者的特许包括：第一，对所有运往塞维利亚的货物，出口税降至不超过 2%，为期 20 年，就像 1598 年给伊斯帕尼奥拉岛的特许一样；第二，给予甘蔗种植园主 2 万达克特的补贴，以工具和从墨西哥国库中提取的货币形式发放，就像 1600 年给予哈瓦那定居的殖民者 4 万达克特一样。随后是一系列基本上是为了帮助岛上的种植园主阶层谋划的请求：4 年债务止赎豁免；所有特许延长 10 年；不先经过塞维利亚就能引进 200 名黑奴的权利；对进口葡萄酒和奴隶征税用来支付城市重建费用的权利；甚至为岛上征服者的 150 多名女儿和孙女建造一所修道院。[72] 王室对大多数财政请求做出了积极回应。岛民们表达恳求时的措辞迎合国王作为"基督教父亲"的责任感，他不应听任这"神圣福音的第一枝葡萄藤枯萎"（"first vine of the Holy Evangel wither"），并提醒他如果西班牙的敌人占领该岛可能会造成的后患。1625 年荷兰人的袭击和 1626 年的另一场风暴导致了进一步减税的要求。[73] 1644 年，波多黎各主教达米安·洛佩斯·

德·哈罗写道，尽管岛上土地肥沃，但物质匮乏，特别是在1642年的另一场飓风之后。王室为应对飓风做出的这些持续让步的总体结果是承担其他责任的资金短缺。主教对此有亲身体会，因为他的收入受到了影响。他写道，飓风使这片土地"贫瘠"，"所有的短缺都被归咎于风暴，这已经成为我的麻烦风暴，因为这也包括什一税"。[74]他在给国王的信中指出，岛上主教辖区面临的危险是"海盗、加勒比人、凯门鳄以及大水和狂风"，也就是飓风。[75]

灾难发生后，西班牙统治者究竟在多大程度上认为他们对殖民地居民负有一切责任？像西欧所有早期现代政府一样，西班牙统治者首先考虑的是维持秩序和国家能够发动战争的资源。作为一个天主教国家，西班牙统治者认真对待他们的传教和基督教慈善义务，他们对西印度群岛的主权要求源于与罗马的契约，将天主教信仰传播给异教徒。然而，王室把这些职能交给了教会和各种教会机构，如传教士团和世俗兄弟会。值得注意的是，许多来自西印度的救济请求是基于他们自身的苦难和损失，向基督教慈善组织发出呼吁，但仍然用实用的措辞表达这些请求。为了拯救殖民地及其商业免受外来威胁或社会动荡，如奴隶或印第安人的叛乱，他们强调在风暴后需要加强和重建殖民地。

事实上，与欧洲其他地区一样，慈善在西班牙也是一个引起大量神学和理论争议的问题。人文主义者和神学家，如胡安·路易斯·比维斯（1492—1540）认为，忽视穷人会使整个社会处于危险之中，为了社会稳定和道德秩序，必须区分真正的或值得救助的穷人和懒惰的人。这些主张引起了教会和国家的注意。[76]在这些辩论中，通常对"意外致贫的人"给予特别的补贴，这些人由于瘟疫、火灾或自然灾害而需要施舍，这并非他们自身的过错。声称意外致贫通常是遭受飓风袭击者的主要策略。

　　西班牙哈布斯堡王朝的国王们似乎通过他们的总督直接控制了西印度群岛，既回应了对其父权制责任的呼吁，也对灾难后西班牙控制力薄弱的警告做出应答。王室愿意采取支持殖民地救灾的措施。教会机构有时被动员起来为受灾地区提供帮助，王室对西班牙海域风暴的常见反应是提供免税、债务减免以及相对廉价的奴隶和建筑材料。国王需要岛上的精英开发殖民地，充当抵御外来入侵的堡垒，因此愿意承担救灾工作。这是国家政策，也是基督教家长制的表现。

　　西班牙在这个地区的竞争对手最初并没有以类似的方式回应灾难对殖民定居点的影响，但至少在殖民开发的早期阶段，他们对于灾难的责任感呈现出减弱趋势。法国国王在重臣、红衣主教黎塞留和马扎林的影响下，极少关注殖民地，即使在灾难发生后也不愿意承担财政或其他责任。17 世纪 60 年代，法国权力更集中于政府手中后，对殖民地的态度也开始改变，这也许是受国家通过与有权势的商人和地方利益集团合作协商统治的影响。[77] 到 18 世纪 20 年代，越来越多的证据表明，宗主国愿意以免税的形式向挣扎中的殖民者

64　提供援助。1728 年，由于可可树生病损害了经营，马提尼克岛上的可可种植者得以在 1727—1730 年免交人头税 4 年。到 1741 年，类似的考虑扩大到遭受飓风袭击的殖民地。由于瓜德罗普岛在 1740年 9 月的飓风中遭受了损失，王室颁布法令减免瓜德罗普岛居民 9万里弗赫的税收，减免附近的玛丽·加兰特岛居民 7 千里弗赫的税收。[78]

这种变化和特许伴随着殖民地生产的发展，在遏制走私与控制排他主义政策之间起到了平衡作用。王室以此对殖民地生产能力和稳定进行激励。这些始于 17 世纪末的政策到了 18 世纪中叶在法国殖民地已经变成常态。1766 年的一项王室法令允许马提尼克岛的定居者在法国的补给到达之前，从外国购买食品。1768 年，路易十五本人给岛上的飓风幸存者送去牛肉和面粉。[79]

类似的过程也发生在英国殖民地。业主或公司支持下的早期殖民减少了定居者对王室援助的期望，也削弱了王室担负直接责任的意识。在 17 世纪 50 年代和 60 年代，由于制定了限制性的《航海法案》来控制贸易和增加收入，西印度群岛的经济在英国越来越受到关注。这些殖民地与英国的关系在王室复辟后发生了一些变化，当时在大多数美洲殖民地都建立起了王室的控制权。尽管有一些抵触，但种植园主和他们的议会通常愿意接受贸易限制和税收，以换取在大不列颠获得有保障和受保护的市场。国王和议会表现得越来越关注殖民地，但即使在那时，也不愿意做出可能会减少王室收入或控制权，或者可能危及殖民地的利益平衡的让步。

尼维斯岛是一个典型的例子，它在 1707—1708 年遭受了法国的袭击和飓风，岛内满目疮痍。伦敦愿意为法国入侵的受害者送去10.3 万英镑，为风暴受害者送去建筑材料，并具体指示进行平等分配，以帮助恢复生产生活。安妮女王强调这一援助的"慈善目的"，并表示"向我们在尼维斯和圣克里斯托弗的臣民的悲惨状况表示同情，敌人的掠夺和后期飓风的灾害使尔等几乎陷入绝境"。[80] 然而，种植园主想要更多，他们希望王室免除他们的抵押债务及债务止赎权，但总督反对种植园主提出的法院暂停 3 年的要求。这一要求同

65

样遭到了商人债权人的强烈反对，他们认为这是种植园主企图利用在英国和岛上的影响力逃避偿还义务。丹尼尔·帕克总督认同他们的看法，拒绝关闭法庭，这一政策赢得了伦敦的上议院殖民地贸易委员会（Lords the Lords of Trade）的称赞。种植园主提出这种要求并不新鲜。1684 年，在尼维斯岛遭受了两次飓风和一次旱灾之后，种植园主们也请求免除他们的债务，但同样遭到总督的强烈反对。[81] 从 16 世纪初西班牙帝国就开始推行的普遍做法，在大英帝国采用得很缓慢，直到 18 世纪中叶才成为常态。

灾难发生后，地方利益与王室利益的矛盾以多种形式出现。根据对 1752 年袭击查尔斯顿的风暴后果的记述，我们可以清楚地看到飓风可能造成的政治压力。南卡罗来纳沿海低地地区对飓风并不陌生，该地区曾在 1686 年、1700 年和 1728 年遭飓风袭击。蓬勃发展的水稻种植经济受到风暴冲击尤其严重。种植者意识到收割前的夏末风暴可能是灾难性的。1752 年的飓风给城市和周边地区带来了狂风和破坏性的潮汐，农作物损失惨重，牛群和奴隶大量死亡。查尔斯顿希望得到英国的帮助。事实上，在 1740 年一场大火摧毁了这座城镇之后，英国议会慷慨地拨付了 2 万英镑，但这种援助有些反常。皇家总督詹姆斯·格伦和南卡罗来纳的代表机构下议院都试图在飓风过后做出回应，但很快发现他们的利益和观点相左，这种分歧很快使他们在具体的回应问题上陷入对抗。例如，总督希望通过政府安排从其他殖民地向灾区运送食品供应，下议院认为应该由私商来安排供应。水稻被毁造成的收入损失，木材的毁坏，以及对殖民地财政状况丧失信心，导致了一场殖民地的信用危机，使得任何重建和修复努力都困难重重。查尔斯顿的防御工事在飓风中遭到严重破坏，下议院和总督就重建防御工事的昂贵费用发生直接对

66

抗。议会认为这是国王的责任，而总督要求议会承担费用。这些斗争最终归结为王室特权和地方权力之间的对抗。[82]

尽管乔治二世和英国议会表明他们愿意在特殊情况下直接参与救灾工作，但英国人长期以来一直依赖慈善救灾指令（charity briefs）为陷入困顿的人提供帮助，即由王室授权并由教区教会组织的救济工作。慈善救灾指令被用来应对从旱灾、火灾到地震和流行病的各种灾难。虽然这是一种普遍流行的做法，但加勒比地区的慈善救灾有时效果有限，因为在像尼维斯、安提瓜或圣文森特这样较小的岛屿上，飓风过后很少有人毫发无损，因此很少有人能够为普遍的救援工作做贡献。然而，加勒比群岛的总督们还是发布了指令。此外，个人或像贵格会这样的宗教团体有时也会组织慈善救灾活动，到了18世纪后期，个人或机构组织的私人捐赠也变得流行起来。但在此之前，由于相距遥远，送钱送物都很难及时到达，英格兰或北美开展的对加勒比地区的救灾工作收效甚微。此外，直到18世纪中叶，加勒比殖民地及其居民的困境在英格兰或帝国的其他地方都不是令人十分关切的问题。随着蔗糖经济开始快速增长，这种情况将会有所改变。

荷兰人的情况更明显。荷兰已经形成了最先进的慈善机构体系 67 之一，公民福利网络远远领先于当代大多数欧洲国家，设立了一系列令人印象深刻的机构照料老弱病残和穷人。尽管受到归正宗、路德宗、门诺派和其他被承认的教会之间教派竞争的阻碍，这些机构总体上令公民引以为豪。[83] 但就西印度群岛的自然灾害而言，荷兰当局对受灾者缺乏类似的关注。西印度公司似乎不能也不愿意向殖民者提供太多帮助，除非对公司有直接的好处。该公司曾在其他情况下向荷属巴西的种植园主提供低利率的资金，用于购买开始制糖生产所需的奴隶和设备，但在 17 世纪 40 年代，它开始压榨债务人，由此引发了反叛行动，最终导致丧失了巴西殖民地。很难找到任何证据证明无论是第一家西印度公司，还是 1674 年破产后的继任者在加勒比殖民地灾难发生后采取过救助措施。无论这是公司政策问题，抑或是商业利益抵制任何减免债务的努力，都没有证据表明国家试图提供救灾帮助。我们有一份来自萨巴岛种植园主的重要文件可以证明这种情况。萨巴岛是背风群岛中的一个小（只有 5 平方英里）且多山的荷属岛屿。和附近岛屿一样，萨巴岛在 1772 年 8 月 31 日遭到一场灾难性的飓风袭击。[84]124 名居民以及总督、议会、教会、州政府和市民向荷兰西印度公司、商人和"阿姆斯特丹市的其他基督徒绅士和公民"写了一封呼吁信。呼吁信表达了他们的困窘：180 所房子中有 140 所被毁，失去了所有的庄稼、家具、衣服和财富，教堂也被夷为平地。由于附近岛屿也遭遇风暴袭击，无法提供帮助，请愿者们求助于欧洲

你们，幸运地避开了这些毁灭性天罚的欧洲朋友，我们谦卑地恳请你们，慎重考虑我们的悲惨状况。在这样忧伤的时刻，尽快行动起来，人性和基督教教义将指示你们救助我们；不仅仅是为了帮助我们建造一座用于众人礼拜上帝的房子，也为了救助我们当中许多沦为乞丐的受害者和最令人心痛的不幸家庭。

值得注意的是，人们呼吁的并不是要求西印度公司或政府提供援助，而是要求将慈善捐款存放在阿姆斯特丹商人尼古拉斯·多埃克舍尔手里，他作为萨巴岛的代理人，将把资金转交给萨巴岛总督

和议会。[85] 荷兰政府缺位，岛民只能自救。

1792 年席卷圣马丁岛的飓风进一步体现了政府的政策。暴风雨过后，街道上瓦砾遍地，总督和市政委员会警告居民，如果在接下来的十天内他们不清除这些瓦砾，将支付由政府清除的费用。[86] 这是市民的责任，不是政府的。在整个 18 世纪和 19 世纪，自愿的慈善捐款和有时慷慨的王室捐赠仍然是荷兰对西印度群岛危难之际的主要回应。直到 1913 年荷兰才设立了一个长期基金，救助荷属安的列斯群岛。[87]

无论统治者和政府对殖民地的灾民持何种态度，飓风都是一个恐怖时刻，给处于风险中的社区带来巨大压力。这些社区因社会和种族差异而分裂，因有产者与契约仆人、小农、店主与种植园主、白人与有色人种，尤其是奴隶与自由民之间的区分而分裂。行政官员最关注的是有关物资受损、死亡、疾病和饥荒、内乱和公共秩序破坏的情况，这些占据了他们通信的主要内容，但一些在加勒比殖民地生活过的观察家认为，自然灾害也有能力将社区团结起来，激发英雄主义和牺牲精神，提供为共同利益重建的机会。牙买加历史学家布莱恩·爱德华兹写道，"飓风使男人们停止了复仇，激发更柔软的情感使他们愿意做出友爱行动"。[88] 出生于马提尼克岛的克里奥尔知识分子、法学家和旅行家梅代里克·路易斯·埃利·德·莫罗·德·圣梅里对飓风非常了解，他描写了暴风雨后的恢复，"每个人都受雇于修复和重建；所有人都很忙碌……善行到处发挥着疗愈和爱的力量。这一刻终于来了，除了在记忆中，飓风及其影响已经消失，直到另一场飓风再现灾难性的场景；但最重要的是，希望，人类的至善，填满了幸福的间隔"。[89]

69

　　然而，这种社区团结的希冀要么是幼稚，要么就是虚伪。莫罗·德·圣梅里没有质疑奴隶们是否会加入这些行动。他具有启蒙运动思想，是费城哲学协会的成员和法国大革命的支持者。他研究气候、所在地区的特点和所有的自然科学，也是奴隶主和加勒比地区种族不平等传统的捍卫者。这些矛盾并不微妙。社会分裂总是决定着对飓风的反应。到了 18 世纪中叶，社会、政治和科学变革正在发生，改变了人们对风暴的感知、理解和抗击方式，也改变了风暴塑造所经之地的社会和政治现实以及被其所塑造的方式。

第三章

战争、改革与灾难

看得出来，心地最善良、最有天赋的人往往受到最强烈的激情困扰，土壤最肥沃、物产最珍贵的西印度群岛亦然，比世界上其他任何地方更容易遭到飓风和地震的袭击。

——约翰·福勒（1781）

这些场景将唤醒情感，让道德家愤怒地呐喊："你们的岛屿遭到诅咒，你们的习俗遭到诅咒！"

——赫克托·麦克尼尔（1788）

18 世纪大加勒比地区的特点众所周知。在前一个世纪，欧洲各帝国、国家就在这一地区立下了界桩，试图建立有利可图的殖民地。在 18 世纪 20 年代之前，只有西班牙殖民地及其开采的白银才有价值，值得国家拿出大笔资金投资防务或参与开发。[1] 由于加勒比地区蔗糖经济的扩张，以及与之相关联的非洲运往这些殖民地的奴隶贸易蓬勃发展，情况发生了很大变化。甘蔗（以及在较小程度上的烟草、靛蓝、可可、咖啡和棉花）、奴隶制及相关商业改变了这个地区，宗主国对加勒比地区的态度开始改变。在接下来的一个世纪里，帝国竞争和冲突几乎持续不断，延续了九年战争（1688—1697）和西班牙王位继承战的斗争（1700—1715）。

所有这些战争都受到欧洲王朝更迭和领土扩张的驱动，但往往 71
对殖民地的领土和贸易产生重要影响。1715 年后，日渐强大的法国
与西班牙的新波旁王朝紧密结盟，遭到英国推动的联盟的反对，这
场世界霸权的百年争夺一直持续到 1815 年前后拿破仑战争结束。
在这些争夺霸权和贸易的斗争中，参战的军队越来越熟练和专业
化，由于殖民地的财富不断增长，对宗主国越来越重要，这些争夺
战更容易并且有理由爆发，导致制定财政和商业政策来支持其战争
能力的帝国得到巩固。从波士顿到加拉加斯，从皮特尔角城到布宜
诺斯艾利斯，国家的需求及其背后的经济和社会现实导致了殖民地
的革命躁动。尽管革命动机和原因不尽相同，但都涉及贸易、地方
权利、奴隶制以及各种含义的自由问题。所有这些进程和事件都是
由环境条件如疾病、天气和地震活动等，以及它们的社会和文化背
景塑造而成。

当然，飓风在整个时期持续不断，每年 7 月，大西洋温度上
升，成为蒸发的动力，启动气流的旋转运动。气象学家何塞·卡洛
斯·米利亚斯列出了 1700—1740 年期间加勒比地区的 41 次飓风袭
击，所有宗主国系统无一幸免。1711 年、1712 年和 1722 年飓风袭
击了牙买加。[2] 1718 年和 1738 年袭击了丹麦西印度群岛。瓜德罗普
岛在 1713 年、1714 年和 1738 年遭袭，马提尼克岛在 1713 年和
1725 年遭袭。1733 年的一场飓风使尼维斯和英属向风群岛遭到特
别严重的损害，波多黎各在 1730 年、1738 年和 1739 年的飓风中，
以及马提尼克岛、圣基茨岛、安提瓜和瓜德罗普岛在 1740 年的飓
风中也损失惨重。法国在新奥尔良的前哨基地建在密西西比河和庞
恰特雷恩湖之间的河漫滩上，很容易受到飓风的破坏。这座城市总
是遭到洪水侵袭，1722 年遭到严重破坏，随后于 1732 年再次遭到

破坏。[3] 这一系列事件只是 18 世纪中叶以前风暴的一个样本，18 世纪 60 年代中期和 80 年代后期的情况更为严重。

72　　　殖民地政府和宗主国政府用传统方式应对飓风，主要是求助宗教机构为灾民提供救济，有时试图把自己的责任限定于禁止在靠近海岸的地方建房、要求种植园主为其奴隶种植足够的粮食，或禁止风暴后哄抬价格，以及坚决要求种植园主和商人支付道路和桥梁清理费。

但是，尽管政府和居民根据经验知道会发生什么，哪些措施有可能帮助复苏，但大加勒比地区的岛屿和土地已经因糖业扩张发生了变化，更容易受到大风暴的影响。例如，在巴巴多斯和尼维斯这样的岛上，热带森林已经被清除，为甘蔗田让路，给澄清甘蔗汁的壶加热的炉子贪婪地吞下了大量木柴。短短几十年间，巴巴多斯岛的木材和柴火就被采尽，居民被迫派人前往圣卢西亚和其他岛屿寻求补给，更重要的是，不得不开始依赖新英格兰。在较小的岛上，没有什么能阻挡种植园扩张的步伐。圣克里斯托弗面积大约只有 68 平方英里，到 1775 年，已经有 4.4 万英亩种植园，几乎全岛都是种植园。这一经济进程还得到一种英国信念的支持，即开荒和耕作是文明的标志，是驯服野性的大自然。[4] 古巴曾经约 2/3 的面积被热带森林覆盖。尽管西班牙海军为了满足造船需求，试图保护森林，但是毁林开荒从 17 世纪末就开始了，1720 年后加剧。从哈瓦那周边小规模的工厂开始，糖厂在马坦萨斯和圣克拉拉如雨后春笋般涌现，改变了那些地区的农业和景观。但事实上，古巴的大规模毁林时期在下一个世纪。[5] 至 1742 年，马提尼克岛有 456 家糖厂，靠着大约 50 万奴隶供应了欧洲 40% 的糖和 20% 的咖啡，圣多明戈繁荣起来。[6] 至 1760 年，整个加勒比地区出口了 16.5 万多吨糖，其中法属和英属岛屿出口量最大。

随着甘蔗种植面积的扩大，岛上的景观也发生了变化。像牙买 73 加克里奥尔历史学家布莱恩·爱德华兹、长期居住在这里的爱德华·朗和种植园主威廉·贝克福德这样的观察家，有时会滔滔不绝地描述乡村牧歌式的热带风光：井然有序的甘蔗田，以及一群群勤劳的奴隶，他们都接受使用奴隶劳动。在牙买加居住了 13 年后，贝克福德在祝贺甘蔗种植的进展时写道，"很难想象什么植物比遍布在这个浪漫岛屿的植物更美丽，更入画家的眼"[7]。但是甘蔗种植的扩张、拓殖和奴隶制产生了新的脆弱性。土壤侵蚀加剧，生态平衡被改变，使得飓风和其他热带风暴以及周期性干旱的影响更突出。[8]

当然，气候对不同的作物影响不同。甘蔗是适应性很强的多年生草本植物，只要甘蔗只是倒伏，没有被连根拔起，就比大多数作物更能在风暴中存活。事实上，许多种植者开始相信，偶尔的飓风会提高随后的收成。木本作物表现不佳，即使在相对较轻的风暴中，芭蕉种植园或芭蕉林也受损严重。在波多黎各，"芭蕉飓风"一词被用来描述小风暴。可可林也有风险，法属岛屿很难种植可可，似乎由于可可树易受风暴影响，这些岛实际上放弃了种植。后来，19 世纪和 20 世纪，古巴和波多黎各的咖啡在飓风面前也特别脆弱，在波多黎各不是由于咖啡树受损，而是遮蔽它们的树木受损。考虑到甘蔗复原力强，飓风有助于加强甘蔗在加勒比地区的主导地位。

农业开发过程改变了许多岛屿的生态平衡。有些人反对砍伐森林，希望能够维持气候平衡，但他们对这个过程几乎没有影响。[9] 被开垦的土地，放牧牛、马的牧场，沟渠和运河都造成适合传播疟疾、黄热病和登革热的各种蚊子大量繁殖的环境，尤其在雨季之后。飓风洪水经常导致大量牲畜死亡，基本上消灭了牛，而牛是某些种类蚊子的首选目标，于是它们转而袭击人类。

74　　随着经济的发展，大加勒比地区人口也增长了。到 1780 年，英属西印度群岛每年出口价值近 400 万英镑的蔗糖和朗姆酒，人口超过了 50 万，其中白人不到 5 万；80% 以上的黑人和黑白混血人是奴隶。[10] 法属安的列斯群岛情况类似。人口和财富增长造成了面对地震、火灾和疾病爆发时新的脆弱性。人口集中在港口城市，面临风暴潮和海啸的风险，并为天花、黄热病和疟疾创造了适宜传播的环境。[11] 暴风雨后，为无家可归者提供的住所通常会过度拥挤，导致各种疾病增加。糖厂建造在能提供廉价运输和水力的河流附近，使得这些地区的民众和财产更容易受到损害。随着地区经济增长，商船运输扩张，使船只和货物面临风险，而 18 世纪军事行动的扩张使人员和船只听凭风暴的摆布，有时会带来灾难性的后果。建筑物、桥梁和基础设施总体上很脆弱。我们缺乏关于损失程度的可靠数据，但随着时间的推移，灾难的经济影响肯定会加深。特别是在较小的岛屿上，甘蔗和其他出口作物将自给农业推到边缘地位，使岛上的粮食供应依赖外部来源，尽管一些岛屿鼓励奴隶们在自留地上种植粮食，但容易发生食物短缺和饥荒却是现实。飓风是一种自然现象，是人类的拓殖、经济活动和其他活动使它们成为灾难。

18 世纪，战争和政府改革主导了大西洋世界。西班牙王位继承战争之后，西班牙的新波旁王朝配备了法国模式、法国顾问和法国盟友，开始重建海军，重组国内和殖民地的官僚结构。1717 年，西班牙贸易委员会和商业行会（consulado）迁至加的斯，1720 年后，旧的年度船队体系明显处于混乱状态，被单个船只的航行所取代，起初作为战时措施，后来成为标准做法，尽管商业行会和其他垄断利益集团对此抱怨不已。在某种程度上，海盗的威胁降低导致了这种变化。由于法国、荷兰和英国都获得了自己的美洲殖民地，此时它们有充足的理由镇压海盗，而不像 17 世纪那样鼓励海盗。此外，战时联盟和战后的让步使法国和英国能够对西班牙帝国进行商业渗透。由于结束西班牙王位继承战争的条约安排，英国也赢得了向西班牙帝国供应奴隶的合同（asiento），以及与西班牙帝国进行合法贸易的权利。这个协议在 1740 年结束，协议破裂导致了詹金斯之耳战争（1739—1748），英国在战争中占领了贝洛港（Puerto Bel-lo），但进攻卡塔赫纳、圣奥古斯丁和古巴圣地亚哥失败。随后，奴隶供应和对西班牙殖民地进出口的商业控制权交给了国家支持的一个垄断公司——皇家加的斯公司（Real compania Gaditana），令殖民地居民极为不满。在此期间，西班牙通过各种务实的军事、财政和商业措施改善了财政状况和相对国力。它垄断了早已成为古巴主要出口产品的烟草，墨西哥采矿业的复兴也许是它最大的成就。白银收入的增加，在欧洲和殖民地人口税收的增加，以及商业的扩张，都表明西班牙有能力实行改革，创造性地思考政府的性质和特征。查理三世统治时期（1759—1788）尤为如此，当时引入了一些最重要的改革。西班牙启蒙运动的倡导者通常是务实且功利的官僚，他们对国家和社会问题采取更理性的做法，愿意采用王权至上的方式，限制任何像教会这样似乎阻碍了王室权威的团体或机构的权力。

这些改革都在战争的阴影下进行。七年战争（1756—1763）期间，英国占领了哈瓦那一年，之后法国将新法兰西割让给英国，将路易斯安那割让给西班牙，为英法之间新一轮的全球争霸埋下了伏笔。美国独立战争（1775—1782）以及法国大革命和拿破仑战争（1792—1815）是这场斗争的高潮。英法两国成为巨大的战争机器，随着岛屿和港口易手，主权、人口被交易或交换，双方的胜败和条约谈判经常改变北大西洋的政治生活。即使帝国政府和试图削弱宗主国控制的地方巨头或管理机构之间进行着大量谈判，但强有力的重商主义政策和强大的中央集权国家至少在意识形态上仍结合在一起。

自然灾害如何成为这个国家建构、王权至上和变革的世界的一部分？有人认为，这些早期的现代国家基本上由战争造成，也是为了战争而建。18世纪，法国王室预算的75%，丹麦的90%，荷兰共和国的80%以上花在军事上；但是，最近对大不列颠帝国的研究表明，其用于公共设施及广义上社会改良或福利活动部分的预算出人意料。[12]甚至在西班牙，也存在对"公众幸福"和进步的关注，这种关注有时被用来证明国王日益增长的权威是合理的，但也反映了启蒙思想的知识潮流。[13]无论这种关注是源于传统的家长制思想，还是日益增长的民族主义，抑或是进步和创新的思想，这种对社会改良的关注都可能指向本土和殖民地的灾害所造成的苦难。但是，政府的举措和当地的期望往往取决于国家用慈善活动可能实现的政治目标，以及这些措施出台的社会背景。

加勒比海五百年

研究风暴与计算损失

如果说启蒙时代带来了政治和经济领域的变革，直接影响了飓风发生的环境和社会应对风暴影响的能力，那么在认知和理解方面也出现了重大变化。至 17 世纪晚期，许多人拥护定期观测自然现象。成立于 1660 年的伦敦皇家学会（The Royal Society of London）是这类活动的主要倡导者，它还试图从美洲和英格兰收集信息。例如，1670 年一位派往牙买加的总督收到了伦敦皇家学会希望收集有关飓风信息的问题清单。这也是开始使用温度计和气压计的时期。伊万杰利斯塔·托里切利于 1644 年左右发明了气压计，最初只有对科学好奇的人使用，但到了 18 世纪 20 年代，在英国各地的许多家庭都能见到。水银柱下降或上升究竟测量了什么？关于这个问题的理论众多，但人们越来越认识到气压下降表明有暴风雨天气，因此气压读数被看作是测量气候条件的有用工具。这是一个非常有趣的主题，因为人们普遍认为，气候直接影响个人健康和社会的文明能力，当然，好天气对农业至关重要。气压计在大不列颠越来越普及与记录天气或写日记的做法相对应。这些记录往往非常详细，经常是每天的天气观测记录，有时包括一天中不同时段的气压计和温度计读数。[14] 记录的目的是科学观测。

由于加勒比殖民地对英国经济越来越重要，17 世纪 70 年代巴巴多斯和小安的列斯群岛其他岛屿遭遇一系列飓风袭击，引起了英国读者的注意，人们对飓风以及如何防范飓风的兴趣渐浓。1677 年，第一批气压计运抵巴巴多斯，至 1680 年，它们落入威廉·夏

77

090

普上校手中，他是一位重要的甘蔗种植园主、巴巴多斯众议院前议长，最终成为岛上的代理总督（1714—1715）。1680 年 4 月，他开始记观测日记，8 月当巴巴多斯遭到风暴袭击，随后风暴又摧毁了马提尼克岛，然后破坏了圣多明各时，夏普能够向皇家学会报告他的观测结果。这些是热带低气压最早的气压计读数。[15]

78　　　天气和气候观测持续吸引着一些医生，他们对天气和气候与疾病和个人健康的关系感兴趣，也吸引了一些思想家，如孟德斯鸠，他试图将民族特征与气候联系起来；或者苏格兰历史学家威廉·罗伯森，他认为大自然可以被驯化和改造，正如殖民者在新大陆所为。到了 18 世纪中叶，像本杰明·富兰克林和未来的耶鲁大学校长埃兹拉·斯泰尔斯那样有好奇心、有学识的人开始详细记录每天的天气日志。

　　　天气观测可能有用的想法并不局限于英语世界。法国和法属岛屿也出现了类似的情况。出生于马提尼克岛，但在法国接受了教育的让-巴蒂斯特·马蒂厄·蒂博·德·尚瓦隆（Jean-Baptiste Mathieu Thibault de Chanvalon，1732—1788）对生物学、植物学和自然科学产生了兴趣。1751 年，他一回到马提尼克岛担任行政职务，就开始详细记录那里的气候条件和测量结果。1756 年，一场灾难性的飓风夺走了他的房子，摧毁了他的许多博物收藏品和笔记，迫使他返回法国。在那里，他出版了《马提尼克岛航行》（1756）一书，发表了自己的观察结果，其中包括天气和自然历史方面的内容，但显然他因笔记和观察结果丢失而痛心："一谈论飓风就唤起我痛苦和充满遗憾的记忆。"[16] 尽管后来由于在卡宴殖民计划中扮演的角色，他遭到诋毁和监禁，但最终名誉得以恢复，他在安的列斯群岛科学气

象学起源中的作用也得到认可。亚历山大·德·莫罗·德·琼斯
（Alexandre de Moreau de Jonnes，1778—1870）是一名军官、行政官
员、早期统计学家，一位博学的人。他沿着尚瓦隆的足迹，写了
《法属安的列斯群岛的自然史》（1822），其中很长一节专门论述飓
风和风暴潮（raz de mare）及其成因。并非所有人都相信天气观测
的用处。法属加勒比海地区最重要的科学协会——费城圈（Cercle
des Philadelphes）成立于 18 世纪 80 年代圣多明各的弗朗索瓦角，
有意回避气象测量，理由是这一活动似乎没有用处，"既没法控制，
又没有能力预防或补救"。在这片受飓风威胁的土地上，人类的努力 79
在飓风的力量面前似乎无济于事，即便如此，像巴黎皇家科学院这
样的气象观测倡导者和像太子港《美洲海报》（*Affiches Américaines*）
的编辑这样的人仍然相信观测结果是有益的。[17] 在丹麦属岛屿上，
一名传教士在圣克罗伊岛持续 4 个月每日记录气温，摩拉维亚教会
的克里斯蒂安·奥尔登多普在 1768 年记述修道会的活动时，也讨
论了气候和天气。[18] 与此同时，西班牙帝国也有类似的情况。从
1782 年开始，古巴的科学倡导者就建议进行气象观察，至 1791 年，
《哈瓦那报》（*Papel Periódico de La Habana*）每周定期发布风力、气
压和温度的数据。1794 年，它还公布了当年哈瓦那飓风期间提取的
数据。这种天气报道的传统在 19 世纪早期得到延续和发展。[19]

人们对飓风产生科学兴趣离不开当地社会和经济环境。毫不奇
怪，那些渴望进行更科学的观测、视自己为科学进步运动的一部分
的人，要么是长期居住在西印度群岛的欧洲人，要么是来自殖民社
会上层的克里奥尔白人。几乎所有开始对飓风进行科学观测的启蒙
运动人物都与维护奴隶制密切相关。夏普是种植园主，也是种植园
主利益的捍卫者；作为波尔多科学院院士和巴黎科学院通讯院士，

蒂博·德·尚瓦隆（Thibault de Chanvelon）提交的论文既有关于气压表的也有关于奴隶贸易的。他是奴隶制的捍卫者，相信"白人生来就是为了统治奴隶"，以及安的列斯群岛只有在奴隶制下才能繁荣发展。他甚至支持使用阉割作为对逃奴的惩罚。[20]

在托马斯·西斯尔伍德（1721—1786）的日记中，最为清晰地体现了这种探究开明科学的热情与捍卫奴隶制的热情的结合。托马斯·西斯尔伍德原本是一个甘蔗种植园的监工，后来从 1750 年到去世为止，他是牙买加西部热带草原拉玛尔附近的一个小地主。[21]西斯尔伍德出生于英格兰，年轻时来到牙买加作测量员，有着良好的背景，对园艺、植物学和自然科学有着广泛的兴趣。他博览群书，对周围的世界充满好奇。他的技能和对气象观测的兴趣使他成功并受到追捧；但是最使他具有历史意义的是他的记录癖好。他的日记最终长达 14000 页，包括数千页带有温度和气压计数据的每日天气观测记录。他的天气记录细致入微，自然包括了袭击威斯特摩兰教区和牙买加西部或与之擦肩而过的一些飓风的重要信息。西斯尔伍德在记录他惯常残暴地对待手下奴隶时，同样在细节上一丝不苟；鞭笞、殴打和羞辱被仔细地记录下来，还详细描述了他对女奴进行性剥削的地点、体位和其他情况。他代表了加勒比地区奴隶经济中的种族统治和暴力，在加勒比的所有殖民地，那个时代的许多"自然哲学家"某种程度上都具有这些特点。[22]气象学以及制图学、植物学、天文学和其他自然科学的发展与殖民主义密切相关，在现代早期环加勒比海地区，殖民主义总是意味着奴隶制。当然，在那个时代对科学好奇的人中也有反对奴隶制的声音，其中包括富兰克林和斯泰尔斯，但科学在避免或减少自然威胁方面的实际应用直接迎合了当地种植园主和商人的利益，他们是现有社会制度的最大受益者。

政府越来越多地运用科学观测来捍卫重商主义和王权至上的目标。到了世纪中叶，尤其是七年战争后，所有帝国已然明白争霸斗争将会持续，都试图巩固自己的地位。改革和"科学测量"成为实现这一目标的工具。人口普查成为了解新兵和应税资源潜在供应的普遍方式。统计数据成了帝国的工具。政府代理为从需求和潜力角度看待世界的政府准备人口普查、名单、入伍名册、地图和地籍调查以及年度进出口和生产账目。同样的技术和工具也以类似的方式越来越多地应用于灾后的情况。这样的损失清单和记录之前编制得不规律，但是 1750 年以后，它们越来越成为灾难发生后的规则。总督们逐个城镇或者逐个教区收集信息，要求地方官员提供教堂和房屋被毁、人员伤亡、牲畜和农作物损失的信息。汇总或列表的结果用来指导政府提供援助和救济。损失和痛苦需要计算，统计数据变成了"冻结的眼泪"。[23] 殖民地档案中有许多例子，统计结果以表格形式汇编或附在总督报告中。这样的例子在 1768 年古巴风暴后、1777 年对圣克里斯托弗受损财产的逐项统计中，以及在 1825 年波多黎各飓风损失的详细表格中都可以看到。

灾难使计数很困难。飓风破坏之后，穷人、无家可归的人，尤其是奴隶流动性更大，人口对政府来说更难"清晰辨别"，因此更危险。难怪飓风过后会出现对抢劫、叛乱或奴隶抗命的恐惧和谣言。1694 年巴巴多斯遭遇风暴后派驻了警卫[24]，1722 年遭遇可怕的风暴后，牙买加要求得到武器并如愿以偿。的确有理由害怕。1766 年的飓风在牙买加的滨海萨凡纳（Savanna la Mar）引发了小规模的奴隶叛乱，在格林纳达引发了较大规模的叛乱。[25] 维尔京群岛的丹麦属圣约翰经历了 7 月的飓风后，虫灾和另一场风暴接踵而至，引发了 1733 年 11 月的奴隶叛乱。[26] 在 18 世纪 70 年代的一场飓风后，为了阻止趁火打劫，丹麦当局禁止奴隶出售除水果以外的任何东西，并实施宵禁。[27] 所有这些措施的背后隐藏着对奴隶社会的恐惧。飓风打破秩序，破坏安全，暴露了一种需要不惜一切代价避免的未来的可能性。

尽管灾害核算服务于政府利益，但也可能被当地居民利用或操纵。遭灾的各地社区和个人都创作了故事，以获得对损失和苦难的援助。这种情形可以在佚名的《对刚刚过去的可怕飓风的报告》中看到，它描述了 1772 年 8 月 31 日圣克里斯托弗和尼维斯遭受的损失。[28] 这很可能是《圣克里斯托弗和加勒比海总公报》的编辑为背风群岛的总督拉尔夫·佩恩准备的，"由于他热忱侍奉上帝，关心受他照顾的子民，我们才摆脱一场即将来临的饥荒"。[29] 这份报道逐个报告每个教区的死亡人数和物质损失，评估损失的价值，显然是希望得到补偿。圣乔治教区的一个典型条目如下：

> 吉尔伯特·费恩·弗莱明先生——沙德韦尔。需要修理的房子倒了，其他一些建筑轻微受损；但是农作物遭受了相当大的损失。一些甘蔗田被冲毁了，原处留下沙层；这样看来，至少损失了 60 大桶糖。所有黑奴房屋都被吹跑了。[30]

有些登记内容提供了英雄主义或遭受苦难的细节，其他的则揭示了风暴对奴隶和自由民的不同影响。例如，在圣托马斯教区，罗姆尼勋爵的种植园损失了几座建筑和几个棚子；牛、马和骡子；以及大多数奴隶的房子。在报告中，要求关注的不是奴隶的苦难，而是他们的处境对庄园的影响。登记指出：

> 所有黑奴的地被毁，乡下的粮食供应遭到破坏，这在这个庄园是最重要的，因为多达 400 名到 500 名的黑奴，大多靠口粮田的收成养活自己，而现在庄园要养活那些黑奴，花费巨大；受损作物近 200 大桶。[31]

很显然这里需要帮助。这个小册子的作者警告说，"当我们不再记得这些时，就会感觉到它带来的令人沮丧的不幸，除非节俭和勤劳能避免迫在眉睫的危险，子孙后代会体验到我们的不幸"。他赞扬一位圣克里斯托弗人的慈善捐助，这位当时居住在南卡罗来纳的人当即捐款 75 英镑帮助不幸的家乡人，作者还称颂总督迅速呼吁大陆殖民地提供物资。这些努力的结果是 1772 年 10 月 9 日宾夕法尼亚的代理总督发布公告，向殖民地居民告知安提瓜、尼维斯和背风群岛其他地区的灾情，鼓励商人派遣船只和货物到受灾地区，抗击"一场影响史无前例、比人类记忆中的任何时候都更暴烈、更可怕的飓风……"[32] 值得注意的是，安提瓜议会曾与总督佩恩合作，寻求其他殖民地的帮助以避免饥荒，但援助的希望来自私人捐款和对大陆殖民地商界的动员，而不是直接的皇家或议会干预。

殖民地居民往往凭借身边政府代表的行动和工作来评估政府的效率和能力。赞扬佩恩总督在圣克里斯托弗和尼维斯所做的工作，像赞扬出身克里奥尔人的马提尼克岛总督德·瑟尔的工作，或在 1752 年飓风中出岛的哈瓦那市政长官安东尼奥·加罗—玻利瓦尔（Antonio Garro y Bolívar）的不懈努力，而且"尽管他出身显赫，地位高贵，但仍关心卑微的人，把午休时间用于为乡下人伸张正义"，这些显示了政府的应对如何被人格化，以及人们如何看待这种回应。[33]

　　灾难既造成了危险，也创造了机遇。危难时，个人和团体总是寻求救济与援助，但在这样的时刻，他们也看到了占便宜的机会。自然灾害会暴露社会内部的裂痕和利益冲突。1766 年马提尼克岛的风暴促使法国商人干脆暂停商业活动，而不是向常与他们做生意的殖民者提供信贷或更好的价格。[34] 英国商人学会了利用在有些岛屿遭遇风暴袭击而另一些没有时造成的岛屿之间的价格波动。操纵市场是很平常的事。商人和种植园主竭力与政府谈判。上述 1722 年圣克里斯托弗的详细报告和呼吁反映了受灾者的策略，但当时殖民地官员的改革派和激进派有一种态度，认为合理的援助或豁免请求总是需要与政府的要求达成平衡。正如波多黎各在 1813—1816 年遭受一系列风暴袭击后，岛上杰出的管理者亚历杭德罗·拉米雷斯的报告所言，有必要"以君主所希望的仁慈对待受苦的耕者和破产商人"，但也需要在损失救济与预算要求之间取得平衡，特别是军队的军饷。拉米雷斯了解波多黎各，他知道飓风的影响，像其他观察家一样，他认为风暴振兴了农业。当时的非西班牙裔作家中有人也持有同样观点，他们像雷纳尔神父一样，声称在自然界中，瓦解是再生的必要条件，因此飓风是"总体善和部分恶的来源"。[35] 拉米雷斯指出，计算任何为补偿眼前损失而提供的救济时，必须考虑到复兴的益处。

　　常见的观察是这些暴烈的搅动［飓风］有助于土地的肥沃，水果意外损失过后会有更丰盛的收获。植物遭到破坏有助于促进它们更旺盛繁殖。但在某个时候，遭受损失的城镇会要求减免和延期纳税，提到他们的损失，以便在来年降低税收。由于这个合情合理且众所周知的原因，我不得不在应该给予援助和应该继续征税之间找到平衡。[36]

财政需求、政治考量和树立仁慈形象的愿望指导着政府对灾难救援要求的反应。

重商主义与灾难

至 18 世纪中叶，也许除了自由贸易政策盛行的荷属群岛，所有生活在大风暴阴影下的大加勒比殖民地都面临着一个矛盾：试图保护主要贸易在各自帝国框架内进行的重商主义政策与殖民地内部的走私活动以及在垄断或政府控制的市场限制之外寻求更好的贸易条件的巨大压力之间的矛盾。这些矛盾可能破坏政治稳定和忠诚，并开始创建超越地域或国家限制、相互支持的区域纽带。每个帝国和每个殖民地都在其制度和能力的范围内应对这一挑战。

波多黎各圣胡安市市政会在 1738—1740 年期间采取了一系列行动应对飓风，很好地说明了在受环境危害地区维持排他性贸易政策的弊端。当时该岛人口依然稀少，岛民大多从事小规模农业、畜牧业和走私活动。[37]1738 年 8 月 30 日，岛上遭遇一场强烈的飓风，受到严重毁坏。圣胡安市政会试图缓解"这个群体在农产品颗粒无收后遭受的大众必需品的短缺"[38]。它采取了常用措施，修复一座受损的桥梁、清理瓦砾、禁止批发商在农村买光粮食，从粮食短缺中获利。果树，尤其是穷人和奴隶赖以为生的芭蕉树被刮倒或果实落光，像在暴风雨中通常发生的那样。在果实腐烂变质前，食物够吃几天，但饥荒接踵而至，尽管总督和市政会已经让人收集并公平分配了落果、损坏的玉米和水稻，以及其他可吃的东西。这些东西吃完后，无论富人还是穷人，都不可能得到救济物品。市政会的会议记录一反常态，不用常用正式的官僚语言，指出：

> 他们能得到的食物只剩一片肉，没有蔬菜或绿叶或其他食物佐餐，因此父亲抛弃了家庭，母亲没有什么东西来安抚孩子，没有什么来养活自己，也没有任何人可以提供最基本的救助，因为钱（他们没有钱）并不缺，但有钱也买不到东西；最终，如果我们不从外国（非西班牙）岛屿上寻找一些面粉来基本维持群体的生存，我们就会饿死。[39]

86　　尽管法律禁止与外国人通商，市政会仍请求总督采取行动，立即派遣船只前往外国岛屿，理由是"在这种情况下，我们必须遵从自然法，即保护人类生命，用这种方式避免因食用有毒的树根和其他已知对健康有害的野草制作的面包而引发疾病"[40]。5 个月后，市政会仍然面临"前所未见"的强烈风暴造成的短缺，仍然试图获准到外国岛屿上寻找供给、寻求一艘有货出售的英国船获得销售许可。[41]

1739 年 8 月下旬，该岛再次遭受风暴袭击，情况进一步恶化，风暴再次摧毁了农作物和树上的果实，也淹死了大量牲畜。饥饿的人们只能转而去吃应急的根（emergency roots）。疾病接踵而至，更糟糕的是，也许是由于雨水留下的积水造成害虫肆虐，毁坏了来年庄稼的苗床。由于墨西哥的年度补贴还没有到账，总督手头拮据，只好从皇家国库中拿钱应急。次年 9 月，另一场飓风再次毁坏了庄稼，淹死了大量的牛。[42] 政府在连续风暴造成的累积效应下岌岌可危，试图在履行防务和安全责任及其成本，与确保经济复苏和岛民健康的责任及其成本之间找到平衡。

世纪末的气候挑战

自然灾害过去是、也一直是大加勒比地区的一种地方性风险，但是历史进程和气候条件变化的交集增加了灾难性后果的可能性。 [87] 这种气候变化似乎发生在 18 世纪 60 年代中期，厄尔尼诺/拉尼娜现象的密集周期从 1766 年的飓风季节开始，增加了北大西洋风暴和暴雨的频率和强度，随后与长期干旱交替出现。干旱导致农业歉收，侵蚀条件恶化；反过来又使大加勒比地区在雨季到来时容易爆发洪水。这些情况不仅发生在岛上，而且也发生在大加勒比的大陆殖民地。例如，墨西哥在 18 世纪 70 年代经历了多次农业危机，1785 年的那场尤为严重。[43] 由于当殖民岛屿有需要时，大陆殖民地一直是可靠的食品来源地，岛屿遭受了双重打击。这种风暴和干旱的交替，可能标志着小冰河期结束和全球气温上升，持续了 40 年，造成了一种生态状况，要求地区内所有帝国采取新的社会和政府对策。[44]

1766 年，15 次飓风登陆，袭击了大加勒比地区每个帝国的殖民地。仅马提尼克岛就有上千人伤亡，80 艘船只受损，所有法属岛屿都受到了一些影响。随着法国在七年战争结束时将新法兰西拱手让给英国，路易斯安那割让给西班牙，法属岛屿的传统食品供应来源已经不复存在。尽管控制食品贸易的商人怨声载道，但法国王室和地方官员都开始允许与外国人进行面粉、咸肉和其他食品贸易。西班牙在 1765 年就已经开始放松排他性的贸易制度，并且 1766 年在古巴遭受两次飓风袭击、圣多明各遭受一次袭击、波多黎各遭受三次袭击之后，作为一项临时措施，西班牙在必要时解除了与外国人通商的限制。另一场飓风于 1768 年席卷古巴西部，给哈瓦那地区造成了相当严重的破坏。[45] 这些岛上出现物资短缺，并且无法从传统的帝国内部殖民地获得供应，那些殖民地已经在战争中易手，或者就西班牙而言，由于新西班牙的干旱或歉收，迫使帝国放松了贸易管制。查尔斯顿、费城和纽约的商人庆祝他们的好运，因为这些新市场的开放，将美洲大陆的英国殖民地和非英属加勒比海地区联系起来。1768 年后，各帝国倾向于恢复从前的贸易限制政策，但 1772 年又是飓风活动频繁的一年，9 场大风暴席卷了加勒比地区，很难维持排他性的制度安排。[46] 在 18 世纪剩余的时间里，以及 19 世纪最初几十年动荡的革命时期，西班牙王室继续挣扎着，渴望改善对殖民地的贸易控制，同时需要积极有效地应对持续不断的系列灾难性气候事件造成的危机。部分是为了应对这种情况，西班牙王室此时对从帝国获得更大比例的收入感兴趣，于 1778 年减少了贸易限制，并于 1789 年将减少贸易限制的范围扩大到新西班牙。

在 18 世纪最后几十年的风暴活动、干旱和战争的循环中，所有帝国都不再依赖慈善机构，开始在应对灾难中承担更直接的责任，发挥更大的作用。正如历史学家马修·马尔卡希所述，在英属大加勒比地区，援助或公共救济的过程从同情变成了政策。[47] 个人的慈善捐赠和教会当局组织的救济工作，我们可以不合时宜地称之为"基于信仰的行动"，是应对灾害的常用方法。18 世纪中叶之后，私人捐赠活动通常由救济委员会发起和组织，救济在加勒比地区的受灾者。尽管并非没有人对腐败和高昂管理成本提出指控，捐赠仍然成为向殖民地受灾者提供慈善捐款的一种常用的有效方法。此时西印度群岛和南部大陆殖民地的贸易和经济重要性已被充分认识，越来越多的报纸和政府公报的报道使殖民地的艰辛在英语社区中广为人知。1785 年，丹麦西印度群岛圣克罗伊岛虔诚的摩拉维亚弟兄会决定公布该岛遭受的损失，以此为他们在奴隶中的传教工作筹集资金。他们效仿了牙买加和巴巴多斯的传教士在 1782 年飓风过后的做法，这种做法成功地为那些岛屿遭受的损失带来了公众捐款。[48]

在不列颠群岛，援助呼吁强调仁慈之心和对隔海相望的同胞的同情心，主要针对私人捐款，但在极少数情况下，国王和议会可能直接采取行动。对 1740 年查尔斯顿大火的回应是一个早期例子。查尔斯顿是卡罗来纳的主要港口，起初遇到了通常形式的慈善捐款，但由于殖民地直接向宗主国求助，随后收到了英国议会 2 万英镑的拨款。[49] 卡罗来纳在不久前曾爆发过天花和斯托诺奴隶叛乱（1739），并在始于 1739 年的詹金斯之耳战争中受到西班牙人侵的威胁。国王和议会在回应对仁慈的求助时有明确的政治和战略利益。英国殖民者通过在求助中强调这些利益，遵循了西班牙殖民地的受灾者已经使用了两个世纪之久的策略，而之前英国人的求助努力没有成功过。但在 1740 年，形势有利于英国议会投票同意拨款。议会就如何将流浪汉或懒汉与真正的火灾受害者区分举行了辩论，辩论在许多方面呼应了文艺复兴早期关于贫困和慈善的争论，预示了围绕国家是否对个人或社区灾难承担责任的大辩论即将到来。北大西洋飓风的持续威胁几乎保证了这个问题会再次出现。政治和意

识形态背景决定了国王和议会如何回应。至 18 世纪 70 年代，大陆
殖民地爆发叛乱，乔治三世和议会在考量如何对待岛屿殖民地，以
及为了保持殖民地的忠诚，在需要时可能给予哪些让步或援助时，
这个因素占了很大比重。在其他国家的加勒比帝国前哨中也可以看
到政府采取行动应对危机局势的类似趋势。1772 年 8 月下旬的飓风
过后，丹麦西印度群岛总督对当地食品实行限价，取消了所有建筑
90 材料税，向白人分发食物，为了阻止抢劫和偷窃对黑人实行宵禁。
1785 年，又一场飓风过后，总督和市政会取消了所有的食品税。[50]
丹麦把这项政策一直延续到 20 世纪。

　　虽然法国处理这些问题的方法趋势相同，但法属大西洋的体制
却有些不同。法属岛屿缺乏英国殖民地的自治议会，以及西班牙美
洲的市政组织和地方政府。因此，总督和地方行政长官依据各自的
个性和忠诚度，成为殖民地利益的载体和地方关切的发言人。[51] 经
常被历史学家视为早期现代国家专制主义典范的法国君主政体依靠
既定的先例管理。从中世纪晚期开始，它通过限制人口流动、分配
食物、控制价格和使用警察权力来应对饥荒、瘟疫和战争等传统灾
难，但自然灾害往往更具地方性或区域性，不是主要问题。也有例
外情况：早在 1481 年，王室给予地震后的克莱蒙（奥弗涅）免税
待遇；但是这种让步很罕见。[52] 局部地区面临的威胁和自然灾害通常
直接留给主管当局和当地资源处理。人们认为国家对此没有多少责
任，干预有限、时断时续，也不规律。王室援助通常是由于地方官员
对中央施加了有效的影响，或者是地方贵族成员施压和影响的结
果。[53] 这种救灾方法一直持续到 17 世纪。从 17 世纪 60 年代开始，尽
管仍然经常依赖地方当局，有时受限于地方当局，在路易十四的统治
下，法国政府在公共卫生、饥荒和瘟疫危机中的干预表现出越来越

强的行动意愿。政府使用了各种方法提供援助。1691—1716 年，国王试图向那些在朗格多克遭受恶劣天气损失的人提供补偿金，在1693—1694 年的饥荒期间，政府不顾地方势力的反对，通过进口面粉和固定价格来干预巴黎的粮食供应。[54] 法国人不再仅仅依靠仪式、祈祷和驱魔，或者过于吝啬和拖延的国王个人善行来应对灾难。

政府的行动更有效率，更愿意采取直接行动。[55] 这种变化在主要定居点不断受到自然灾害打击的殖民地也可以看到。1680 年一场强烈的飓风袭击了马提尼克岛，1694 年另一场飓风对航运和圣皮埃尔堡造成相当大的破坏。瓜德罗普岛在 1713—1742 年遭受了 6 次飓风袭击。[56] 当局的损失报告强调了作物和糖厂遭到破坏、航运损失以及岛上奴隶和军队食品短缺。法属岛屿上的食品供应一直是个问题，随着糖业繁荣和奴隶人口的增加，这个问题变得更加严重。按比例为每个奴隶种植粮食的要求经常被忽视，来自法国的食物供应不规律且昂贵，因此走私猖獗。飓风摧毁了庄稼，毁了种子，并且经常伴随着虫害，农业生产的恢复更加困难。1723 年风暴之后，瓜德罗普岛上每天死去 20 个奴隶，当地居民害怕饥饿的奴隶会揭竿而起。[57] 复苏艰难。飓风摧毁了输入材料和食品的运输能力，因为债务人很可能会违约，商人不愿意运送商品。复苏需要新的措施。1738 年，瓜德罗普岛总督请求马提尼克岛总督允许与外国人进行为期五年的直接贸易，即打破只与法国进行贸易的限制。与新英格兰或荷兰自由港圣尤斯特歇斯的贸易会带来面粉、咸鱼、牲畜和木材，这些可以用糖蜜或朗姆酒来交换。1752 年和 1753 年的另两场风暴引发了新一波类似的许可，因此越来越开放贸易来应对灾难成为常规。[58] 同样重要的是，1740 年，瓜德罗普总督加夫列尔·德·格列尤（Gabriel de Clieu）要求岛上居民两年免缴人头税。[59] 借助税收减免施行救济的做法，自 16 世纪以来西班牙王室一直在使用，也是法国本土偶尔使用的措施，作为一种很少在殖民地使用的天灾应对手段，尽管仍然是被动的，但这种做法承认了国家在应对意外事件中负有某种责任。18 世纪中叶，国家作为保护者的形象渐渐地出现了。

93　1780 年的"大飓风"和其他飓风

在 18 世纪 80 年代的十年中，气候条件对战争、改革、奴隶制和政治的影响成为公众相当感兴趣的话题。另一个 ENSO（厄尔尼诺—南方涛动）事件的剧烈周期使这十年成为有记录以来气象最活跃和最具破坏性的十年之一，北大西洋的社会和政治环境强化了它们造成的与风暴和干旱相关的影响（图 3.1）。人们永远不会忘记 1780 年尤为致命的飓风季。那一年，至少有 8 次大风暴在加勒比海和墨西哥湾登陆，影响了所有欧洲帝国的殖民地。美国革命已经全面展开。法国和西班牙（分别于 1778 年和 1779 年）站在反叛的殖民地一边参战，环加勒比海地区处于战时状态，到处都是军队和船只。这个飓风季始于 6 月袭击波多黎各和圣多明各的一场罕见飓风，随后是 8 月下旬袭击路易斯安那和圣克里斯托弗的较小风暴，但这些只是即将到来的毁灭的前兆。那一年接下来的 3 场飓风（如图 3.2 所示）直接导致了超过 1000 人丧生，但 10 月 10 日至 16 日的"大飓风"是加勒比地区有史以来最致命的飓风，至少造成

图 3.1　尼古拉斯·德·劳奈的《西印度群岛的飓风》(*Ouragan aux Antilles*)　92
首次出现在 1780 年版雷纳尔神父描写东印度群岛和西印度群岛殖民及贸易的通
俗历史读物中。这样的图像使这些风暴成为加勒比海生活中可怕但寻常的一面。
(摘自纪尧姆·托马斯·弗朗索瓦·雷纳尔的《两个印度群岛欧洲定居点的商
业和贸易哲学与政治史》,日内瓦,1783 年;由布朗大学约翰·卡特·布朗图
书馆提供)

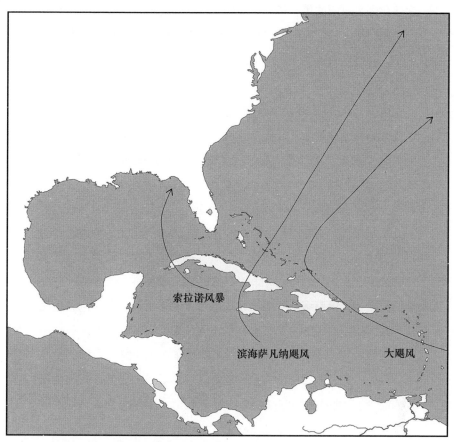

图 3.2 1780 年 3 次加勒比海飓风的路径（由圣地亚哥·穆尼奥斯·阿瓦莱斯绘制）

22000 人丧生，可能多达 3 万人。牙买加历史学家威廉·贝克福德说，人们将永远记住这一天，这是"百年一遇的降临，一种鞭笞，来纠正虚荣，贬低骄傲，惩罚人类的轻率和傲慢"[60]。风暴轨迹与剧烈影响的所有迹象表明，这是大型的"佛得角"飓风之一，它始于席卷非洲大草原的风，然后在佛得角群岛纬度附近的大西洋上形成热带低气压。这些风暴随后在穿越大西洋过程中风势越来越大越来越强，有可能形成北大西洋上最大、最强的一些飓风。[61]

这场大风暴于 10 月 10 日席卷巴巴多斯，宣告了它的来临，布里奇敦的房屋或树木几乎无一幸免。暴雨过后，时速可能达到 200 英里的大风摧毁了政府大楼，晚上总督及家人被迫在一架大炮下栖身。 94

港口里大约有 25 艘船在试图出海时抛锚，但很多船失踪。防御工事被毁，大多数教堂和糖厂受损，4500 人丧生。许多家庭都在"宇宙毁灭"中毁灭。背风群岛的总司令沃恩少将写信给伦敦汇报情况，转交了巴巴多斯总督坎宁安的一封信："最浓烈的色彩也无法向阁下描绘居民的悲惨景象；一方面是地面上散落着亲友残缺不全的尸体，另一方面名门望族在废墟中徘徊，寻找食物和栖身之 95 所：简而言之，即使想象力也只能对这可怕场景的恐怖形成一个模糊的概念。"[62]那些体面家庭的悲惨形象震惊了报道风暴消息的伦敦出版物的读者，但更广泛的是岛上奴隶承受的重负，即使没那么有新闻价值，他们没有住处也没饭吃。正如坎宁安总督所说，"黑人和牛，尤其是有角的那种，数量减少巨大，尤其是在这个时候，一定会使种植园主非常苦恼"。他认为，丧生的白人和黑人总数肯定超过数千人，但他感到欣慰的是，"幸运的是，这个数字中很少有重要人物"[63]。事实上，至少有 2000 名奴隶直接在风暴中丧生，1780—1781 年间奴隶人口减少了 5000 人，表明后来死于疾病、食物匮乏和在风暴中受伤。[64]

风暴向北转动，沿着小安的列斯群岛链北上。风暴眼可能已经移至巴巴多斯东北部，其轨迹向北将风暴带到圣卢西亚、圣文森特和马提尼克岛，所到之处一片浩劫。所有迹象表明，根据现代测量手段，这是一次五级风暴。该地区各处船运都遭到了破坏。在格林纳达，19 艘荷兰船只沉没；在瓜德罗普岛，一艘法国护卫舰被掀上了海滩，朱诺号在圣文森特海岸被撞成粉碎。圣文森特金斯敦的600 座房屋中只有 16 座没有倒塌，圣卢西亚有 6000 人丧生。[65]

法国殖民地和船运业的情况也好不到哪儿去。一支由 52 艘帆船组成的船队在马提尼克岛皇家堡的水域遇袭，当时船队在加勒比海支援大陆叛军。有些船只沉没，其余的驶向大海，他们在海上遭到风暴重创；仅 7 艘船幸存，大约 4000 人溺亡。海岸更向北的圣皮埃尔市被毁，主要是由于高达 25 英尺的海浪卷走了港口附近的150 座房屋。接纳约 1600 名舰队伤病员治疗的医院倒塌。被毁的还有圣埃斯普里修道院，近 100 名修女和见习修女全部遇难。西海岸的勒普雷舍和勒卡尔贝渔村被海浪淹没，渔民失去了他们所有的渔网和渔船，养活岛上饥饿的人口更加困难。马提尼克岛上总共约有9000 人遇难，损失估计达 170 万金路易。圣尤斯特歇斯岛上的博容父子商贸公司写信给阿姆斯特丹的一名记者，讲述了马提尼克岛海潮的恐怖：

> 一切都不得不为这股危险的力量让路，没有机会也没有时间储存哪怕最微小的东西，人们尖叫着四散逃离，历尽千难万险逃生，即使是守财奴也必须放弃财富，除了死亡什么都不怕；温柔的母亲冒着所有危险，无畏地将她珍视的孩子抱在怀里，用她慈爱的心试图逃离危险，确保得救。住在附近的邻居

跑来救助这些可怜的人，他们试着接近他们，扔绳子，搬梯子，救了这些可怜人的命。[66]

飓风向北移动，造成瓜德罗普岛大范围的破坏。巴斯特尔被夷 97
为平地，6000 多名奴隶和自由民丧生。种植园被毁，田里的甘蔗被刮倒，据总督估计，约 8000 个奴隶失踪，价值 32 万金路易。他说，把这个岛恢复到暴风雨前的状态，"花费的时间将和围攻特洛伊一样长"。美国独立战争期间作为自由贸易中心而繁荣起来的荷属小岛圣尤斯特歇斯在这场风暴中首当其冲。许多船只沉没，死亡人数为 4000—5000 人。幸存者被安置在堡垒和教堂里。白人死者被土葬，但奴隶由于死亡人数众多，被丢弃在海里。[67]1781 年，该岛被一支英国舰队占领，遭受了更大的侮辱，所有个人和公共物品被没收。舰队指挥官罗德尼上将认为这个岛是一个讲多种语言的藏污纳垢之所，甚至下令毁了奥朗日堡镇，用其屋顶和建筑材料来修复巴巴多斯飓风造成的破坏。[68]罗德尼上将对这个荷兰前哨特别敌 97
视，可能也受到了他自己损失的影响，因为他的舰队在圣卢西亚遭遇风暴，12 艘船中损失了 8 艘和数百人。

岛链的其他地方也经历了狂风巨浪，随后风暴稍微西转，越过莫纳海峡，袭击了波多黎各西部的卡沃罗霍和圣多明各东部，多年后这次飓风被称为圣安东尼奥飓风或 "80 年代的悲剧风暴"。然后它向北转弯，错过了百慕大群岛，但损害了该地区的航运，最后移向北大西洋。[69]

除了大飓风（10 月 10 日至 16 日），另外两场风暴也袭击了更远的西部。一场巨大的飓风（10 月 1 日至 6 日）袭击了滨海萨凡纳的小港口，经过蒙特哥湾，然后猛烈袭击了古巴东部的圣地亚哥，最终导致 3000 多人丧生。随后，大飓风袭击了两支英国舰队，一支在佛罗里达附近活动，另一支在弗吉尼亚附近活动，当时他们正在进行军事行动，支持打击殖民地叛乱者的活动。

与此同时，墨西哥湾的另一个热带低压（10 月 15 日至 22 日）已经达到飓风速度，并于 10 月 16 日接近古巴西部的比那尔德里奥，然后向东北移动。1779 年，支持大陆殖民地而正在与英国作战的西班牙成功地占领了莫比尔，并计划在海湾地区进一步作战。这场风暴向北移动时追上了一支航行中的西班牙舰队，在索拉诺上将的指挥下，这艘由 60 多艘帆船和 4000 名士兵组成的舰队准备前往攻打英国控制的西佛罗里达的彭萨科拉。船只受损，四处散开，2000 人丧生，索拉诺放弃了进攻。这场名为索拉诺的飓风对西班牙的计划来说是一场灾难。恶劣的天气持续到 11 月，进一步扰乱了英国海军在大西洋中部沿海的行动。

在牙买加的滨海萨瓦纳，风暴摧毁了房屋和糖厂，夷平了甘蔗地，几乎彻底摧毁了芭蕉种植园。[70] 达林总督称之为"这个国家有史以来最可怕的飓风"。他召集金斯敦的商人开会，向他们筹集了一万英镑救济灾区，同时派遣船只到其他岛屿寻找食物。他在写给伦敦的报告中强调了所有建筑物受到破坏和居民缺衣少食、无处栖身的"可怜处境"。仅威斯特摩兰教区（滨海萨瓦纳所在地）的损失就高达 95 万英镑。达林向伦敦强调"破坏巨大"，他强调"可怜的居民处于灾难中，非常不幸，他们仰望最仁慈的君主，尽快减轻他们巨大的痛苦"[71]。十年后，历史学家布莱恩·爱德华兹将巨浪对滨海萨瓦纳的破坏比作一场灾难，这场灾难"甚至比 1692 年将皇

111

家港夷为平地的地震更可怕"[72]。自 1750 年以来牙买加的蔗糖产量一直稳步增长，但受到 1780 年风暴及其后五年风暴的破坏后中断。[73]

牙买加和巴巴多斯是英国热带王冠上的两颗明珠，一道遭受了巨大的财产和生命损失。个人和达林等皇家官员的呼吁强调了岛民的苦难和饥馑甚至饥荒的威胁。像往常一样，在大不列颠的各个城市，人们创建了捐款基金，并从私人捐赠者那里筹集了数千英镑。最重要的是，议会还通过了一项法案，授权拨给巴巴多斯 8 万英镑、牙买加 4 万英镑的"慈善"赠款。这是一项非同寻常的措施，远远超过了此前几次殖民地应急事件（如 1740 年查尔斯顿大火）中批准的金额。这一行动可能是出于保持岛屿殖民地忠诚的愿望，因为战时措施，如对反叛的大陆殖民地的贸易禁运，已经引起了相当强烈的不满，由于来自法属邻岛的战时威胁，岛上议会也担心自己的安全。家长作风、爱国主义和政策促使英国国王和议会批准了救济。考虑到蔗糖在英国有可靠的市场，以及奴隶叛乱的威胁始终存在，这些岛屿殖民地加入叛乱的可能性一直很小，但 1780 年的飓风创造了一个展示国王的仁慈和忠诚的好处的机会。[74]

其他帝国也采用类似的方式应对危机，尽管没有那么慷慨。在 99 法国，巴黎和南特的银行设立了捐款条目，方便人们捐款，而国王和议会投票决定将 100 万克朗作为"国家的礼物"送给岛上的居民。[75] 马提尼克岛总督布耶侯爵向指挥官和教区的牧师写了一封信函，收集信息以帮助分发救济物品，他估计仅马提尼克岛就需要1200 桶面粉和 600—700 咸肉，更不用说多米尼克和圣文森特类似的需求了。[76] 正如布耶侯爵和行政长官佩尼埃侯爵联合向巴黎报告的那样，"在这种可怕的情况下，向受害者分发救济品是绝对必要的"。1766 年和 1768 年的先例被用作岛上寻求免税的指南。种植园主特别渴望得到帮助。1756 年飓风过后，他们开始依赖主要港口的代理商来处理买卖，1766 年飓风过后，这些代理商开始以高于通常 5% 的利率向他们提供贷款。1780 年风暴之后，代理商还开始要求总销售额的 5%。这些约定使甘蔗种植者和越来越多的咖啡种植者如履薄冰，天气或其他原因造成的任何进一步的作物减产都会使他们迅速陷入债务或丧失抵押品赎回权。[77] 减税是一种可能的传统对策。马提尼克岛的两名官员被指派评估 1781 年岛上哪些地区应该免除人头税。他们认为评估和核实个人损失太难，建议在全岛范围内实行豁免，因为"战争加剧了普遍的痛苦，尽管自飓风袭击以来提供了普遍救济，但［我们］仍被迫每天向那些无法养活自己的家庭提供救济"。其他行政官员不愿看到这种免税所意味的收入损失。[78]

在 1780 年风暴后，西班牙政府遵循通常的政策，允许向外国人购买食品，特别是从其北美盟友那里购买，但继续限制免税的范围。[79] 风暴后西班牙的大部分活动都是为了从军事失利中恢复过来，继续在海湾的战役。[80]8 月袭击新奥尔良的飓风造成了巨大损失，密西西比河口的所有船只沉没，庄稼被毁。几乎就在一年前，这个地区已经遭遇了一次飓风，新奥尔良的居民被"战争、两次飓风、洪水、传染病、一个多雨的夏天和前所未有的严冬"激怒了。市政会和行政长官代表他们向马德里求助，王室承诺提供援助，尽管在一封信函中，查理四世在对臣民的苦难表示同情的同时，提醒居民"所有国家都有不便之处"，他们仍然应该继续对国王忠诚。[81] 为了应对这场风暴和这 10 年中的其他风暴，西班牙表达了类似的担忧，并转向传统的应对措施。

持续 10 年遭受飓风袭击后，波多黎各、古巴部分地区和新西班牙发生持续干旱，情况恶化。整个 18 世纪 80 年代，缺乏面粉和作物歉收的消息占据了西班牙的信件主要内容。[82] 尽管王室在 1787 年 11 月发布命令，禁止进一步购买外国产品，但波多黎各总督在圣胡安市政会的支持下，授权船只在丹麦属圣托马斯岛和法属瓜德罗普岛寻找食物。[83] 外国船只在飓风或战争造成紧急停靠的掩护下，继续在西班牙属诸岛港口停靠，它们在那里大受欢迎。西班牙和法国与大不列颠不同，都没有向殖民地提供大笔的货币救助。在他们的殖民地，人们还不会因灾难或政治事件而动摇对国王和国家的忠诚。这些可能性存在于未来 10 年。

宗主国向殖民地提供救济或援助表明，政策决定受到人道主义情绪和宗教思想的影响，但飓风不仅有可能摧毁社会分裂赖以存在的物质基础，而且有可能强调和加剧这些分裂，有时甚至使这些分裂成为可能。例如，英国议会批准拨给牙买加和巴巴多斯救济资金，但如何发放这些资金却留给了伦敦的一个委员会，然后是殖民地的地方官员。在牙买加，汉诺威、圣詹姆斯和威斯特摩兰的受灾教区有许多人抱怨，修复岛屿的钱主要给了大业主，基本上忽视了小农、店主和工匠的困境。总的来说，全部救济资金的大约一半给了种植园主。

滨海萨瓦纳的店主声称，"有地位、有身份、有钱的人"得到的份额与他们的损失不相称，辩称他们失去了一切——房子、奴隶、衣服、家具和金钱——而种植园主有靠自己恢复所需的资金。

最终，议会救济基金的折价份额市场发展起来，进一步增加了利润和投机。[84] 非种植园主认为政府的慷慨只是强化了自己的劣势。[85] 有色人种的自由民感到特别受忽视，指出他们的民兵服务和忠诚值得考虑，质问为什么因为肤色他们无法得到英国的慷慨救助。然而，他们作为一个阶层被排除在外。负责拨款的牙买加专员们认为那些由于年龄、性别或宗教信仰而不配受到救助的请愿者也是如此。[86]

在巴巴多斯，来自爱尔兰的私人筹集援助首先到达，很快在总督、他的理事会（council）和岛上议会之间引发了一场关于应该如何使用资金以及谁应该是主要接受者的争论。1781 年，当英国议会的拨款到达时，争论变得更加激烈。派系产生了：一些人主张用这笔钱来偿还岛上的债务；总督想把资金用于修复风暴中受损的防御工事，因为征税似乎不可能；而岛上议会中其他派别想要的要么是普遍分配，要么是基于需求或损失发放补偿。围绕第一次大规模救灾资金的争议、困难和延误预演了以后救灾资金分配的历史。在飓风后的恢复时期，除了分配救济资金外，岛上社会还以许多方式强调社会差别和种族等级。在巴巴多斯，几乎所有英国圣公会教堂都在 1780 年的飓风中被摧毁或损坏，为了筹集重建资金，教区牧师创建了一个出售或出租教堂长椅的体制。到了 19 世纪 20 年代，许多长椅被出租给不太富裕的白人和一些自由的有色人种，这导致了关于他们是否有权利在教堂白人区就座的争论。这场关于"长椅租金"的争论集中在这样一个问题上，即长椅是否已经成为个体白人的财产，他们想租给谁就租给谁，或者它们是否属于"白人社区"。在废除奴隶制和解放奴隶的时代，排斥和隔离有色人种的习惯做法越来越受到质疑，有人认为，在 1780 年之前，事实上这些做法并

102

没有正式化。飓风实际上造成了一个不稳定时刻，引发了划分白人和黑人的新手段，随着奴隶制作为种族隔离的问题受到质疑，这些成为争议的焦点。[87]

但最重要的是，风暴发生在绝大多数人口受奴役的社会中，长期以来对白人人口被超过的忧虑成为人们关注的焦点。在所有岛屿上，迫在眉睫的忧虑是饥荒。在法属岛屿，食物匮乏使奴隶人口处于危险之中，因此威胁到种植园主和整个农业生产的恢复。但是食物匮乏也带来奴隶不可控制和反抗的危险。这些岛上的安全和控制奴隶很大程度上有赖于治安队（maréchaussée）。治安队主要由有色人种和民兵组成，虽然是白人指挥，但也有赖于有色人种自由民参与。尽管如此，法国官方通信中对灾难后奴隶骚乱的可能性保持相对平静。

西班牙属诸岛与法属和英属岛屿不同，18 世纪 80 年代奴隶在人口中的比例仍然相对较小，灾后通信中没有对奴隶叛乱的担忧。接下来的 10 年里，随着 1789 年向外国人开放奴隶贸易，以及由此导致的古巴进口奴隶数量比 18 世纪 80 年代增加了两倍，这种不怕奴隶叛乱的情况发生了变化，也开始改变西班牙诸岛奴隶制的人口结构以及对叛乱可能性的担忧。

在不列颠群岛，对叛乱的恐惧显而易见。[88] 夏季食物短缺——"饥饿时期"是正常的，但飓风造成了真正的生存危机。[89] 在 1780 年风暴之前，情况已经很糟糕，因为与大陆殖民地通商的战时措施已经停止，而这是食物和建筑材料的传统来源。[90]1776 年后，奴隶贸易下降，价格上涨，引起了种植园主的担忧；随着食物供应的减

103

少，奴隶们担心自己的前景。有些岛上的奴隶食不果腹。1779—1781 年之间，安提瓜大约 20% 的奴隶死亡。[91] 总督和岛上议会的所有种植园主为政策及其颁布争吵不休；难怪伦敦将救灾视为自助和帮助殖民地的重要工具，也是在美洲大陆爆发反叛行动时维护岛屿忠诚度的重要工具。考虑到这些岛屿的人口结构和奴隶占绝大多数，克里奥尔种植园主加入北方殖民地反抗行动的可能性很小。

风暴过后，尤其在岛民梦中萦绕不去的是奴隶叛乱的幽灵。1760 年，牙买加经历了一次严重的叛乱，即"特克伊叛乱"，当时大约有 100 名奴隶揭竿而起杀死了一些白人。托马斯·西斯尔伍德报告说，白人缺乏安全感，因为他们的处境岌岌可危，因为几乎所有的武器和弹药都被毁掉或埋在废墟下。他声称，牙买加风暴之后，人们旋即认为奴隶"狂暴""大胆"和"非常无礼"。[92] 威廉·贝克福德经历了这场风暴，他报告说，当大风摧毁了脆弱的奴隶住所时，"不幸的黑人"在种植园主的家中寻求庇护，场面更混乱，"因预感到失去妻子和孩子而悲伤"。飓风一过，他们立即开始喝酒、抢劫，但贝克福德将这种行为归咎于白人的坏榜样和社会秩序的崩溃。[93] 在巴巴多斯也报道了类似的崩溃，抢劫发生在严重受损的布里奇敦——尽管当时的报道没有区分抢劫者和仅仅试图在缺乏食物、住所和水的情况下生存的风暴受害者。牙买加西部和巴巴多斯岛立即采取措施恢复秩序。在牙买加，金斯敦的总督派人到滨海萨瓦纳，甚至派出一艘军舰显示武力。[94] 在巴巴多斯的布里奇敦，除了担心奴隶叛乱之外，还担心关押在那里的大约一千名战俘可能会伺机而动。布里奇敦的街道上设立了巡逻队，英国驻军帮助恢复了秩序。在多山的牙买加，奴隶逃亡的数量可能有所增加，在那里逃跑更容易，但在 1780 年风暴之后，没有一个岛屿发生过任何大规模的有组织叛乱。尽管奴隶社会很脆弱，但奴隶本身仍然处于最危险的境地，他们最关心的只是生存。此外，自 1763 年七年战争结束以来，加勒比社会可能从未像 1780 年那样全副武装，民兵组织得更好，戒备更森严，当时法国和西班牙站在北美叛军一边加入了这场冲突，并威胁到了英国的加勒比殖民地。

18 世纪 80 年代，飓风带来了持续的破坏。在 1780 年之前，牙买加很长一段时间没有遭遇过飓风，1781 年再次遭受破坏，随后在 1784 年、1785 年和 1786 年也是如此。圣克罗伊在 1785 年遭受了超过 250 万丹麦银币（里格斯代尔）的损失，瓜德罗普岛、巴巴多斯岛、圣多明各和波多黎各在那一年也遭到重创。1787 年又是一个多灾多难的年份，风暴从背风群岛袭击了洪都拉斯海岸和尤卡坦半岛。那一年，多米尼加遭受了三次风暴袭击。这种模式一直持续到 1789 年。

1780 年的飓风和随后 10 年的飓风给奴隶社会一个教训。这一教训到底是什么，是谁的教训，人们仍然在猜想。风暴造成的生活艰难暴露了奴隶制的悲惨，虽然一些种植园主和伦敦的西印度游说团体认为奴隶恶劣的生活条件是风暴造成的破坏和短缺的直接后果，但对奴隶生存条件的普遍批评有所增加。1784 年，牙买加议会开始讨论修订所有有关奴隶制的法律，然后通过了《合并法案》，该法案惩罚虐待狂，并为奴隶提供更好的医疗保健和生存条件。到 18 世纪 90 年代，英国发生了一场废除奴隶贸易的运动，另一场更为保守的改革或改善奴隶状况的运动也在英国和西印度群岛展开。[95]

105　　奴隶的可怕处境是奴隶制本身固有的结构性状况，还是灾难和战时政策的产物？攻击和捍卫奴隶制的文献都得到了发展，其中提到了由于风暴导致奴隶状况恶化的观点开始发挥重要作用。在这种情况下，一些关于飓风对奴隶生活的影响的观察成为关注焦点。赫克托·麦克尼尔是奴隶制的捍卫者，他早先住在牙买加，1788 年返回英国。他认为自从他住在那里以来，奴隶的状况已经有了很大改善。尽管他公开反对虐待奴隶，甚至愿意看到奴隶贸易的终结，但他认为黑人无知、懒惰、无法控制自己的基本欲望。麦克尼尔承认非洲人和他们的后代可能有一些积极的品质。他生动地描述了夜晚糖厂奴隶女孩们的歌声"抚平我的枕头，伴我入睡"，因为"毕竟非洲人有个好耳朵，"但他仍然坚定地认为，"至于任何解放黑奴并把他们变为雇佣仆人的计划，你可以回应说，世上没有什么比这更彻底的空想，也没有任何体制更能产生普遍的危害。"[96] 麦克尼尔把牙买加奴隶当下的苦难完全归咎于风暴造成的情况。西印度飓风是破坏者。不仅仅是生命和财产损失使飓风变得如此可怕，而且种植园主无力提供食物或照顾饥饿、生病和苦苦哀求帮助的奴隶。奴隶人口减少的原因是飓风，而不是奴隶制本身。

　　　　这些场景容易唤起人们的情感，让道德家义愤填膺地呐喊："你们的岛屿被诅咒，你们的制度被诅咒！"——因此在激动的时刻，我可能会说；但不要把灾难解释为残忍，也不要把不可避免的毁灭与疏忽混为一谈。以上帝的名义，放弃你们在西印度群岛的财产，废除你们的非洲人贸易！但是不要把无助的西印度群岛奴隶的减少仅仅归咎于奴隶主的不人道。[97]

　　一年后，巴巴多斯前总督秘书、逐步废除奴隶制的倡导者威廉·迪克森发表了《关于奴隶制的信件》，这些信件对解放奴隶的观点以及自由对奴隶的适用性采取了更赞同的立场。迪克森用 1780 年的风暴来证明白人无所畏惧。1780 年的飓风让白人陷入了困境，他们试图恢复自己的产业，埋葬死者，重建家庭。岛上为数不多的几支部队已无法行动，大多数枪支都被埋在瓦砾下。尽管如此，奴隶们"仍然与他们的主人和平相处，没有表现出任何反叛的迹象"。迪克森认为，成千上万的奴隶在这场灾难中丧生，但是用更多的奴隶来代替他们并不是解决问题的办法。他举了一个例子来说明自己的观点。1783 年，西西里和那不勒斯的一场地震夺去了许多人的生命，但那不勒斯国王并没有强迫人们流亡到一个遥远的地方来代替失去的人口。人口的恢复应该是正义的和人性化的，不幸的是，奴隶制既不正义，也非人性。[98]1780 年的"大"杀手飓风，其当年的兄弟姐妹，以及其 80 年代其余时间的表兄弟姐妹，暴露了加勒比社会的断裂线和社会分裂，成为与战争、贸易、政治和种族一起塑造社会价值观和政府政策的一个因素。

到 18 世纪 80 年代，在对抗飓风 300 年后，各国政府越来越多地（即使不那么规律）采取直接行动来应对飓风造成的反复发生的灾难；但是，对生活在飓风阴影下的人们而言，这些灾难对他们的社会态度和精神世界产生了什么样的集体影响？灾难可能通过撕裂社会结构来摧毁社会，维持秩序的机构和权威遭到破坏，直接造成生存斗争中的混乱。但是，灾难也有能力驱除阶级、地位和种族的正常差别，在共同的脆弱性中揭示至少暂时的平等和为了生存而合作的需要。这两种结果之间的区别并不总是很明显。时间也是一个因素。为了共同利益进行合作可能是人们在遭受毁灭性飓风袭击后立即做出的反应，但如果食物和材料一直匮乏，长时间得不

107 到援助或援助没有及时发放，那么很可能会出现竞争和敌意。18
世纪 80 年代证明了这一点。它还清楚地表明，在财富和权力差距
巨大，因种族、阶级和公民身份造成分裂的社会中，社会合作非常
困难。

到了 18 世纪的最后 10 年，80 年代的风暴可以用多种方式解
读。1787 年在伦敦组织起来的奴隶贸易的早期反对派认为，这些风
暴是上帝不满的标志，针对殖民社会的本质——运输和贩卖奴隶的
罪恶，而不是对殖民地生活穷奢极欲的罪恶。但也许最心酸的风暴
故事不是由奴隶主而是由奴隶在牙买加讲述的。据说，在威斯特摩
兰教区的山区，一个名叫柏拉图的年轻人逃离了奴隶制庄园。他精
力充沛、能力超群，组建起一支勇敢无畏的逃奴队伍，他们控制道
路、袭击种植园。因为他出色的军事才能和领导能力，也因为他是
奥比巫术——非洲奴隶们的一种信仰——的有力践行者，他非常令
人畏惧。没有人能抓住他，由于他的超自然力量，没有人愿意冒险
背叛他，但最终他被抓住并在蒙特哥湾镇被判处死刑。他平静地面
对判决，但警告狱卒，他会对他下诅咒。柏拉图还威胁法庭说，
一场大风暴将会到来，海水会上涨，为他的死寻求报复。他于
1780 年被处决。那个狱卒虽然离开了牙买加，却被梦境和幻象所
困扰，最终消瘦下去。当年晚些时候，10 月飓风摧毁了岛屿，
海水淹没了滨海萨瓦纳。30 年后，据说柏拉图的幽灵仍然出没在
莫尔兰山区和蒙特哥湾地区。[99] 这个故事可能是虚构的，但它至少
提供了一个窗口，使人们得以窥见奴隶们面对飓风时的生存状
况、他们的反抗和神的干预。1780 年的牙买加飓风已经成了柏拉
图的风暴。

最后，我们可能会问：飓风和其他风险对生活在它们阴影下的人们的性格和思维方式有什么长期影响？当然，这里涉及各种各样的人：流放犯、契约仆人、经理和簿记员、小农和水手；但最典型的人物是控制土地的种植园主及其家人、劳工和当地机构。种植园主阶层的捍卫者认为他们是实干家、冒险家，愿意冒着热带地区的危险去创造财富。他们向上流动，被视为帝国和个人财富的建设者，勇敢且富有进取精神。他们面临的最严重的危险甚至可能是殖民者和该地区潜力的象征。约翰·福勒（John Fowler）在关于"大飓风"的文件汇编中，为西印度殖民者和岛屿的品质辩护："可以观察到，心地最善良的人和最有天赋的人被最强烈的激情所鼓动，拥有最肥沃的土壤和最宝贵的物产的西印度群岛亦然，比世界上任何其他地方都更容易遭受飓风和地震袭击。"[100] 气候温和的英格兰可能很高兴摆脱"自然之战"，但仍需面对背信弃义和野心的邪恶——西印度群岛在这方面没有突出的优势。与对种植园主这种积极进取形象相对的看法是，他们道德缺失、顽固、无情、生活艰苦、英年早逝；他们经常以缺席者的身份回到欧洲，靠在律师和经理混乱管理和虐待下的奴隶的血汗生活。这些批评不仅针对英国殖民地的种植园主，也针对其他地区的白人。[101] 希拉德·德·奥贝托（Hilliard d'auberteuil）的《思考》（1776）对法属岛屿居民的批评在许多方面类似于那些对英属岛屿居民的批评。[102] 当然，随着 18 世纪后期废除奴隶贸易和要求给奴隶更好待遇和解放奴隶的人道主义风潮的增强，这种批评加强了。

但是在克里奥尔人心态的形成过程中，飓风的风险和易受飓风侵袭扮演了什么角色？当多年的工作和资本积累可能在一瞬间付诸东流时，宿命论和抑郁症近在咫尺。查尔斯·莱斯利写道，牙买加

人"不关心未来"。[103] 托马斯·西斯尔伍德讲述了他在 1780—1781
年牙买加飓风中损失了 1000 英镑，被迫卖掉自己的地产和奴隶后
的沮丧。他感到震惊："地球的外貌发生了如此大的变化，我几乎
不知道身处何处。"他把剥落了树叶和树枝的光秃秃的树干比作冬
季威尔士的群山。[104] 他在日记中写下了自己的不适和紧张，还谈到
了一个邻居，梦见暴风雨使他无法入睡。[105] 他没有找到买家，很快
恢复了热情，成为牙买加社会一名受尊重的成员。但是风暴对前景
的长期影响很难估计。一些观察家试图这样做。法国医生和博物学
家让·巴普蒂斯特·勒布隆从 19 岁起就住在安的列斯群岛，他注
意到在飓风威胁下生活的不稳定性，这种威胁可以在一瞬间毁掉一
个人的所有努力。这种可能性滋生了宿命论和殖民地对持续劳动的
漠视：

> 我们没有欧洲城市那种持续不断的新鲜乐趣，闲散单调的
> 生活带来了漫不经心。同时，我们想享受；我们屈服于可耻的
> 放荡；对赌博的热情将我们带入城镇……在那里我们自我毁
> 灭，我们挥霍无度，在那里我们忽视照料我们的居所和
> 农业。

勒布隆认为，在这种风险下，克里奥尔人变得缺乏远见，而法
国出生的殖民者则成了住在外地的地主。如果殖民者的地产在风暴
中幸存下来，那么战争可能会爆发，无法运输产品会使价格降至
零，任何进口的供应品和货物会变得非常昂贵。[106] 勒布隆认为，其
结果是风险、挥霍、腐朽和宿命论的殖民心态。

这种对克里奥尔宿命论和脆弱感的评价往往只集中在种植园主

和白人定居者身上。更难了解的是，大量的奴隶、有色人种和白人小农如何看待气候和风暴的威胁，他们当然也遭受了炎热和风暴、干旱、疾病以及食物和住所短缺的折磨。他们必须从这些风险中创造出自己的意义。但是到了 18 世纪末，随着美国独立、法国大革命和海地奴隶起义的动荡，他们主要关心的问题已经变成获得权利或自由。飓风此时经过的社会与其说是以宿命论为特征，不如说是以革命性变革的精神为特征。

第四章

灾害、奴隶制、社区与革命

神在天国里实施奖赏和惩罚……我们在我们的世界里。

——委内瑞拉捍卫独立的克里奥尔人

上帝不在风中。

——牙买加谚语

他不会将那些在与大自然的较量中死里逃生的人视为敌人；但是，他们与他的同胞一样，也遭遇了同样的危险，在某种意义上，有权在如此普遍的灾害和苦难时期享受一切所能给予的安慰和救济。

——布耶侯爵（1780）

从 18 世纪 80 年代的飓风肆虐、美国建国（1783），到 1825 年拉丁美洲大部分地区独立及 1834 年大英帝国解放奴隶，大加勒比地区经历了巨大的社会和政治动荡。法国大革命（1789—1796）、海地革命（1791—1804）、拿破仑战争（1799—1815）以及整个地区的一系列奴隶叛乱、阴谋和逃奴战争扰乱了商业，改变了主权，有时还改变了社会关系。大约从 1787 年开始，欧洲要求结束奴隶贸易和废除奴隶制的运动日益高涨，随着丹麦（1803）、英国（1808）和荷兰（1818）终止合法的奴隶贸易，这场运动取得了一些成功，所有这些推动了许多社会的变革。当然，革命年代的思想和政治影响的传播远远超出了加勒比地区，但加勒比社会多种族，且以奴隶为基础，特别容易受到变革思想、平等和终结奴役所隐含的信息以及海地反对奴隶制的直接行动产生的示范效应的影响。与此同时，为了应对这些潜在的政治变化，政府和地方精英寻求确保稳定、忠诚和政治连续性的办法。环境因素并不能对变革运动或对变革的反应起到决定性作用，但在各种关键时刻，环境因素确实会对其产生一定影响，更重要的是，政治和社会变革或变革的威胁改变了加勒比海社会及宗主国政府应对自然灾害的方式。[1]战争和灾害既有可能成为破坏稳定的危机，也有可能成为政府展示效率和关切的良机。

变革时代的气候应对之策

这个变革时代还以干旱、洪水、地震以及引发和加剧社会动荡、失序的气候及气象现象为标志。在经历 18 世纪 80 年代飓风季频繁、猛烈的风暴之后，接下来的 10 年情况有所缓解。现代研究表明，自 1750 年以来（很可能在此之前），热带气旋活动频繁或稀少的交替周期为 10—20 年。[2]这可能与厄尔尼诺—南方涛动现象有关，尽管厄尔尼诺现象降低了北大西洋飓风的频率和规模，但并没有阻止飓风的形成，也没有缩小其可能的规模和破坏性影响。[3]因此，18 世纪最后 10 年和 19 世纪头几年依旧出现了飓风，尽管总的来说没有造成像可怕的 80 年代那样的累积影响。许多证据表明 112 1788—1796 年期间发生了一系列厄尔尼诺事件，构成了一次"超级厄尔尼诺"，在世界范围内对环境产生了影响。温带的北美洲和欧洲出现了反常的冬季高温和其他气象异常现象。1787—1789 年法国的干旱和农作物歉收造成了粮食供应紧张，由于面包和其他食品价格上涨，民众怨声载道。南亚遭受了极端干旱和农作物歉收。干旱和饥荒也发生在北大西洋的飓风高发区。1785—1786 年，墨西哥先是遭受了霜冻，然后发生大范围的饥荒，接下来是 90 年代与玉米减产做斗争。加勒比群岛经历了类似的情况。安提瓜、巴布达、圣文森特和蒙特塞拉特都受到了严重影响，导致种植园主寻求税收减免。[4] 同时，北美经历了连续的酷夏和暖冬，往往伴随着暴雨和高温，这些情况引发了其他问题，如 1793 年费城爆发了严重的黄热病。

19 世纪早期人类迎来了新的气候挑战。这是欧洲历史上最冷的几年，包括"无夏之年"1816 年，这种情况部分是由于许多火山爆发，使大气中充满了火山灰，气温下降，远低于均值。西欧和北美大部分地区因此农作物歉收，粮食价格上涨。[5] 除了 1799 年瓜德罗普岛火山爆发、1812 年加拉加斯毁灭性的地震和同年圣文森特的苏弗里埃尔火山爆发等事件外，大加勒比地区在此期间也遭受了气候影响。

在这个政治与社会动荡、革命与宪政危机频发的时期，应对反复发生的自然灾害成为一种治国之术。宗主国议会对 18 世纪 80 年代飓风的慷慨回应突显了一种新的、更具干预性的政府态度，帝国政府及官员并不理解这种政策的政治影响。议会把馈赠作为战时措施，期望赢得主要产糖岛的支持，平息西印度商人的不满和不住岛上的种植园主对这些岛屿得不到保护的担心。它还希望对岛上的议会做出一定补偿，无论是军事上的惨败，还是北美大陆殖民地的反叛使得贸易额大大减少，足以让这些议会焦头烂额。在巴

巴多斯，各派很快就开始争论如何使用救援资金，以及究竟是应该
将资金分配给每个人，还是只分配给那些受损失最大的人。总督和
岛上议会发生了激烈争吵，使资金处理搁置了将近两年；最后分发
时，从总数中扣除成本和费用，一半用于减少该岛的赤字，因此 2
万英镑中实际上只有一半发放给了飓风受灾者。在牙买加，由市政
会和议会组成的联合委员会在受灾最严重的西部教区主要根据申请
分发资金，但很快就有人强烈抱怨分配的公平性，认为这种分配有
利于大种植园主，而排除了穷人、工人和有色人种自由民。正如马
修·马尔卡西所说，在这些奴隶社会中，自由民和白人身份并不足
以创造出一种强烈到足以消除阶级利益分歧的平等意识。[6] 种植园主
并不代表这些社会中全体自由民。飓风暴露了社会群体间的裂痕，虽
然议会和国王心里有自己的算盘，他们深知在危机时刻表现出家长式
的关心是一种有用的政治工具，但也得到了一个教训，即在灾害发生
后分发捐赠，无论是否出于人道主义意图，都不是一件简单的事情。
这是加勒比所有其他政府也会吸取的一个教训。自 18 世纪 60 年代以
来，法国在应对殖民地自然灾害造成的问题上发挥了更直接的作
用，重建教堂和医院，修复防御工事和兵营，为灾民提供税收减
免，提供食品或放松贸易限制，以确保避免短缺。一旦避免了眼前
的危机，行政官员就停止了进口外国面粉，并恢复了与法国的排他
性贸易政策。马提尼克岛市政会主席 M. 德·佩尼埃（M. de Peni-
er）在 1768 年报告说，收税员对那些在 1766 年大飓风中遭受损失
的人很敏感。他还说，开放几个港口（一个在圣卢西亚，另一个在 　114
圣多明各），其他法属岛屿在那里购买法国从未提供的外国货，效
果之好让政府大开眼界，这是当地在"自由贸易道路上的第一步"，
"使它认真考虑殖民地的繁荣是否需要尝试一种新的制度，不同
于严格禁止的制度"。渴望更加开放的贸易是殖民地的梦想，飓

风和其他灾害为实现梦想打开了大门，但德·佩尼埃明白，追求这个梦想必须用忠诚的语言来表达。正如他告诉市政会的那样，

> 只有始终相信至高无上的国王父亲般的情感，相信他对马提尼克岛上灾害的消息表现出的情感，在我们眼前不断出现的、此刻以最悲痛的心情回忆起的公共灾害才变得可以忍受，他愿意公开地表达这些情感，令我们毫不怀疑他会很快拨给我们需要的救济；我们热切地等待着……[7]

提供救济的能力被认为是一种王室属性，但法国人和英国人一样，在 1780 年的巨大损失后，他们终于发现，考虑到社会各部门的利益竞争和有限的政府资金，有效、公平地分配救济物资并非易事。这导致了混合的应对措施，国家救助有些成了发放的礼物，另一些则作为未来需要偿还的预付款。1788 年 8 月的另一场飓风夺去了马提尼克岛上近 400 人的生命，对农作物造成相当严重的破坏，引发了试图平衡国家、商家供应商和岛民利益的类似做法。总督向受饥饿威胁的教区发放了应急食品供应，并颁布了一项法令，允许进口外国商品，但对进口面粉的数量进行了限制。总督手头只有大约 6000 桶面粉，但算上仍在运输途中以及木薯丰收后的产量，他用不着对进口面粉完全开放港口。奴隶的主食盐鳕鱼则另当别论。总督取消了盐鳕鱼的进口关税，因为奴隶中发生饥荒会导致殖民地的损失，但他向巴黎保证，一旦危机过去，将重新征收以前的关税。他强调，"为了避免损害法国的商业，我们将尽一切可能避免向外国开放港口"[8]。

瓜德罗普岛在 1785—1809 年间基本上幸免于飓风袭击，尽管

之后一年 3 次遭受飓风袭击。马提尼克岛在 1809 年经历了 4 次飓风，1816 年又经历了一次，路易斯安那在 1812 年经历了一次飓风，瓜德罗普岛在 1821 年和 1824 年遭受了飓风袭击，1825 年 7 月的一次强烈风暴对财产和航运造成了大范围的损害。[9] 应对灾难的措施通常遵循既定模式。但是在 18 世纪 90 年代和 19 世纪的头几十年，圣多明各和其他法国殖民地血腥的政治动乱，以及英国对法属岛屿的干预或占领，比自然灾害的风险更让岛民和法国行政官员担心。

西班牙继续控制着大安的列斯群岛中较大的岛屿。虽然圣多明各卷入了该岛西部法语区爆发的独立斗争，最终被非西班牙军队入侵和控制，但古巴和波多黎各在这一时期成为保皇派反对西班牙大陆殖民地独立的集结地。由于这两个岛都经历了以向集约种植农业转变为标志的新一轮农业扩张，它们也成为西班牙的主要收入来源。在马德里改革派大臣的指导下，美洲相对有效的行政官员在古巴向岛上居民做出让步，以推动土地保有权，开发森林资源，使进口奴隶更容易。充满活力的克里奥尔精英抓住这些机遇，利用奴隶进口的增长，开始积极扩张制糖业。1792 年，古巴人口为 27.2 万人，其中 8.4 万人（31%）是奴隶。到 1827 年，总人口已超过 70 万人，其中约 28.7 万（41%）是奴隶。[10] 古巴蔗糖出口从 1790 年的 1.5 万吨增加到 1820 年的 5.5 万吨和 1830 年的 10.5 万吨。[11] 波多黎各的情况类似，只是规模较小。圣多明各作为热带商品生产地的消失为二者的扩张打开了市场。

西属各岛持续受到大风暴的袭击，但是在这个农业扩张和经济 116 增长的时期，政府官员试图确保各岛持续盈利和税收为国家提供持续的收入流，并在面对西班牙帝国的革命运动风起云涌时，巩固各岛的忠诚。因此，飓风在政治上的重要性增强。尽管英国人在 1797 年试图占领圣胡安造成了经济中断，但波多黎各在 1788—1804 年期间没有遭遇大飓风，在此期间，波多黎各受益于刺激农业生产和贸易的一系列改革和特许。[12] 加勒比地区革命造成的动荡给岛上带来了来自圣多明各、路易斯安那和南美洲北部的移民，他们被波多黎各表面的稳定及地方行政长官亚历杭德罗·拉米雷斯（1813—1815）治下政府的出色表现所吸引。1804 年、1806 年、1809 年两次和 1812 年的两次飓风造成了常见的破坏和洪水，但在法属殖民地圣多明各被摧毁后，波多黎各由于甘蔗、咖啡和烟草农业的发展而继续繁荣。岛上人口迅速增长，到 1807 年已达到 18.3 万人。到 1815 年，认识到波多黎各经济的重要性和保持其忠诚的必要性，西班牙王室颁布了一项恩典法令（cédula de gracias），编制了新的、更为宽松的移民政策与更自由的贸易、奴隶进口和税收改革政策。[13] 经济因此进一步增长，特别是在南部沿海的庞塞（Ponce）和西部的马亚圭斯（Mayaguez）地区，新的甘蔗种植园建立起来。从 1820 年到 1830 年，波多黎各的甘蔗产量翻了一番，到 1835 年又翻了一番。在南美和墨西哥独立运动中，由于总督们被鼓励加大岛屿开发力度，并压制一切革命倾向或阴谋来确保对王室的忠诚，古巴和波多黎各在西班牙帝国的考量中占据了新的重要位置。

经济的改善并非没有遇到阻力和不满。面对飓风的破坏时，查理四世（1788—1808）统治下的西班牙政府对殖民地需求的回应远不如几十年前查理三世统治下那么积极。1791 年、1792 年和 1794 年古巴西部遭受飓风袭击时，总督路易斯·德·拉斯·卡萨斯对普通民众的困境表现得毫无同情心。食物匮乏、无处栖身的灾民反对总督强制奴隶劳动和义务修路架桥的要求，他在解决食物短缺问题

117

上行动迟缓。在救灾方面，总督既无所作为又要求苛刻，他通过免税和授予其他特权表现出对糖业利益及其代表哈瓦那市政会的同情。尤其是在古巴的圣地亚哥，民众的不满情绪愈演愈烈，到 1796 年，另一场飓风过后不久，岛民对总督的不满终于促使国王撤换了他。[14]

解除古巴总督的职务应被视为应对灾难的一种政治策略。在这一时期的革命动荡中，处理灾害的效率和行政语言发生了显著的变化。西属诸岛尽管有一些独立的苗头，但仍然忠于西班牙，岛上精英害怕爆发海地式的奴隶起义，并急于抓住圣多明各被消灭所创造的市场优势。此外，他们在镇压南美革命的行动中，利用大安的列斯群岛中的西属岛屿作为皇家部队调动的集结地，这也致使任何独立的尝试都非常困难。难怪西蒙·玻利瓦尔会在 1822 年愤怒地写道："在我们面前是富饶美丽的西属岛屿（古巴和波多黎各），可惜只能是我们的敌人。"[15]古巴和波多黎各此时对西班牙经济至关重要，这两个岛都经历了一段由帝国政策和总督领导下的特许权促成的经济增长，总督的主要目标是发展殖民地和保持殖民地的忠诚。1807—1825 年西班牙美洲革命巨变期间，开放与中立国（尤其是美国）的贸易就是为了实现这一目标。这个政策加上 1790—1810 年期间奴隶贸易的增长，带来了农业繁荣，尤其是在古巴。古巴的改革派和种植园主急于使这种情况永久化，为了实现这一目标，他们的领导人反对对奴隶贸易设置任何限制，并支持王室反对 1812 年西班牙宪法以期获得王室让步。古巴的西班牙驻军都督们想方设法强调忠诚的好处，尤其强调奴隶制对经济越来越重要。有效的救灾行动也是计划的一个要素。

118

波多黎各提供了另一个为了巩固西班牙统治而改革的例子。岛上的政府由米格尔·德·拉·托雷（1822—1837）掌管，米格尔是一个顽强的军人，曾指挥过保皇党军队反对玻利瓦尔领导的委内瑞拉革命。他在 1812 年复辟派否决西班牙自由宪法期间就职，主要负责压制岛上任何威胁西班牙统治的分离主义或自由主义倾向。在 19 世纪的头 20 年，岛上的精英们已经表达了自由思想，但在后拿破仑时代西班牙专制主义复辟时期，德·拉·托雷被分派了镇压任务。作为总督，他以一种近乎独裁的方式，加强了驻军，进行了一系列行政改革，把城市发展模式引入岛内，如在圣胡安的街道上安装煤气灯，促进岛内的农业扩张。他还因"面包与马戏"政策而被长久铭记，这个他称之为"跳舞、喝酒与打牌"的政策旨在分散波多黎各人对政治的注意力。但德·拉·托雷也是一位敏锐而精明的管理者，他明白在灾害面前展示效率是一种非常有效的政治策略。1824 年 9 月波多黎各遭遇了一场"猛烈"的风暴，促使总督报告了许多城镇和村庄的悲惨状况。市政会指出，他们的回应应该向总督表明，"陛下非常体恤风暴造成的损害，希望他的热忱会拭去那些受苦受难的不幸臣民的眼泪，他们被上帝我们的主所看重。"[16] 次年 7 月，圣安娜风暴促使德·拉·托雷总督和波多黎各地方行政长官举行会议，审议损失情况，并表达"国王陛下促进岛民幸福安康的父亲般的愿望"。30 个城镇每一个都成立了由军事指挥官、镇长和 4 个有名望的公民组成的委员会，来决定是否应该暂停税收一年。与此同时，批准了与非西班牙岛屿间的食品贸易，并发布命令，制止牟取暴利和哄抬物价。德拉托雷向每个市政府发布通知，下令建造避难所，保护无家可归的人免受疾病和天气的影响、修复政府大楼和兵营、清理和翻新教堂，以便信众能够虔诚地聚集在一起。最重要的是，他下令要求每个居民至少种植 1 奎尔达（约 1 英

119

亩）的水果或块根作物来养活家人，如果有劳动力的话，就种植更多。[17] 市政会提交了报告，对损失进行量化，详细说明每个城镇的死亡、受伤、房屋被毁、每种受灾作物的面积以及动物损失，细致到一只鸡的程度。18 世纪晚期偶尔会进行此类清查，但从未像1825 年风暴后德·拉·托雷政府那样精确。[18] 德·拉·托雷通过行动和关注细节清楚地展示了如何通过高效应对将灾害转变为政府能力的正面范例。

1825 年圣安娜飓风的烈度被认为在波多黎各历史上闻所未闻，为西班牙国王的代表提供了展现国王仁慈和效率的机会，从而显示忠诚的好处。米格尔·德·拉·托雷向邻岛古巴求助，强调了其损失程度、波多黎各贫困人口无力支付复苏费用，以及最近从西班牙美洲地区独立的革命叛乱分子肯定会幸灾乐祸。[19] 作为回应，古巴总督弗朗西斯科·迪奥尼西奥·比韦斯呼吁岛上居民超越"没有实际价值的同情"，用行动展示他们的"慷慨慈善"。他向岛民募集资金。1825 年 11 月，他写信给德·拉·托雷总督，表达了古巴人援助"我们的兄弟"的愿望。尽管他们有慷慨意向，比韦斯还是不得不指出，特立尼达岛、圣克拉拉和其他古巴城镇在 9 月下旬的另一场飓风中受损严重，缺乏资源提供援助。[20] 值得注意的是，在风暴后的文件中使用了"荣誉""忠诚"和"爱国主义"等词来刺激人们采取行动。但西班牙管理人员与英国人和法国人一样，也不愿援助他们认为不配得到援助的风暴受害者。他们警告说："懒惰是游民和乞丐乞求邻居施舍的动机。"[21] 伴随着如何提供援助和向谁提供援助的问题，各国越来越关注这些政策中固有的政治、道德和现实问题。

最后，我们应该注意到，大加勒比地区此时出现了另一个政治角色：美利坚合众国。早在 1790 年，美国国会就曾尝试通过分配资金来提供援助或救济，通常以直接给予个人救济的形式。火灾、海盗或其他损失的受害者得到救济，战争、叛乱或自然灾害的受害者有时也会得到救济。海地革命的难民得到了国会的援助，1812年，当时出于巩固与南美关系的需要以及对美洲新兴共和主义的同情，国会以"遥远、受压迫的人类的神圣事业"之名，向加拉加斯地震的受害者提供救济。但是从一开始，这种行动就激起了杰斐逊派共和党人和汉密尔顿派之间的争论，前者试图限制国会做出此类裁决的权力，而后者支持为了普遍的福祉，对宪法权力进行更宽松的解释。[22] 争论的焦点是先例的适用性，以及吁请在多大程度上满足灾害是突发的、不可预见的，以及申请人在道德上无可指摘等"隐含规则"。[23] 到 19 世纪 30 年代，双方似乎已经达成了普遍共识，即先例证明了有限救济的合理性，但在内战之前，对此类赠款的拨款很少。1865 年后，情况将发生很大变化。由于这些辩论被置于更广泛的合宪性和政府普遍作用的讨论中，美国早期关于政府救济的智慧和正当性及其政治和道德基础的辩论焦点更加尖锐。这些关于政府在应对灾难中的作用的争论提出了所有加勒比海帝国长期以来一直面临的问题。

121 灾难共同体

尽管大加勒比地区在地理和政治上四分五裂，帝国竞争和敌对一直是其历史的特征，但随着岛屿被征服和投降，人口被迁移或驱逐，政治边界变得千疮百孔。被迫和自愿迁徙已成为地区的一个特点，主权往往脆弱而不确定。一些岛屿，如圣托马斯岛、多米尼克岛、圣尤斯特歇斯岛和特立尼达岛，成为多语种的地方。由于人们可以相对容易地跨越国界，以及有许多不得不这样做的原因，跨越政治和地理分裂相对容易。走私贸易是其中的核心，但也涉及那些寻求个人、政治或宗教自由，或是渴望得到土地或机会的人。[24] 奴隶们为了设法获得自由，逃往主权和宗教不同的殖民地避免被逮或被遣返，海上逃奴因而变成普遍现象。船长、外国多种族的水手、商人和军人带来的信息在大加勒比地区和不同的政治派别间广泛传播。敌对岛屿上的作物和天气状况，船队出现与否，政策或贸易法规的变化，以及奴隶起义的状况，所有这些都关乎利益，有时甚至关乎整个地区的利润、损失或生存问题。信息广泛传播，人们尽可能地阅读其他殖民地的公报和时事通讯，关于帝国政策或当地情况的谣言和传闻充斥着每个港口的酒馆。尽管存在政治分裂和殖民地间的竞争，但源于奴隶制、社会和种族结构以及经济潜力的相似性创造出一种"休戚与共"之感，即使它们并不完全构成共同体。

随着时间的推移，飓风和其他灾难在帝国内部以及所有帝国的殖民地之间形成了一种面对共同威胁且互相依赖的感觉。尽管帝国限制与外国人进行贸易，但在飓风、地震和其他灾害之后，从其他殖民地寻求食物和材料的传统在整个地区变得很普遍。即使在战争时期，人们从邻近的岛屿收集情报，共同面临的飓风威胁也促进了在走私和非法贸易中形成同样的纽带和共同利益。即使在敌对行动期间，也从敌人那里分享和收集信息。例如，约翰·福勒对 1780 年发生在牙买加和巴巴多斯的飓风报告进行了广泛汇编，还附有关于法属和荷属岛屿遭受损失的信息。一份 1780 年的法国损失报告对"我方敌人"的岛屿所遭受的破坏表示关切。[25]1815 年，波多黎

122

各行政长官报告了来自瑞典属圣巴塞洛缪的消息，那里有 70 多艘船在飓风中沉没。[26]1819 年 9 月，一艘来自圣托马斯的小船抵达波多黎各的法哈多，带来了飓风在圣托马斯的主要海湾击沉或搁浅了近百艘船的消息。法哈多市长向在圣胡安的总督转交了一份关于风暴特征、风向和遭受损失的详细描述。[27] 这些信息对于风暴到来之前的准备工作至关重要，但飓风袭击的知识以及它们的影响在灾后阶段也很重要，此时了解从何处获得食物和材料，或者发生在竞争对手岛屿上的灾难将如何影响商品价格都很重要。

共同的环境风险与走私一样，塑造了某种同理心和纽带，弱化了文化、宗教和政治差异。1780 年的大飓风期间发生了一件著名的事件，当时两艘英国战舰在马提尼克岛被风卷上了岸。所有军官都失踪了，只有 31 名船员幸存，马提尼克岛的法国总督布耶侯爵（图 4.1）周到地接待了他们，并打着休战旗将他们送回巴巴多斯，带回一条信息：

> 他不会将那些在与大自然的较量中死里逃生的人视为敌人；相反，他们与他的同胞一样，也遭遇了同样的危险，在某种意义上，有权在如此普遍的灾害和苦难时期享受一切所能给予的安慰和救济，他只是感叹幸存人数如此之少，没有一个军官得救。

布耶用"共处灾难中，众人皆兄弟"向上司解释自己的善意。[28] 这一宽宏大量的行为得到了应有的关注，并在战后受到了赞扬，当时布耶在英格兰受到了西印度利益集团的盛情接待，并得到了格拉斯哥商会的奖励，向他赠送了一套匹配的手枪，以表彰他的

图 4.1 "共处灾难中，众人皆兄弟。"马提尼克岛总督布耶侯爵的肖像，在 123
遭遇了共同的敌人——自然之力后，他大度地对待他的英国敌人。(石版画：弗
朗索瓦·德尔佩奇模仿亨利·格雷韦顿；版画收藏：米利亚姆及艾拉·沃伦艺
术、版画和石版画部，纽约公共图书馆)

"仁慈和慷慨"。[29]

西班牙人也采取了大致相同的态度。在巴巴多斯的布里奇敦，
1780 年的风暴摧毁了关押 800 名西班牙战俘的监狱。人们立刻担忧
这伙人会加入岛上已经开始趁火打劫的奴隶，一支英国军队还被组
织起来以应对威胁，但战俘堂佩德罗·德·圣地亚哥（Don Pedro de 124

Santiago）——一位阿拉贡军团的上尉组织起西班牙战俘协助救援工作和控制叛乱的奴隶，在他的协助下，对岛内危险的担忧得到了缓解。一位后来的评论者写道："让我们怀着感激之情记住，在那个灾难时节，他们放下了所有的民族仇恨，为救助受困的居民和维护公共秩序不遗余力。"[30]

或许再也找不到比指挥官托马斯·科克伦爵士从圣约翰的纽芬兰寄给他的"朋友"——波多黎各总督托雷-潘多伯爵米格尔·德·拉·托雷-潘多的那封信，以及信中所附的 100 比索更能说明所谓利益共同体的思想。写这封信是为了回应圣安娜飓风在波多黎各造成 379 人死亡，摧毁 6883 所房屋，毁坏近 6000 奎尔达的咖啡园的消息。科克伦当时是纽芬兰的总督，6 周前刚刚从安的列斯群岛抵达这里。他礼貌地问候了托雷-潘多伯爵的妻子和家人，还指出来自西班牙的政治消息很糟，他很高兴他的朋友不在西班牙。科克伦已经收到了关于最近一场飓风的报告，因此寄了 100 比索，分发给在飓风中受灾的各个社区的穷人。托雷-潘多在岛上受灾严重的东部地区设立了委员会。卡瓜斯受助的穷人中大多数是寡妇，他们签了收到 4 比索的收据；在亚武科阿，有 6 个男人和 6 个女人受到救助，在帕蒂亚斯，同样有 12 个人得到了帮助，其中还包括两名被释放的人。[31] 王室行政官员在个人层面表现出的同情和亲近感强化了在灾难面前共同承担风险、共渡难关的情感。随着气象学解决了认识和预测风暴的挑战，这种情感在接下来的一个世纪里将非常盛行。

政府与天意（天命）

至 19 世纪早期，政府已经大体上得出结论，出于政治、道德和人道主义原因，国家对灾难的受害者负有一些责任，至少在灾民没有过错且对他们的困境不承担任何责任的情况下如此。在某种程度上，这种态度源于 18 世纪形成的一种观念，即自然本身可能与神的意图不相干。尽管如此，在基督教世界观中，人们广泛接受自然灾害可能是源于天意，在这种世界观中，历史将在诺亚方舟的大洪水和即将到来的世界末日之间上演。[32] 每个人都试图保护自己，减少物质上的脆弱性和风险，但尽管有这些现实的考虑，政府和民众仍然试图从神学或道德层面理解和解释这些危险。天主教徒接受了魔鬼或其他邪恶力量扰乱自然秩序的可能性，因此对这些威胁的常见反应是寻求圣徒的保护或神的干预。新教神学将自然现象视为上帝的"无限威力"的体现，几乎没有给恶魔的干扰或女巫的邪恶行为留下任何空间，但是，波涛汹涌的大海、狂风或其他可怕的自然现象可能是邪恶力量的产物，这种想法在大众对自然界的普遍看法中始终没有完全消失过。[33] 尽管个体将灾难视为神对他们个人缺点的惩罚，到了 18 世纪，新教神学的主流看法是自然现象是普遍天意中有序宇宙的一部分。尽管那个世纪出现了更多唯物主义或"科学"的解释，但在天主教和新教世界中，天意论仍然把灾难解释为警告和惩罚，就像今天那样，与不那么神学的解释并行。[34]

自然现象是普遍天意和宇宙神圣秩序的一部分，这与灾难是上帝的惩罚的信念并不矛盾。到 18 世纪晚期，随着对破坏性自然现象的解释越来越倾向于它是宇宙自然功能的一个方面，牙买加种植园主、博物学家和历史学家布莱恩·爱德华兹在他的《英属西印度群岛殖民地……历史》（1793）中仍然愿意承认，即使头脑简单的泰诺人，也"惧怕上帝的审判"，能够在风暴中认出上帝的力量。[35] "公开审判"、神的警告或惩罚可以激起敬畏与惊奇，值得国家关注，因为个人的罪孽会在天堂门口被衡量，但王国或社会的罪恶只会在现世遭到上帝的惩罚。不拘泥于宗教教条的牧师约翰·蒂洛森写道，上帝可能不出手，"直到一个国家罪孽深重，但他们迟早会遭到上帝的报复。"[36]

上帝在自然灾害中的角色成为哲学和神学辩论的一个中心问题，从那些相信自然界的一切都是上帝安排的人，到那些相信自然法则在没有上帝指引下独立发挥作用的人，各类启蒙运动思想家都在讨论这个问题。[37] 大多数人持中间立场，因此在加勒比世界，尽管飓风的特性和季节性引发了对上帝的任何特定目的的怀疑，但无论是天主教徒，新教徒，还是犹太教徒，很少有人愿意完全无视天意，那些在风暴中幸存下来的人发现自己的怀疑减少了，他们的经历也巩固了信仰。

许多岛屿在飓风季节留出特定的日子祈祷、斋戒或感恩。在古巴和波多黎各，祈求免受暴风雨侵袭成为宗教仪式的一部分。从1683年开始，圣克里斯托弗岛的英国人从8月到10月每隔一个星期五进行斋戒；尼维斯的斋戒日是7月至9月每个月的最后一个星期五，如果飓风季平安无事，10月3日就作为感恩日来庆祝。[38] 在圣卢西亚，居民在危险的月份里歌唱《上帝啊，怜悯我》，在飓风季结束时歌唱《我们赞美您，上帝》[39]。1749年，荷属圣马丁的指挥官下令祈祷一天，感恩上帝使他们免受军事攻击，并祈求上帝"在这几个月的飓风季中继续怜悯我们，拯救我们免受风暴和暴风雨的侵袭"。[40] 这样的祈祷日成为常态。1793 年 7 月的一份总督令指出，"一年中最危险的时刻即将来临，由于罪孽深重，我们有充分的理由担心上帝的惩罚之手"[41]。《瓜德罗普官方公报》描述了 1825 年一场严重飓风造成的损失后，在结尾指出："这些灾难激发了我们对万物至高无上的仲裁者的敬意，我们以表达这种敬意来结束对岛上灾难令人痛心的叙述。因此我们说，无论乡村与城市、房屋、宫殿、礼拜堂，无论老少、贫富遭受同样的打击；上帝希望通过这些令人痛苦的证据确认我们服从他的法令。"[42]

丹麦属圣克罗伊岛和圣托马斯岛在 6 月 25 日飓风季开始时举行特别祈祷仪式，此后在飓风季结束时的 10 月 25 日再次祈祷。[43] 1772 年一场大风暴后，圣克罗伊岛的《丹麦皇家美洲公报》就飓风的普遍威胁和对风暴的回应发表了社论："这样的一些事件会在世俗上毁灭我们，但在精神上帮助我们，使我们能够进入天国；因为土耳其人、犹太人、无神论者、新教徒和天主教徒会一起祈祷，安抚飓风之神。"[44] 随着时间推移，对风暴的"自然"或神学解释之间的相对平衡发生了变化，但即使飓风被视为大自然的一部分，而不是神的惩罚或恶魔的行动，上帝的干预也被称为一种保护力量。[45] 在丹麦属西印度群岛，1837 年的飓风摧毁了圣托马斯岛上的犹太教堂和犹太人墓地后，会众在礼拜仪式中加入了荷兰出生的领导人本杰明·科恩·卡里略谱写的赞美诗《哦，飓风》。直到 20 世纪 60 年代，演唱这首歌仍是礼拜仪式的一部分。[46]

我们于是抬头仰望他

单是他的臂膀就能拯救生命

他给予人类

无尽的爱。

不，飓风，我们不畏惧

也不会为我们的命运颤抖；

比你更强大的那位在这里，

他就是以色列唯一的神。

上帝之手可以送来飓风，也可以让风停下来。在加勒比地区，西班牙天主教徒最早思考风与上帝的安排之间的关系，或者上帝是否会用他的力量降下飓风或抵御风暴。他们之后的其他国家和信仰的人也同样关心这个问题。

在加勒比地区的革命动荡和军事行动时期，自然条件经常成为将天意、自然和政治结合在一起编织成历史的一部分，这并不奇怪。1812 年 3 月 26 日加拉加斯发生的地震就是一个很好的例子。地震摧毁了几乎所有的建筑和防御工事，仅在加拉加斯就有约 2000 人死亡（尽管当时报道称加拉加斯的死亡人数为 1 万人，拉瓜伊拉港另有 1.5 万人死亡）。公众的理解是，地震发生在 1810 年 4 月 19 日，玻利瓦尔与西班牙决裂两年后的圣周四。许多人认为这是上帝不悦的明显标志。一份传到波多黎各的报告声称，加拉加斯的革命领导人担心他们可能成为暴民的受害者，这些暴民要报复那些激怒上帝的人。[47] 当时流传着这样一个故事：玻利瓦尔站在废墟中说，"如果大自然反对我们，我们将与她斗争，让她服从我们"。加拉加斯发生地震后，加拉加斯大主教纳西索·科利-普拉特领导亲西班牙的神职人员发起了一场运动，论证包括不忠和不信在内的多宗罪

128

给殖民地带来了这一"上帝的判决"。他承认有自然法则，但强调上帝并没有放弃对这些法则的控制，不管"假哲学家"和自然主义者怎么说。捍卫革命政府的人回应指出，许多自然灾害早在独立革命之前就在美洲发生过，因此上帝并不承担这个责任。此外，他们认为上帝不会因为人类恢复自己被剥夺的天赋权利而发怒。正如一位匿名辩护者所言："这与新政府或旧政府、国王或共和国无关……上帝在他的王国里奖赏和惩罚，我们在我们的王国里。"[48] 这种世俗的理性主义态度变得更加普遍，但往往被置于上帝的审判这一包罗万象的话语中，"上帝的审判"似乎仍然为自然现象不可思议的力量提供最佳解释。

　　尽管加勒比社会从各种信仰的讲坛上得到的信息往往强调共担风险和共同责任，但人口中的很大一部分，即受奴役的人，感到自己被排斥在外，面对灾难时没有加入集体行动的动力。他们也求助于来自大自然的神的保护。有些人在教堂里寻求安慰和解脱。西印度群岛的一位改革派传教士詹姆斯·拉姆齐写道，奴隶在自然灾害后变得更受洗礼的召引，他注意到这些灾难后他们的道德和行为有所改善，但关于奴隶也可以选择宗教这一点他几乎没怎么评论。奴隶们在基于非洲的各种形式的宗教活动中找到了不同来源的安慰和帮助。例如，古巴讲约鲁巴语的鲁库米奴隶向风暴与闪电的守护神灵昌戈（Chango）祈祷，为了表示对神灵的尊敬，他们在风暴中不吸烟。在萨泰里阿教——古巴保留下来的非洲裔西班牙人的一种宗教中，掌管风的战神奥亚（Oyá）成为一种强大的力量。在法属安的列斯群岛的伏都教（voudon）和牙买加以及其他西印度群岛的奥贝教，人们祈求类似的神灵在风暴中提供保护，或者，正如我们在1780年牙买加的普拉托事件中所看到的，祈求风暴毁灭压迫者。[49]

129

1831 年的大飓风

如果从 1790 年到 1840 年环加勒比海地区的动荡年代可以用一个变化来描述的话，那肯定是劳工制度的改变。圣多明各以暴力方式终结了奴隶制，最终导致了 1804 年的海地独立，而在西属殖民地古巴和波多黎各，由于主要经济支柱为农业出口，当地的奴隶制反而得到了发展和巩固；英属西印度群岛废除奴隶贸易后接着解放奴隶，这些使所有其他事件都黯然失色。财产权和人权的概念是奴隶制问题的核心。"有关奴隶的大问题"是美国革命中的一个问题，也是困扰着宪法签署者的一个争议点，而且从另一个角度来看，它是海地革命中的主要关注点，也是影响其他法属加勒比殖民地革命热情中的一个重要问题。在此期间，政治变革和革命意识形态激起了整个环加勒比地区的奴隶骚动和期望。从 18 世纪 80 年代开始，从巴西的巴伊亚到委内瑞拉的科罗，再到巴巴多斯（1816）、德梅拉拉（1823）、牙买加（1831）和弗吉尼亚（1831），奴隶起义考验着制度的极限和力量，并在接下来的几十年里愈演愈烈。与此同时，废奴运动、传教活动和奴隶反叛正在创造一个试图维持奴隶制或控制其内部的任何变化的跨国奴隶制利益共同体。[50]

1831 年的飓风发生在东加勒比地区一个特别重要的时刻，那里的英属岛屿正处于一个过渡时期，这一时期始于 1798 年限制残酷对待奴隶的《背风群岛改良法》，1807 年，奴隶贸易在当地正式被废除。[51] 这两项措施都源于英国议会中废奴主义者的活动，但也是对 18 世纪 90 年代奴隶起义的兴起和自由贸易派日益高涨的反对奴

147

隶制情绪的回应，自由贸易派可以观察到，随着英国出口商品翻倍，以奴隶为基础的西印度群岛购入英国商品的比例正在下降。随着英国成为海上霸主及世界金融与商业中心，西印度群岛利益集团在英国议会中的权力和保护奴隶制的能力下降了。慈善团体越来越多地与现实经济需求携手攻击奴隶制。[52]

受到攻击的西印度群岛种植园主和商人对日益高涨的解放奴隶情绪进行了有效的防守，用改善奴隶境况的政策作为解放奴隶的替代方案。他们限制在奴隶中进行各种传教活动，反对有色人种自由民要求更多权利的请愿，并与奴隶自身不断高涨的期望作斗争。拿破仑战争的干扰使得英国议会无法快速行动；但是改良逐渐成为英国政府的官方政策，要求解放奴隶的压力在 19 世纪 20 年代不断增长。殖民地议会想方设法阻挠或延缓解放奴隶行动，指出 1823 年的德梅拉拉奴隶起义及 1816 年和 1831 年的牙买加起义是对奴隶制度进一步自由化提出的警告。[53] 然而，当 1830 年辉格党在废奴派大法官的领导下赢得英国议会控制权时，解放奴隶运动显然占了上风。巴巴多斯的种植园主是最不愿意放弃奴隶制的那批人之一。 131 1831 年 3 月，来自英属西印度殖民地的代表在巴巴多斯的布里奇敦集会，起草了一份抗议书，声称他们已经合法地取得了奴隶财产，且一直被鼓励这样做，大不列颠长期以来一直在使用奴隶劳动中获益。因此，任何限制或损害其财产而不给予充分补偿的行为都是极不公正的。此外，他们为奴隶提供了相对舒适的生活，并把他们从野蛮状态提升到"文明生活"。[54] 逐步解放奴隶的协议最终在 1833 年达成，奴隶主将获得 2000 万英镑的赔偿，而依法获得自由的奴隶被要求在 1834—1838 年间以学徒身份服务。

虽然巴巴多斯长时间没有遭遇飓风，有时甚至被认为不受飓风的袭击，但 1780 年的飓风表明，它并没有完全逃过危险。1831 年 8 月 10 日至 11 日，这里遭到了一场巨大风暴的袭击。以今天的标准来看，它相当于一场 4 级飓风，夷平了这座岛，造成约 1500 人死亡，数千人受伤，财产损失超过 700 万美元，整座岛屿在一夜之间满目疮痍。在有些人来看来，这里如同被大火烧毁一般，而在另一些人看来，这座原本植被葱郁的岛屿现在连树叶都没了，看起来像冬季的欧洲。[55] 一位匿名记录巴巴多斯被毁事件的人估计，"尽管这个岛已经遭受了许多灾难性的自然灾害，但这些灾害产生的破坏加起来可能不及 1831 年 8 月风暴的影响"[56]。风暴随后一路向西，第 2 天袭击了圣文森特，几乎破坏了岛上所有甘蔗种植园。[57] 接着向北横扫，对海地的莱凯造成破坏，然后袭击了古巴的圣地亚哥和马坦萨斯，最后进入墨西哥湾。巨浪在莫比尔西部的海湾沿岸积聚，破坏了码头和航运；在新奥尔良，航运受阻，海关大楼被掀顶，庞恰特雷恩湖湖水上涨，淹没了一些地区。[58]

1831 年的大飓风袭击东加勒比地区时正值奴隶主阶层感到尤其脆弱、日益受到主张解放奴隶派的威胁之时。正如圣文森特的查尔斯·谢泼德所写："时代的压力很严峻，未来前景暗淡，西印度群岛繁荣的日子很可能已经结束了。"[59] 种植园主的沮丧和奴隶反叛增多很常见。一些种植园主幻想脱离联邦，但此时的策略不是集中在阻碍解放奴隶上，而是如何设定解放的条件，尤其是补偿问题。这些计划在受风暴影响最严重的两个岛屿：圣文森特和巴巴多斯发挥了不同的作用。

圣文森特是一个以苏弗里耶尔山为主的火山岛，制糖生产发展较晚，在 1763 年英国人从法国手里获得它之后，才开始呈现出典型的种植园殖民地的特征。当地的加勒比人在 18 世纪 70 年代和 1795—1797 年的一系列战斗中被杀死或被驱逐。大量非洲奴隶被输送到这里，到 1831 年，奴隶人口达到岛上总人口的 80%。此外，尽管圣文森特的面积只有 150 平方英里，但到 1831 年，它已成为英属西印度群岛第 3 大甘蔗生产地，仅次于牙买加和特立尼达。[60] 1831 年的飓风破坏了岛上 96 个甘蔗种植园中的 92 个，摧毁了许多房屋，导致大约 20 艘船沉没或搁浅。短期看，飓风在岛上的影响通常立竿见影。接下来的两年里，蔗糖产量和出口量下降了 1/3，出现粮食短缺，报告了疾病的爆发。然而，种植园主最关心的问题是奴隶的反应。在圣文森特的两个庄园，住在庄园的奴隶主已经减少了奴隶们的工作时长，奴隶们也表现出愿意在风暴后的恢复中合作。据殖民谷种植园（Colonaire Vale）的主人称："奴隶们的行为就像许多古代英雄一样。"[61] 这种情况可能并不典型，因为圣文森特 60%—80% 的庄园主都不住在庄园里，而经理通常不愿降低劳动要求。尽管如此，奴隶的合作仍然令人印象深刻，因为岛上几乎没有军队或警察可以控制不合作或反叛的奴隶。

巴巴多斯的情况很恶劣。饥饿的威胁笼罩着全岛，据报道，食品价格是 1830 年水平的 200 倍。[62] 总督莱昂立即采取行动，派军队和民兵上街维持秩序，冻结价格以防止暴利，委托清理街道和道路，在全岛范围内任命专员控制奴隶。他派遣一艘船前往百慕大，请求一艘战舰帮忙传送消息到英格兰，并与特立尼达、德梅拉拉、格林纳达和圣文森特的总督进行了沟通。他仁慈地要求巴巴多斯议会将他的薪水用于慈善；他们拒绝了他的提议，但采取了一些措施：确定建筑工作工资，成立救济委员会，并采取措施修复岛上被风暴摧毁的 7 座教堂。救灾援助来自安提瓜和格林纳达等其他英国殖民地，但也有些来自外国殖民地，像圣托马斯通过认购筹集了1715 美元。与此同时，岛上议会在伦敦的代理人詹姆斯·梅耶斯援引 1780 年的先例，积极向政府请愿，要求免除糖税、运送物资和木材以及英国议会拨款。[63]收到的援助最终用一枚纪念章予以纪念，以感谢对该岛表现出的慷慨。

像圣文森特一样，奴隶制是巴巴多斯的一个主要问题，但巴巴多斯问题更大：它的土地面积比圣文森特大 20%，但人口要多得多；尽管这两个岛上被奴役的人口比例几乎相同（80%），但巴巴多斯的奴隶密度要高得多。

134　　　　证据似乎表明，风暴在巴巴多斯更加剧烈，地形和人口分布的差异是造成不同影响的主要原因。8 月的风暴使巴巴多斯 1000 多名奴隶丧生，造成了超过 160 万英镑的财产损失。英国议会受到督促拨款五万英镑，并暂停征收 4.5% 的销售税。巴巴多斯种植园主阶层已处于压力之下，担心解放奴隶会毁掉他们的生计。1831 年的风暴似乎证实了他们的担忧。奴隶们不愿意加入灾后恢复工作，抢劫的发生以及劳动大军袖手旁观的形象，似乎都证实了标准的种植园主说法，解放奴隶是危险的无用功，非洲人还没有准备好承担自由及其所代表的代价。对于种植园主来说，这场风暴揭示了解放奴隶可能在未来带来的后果：一群乖戾的黑人不愿为公共利益而劳动。解放奴隶造成的灾难在风暴后的生活中显露出来，即使英国议会向群岛提供 50 万英镑的贷款也无法减轻一个时代即将结束的痛楚。这就是"推翻热带劳工制度"。[64]

对历史学家来说幸运的是，在风暴过后几个月，关于这场 1831
年 8 月巴巴多斯致命飓风的一份未署名报告发表了。作者很可能是
塞缪尔·海德，一位克里奥尔人，后来成为巴巴多斯一家报纸《西
印度》的所有者和编辑。像许多灾难记述一样，海德对风暴的恐怖
提供了生动的描述，这些描述包含了预料中的对天意和上帝判决的
提及，以及对岛上所遭受的损失的描述。但他的书对风暴中雨、
风、闪电和噪音的描述，对每个教区遭受的损害以及风暴对人、财
产和景观的物理影响和个人轶事方面的描述都非常出色。这本书也
充满了个人故事和观察，受害者情况的细节，以及作者本人对社会
关系的评论。

海德从悲伤的死亡和奇迹般的生存细节中，构建了一个关于共
同灾难和社区反应的叙事。总督和皇家官员的努力受到赞扬，兵营 135
的损失为人痛惜，军队帮助他人的行为受到赞扬，各教派的神职人
员因其慈善和领导工作受到表彰，每个教堂遭受破坏的细节令人心
痛。甚至岛上的 100 多名犹太人，"作为一个整体，在世界上任何
地方都不以责任和可敬的性格见长"，都被仔细地记录在内，他们
的犹太教堂和"美丽的花园"的受损情况被及时注意到，两名老人
的死亡被详细记录。海德借莉尔塔德小姐去世之机评论她的善举，
因为她的遗嘱给"自己国家"的慈善机构留下了一大笔钱，但也给
岛上的一个基督教慈善机构一笔钱。[65] 这个女人如此受人尊敬，尽
管路况糟糕，人们还是从她在丰特贝尔的家将她的遗体带到布里奇
顿，并以"他们的宗教特有的"所有仪式埋葬。这种对巴巴多斯社
会各阶层遭受共同苦难和共同挑战的强调，更加清晰地展现在海德
对第三十五团的努力和忠诚的描述中：

英国士兵和有色人种居民或黑人为了共同利益而展开竞赛：军官和私兵、黑人、有色人种和白人混杂在一起，尽管知道他们面临毁灭，心情沉重，但每个人的脸上都表现出坚定和坦然。在一片凄苦中，没有人只想着个人的痛苦，而是所有人为了促进普遍的福祉团结一致。[66]

这种灾难产生的善意的乌托邦愿景只是一个方面。海德的叙述指出，岛上发生了一些抢劫，在瓦砾中找到的葡萄酒和烈酒增加了混乱和暴力。

尽管复原种植园主、商人和广大自由民面对自然灾害和奴隶制危机时的观点和意见并不难，要找到奴隶态度和看法的证据却困难得多，但是这个记述也确实可以提供一些。尽管海德在许多时候赞扬奴隶之间的英雄行为和忠诚的例子，但很明显，奴隶构成了巴巴多斯社会最不愿意通过公共风险的棱镜看到自己处境的那部分人。我们从海德的书中对奴隶的了解当然经过了他的眼睛过滤，但在他的叙述中，我们至少可以了解巴巴多斯的奴隶如何应对风暴，以及当权者如何试图利用风暴维护社会凝聚力和奴隶制度的稳定。

莱昂总督曾报告说，暴风雨过后，在一些庄园，那些"天生懒惰，某些情况下不服管教"的奴隶立即产生了反叛精神，这也导致了一些抢劫的发生。海德的叙述提供了一些如何抑制叛乱的细节。从下风的或西部教区的庄园传来了建筑物被洗劫，一些田地被掠夺食物，以及到处都在违抗命令的报告。雷诺·阿莱恩爵士率领的一小部分常规武装和民兵聚集在斯佩茨镇，他在白菜树厅（Cabbage Tree Hall）的糖厂遭到严重破坏。他们行进到春堂（Spring Hall）和其他一片狼藉

153

的种植园。在每个庄园，阿莱恩都下令包围院子，然后发表演讲，以一种"既坚定又和解"的口吻，说自己是作为朋友而不是敌人来的，他对于暴风雨过后这么快就离开自己的家人同样感到痛苦，"这场风暴让主人和奴隶都陷入了共同的困境"，以及令他感到安慰的是，自己的仆人在这种"忧郁的事件中表现出应有的服从和关心"。他想传达的主要就是在灾难面前奴隶和主人有必要团结一致。

> 他努力在奴隶心中留下深刻的印象，即恶劣天气的喧嚣无法切断他们与主人之间的纽带，但如果可能的话，他们应该更牢固地团结起来，而且在任何时候，为保护财产的共同努力符合所有人的利益……

在一些庄园，奴隶们对这种面对灾难时呼吁共同命运的说法持怀疑态度。海德报告说，在春堂和春园种植园，演讲遇到了"不恰当和无礼的语言"，以及抵制的威胁。出言不逊的抵制者被抓起来鞭笞，在布鲁姆菲尔德、普莱森特霍尔和春园庄园，"被掠夺"的货物——几乎都是食物或屠宰的牲畜，但也有一些火药——从奴隶区被收回。在春园，一小股部队被派去制服不服管理的奴隶。一些奴隶进行反抗，其中一名奴隶在袭击一名士兵后被枪杀。[67] 第 2 天，该庄园的一名奴隶试图说服在附近种植园干活的奴隶停止工作，但他被交给了监工，遭到鞭打。

我们不知道呼吁共同命运或者展示武力和惩罚是否产生了使奴隶重新服从的"有益效果"，抑或最初是什么引起了他们的抵抗。当对自由的期待弥漫在空气中时，他们是如何看待风暴的？在圣菲利普教区的三屋种植园，飓风消退后，一头双头小牛立即出生；根

137

据海德的说法，这一事件使奴隶们担心整个自然进程被打乱，世界即将终结。这种世界末日或千禧年热出现在奴隶小屋的其他地方。在欢乐厅有个奴隶告诉他的同伴，耶稣在暴风雨中两次出现在他面前，安慰他说末日还没有到来，他要来为他们做点什么。这个人劝告庄园里的其他人拒绝工作，但他被抓了，因为他不服从和亵渎神明，被抽了 50 鞭子。[68] 从属关系被重新建立起来后，期望也消退了。一个在圣彼得教区被捕的奴隶感叹"这应该是他最后一次相信任何关于自由的事情了"。

事实上，尽管巴巴多斯议会尽力减缓自由进程，但自由并不遥远。1831 年，当地和帝国的压力迫使巴巴多斯接受了一项旨在消除区分白人和有色人种自由民的法案，飓风后接受了英国议会的 5 万英镑赠款，使种植园主阶层再度依赖伦敦，更没有能力发起抵抗。[69] 尽管如此，即使在接受解放奴隶时，种植园主也希望控制人口，在像巴巴多斯这样的岛上，奴隶解放后几乎没有免费土地可用，这种希望是合理的。1832 年 4 月，总督莱昂在大会开幕时赞扬巴巴多斯人民在面对上帝蹂躏该岛的灾难时所表现出的耐心和力量。他从人民的努力中得到安慰，其中"所有自私的考虑都消失在普遍的互助倾向中，他们圆满地、热心地履行自己的职责"[70]。他赞扬神职人员的人道主义行为，并赞赏主教大人的努力、外国和英国殖民地的援助。总督预言："在未来的历史篇章中，这些善行将被记录下来，为这些西方岛屿自豪地作证，在这些岛上，富人的奉献和穷人的一分一毫同样投入一项神圣的慈善事业。"总督和海德一样，在这里描绘了一幅灾难乌托邦的画面，在灾难面前，在重建的共同任务中社会分裂被消除，善意已成为所有社会关系的特征。[71] 他的讲话强调了利益共同体和"西部岛屿"的共情，强调巴巴多斯是"一个整体"。但他的讲话中明显没有提到岛上奴隶，其中许多人仍然不相信风暴会召唤他们做出集体努力。事实上，总督关于飓风的评论中没有提及奴隶，但他在市政会上要求议会注意关于改善奴隶状况的命令，足以弥补这一点。

岛上议会正式做出回应，感谢总督在灾难期间诸多持续的努力和领导，但谴责改善令是"不公平、违宪和不公正的"，因为它对奴隶主施加了压迫性的限制和要求，并没有针对"奴隶对其主人的无礼行为"做规定。[72] 事实上，这种抱怨推迟了这项立法的执行，但无论抵制有多么顽固，西印度群岛的种植园主仍无法阻止 1834 年迈向解放奴隶的进程。然而，他们确实做到了确保自己在奴隶财产上的损失得到赔偿，确保原先的奴隶在 1838 年之前需要有一段学徒期。1831 年发生在巴巴多斯、圣文森特和格林纳达的飓风就像一面镜子，向种植园主们展示了他们最害怕的景象，即奴隶不再听凭他们摆布了。他们和政府匆忙推行秩序，并利用风暴重申了一个想象的共同体的存在，一个他们可以控制的共同体。奴隶们从同一面镜子的破碎玻璃中却无法看到共同的事业，正相反，他们瞥见了一个稍纵即逝的可能性，他们在其中不仅可以控制自己的劳动，还可以控制自己的生活。[73]

139

风暴追踪者和近代飓风的终结

1831 年，即"大飓风"之年，同时也是对飓风的理解和分析取得重大进展、近代飓风结束的一年，这不仅仅是一个奇特的巧合。18 世纪的天气观测者和气象学家以培根式的方式收集了大量数据，通常是通过强制性、严谨的天气记录、气压计读数、降雨量

或其他气象现象。有些风暴观察者凭借经验、研究和直觉开始解密
热带风暴的结构。17 世纪晚期的水手威廉·丹皮尔和 18 世纪的本
杰明·富兰克林通过不同的途径认识到飓风是旋风，即风以圆形、
类似于漩涡的方式移动而形成的风暴。观察者持续收集信息，一群
水手、好奇的观察者和科学家开始对飓风及其太平洋表亲——台风
的形成和特征进行理论分析。来自康涅狄格州米德尔敦的年轻马具
制造商威廉·C. 雷德菲尔德（图 4.2）观察到，1821 年 9 月的一
场飓风将树木吹倒在一个方向，但四十英里外的树木倒向了相反的
方向。雷德菲尔德的笔记表明飓风呈圆形移动。他也开始明白飓风
的风围绕轴旋转，风暴路径的轨迹和速度与风暴本身的风速无关。[74]
在一次偶然的会面中，一位耶鲁大学的科学家鼓励雷德菲尔德发表
他的观察结果和想法。尽管雷德菲尔德自贬为业余爱好者，但在收
集了更多的观察结果后，他确实于 1831 年在《美国科学杂志》上
发表了一篇文章。同年，在向风群岛遭受了可怕的飓风袭击后，英
国王室派出皇家工兵队干练的军官威廉·里德中校协助重建巴巴多
斯受损的政府大楼。里德曾在拿破仑战争中表现出色，他带着对风
暴本身的好奇，充满热情地接受了这项新任务。在接下来的两年半
里，他一直留在巴巴多斯，收集有关既往飓风的信息，开始阐释关
于飓风形成和结构的理论。1838 年，里德回到英国后，出版了
《揭示风暴定律的尝试》，这本书对后来的热带风暴研究产生了重大
影响。尽管里德随后担任百慕大总督，后来又担任马耳他总督，并
于 1851 年获得爵士称号，但他的书开启了一个发现和辩论的过程，
在巴巴多斯的逗留成为他职业生涯的基石，也是了解飓风的重要
进展。[75]

图 4.2　威廉·雷德菲尔德 (维基百科公域中的图像)

　　至 19 世纪 40 年代，这两位飓风科学的早期先驱保持着通信联系。雷德菲尔德此时已获得耶鲁大学的荣誉硕士学位，并于 1848 141年成为美国科学促进会主席。他和里德一起开始对风暴的某些特性进行识别与解释，包括它们的季节性和旋转：北半球逆时针，南半球顺时针。与此同时，1848 年，前印度洋船长、后来成为海事法庭法官的亨利·皮丁顿出版了《写给水手的风暴规律入门书》（*The Sailor's Horn-Book for the Law of Storms*），这是一本关于如何在风暴中生存的实用水手指南，其中还展示了对飓风的形成和特征的一些见解。

雷德菲尔德的想法并非没有遭到批评。雷德菲尔德与费城教师兼科学家詹姆斯·波拉德·埃斯皮之间展开了一场旷日持久的激烈争论。后者的研究集中在对流的影响以及热量上升对云和雨以及风暴形成的重要性。这是一场科学争论，但有时也非常个人化，本质上是以雷德菲尔德为代表的基于数据的演绎推理方法与以埃斯皮为代表的收集数据基本上是为了证实自己理论性更强之间的争论。宾夕法尼亚大学的罗伯特·黑尔也加入了这场气象学辩论，他相信电对风暴形成有重要影响。这场辩论在科学期刊上、美国的报告厅和欧洲演讲厅中展开，一直持续到 19 世纪 40 年代。埃斯皮在欧洲找到了乐于接受其观点的受众，尤其是在法国还有仰慕者。事实上，埃斯皮和雷德菲尔德都已经确定了飓风的基本物理特征，但都没有完全掌握它们形成的复杂性。例如，直到很久以后，埃斯皮才通过田纳西州教师威廉·费雷尔的工作，得知法国数学家古斯塔夫·加斯帕德·科里奥利关于地球自转对风产生影响的想法。正是由于地球自转，空气从高压流向低压产生的风形成了一条圆形路径，这也是为什么会存在飓风的原因。埃斯皮从未完全接受这个想法，或是承认所谓科里奥利力的重要性。[76]

雷德菲尔德的兴趣向其他方向扩展，他对古代鱼类着迷，也在142 该领域做出过重要贡献；但他始终保持着对风暴的兴趣。他后来的研究确立了热带风暴的长轨迹以及大西洋和太平洋飓风物理上的相似性。他后来和儿子继续收集气象信息。[77] 尽管雷德菲尔德于 1857

年去世，但他追踪飓风路径的地图被纳入了一本流行的美洲水手近海指南，如图 4.3 所示。雷德菲尔德的老对手埃斯皮在他去世的同一年退休，余生都沉迷于神学而非科学。然而，值得注意的是，在雷德菲尔德—埃斯皮的辩论中，天意和罪恶在他们对风暴的解释中几乎没有起到任何作用。这一代观察者和科学家使气象学到达一个转折点。

令人好奇的是，在同一时期，一项技术进步也标志着近代飓风时代的结束。1832 年，出生于马萨诸塞州的联邦党画家塞缪尔·莫尔斯偶然遇到了一位对电磁学感兴趣的耶鲁大学教授。莫尔斯开始实验利用电磁通过电线进行通信，这就是后来众所周知的电报。英格兰的其他人也在致力于将这一想法转化为现实，在 19 世纪 30 年代和 40 年代，他们相互竞争，还申请了专利。这场竞争相当激烈。[78] 1844 年，莫尔斯在国会的支持下发出了他的第一条电报信息。具有讽刺意味的是，正是这位尖刻的反天主教和亲奴隶制的莫尔斯，在 1858 年看望嫁给波多黎各一个种植园主的女儿时，亲自把电报带到了加勒比地区。莫尔斯架设了一条从他女婿的庄园到阿罗约镇的电报线，距离只有一英里左右。电报传递信息的速度是一个实际优势，显然具有无限的效用。电报在克里米亚战争（1853—1856）和美国内战（1861—1865）中的使用清楚地表明了这一点，而且北大西洋各国政府开始看到早期预警在应对飓风方面的益处。他们面临的挑战是如何铺设水下电缆来实现这种可能性，于是相互竞争的公司展开了一场商战，一些英国和美国公司很大程度上成为获胜方，铺设了连接加勒比岛屿与欧洲和北美的电缆。[79]

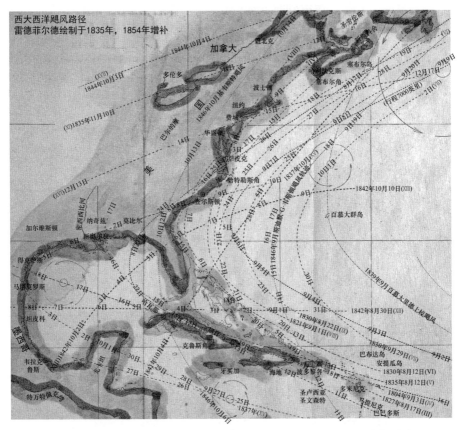

图 4.3　雷德菲尔德的飓风轨迹示意图，1835—1854 年（出自布朗特的《美洲近海引航员》，第 17 版，纽约，1857 年；地图为作者所有）

近代飓风时代已经结束，如今生活或航行在北大西洋天空下的人们有了新的方式来观察风暴、了解其物理特性，交流其进程，从而为风暴的到来做好准备或避免最坏的后果。面对巨大的风暴，有人仍然祈祷和忏悔，国家和教会仍然动员人们的慈善热情来减少风暴的影响。在巴巴多斯，莱昂总督宣布 10 月 7 日为羞辱日和感恩上帝日，上帝"在审判时意欲留点慈悲，阻止了飓风的狂怒"[80]。1857年，即雷德菲尔德去世、埃斯皮退休那一年，哈瓦那的耶稣会士在他们的学校贝伦学院（Colegio de Belén）建立了一个气象观测站，一年后，西班牙政府自己在岛上建立了一个气象学席位和观测站。耶稣会神学强调在万物中寻找上帝、试图调和科学与上帝，在新一代飓风观察者中占有重要地位。[81] 大风暴如何融入上帝的安排仍然是忏悔和布道的问题，但个人和国家现在对飓风有了不同的看法，越来越多地求助于新兴的国际科学界来应对飓风。

144

第五章

自由、主权与灾难

对某些人进行救济势必对其他人不公正。

——弗朗西斯科·莫雷达·普列托,

波多黎各总督（1837）

许多人并没有在飓风中受损，只满足于在狭小肮脏的破屋中勉强度日，不愿为过上好日子而努力，现在却冲到前面，讲述着似是而非的悲惨故事，成功地把这些虚假的故事兜售给不了解他们的真实情况和实际损失程度的人。

——英属维尔京群岛总督（President）

阿瑟·朗博尔德爵士（1866）

大雨如注，1870年的飓风不足以冲走淹没古巴的鲜血，也不足以扑灭吞噬古巴的大火。

——曼努埃尔·费尔南德斯·德·卡斯特罗（1871）

随着1834年英属西印度群岛奴隶解放运动的推进和1848年法属安的列斯群岛废除了奴隶制，北大西洋的种植园制度和奴隶制开始集中在美国南部各州和加勒比海的西班牙属岛屿。在英属和法属西印度群岛，受政治条件、土地供应和世界市场价格影响，向自由劳动力的过渡遵循了许多不同的轨迹。海地旧政权的种植园经济被革命破坏，甘蔗、咖啡和其他种植园作物从前与奴役联系在一起，

而且土地供应充足，导致农民没有兴趣当农业工人。在马提尼克岛 146
和瓜德罗普岛，1848 年解放奴隶导致短期内甘蔗产量下降，但从前
的奴隶获得土地的机会有限，至 19 世纪 60 年代，岛上劳动力加上
在非洲签约的额外契约工人加在一起，使生产恢复到解放奴隶前的
水平。在英属西印度群岛的一些岛屿上，如巴巴多斯、圣基茨和安
提瓜，空置土地匮乏，实际上阻止了从前的奴隶完全退出种植园劳
动，种植园主可以用解放了的奴隶作为雇用工人，生产持续扩大。
后来，当世界市场对蔗糖的需求下降而人口增长时，外出移民提供
了另一种选择。拥有更多可用土地的牙买加、圣卢西亚和格林纳达
见证了甘蔗产量下降和农民地位上升。在那些岛上，甘蔗种植园主
发现，收益递减使他们无法负担进口亚洲或其他契约劳工的费用。[1]

灾难与西属加勒比的繁荣

此时，大部分非西班牙属加勒比地区农业生产收缩，古巴和波
多黎各在 19 世纪 20 年代就已经开始的经济扩张进程加快。波多黎
各开放港口和放宽获取土地的限制，促进了农业增长。1814—1854
年间，岛上的对外贸易增长了 2000% 以上。[2] 咖啡种植在中部高地
蓬勃发展，主要归功于雇用工人。此时，南部沿海的庞塞和瓜亚马
地区以及西部的马亚圭斯地区的蔗糖生产蓬勃发展。波多黎各的蔗
糖产量从 1814 年的 1000 多吨跃升至 1830 年的 14000 吨和 1840 年
的 40000 吨；此后继续迅速扩张。[3] 伴随着岛上奴隶人口翻倍，其中
大部分集中在种植甘蔗的沿海地区，这种扩张成为可能。到 1850
年，波多黎各拥有约五万名奴隶，[4] 而且蔗糖产量已经超过牙买加。
波多黎各的蔗糖在美国和英国找到了现成的市场。即使蔗糖经济扩 147

张，对劳动力的需求改变了岛上的人口结构，奴隶人数从未超过总人口的12%，而且随着反对奴隶贸易的压力越来越大，要求自由农工和农民登记工作许可证，迫使他们从事合同工的立法部分解决了对农业工人的需求。[5]当1873年波多黎各终于废除奴隶制时，奴隶仅占人口的5%。

古巴也发生了类似的农业扩张和奴隶数量增加，但规模更大。这里和种植棉花的南部是"第二奴隶制"的中心，通过将奴隶制与轧棉机和蒸汽驱动的制糖厂等现代技术相结合，生产棉花和蔗糖等大众消费品，奴隶制在种植园农业的资本主义发展中得以扩张。古巴岛西部地区在18世纪末和19世纪初形成了繁荣的烟草和咖啡企业。到1840年，古巴每年出口咖啡超过27000吨，其中3/4产于这个地区，管理良好的咖啡种植园遍布乡间，周围有果树和棕榈树遮荫，散落在粮食作物农场间。古巴西部也种植烟草，特别是在比纳尔德里奥。到1840年，那里烟草种植面积约占耕地面积的5%。随着竞争对手海地退出市场、蒸汽机和铁路等新技术的引入，以及牙买加和其他英属岛屿解放奴隶后出现的问题，古巴甘蔗庄园得到扩张。直到19世纪40年代，这种农业扩张在主要作物咖啡和甘蔗之间大致平衡，烟草和可可的作用较小。古巴经济扩张未受西班牙美洲大陆殖民地独立战争的阻碍，并受益于加勒比竞争对手的社会和政治混乱，这种扩张是在克里奥尔有产者的竭力主张下发生的，用历史学家小路易斯·佩雷斯的话说，他们愿意"接受殖民主义的安全性胜过独立的不确定性"。[6]很大程度上，奴隶制的发展使此时的扩张成为可能。至1841年，古巴的奴隶人口约为43.7万，主要集中在西部农业区。大不列颠要求西班牙结束奴隶贸易的压力越来越大，以及对奴隶叛乱的恐惧越来越强烈，有产阶级在取得成功之余

产生了一种忐忑和不安全感。然而，尽管非洲奴隶贸易于 1867 年 148
结束，并且开发了新的劳动力来源，例如输入华工，但奴隶制的捍
卫者仍在负隅顽抗。他们的地位和成功很大程度上取决于此。

政治不稳定和外国入侵困扰着 1844 年独立的多米尼加共和国。
受此影响，它的经济发展大大落后于其他的西属岛屿古巴和波多黎
各，这些以奴隶为基础的岛屿已成为重要的殖民财产，为宗主国创
造了大量财富。至 1868 年，仅古巴就满足了世界市场 40% 的蔗糖
需求。在此期间，蓄奴的种植园主出于自身利益关注着美国奴隶制
的进展，常常看到与自己情况相似的地方。他们最初同情邦联，但
随着南方命运的衰落，在美国内战期间逐渐开始转变立场。种植园
主阶级在政治上并不愚蠢。1864 年后，他们看得出来南方的奴隶制
注定失败；在自身的环境下，他们可以看到，在西班牙和克里奥尔
废奴主义者面前、加上来自大不列颠的政治压力以及岛上政治活动
家积极谋求将解放奴隶与政治独立挂钩，奴隶制正在失势。[7] 19 世
纪 50 年代，在古巴的种植园主阶级及其盟友中出现了寻求与美国
的蓄奴州联合的兼并主义情绪，但这种想法在美国内战期间失去了
基础。至 1865 年，古巴、波多黎各和巴西成为美洲最后的蓄奴
体制。

19 世纪 60 年代中期目睹了两个历史性的变革：西班牙及其殖
民地废奴运动的发展；以及对西班牙殖民统治的管理失败、限制贸
易和镇压异见日益不满，最终终结了奴隶经济，也终结了西班牙殖
民政权。古巴蔗糖和奴隶制为西班牙创造了巨大的财富，但在此过
程中殖民地感到自己处于劣势，无法享有与大陆同胞相同的政治权
利，为此感到愤慨。此外，古巴人纳税的税率也比西班牙人高得

149　多。为了惠及安达卢西亚的生产商而限制加勒比蔗糖的进口，以及进口消费税法的实施，都有利于西班牙，而对殖民地的商人和生产者不利。[8] 尽管如此，殖民地经济仍然蓬勃发展。1866 年，仅古巴就收入了近 2700 万比索。

在古巴改革派总督们（1859—1866）领导下，与殖民地利益妥协的政策在一定程度上缓和了克里奥尔人的不满，但波多黎各的总督们手段更强硬，他们控制媒体，禁止公开政治辩论和讨论废除奴隶制，流放主要的自由派发言人，如受过法国教育的医生拉蒙·埃米特里奥·贝坦斯，以及律师和市政官员塞贡多·鲁伊斯·贝尔维斯。殖民地的问题此时已进入紧要关头。1867 年，也就是运往古巴的奴隶贸易结束的那一年，西班牙成立了一个废奴主义政党。解放奴隶日益成为吸引各岛和西班牙自由派知识分子的一个话题。在波多黎各，与其他人一道鼓动废除奴隶制的贝坦斯第二次被驱逐出岛。他在邻近的圣托马斯岛旅居时，发表了一项宣言，将废除奴隶制与其他政治权利紧密联系起来，要求制定更利于安的列斯群岛居民利益的政策。在这种政治动荡和骚动的背景下，随着奴隶制问题受到攻击和捍卫，人们加入围绕政府作用的广泛讨论，大自然再次介入，暴露了政府和殖民政权的脆弱性。

在这个经济扩张时期，飓风季节的风暴并没有停止，虽然它们有时在当地造成灾难性影响，但并没有减缓西班牙殖民地的经济增长。1825 年波多黎各东部和中部遭受重创，造成 1500 多人、数千头牲畜伤亡，粮食严重短缺。1837 年 8 月，另一场飓风对圣胡安的港口和周边地区造成了重大破坏，而 1846 年的一场飓风从庞塞穿过岛屿中心到达阿瓜迪亚。古巴也有份，1832 年局部风暴袭击了西恩富戈斯，1837 年袭击了南部沿海的特立尼达，1842 年袭击了哈瓦那、马坦萨斯和北部沿海地区。在 1844 年的大部分时间，长时间的干旱毁了农业，旱死了牲畜，而随后在 1844 年 10 月 2 日晚上，一场毁灭性的飓风席卷了整个岛屿。

这场圣弗朗西斯科·德·阿西斯飓风造成哈瓦那港数十艘船只 150 沉没，淹没了城市街道。风速超过每小时 150 英里，导致一些城市建筑倒塌，摧毁了数千座农村房屋和棚屋。上涨的河水、狂风和咸水飞沫摧毁了所有植物，从粮食作物到咖啡、甘蔗和烟草。1846 年 10 月 10 日，这个遭受重创的岛屿刚刚开始恢复，同一地区的大部分地区再次遭到袭击。这一次的打击更加强烈、致命；哈瓦那的气压表计数下降到创纪录的 27. 70 英寸，一些地方的风暴潮高达 30 英尺。飓风造成 600 人死亡，数千人受伤，数万人无家可归；[9] 美国领事说，这是"古巴岛历史上最大的、空前的灾难"[10]。

这次飓风发生在连续几周暴雨之后，暴雨浸透了田地，抬高了河水水位，因此风暴后洪水和农作物受损的影响极为严重。糖厂、农场、奴隶居住区、棚屋甚至小城镇荡然无存。虽然烟草生产在短期内受到影响，但很快恢复并扩大，到 19 世纪 50 年代，许多种植者开始建立工厂，自己生产雪茄。甘蔗产量在第一次风暴后也经历了短期下跌，1845 年的收成只有前一年的一半。主要设备遭受巨大损失，奴隶数量减少，一些工厂被迫倒闭。但从长期来看，烟草和糖业都强劲复苏。

咖啡庄园在两次风暴中首当其冲，咖啡树被连根拔起，遮阴树被毁，养活奴隶的粮食作物也没了。1844 年飓风过后，投资的资本在 1846 年再次赔光，世界咖啡价格下跌使复苏步履艰难。咖啡产量从 19 世纪 20 年代的每年 7000 多万磅骤降至 60 年代的不到 2000 万磅。咖啡庄园被卖掉，或者变成了养牛场、粮食农场或甘蔗庄园。就在英国反对奴隶贸易的压力和废奴主义情绪高涨的时候，古巴咖啡种植园里的许多奴隶被卖给了糖厂。古巴奴隶进口从 19 世纪 30 年代末每年 2 万多人下降到 40 年代末大约 3000 人。咖啡业的 151 损失变成了糖业的利润。正当制糖和铁路新技术促进了岛上糖业迅速发展，对劳动力的需求不断增长时，古巴咖啡经济的毁灭提供了衰落的奴隶贸易无法提供的劳动力。约 3 万到 5 万名奴隶从咖啡种植园转移到甘蔗种植园。咖啡种植园主发现奴隶的价值急剧上升，由于反对奴隶贸易的压力和蓬勃发展的大西洋蔗糖市场结合起来对他们有利，因此，卖掉奴隶是最好的策略。

1844 年和 1846 年的飓风加速了糖业在古巴经济中占据主导地位的进程，大量资本和人口转移到这个部门，削弱了原有的经济平衡。但是这种转变要付出一定的社会代价。甘蔗种植劳动繁重，加上扩张的驱动导致种植园劳动条件恶化、奴隶死亡率高。这也导致奴隶反抗不断增加。奴隶反抗、逃跑和偶尔在个别庄园暴动加剧了种植园主的不安全感。1844 年 3 月，一个所谓的奴隶阴谋，即拉埃斯卡莱拉（La Escalera）叛乱被"发觉"，遭到大范围的残酷镇压。糖业奴隶的高死亡率、镇压和飓风造成的死亡以及飓风过后古巴奴隶生存状况恶化，导致 1841—1846 年间奴隶人口下降了 25%。但是，尽管出现了这些损失，甘蔗田还是越来越多，特别是在哈瓦那附近和马坦萨斯。至 19 世纪 60 年代，古巴蔗糖年产量超过 100 万吨。蔗糖已成为古巴的主要出口产品，占出口额的 3/4。

西班牙政府对 19 世纪 30 年代和 40 年代风暴的反应表明了其行动原则、所依赖的技术和机构，以及应对自然灾害挑战的愿望和能力。那些控制着政府的人如何看待这一挑战？

"在稍早的一次风暴中，我们的应对措施相当了不起。"波多黎各总督在 1837 年 8 月 2 日至 3 日飓风"天使"造成严重破坏后这样写道。风暴造成圣胡安港大部分船只沉没。虽然只有数人丧生，但风暴毁掉了原本的好收成：几乎所有的大蕉都毁于一旦，水稻和玉米的收成也受到了影响。托雷–潘多伯爵（Count of Torrepando）（正如我们在前一章中所见，他采取了重要措施让岛民保持忠诚）的继任——高级军官堂弗朗西斯科·莫雷达—普列托（Don Francisco Moreday Prieto）当年 1 月才刚刚上任。莫雷达面临非常困难的局面。在给"波多黎各居民"的一封公开长信中，他表示对这场风暴带来的挑战感到沮丧，它粉碎了许多人的希望。岛民一再提出减税请求，但总督在表示同情的同时，提出政府需要在这种意外发生之前就做好准备，坚持要求提高建筑质量、设立更完善的建筑法规，并预留救济资金。他认为，从长远来看，人们提出的那些应急措施往往引发比目前更多的问题；正如他所说，"对一些人的有效救济涉及对其他人的不公正"。他认为，政府在正常年份几乎入不敷出，减少税收将使重要的社会义务无人承担，如岛屿的防卫、政府的维护，甚至宗教义务。为了公众利益，需要履行纳税义务，并且"焕发新的勇气奉献我们自己，重新握住犁，让我们共同的母亲用巨手给予我们被狂野的风暴偷走的东西，这就是审慎——我们仅有的办法——要求我们去做的"[11]。

总督呼吁一贯慷慨的人道主义和慈善热情，强调避免死亡、疾病和人口损失符合每个人的利益。他下令在每个城市设立一个慈善委员会（junta de beneficiencia），以满足当地需求，并向中央政府报告。换句话说，为了救济那些受飓风影响的人，富裕的人要做出牺牲，以这种方式"响应我们神圣宗教的博爱、最受尊敬的社会原则和对个人利益最佳理解的召唤"[12]。莫雷达总督的回应看似真诚且经过深思熟虑，但他强调传统慈善热情和社会责任，不愿意通过减免税收减少政府收入或要求宗主国政府直接承担责任，因此，无论他的回应是否合理，都没有被批评者忽视。西班牙未能提供援助，未能充分修复道路、桥梁和基础设施，也未能充分响应克里奥尔有产阶级的呼吁，导致愤怒日益增长。此外，莫雷达坚持认为政府不能承担这个负担是具有讽刺意味的。西班牙 1822 年的《慈善法》（Ley de Beneficiencia）和随后整个 19 世纪的立法基本上承认并主张对大多数社会援助形式加强公共控制；尽管公私合作模式得到了法律支持，教会参与也受到鼓励，但扣押教会财产以及政府对教会和私人机构（如医院、孤儿院、精神病院等）越来越多的控制标志着国家对社会福利的承担。在西班牙，这一过程主要出于对"社会问题"和工人阶级崛起的担忧，但殖民地管理者或岛民理解为面对自然灾害时它对殖民地政府责任的影响。[13] 1844 年和 1846 年的古巴飓风之后，传统的救济来源已经挺身而出。总督向通常的支持来源求助：怜悯、慈善和地方机构。哈瓦那在 1846 年遭受了严重的损失，尤其是在较贫困的街区（extramuros），2800 座住宅被推倒或损坏。甚至在市中心，几乎每座政府建筑都受到了一些损伤，一些教堂被毁，城墙内的 331 所房屋受损。政府和教会当局转向传统的回应方式。大主教下令举行赞美诗演唱仪式，感谢上帝这么多人幸存下来。总督设立了巡逻队阻止趁火打劫，然后命令所有身体强壮的白人和有色人种帮助修复港口设施。每个社区的杂货店都收

到少量钱，分发给需要的人，但救济主要是通过向为此目的设立的
救济委员会或社会团体自愿捐款来寻求的。《产业灯塔报》（*El Far-*
o Industrial）的编辑在一期特刊中试图描述这场风暴的恐怖时，照
例提到"天意的考验"和基督教徒顺从的必要性，在他看来，这场
风暴的凶猛程度超出了欧洲人的想象，"没见过这些美洲风暴的人
可能想象不出。它们绝不像欧洲的暴风雨"[14]。他随后仔细列出该市
所有的损失和死亡人数，记下了每一项损失的性质，估计仅甘蔗损
失就达 200 万比索。但他也用这本小册子详述了许多在风暴面前表
现出英雄主义和慷慨的例子，在他看来，这些行为证明了古巴人民
的品质。他在损失概要中没有对政府行为进行评论或批评，只是说
他们已经采取了"形势所需的步骤"。[15]转变正在悄然发生，政府在
组织社会救助的各个方面发挥着主导作用，这个编辑选择不去质疑
政府的行为。

但事实是，马德里太远，无法及时提供帮助，而且任务的艰巨
似乎超出了西班牙的支付能力。像往常一样，当局呼吁西班牙和其
他殖民地的贵族、修道院和各种协会进行慈善捐赠。在哈瓦那市政
会的敦促下，物价稳定，港口得以开放，进口关税暂时取消，但检
审庭（audiencia）因害怕扰乱信贷市场，阻止了一项暂停取消农村
地产赎回权的尝试。许多对古巴似乎很合理的紧急措施随后被马德
里否决。殖民地的管理者拒绝对宗主国从税收和关税中获得收入施
加任何限制。一种被排斥和被漠视感在殖民地升起，而灾难使这种
感受更加深刻。[16]

到了 19 世纪 60 年代，在新的经济和政治背景下，这些怨恨和
沮丧情绪开始滋长。古巴和波多黎各蓄奴政权都密切关注美国内

战。西班牙利用美国无暇顾及，重新占领了自己以前的殖民地圣多明各，即现在的多米尼加共和国。随着内战开始转向支持联邦，越来越多的古巴和波多黎各知识分子和活动家表达了强烈的废奴主义情绪，他们对解放奴隶的渴望越来越多地与殖民地获得更多自治权甚至独立的情绪联系在一起。

自救：英属西印度群岛和安的列斯群岛其他岛屿

19 世纪中叶是英属西印度群岛成千上万获得了自由的奴隶希望受挫或遭到背叛的时期。他们已经在 1834—1838 年间获得解放，期待着获得自由人的权利。许多地区制糖业衰退，许多从前的奴隶离弃了岛上和大陆殖民地的一些种植园，导致种植园不得不进口南亚或非洲契约工，以及这些殖民地制定限制性立法，试图迫使劳工和农民回到当地经济出口部门。

在所有这些殖民地，选举权都受到严格限制。在牙买加，在法律上获得荒地很困难，人头税基本上剥夺了大多数贫穷黑人的选举权，王室否决殖民地的请求和总督无情的统治造成了民众极大的挫败感，最终导致了一场大规模的抗议活动，即 1865 年莫兰特湾叛乱，数百人在叛乱中丧生，另有数百人在随后的残酷镇压中被草草处决。虽然一些批评者为叛乱分子伸张正义，但事实表明，19 世纪 60 年代后期控制英国议会的自由党政府并不比保守党更同情西印度殖民地。[17] 种族中心主义和对种族的态度显然在英帝国的西印度群岛政策中发挥了作用，就像在爱尔兰和印度那样。[18] 在某种程度上，至 19 世纪中叶，就获得大量政府补贴或关注而言，西印度群岛主要靠自力更生，而英国的兴趣正在转向帝国在印度的殖民地。到 19 世纪 70 年代，随着欧洲列强开始用殖民扩张的颜色涂染非洲地图，对非洲殖民地的争夺也开始了。[19]

这个政治和社会背景有助于我们理解英国政府对英属北大西洋殖民地自然灾害的持续挑战做出的反应。我们可以举两个例子，1847 年一场罕见的飓风袭击了多巴哥，1866 年另一场飓风席卷了巴哈马群岛。在这两次风暴之后，政府都编写了详细的报告，展示了政府的应对策略和原则。 156

多巴哥位于北纬 11.9 度，离赤道太近，不在通常的飓风路径上。这个面积大约 115 平方英里的小岛森林密布、山峦起伏，在欧洲的竞争对手——西班牙人、英国人、荷兰人、法国人，甚至是拉脱维亚人——之间反复易手，直到 1803 年，英国取得了控制权。用历史学家埃里克·威廉斯（Eric Williams）的话来说，多巴哥在其早期历史的大部分时间里"处于中间状态"。[20]那里出产甘蔗、棉花和靛蓝，至 18 世纪后期，岛上人口约有 12000 人，大多数是奴隶。1770 年后，叛乱和叛乱的威胁屡见不鲜。1834 年解放奴隶后，一个过渡期平静地过去了，直到 1838 年，整个英国殖民地的奴隶都获得了自由。1833 年，多巴哥不再是一个单独的殖民地，而是在行政上成为向风群岛的一部分，由一名副总督根据巴巴多斯总督的命令进行管理。

尽管多巴哥曾在 1790 年遭受过飓风袭击，但普遍的看法是该岛没有飓风袭击的危险，因此，建筑施工没有注意到这种可能性。暴风雨于 1847 年 10 月 10 日夜间降临，人们只能在频繁的闪电中寻找避难所。风从西南向东北移动，刮倒了 26 家糖厂，损坏了另外 33 家；只有 10 家糖厂处于运营状态。许多庄园房屋也被毁坏，更不用说数百栋被风刮倒的工人的房子了。在主要城镇斯卡伯勒，大风刮破总督府的门窗时，总督和他的家人躲进了地下室。[21] 营房屋顶塌陷；风暴过后，西印度军团被安置在帐篷里，白人军团则被派往特立尼达岛以避免灾后出现疾病。大约 30 人在风暴中丧生，但损失估计高达 15 万英镑。这是一场沉重的打击，因为在解放奴隶后，岛上的甘蔗种植园主面临着劳动力短缺和难以控制的问题，一直在与古巴和巴西奴隶的甘蔗种植竞争。到 1846 年，在向风群岛的格林纳达、圣文森特、圣卢西亚和多巴哥，大约有 1/3 的劳动力放弃了全职种植园工作。多巴哥风暴加剧了这一撤离过程。[22]

157

　　岛上的高官——副总督劳伦斯·格雷姆（Lawrence Graeme）迅速采取行动，告知岛上议会他愿意"尽微薄之力"帮助受灾者和较贫困的阶层，确保岛上的和平与安全。他发布了禁止趁火打劫和拾荒的公告，并对所有财产损失进行了仔细清点。提到"万能的主很愉悦，按照他的旨意飓风降临这个岛上"时，岛上议会谈论了所有阶层的损失和痛苦，并请求维多利亚女王"仁慈地给予考虑"。这位副总督不断提到人们在应对灾害时的善意和乐观，但他的信件表明，他的话可能更多是劝诫而非描述性的。10 月 20 日，岛上议会通过并由副总督格雷姆颁布了一项法案，要求立即审判和鞭笞男抢劫犯，让女抢劫犯服苦役。该法案指出："许多人游手好闲，不守秩序，在全国游荡，拒绝工作，他们的目的显然是利用眼前的机会趁火打劫。"[23] 但是格雷姆最关心的是让甘蔗庄园恢复运转。他认为，风暴的破坏可能要求许多被摧毁的产业合并起来，开始共同经营——换句话说，就像古巴正在发生的那样，将糖厂改组为中央工厂；但他认为这样的决定必须由英国做出。

女王的回应是立即拨款 5000 英镑给受灾的穷人，但英国议会不愿意提供进一步的援助。到 1848 年 3 月，当地官员对所有损失进行了仔细统计，副总督和英国议会都对估计的真实性提出了质疑。英国议会决定，"飓风给多巴哥人口中较贫困阶层带来的苦难或贫困，并没有紧迫到需要立即采取任何极端措施或救济，或使他们能够重建家园的程度"：已经提供的资金足矣。至于种植园主，158 将获得以贷款形式提供的救济，正如 1843 年对安提瓜、尼维斯和蒙特塞拉特地震受灾者所做的那样。在这种情况下，以多巴哥的收入为担保，根据需要将 5 万英镑的贷款按利率 4%发放给个人。[24]

多巴哥努力偿还这笔债务，但一部分本金和利息在 19 世纪 60 年代仍未付清。飓风只是加剧了从奴隶制结束时开始的经济衰退，任何程度的振奋或积极态度都无法抹去解放奴隶的影响和世界蔗糖市场价格下降留下的痕迹。[25] 在 1824—1833 年和 1839—1846 年期间，即解放奴隶前后，多巴哥的蔗糖产量下降了 47.5%，到 1880 年，仍只有解放奴隶前的 2/3 左右。[26]

当然，英国政府的态度不仅仅取决于其西印度群岛臣民的种族。多巴哥风暴与导致了 250 万爱尔兰人死亡或迁移的爱尔兰马铃薯大饥荒（1845—1847）同时发生。在饥荒期间，英国政府最初的反应是认为对饥荒的恐惧被夸大了，此时爆发了一场激烈的辩论。一些议员认为地方机构或市场应该处理这个问题，因此反对救济穷人和饥饿人群。其他批评者认为，爱尔兰人生性挥霍、愚蠢和懒惰，如果任其不劳而获，只会变得更糟。一位牛津大学教授在饥荒中看到了上帝之手，这是对爱尔兰问题的一种马尔萨斯式的解决办法，痛苦但有必要。爱尔兰作家约翰·米切尔（John Mitchell）声称，"万能的上帝确实带来了马铃薯枯萎病，但是英国人造成了饥荒"，这个最终导致了他被审判和流放的断言，很早认识到人类行为造成生态危机中的灾难。马铃薯饥荒导致了政党分裂、罗伯特·皮尔（Robert Peel）的保守党政府垮台、议会的激烈辩论以及 1848 年爱尔兰起义。[27] 西印度群岛遭遇的飓风和其他灾害，如地震和火山爆发，造成的损失从未如此严重，却没有在伦敦造成深远的政治影响，在西印度群岛和爱尔兰，对农民或穷人的态度，无论是基于贫困或肤色，还是兼而有之，都导致了使受灾者孤立无援的政策。

由于解放奴隶后英属西印度群岛面临非常严峻的经济形势，这种不信任劳工和农民的态度在 19 世纪中期的英属西印度群岛变得尤为明显。多巴哥的情况并非特例。1847 年飓风后，大多数其他英国殖民地都面临着类似的挑战，生产和贸易下降，几乎没有应急资源。这种情况使得殖民地依赖宗主国政府的援助和救济，但是反对提供这种援助的行政态度经常干扰对自然灾害的应对。

1866 年 10 月，席卷巴哈马和邻近的特克斯与凯科斯群岛的一场大飓风充分证明了这种情况。这两个岛群都没有开发过任何形式的种植园农业，它们的经济主要依靠打捞作业和非法贸易。美国内战期间，北方封锁了南方的船运，巴哈马曾经历了某种程度的繁荣。英国在美国内战期间保持中立并且巴哈马靠近美国南部，这刺激了活跃的走私贸易，群岛经济在 19 世纪 60 年代蓬勃发展，避免了原英国种植园殖民地的许多问题。

1866 年 9 月下旬，一场穿越大西洋后发展为 4 级风暴的大飓风抵达小安的列斯群岛，9 月 28 日袭击了维尔京群岛的圣托马斯岛，随后在第二天袭击了特克斯和凯科斯群岛及巴哈马群岛南部。风暴眼于 10 月 1 日到达位于新普罗维登斯岛北岸的巴哈马主要城镇拿骚，造成巨大破坏，强劲的风力又持续了一天。到 10 月 3 日，风暴离开巴哈马群岛，向北蜿蜒进入大西洋。

群岛上为数不多的几个定居点都遭到了破坏，但拿骚受到的打 160 击最大。果树和鲜花环绕、色彩鲜艳的两层建筑被毁坏，码头附近的兵营、旅馆和仓库也毁了，甚至 4 层楼的皇家维多利亚酒店也遭受重创，这是英属西印度群岛最大的建筑，从山坡上可以俯瞰城镇和大海。"漂亮"和"整洁"是描述拿骚常用的形容词，现在被更悲惨的描述取代，即罗森总督所说的"一场普遍的、大范围的灾难"，"一次轰炸所造成的损害大概也不过如此"[28]。在拿骚，近百艘船只沉没，另有 140 艘船只受损，1000 多人无家可归。伊纳瓜、埃克苏马、伊柳塞拉和长岛等外岛也受了灾，尤其是那些贫困的居民，正面临着饥饿。例如，在长岛，棉花种植遭到严重破坏，几乎所有建筑都被摧毁；更糟糕的是，所有用来建造屋顶的棕榈叶都从树上剥落下来，人们担心需要五六个月才能长出更多的棕榈叶。罗森总督采取了常用措施来应对迫在眉睫的饥饿威胁：派人到古巴购买玉米种子，在拿骚设立了一个救济委员会，还在邻近地区和岛上其他地方设立了分支委员会。到 11 月 17 日，他报告说，自助、慈善、善良和积极的态度使情况得到改善。但并非一切都顺利，埃克苏马有一个岛屿虽然在风暴中受损不严重，但田地已经遭受了长期干旱，当地的地方治安官却声称救灾物资并非真正必要，此言一出，几乎引爆了一场骚乱。当地岛民威胁说，如果他不迅速、公平地分发物资，就会被施以私刑，这个治安官随后也不得不这样做了。

但是，政府对巴哈马风暴的回应中最引人注目的是坚持不愿承担提供个人救助的主要责任。罗森总督强调，必须消除人们的错误想法，即飓风可能为"长期贫困提供借口，灾民因此会不通过劳动去满足自己的需求和修复自己的住所"。相反，他鼓励灾民放弃慈善救济的想法，自力更生。他鼓励所有人回归正常的工作轨道，那些有能力、有信用或有朋友的人应该尽快修复自己的住所。他敦促灾民效法自然，"大自然以加倍的精力加速修复，对天意的有益设计充满信心，并坚信人民的顺从、快乐和勤劳不仅可以修复暂时损失，而且可以建立起更持久的私人联盟与公共繁荣的大厦"[29]。这是一个总督的劝告，显然他不信任他的人民，试图强调政府在救济中的作用是有限的。罗森提及天意，含蓄地为政府在暴风雨来临前准备不足以及暴风雨过后的责任开脱。他强调自助、邻里共情和重返工作岗位，刻意避免提及解放奴隶后岛上的社会和种族分歧。

次年，当袭击丹麦属西印度群岛和波多黎各的飓风也袭击了英属维尔京群岛时，这种不信任态度变得更加明显。担任群岛首席官员的群岛议会主席阿瑟·伦博尔德爵士从托尔托拉岛报告说，罗德城主要居民区的 123 所房屋中，一半被完全摧毁，所有公共建筑、除两座糖厂外的所有建筑以及几乎所有农村居民的住房也被摧毁。

在注意到该群岛其他岛屿的类似损失并表示同情后，他提醒上司：

> 每一个熟悉西印度群岛的人一定知道，当黑人抱着不劳而获的希望时，会编造出多么大的谎言：许多没有在飓风中受损的人，满足于在茅舍里勉强度日而不愿为令人尊敬的生活去努力，现在带着一个貌似真实的悲惨故事冲向前去，成功地欺骗了那些不了解他们的真实处境和损失的真实程度的人。[30]

这段话再清楚不过地表明了解放奴隶后英国政府在社会层面对自然灾害的反应，这种态度贯穿了整个世纪。向风群岛就是一个很好的例子。1898年，圣卢西亚、圣文森特和巴巴多斯遭受了一场强烈飓风的袭击。这些岛屿都向英国殖民政府寻求帮助。[31] 圣卢西亚不同于白人种植园主仍然主导经济的巴巴多斯和圣文森特，25000英亩土地大部分由大约6000名土地所有者耕种，他们拥有的恢复生产生活的资源很少。[32] 圣卢西亚居民4年前已经遭受了飓风袭击；虽然1898年的风暴对圣卢西亚的破坏性不如圣文森特，但完全摧毁了圣卢西亚的可可作物，而可可作物是为应对蔗糖市场恶化而开发的。紧急救援物资和慈善机构筹集的大部分资金都捐给了圣文森特。总督（居住在格林纳达）告诉圣卢西亚人，"政府像上天一样帮助那些自助的人"，并敦促他们"勇敢地"重返工作岗位。[33] 最糟糕的是，伦敦拒绝向圣卢西亚提供6万英镑的贷款，但却积极回应了巴巴多斯和圣文森特的贷款请求。英国政府表现出对农民的不信任，也没有意愿加强其在圣卢西亚或西印度群岛殖民地总体的地位，它们已经成了财政负担。

19世纪中期，特别是解放奴隶后，在荷属和法属安的列斯群岛也会遇到类似的情况和政策。[34] 荷兰人尝试进行了一些行政改革，最终将其西印度殖民地直接置于王室之下，并于 1834 年设立了殖民部。1845 年，荷兰控制的 6 个加勒比海岛屿被指定为荷属安的列斯群岛殖民地。1863 年在所有荷兰殖民地废除奴隶制是一项重大变化，尤其影响到南美洲北部以奴隶为基础的种植园殖民地苏里南；但事实上，随着荷兰东印度殖民地变得更加有利可图，荷兰西印度殖民地的重要性已经降低。事实上，荷属安的列斯群岛已经成为一个财政负担。荷兰人保持一项严格的政策，认为每个殖民地都应该自给自足。因此，救济殖民地人被视为一项在已经亏损的生意中的额外开支。这种态度从近代早期开始成为荷兰政策的特点，一直延续到 19 世纪。

163　　　1819 年一场飓风袭击了背风群岛的圣马丁岛、萨巴岛和圣尤斯特歇斯岛，为这一政策及其影响提供了一个信息丰富的例子。[35] 这场风暴导致这几个岛几乎失去全部蔗糖收入，出口税收入化为乌有。政府被迫大幅降低行政成本和重建工作，以至于灾后恢复花了几十年才完成；教堂建设进展缓慢，圣马丁岛上的防御工事破败不堪，杂草丛生、无人照管的废墟多年来破坏了首府城市菲利普斯堡的外观。殖民地自己无能为力。荷兰每年给圣马丁岛的补贴为 31000 弗洛林，仅相当于 1819 年飓风损失的大约 2%，那次飓风造成 80 人死亡，摧毁或损坏了岛上几乎每一所房屋。[36] 面对这种灾难，宗主国不愿意多管，群岛也无能为力。

法属安的列斯群岛对其西印度殖民地采取的管理方式不同。拿破仑倒台后，安的列斯群岛成为法国的一部分，1833 年，岛上男性公民获得了选举权。1848 年，这一权利扩展到所有男性自由民。虽然名义上更多的权力让渡给殖民地议会，但实际上，法国政府保持着对西印度群岛殖民地严密的控制，并始终如一地寻求保护种植园主阶级的权利。巴黎也在 1848 年废除了奴隶制，尽管瓜德罗普岛和马提尼克岛上爆发的奴隶反抗斗争已经在事实上终结了这一制度。从前的奴隶逃离马提尼克岛和瓜德罗普岛的种植园农业，促使种植园主和政府引入分成制，并采用强制性的劳动力招募制度，或寻找新移民从事种植园劳动。种植园的废弃造成了相当大的经济混乱。过了 20 年，生产才再次达到解放奴隶前的水平。法国维持着对安的列斯群岛的中央集权控制；总督们保护贝克人① (békés) 的利益，他们是大种植园主和朗姆酒制造商，仍然控制着 3/4 的耕地。但是维持这些岛屿让殖民地政府在财政上捉襟见肘。在面临连续自然灾害时，这种负担对岛上居民而言变得非常明显。像所有欧洲国家一样，法国依靠公共慈善捐款以及政府的直接援助来满足受灾严重的岛民的需求。例如，19 世纪 60 年代瓜德罗普大议会 (the General Council of Guadeloupe) 的法案多次提到利用慈善基金支持孤儿院或收容所，救助 1865 年飓风和随后霍乱疫情的受害者。其中一些基金设立年金，在风暴过后很长一段时间里为那些机构提供支持。在 1868 年的一次议会会议上，政府解释说，预算赤字在很大程度上是由于"不可抗力事件""天地之怒" (les colères du ciel et de la terre)，由于干旱、洪水、飓风和霍乱造成的；但也承认政府基本安排的转变，主要由殖民地负责自己的开支。

①　安第斯克里奥尔语术语，指法属安的列斯群岛早期欧洲人（特别是法国人）的后裔。——译者注

法属安的列斯群岛在整个 19 世纪都遭受了风暴的袭击，其中 19 世纪 80 年代和 90 年代初尤为严重。[37]1891 年，一场巨大的风暴袭击了马提尼克岛，造成 700—1000 人丧生，1000 多人受伤，这次打击特别沉重。风暴还摧毁了农业，圣皮埃尔港和法兰西堡港的所有船只或沉没或遭到损坏。这场风暴将法国的注意力集中在这些岛屿的脆弱性上。1892 年，亨利·莫奈出版了一本描述这场风暴的书，为灾民筹集资金。作者在书中提供了 1657—1858 年间袭击该岛的 67 次有记录的飓风的详细年表：差不多每 3 年一次。他问道，在如此可怕的骄阳和如此恶劣的气候下，人们怎么可能生活和繁荣呢？[38]风暴过后，岛上的蔗糖出口下降了大约 40%。一个委员会来岛上评估损失，最终提供了一笔 300 万法郎的无息贷款，为期 10 年。但这笔钱的 1/3 被岛屿政府用于平衡预算，总督明确表示，给岛屿的帮助将投资于促进公共利益的农业和工业，而不是减轻个人损失。正如一位农业调查员写给总督的那样，"马提尼克岛只能靠甘蔗为生，即靠制糖业和其他衍生产业"[39]。

165　　对于所有殖民国家来说，随着加勒比殖民地的价值下降以及人口从奴隶向公民的转变，面对与灾害有关的经常性开支，维持这些殖民地的成本令人忧虑，这种盘算在某种程度上往往基于对人口——白人克里奥尔人、混血人（梅蒂斯人）和前奴隶及其后代的固有素质和能力的偏见。种族和阶级经常在政府态度和政策中发挥作用。因此，每一场灾害都会引发一场社会评估，每一场灾害都会成为潜在的社会灾难，就像自然灾害一样。对于那些认为北大西洋殖民成本太高的欧洲人而言，放弃或转让主权成为一个可能的解决办法。对于那些政治或财政前景光明的美洲国家，或者对于那些地缘政治野心不断扩大的国家来说，大加勒比地区获得独立或主权似乎是个有价值的目标。但是这些计算和希望总是要考虑到该地区存在的自然灾害。

我们应该注意到，自 18 世纪以来，在自然灾害面前，跨越国家或文化界限的共同危机感以及人道主义和慈善情感的表达在加勒比地区一直存在。为了应对 1866 年的巴哈马和特克斯飓风，西属波多黎各设立了一个特别基金，为邻近岛屿收集和管理慈善捐款。[40] 1867 年的飓风和地震之后，丹麦属圣约翰岛和圣托马斯岛从英属圭亚那、特立尼达岛和牙买加收到了总额近 14000 美元的捐款，荷属苏里南、法属瓜德罗普岛、美国和委内瑞拉也提供了资金，甚至它们的姐妹岛圣克鲁瓦岛（St. Croix.）也提供了 2000 美元的捐款。[41] 这种慈善之举和对共同威胁的承认，往往跨越宗教、语言和国家边界，缓和了政治竞争。

但即使在慈善方面，种族差异仍然对行动产生决定性的影响。1866 年，一场大火——被一份富有同情心的新奥尔良克里奥尔报纸称为名副其实的"火焰飓风"，烧毁了海地首都太子港，造成一半建筑被毁，9000 人流落街头。[42] 尽管 1804 年的奴隶大起义导致了海地独立，美国和英国也与海地进行着贸易，但美国基本上寻求在政治上孤立这个黑人共和国，直到 1862 年才在外交上承认海地。虽然对大加勒比地区的非洲裔美洲人来说，海地仍然是自由的象征，但它在大加勒比地区的许多白人、殖民势力以及奴隶制存续的邻国中引发了恐惧，并遭到他们的摒弃。这场火灾发生后，国际社会似乎没有采取大规模的救援行动。对大火的报道，甚至《纽约时报》，也不仅强调政府在紧急时刻的失职，而且将大部分责任归咎于海地人自身的"野蛮"行为，声称他们对公共利益毫无付出，在混乱中

166

袖手旁观或趁火打劫，甚至可能故意纵火。[43] 正如我们所看到的，这个时期加勒比地区其他地方发生灾难后，政府报告中也提出了同样的指控。这成为一个循环论证：前奴隶和奴隶的后代在社区中没有一席之地的，被认为对社区没有任何感情，并因此作为现在不给他们一席之地的理由。

风暴下的主权纽带

1867 年活跃的飓风季发生了 9 次风暴，最后一次是 10 月下旬袭击维尔京群岛和波多黎各的风暴。1865 年美国内战结束，明确了北大西洋社会和政治背景的转变：奴隶制在北美结束了，随着战争的结束，美国此时感到在追求战略和经济利益时受到的限制少了。

战争期间，美国已经开始考虑收购丹麦的西印度群岛。起初的目的仅仅是让它们的港口不再向邦联的敌人敞开，但 1865 年，国务卿威廉·苏厄德（William Seward）出于其他战略和商业利益开始考虑购买这些岛屿。[44] 丹麦起初不感兴趣，在 1864 年与普鲁士的战争中改变了看法，并在 1866 年与美国交换了照会和计划。双方谈妥了价格，并起草了一份协议。由于丹麦人坚持要岛上居民投票批准，谈判放缓，到 1867 年 9 月底，在当年早些时候花费了相当大的政治资本购买阿拉斯加后，苏厄德敦促丹麦人采取行动，因为美国人此时情绪消极，国会似乎"更看重金钱而非版图"。到 1867 年 10 月下旬，丹麦人在岛上举行公民投票，为签署条约做准备。

美国官员已经将丹麦殖民地视为主要航线上具有战略重要性的岛屿和控制进入加勒比海的关键。海军中将戴维·波特（David Porter）曾写信给国务卿苏厄德说，圣托马斯是一个"小直布罗陀"，其港口和圣约翰的港口都是加勒比最好的。他认为，圣托马斯岛是西印度群岛拱门的基石，也许是出于重建的精神，他提醒苏厄德"岛上居民大多是有色人种，但他们受过良好的教育。商店里几乎所有的店员都是有色人种"。这是一个"最好客的地方，有着最好客的人民"。[45] 他没有提到 18 世纪 30 年代这里曾发生过血腥的奴隶叛乱，在一项逐步解放奴隶的计划引发了一场大规模的奴隶起义之后，这些岛屿才于 1848 年废除了奴隶制，也没有提到前奴隶及其后代的主要语言是克里奥尔英语。[46] 圣克罗伊曾是一个边远的种植园居民点，而圣托马斯却因商业而繁荣。邻近的波多黎各长期受益于与圣托马斯之间的贸易，因为在那里可以便宜地买到欧洲货。波多黎各人把圣托马斯视为他们的直布罗陀，不是因为其战略位置，而是因为它作为自由贸易港和世界商业之窗的作用，正如英国在地中海的堡垒为西班牙发挥了这一作用一样。飓风打断了美国和丹麦正在进行的谈判。

10 月 29 日袭击小圣托马斯岛的"可怕"飓风是自 1837 年以来袭击丹麦西印度群岛最严重的一次（图 5.1）。按照今天的标准，这可能是一场 3 级飓风，风速达到每小时 125 英里，这场 1867 年飓风活跃季的第 9 场飓风过境，席卷了几乎所有房屋的屋顶。

168

图 5.1　1867 年飓风中的圣托马斯（选自弗兰克·莱斯利的《画报》，1867年 12 月 7 日；由南佛罗里达历史博物馆迈阿密历史分部提供）

600 多人在风暴中丧生，港口有 60—80 艘船沉没或被吹上岸，造成大量人员伤亡。风暴到来时，碰巧停留在港口的西班牙护卫舰努涅斯·德·巴尔沃亚号的船长和船员们英勇地抢救了港口中的伤者和溺水者。这些岛屿被摧毁了。当年早些时候丹麦属群岛爆发了霍乱，1866 年圣托马斯岛也受到一场严重火灾的威胁，因此飓风加剧了本已岌岌可危的局势；情况变得更加糟糕，11 月 18 日，圣托马斯和圣约翰以及更远的姐妹岛圣克罗伊岛发生了一连串地震，两次大地震相隔 10 分钟，随后在主要港口引发了海啸，对航运造成了巨大破坏，给城市和居民造成了极大伤害。地震的震中位于维尔京群岛和小安的列斯群岛之间的阿内加达海峡的断层，这是大西洋

169

和加勒比海之间唯一的深水通道，地震对圣托马斯尤为致命，在1832 年的一场大火摧毁了港口和主要城市夏洛特阿马利亚的大部分后，王室发布命令要求用石头或砖建造城市。具有讽刺意味的是，许多人在地震中被落下的石头和砖块砸死。遭受了火灾和地震两大威胁的夹击，岛民此时付出了代价。[47] 在圣约翰岛，全岛的穷人都遭受了飓风和地震的双重打击，但主要城镇也遭受了严重损失，海啸激起 20—30 英尺的巨浪，严重破坏了港口。在圣克罗伊，陪同谈判人员的美国海军舰艇蒙农加希拉号（Monongahela）因海啸被迫搁浅，6 个月后才回到海上。

丹麦和美国之间的谈判已进展到签署条约。美国同意购买圣托马斯和圣约翰，但不包括圣克罗伊。丹麦人坚持要求在岛上举行投票，美国代表则强调任何条约都需要参议院的确认。商界和种植园主已经看到了政府变更的巨大优势，投票赞成出售；然而，黑人并不支持这一交易，因为他们听到了一些风声，担心美国可能会重拾1848 年已被丹麦人废除的奴隶制。岛上的报纸发表了打油诗、假托信件和用当地克里奥尔方言写的歌词，谈论关于"伙计托马斯"（buddy Thammas，圣托马斯）、"伙计约翰尼"（buddy Johnny，圣约翰）和"姐妹莎娜"（sissy Shanna，圣克罗伊）以及将圣克罗伊排除在条约之外的问题。丹麦国王于 1867 年 10 月 25 日宣布了割让这些岛屿的议案，言语间也透露出他本人同样期望该议案能够通过。但 10 月 29 日飓风来袭以及随后的地震、海啸和 481 次余震造成的破坏极大地推迟了 1869 年和 1870 年的外交进展。格兰特政府对获取多米尼加共和国的领土更感兴趣，因此行动意愿不强烈，当条约未能获得参议院委员会的支持时，已然名存实亡。丹麦政府中有官员因此辞职，而且这对丹麦王室来说相当尴尬，因为它已经为岛上

170 的臣民做好了分离的准备，现在发现自己成了一个不情愿的统治者。用一位观察家的话来说，丹麦愿意出售群岛，皇家总管爱德华·卡斯滕森鼓励岛民接受这一让步，"打破了使一个半球的一个人或几个人能够控制另一个半球整个群体的神秘魔咒。这是本质上不可逆转的行为之一"[48]。

　　尽管许多美国人批评格兰特对这些岛屿缺乏兴趣以及美国人的不守信用，但其他人对获得更多的热带——和多种族——土地失去了兴趣，还有许多人认为这个项目很不划算，美国实际上是在花钱购买灾难——飓风、地震和海啸。当时美国最著名的作家布雷特·哈特用有些尖刻的诗句表达了国会和大众的批评。他在略有夸张的诗歌《圣托马斯：地理调查》中，嘲笑了认为这些岛屿是"没有疾病的伊甸园"的观点。[49]

<blockquote>

于是山摇雷鸣

飓风横扫一切

人们目瞪口呆

海水向他们扑过来

每个人都按照他的应许，

令圣托马斯生动起来

直到一天清晨，当苏厄德先生

将警惕的目光投向背风

那里没有留下一寸干燥的土地

标志昔日的岛屿

没有旗杆也没有哨兵

——没有码头也没有进口港

</blockquote>

只有——简而言之
只有一滩浑水
躺在开阔的海洋里，
一只海鸥在上面飞翔。

美国将购买丹麦属西印度群岛（所有三个岛屿），并在 1917 年将其更名为美属维尔京群岛。

圣托马斯岛位于克拉布岛（Crab Island，也称别克斯岛 Vieques），波多黎各以东仅 40 英里处（图 5.2）。它们也遭受了 1867 年 10 月底飓风和 11 月地震的打击。事实上，1867 年波多黎各大部分地区天气恶劣。岛上的农业在 1865 年和 1866 年已经受损严

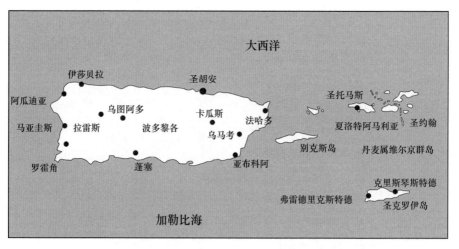

图 5.2　波多黎各和维尔京群岛示意图（由圣地亚戈·穆涅斯·阿韦拉埃斯绘制）

171

重，人们寄希望于 1867 年的甘蔗和咖啡获得更好的收成，但 9 月的雨季带来了倾盆大雨，10 月 10 日又是一场大风暴，淹没了波多黎各岛南部的大部分地区。[50] 庞塞、佩尼亚拉斯和中央高地的老人们不记得从前有过河水涨得如此迅速、如此之高的时候。[51] 全岛通信瘫痪。[52] 庞塞港口区与市中心的联系被切断，在瓜亚尼亚和圣赫尔曼，洪水淹没了街道，几乎不可能与其他城镇保持联系。地方政府几乎没有应对危机的资源；国库空虚，西班牙重新占领多米尼加共和国（1861—1865）的新冒险失败，付出高昂代价，耗尽了皇家金库。当地收不上税，因为无人有钱交税。在市、省或皇家层面，很难找到钱来提供救济，或重建被毁的道路和桥梁，及动手重建家园和城镇。10 月 29 日晚上，圣纳西索节飓风——一场袭击了圣托马斯岛的大规模强飓风从东部入境，这次袭击了波多黎各北海岸，但飓风路径之宽足以给岛上大部分地区带来暴雨。河水已经上涨，田地被淹没，勉强挣扎的树木无法抵挡暴雨和狂风。官方报告列出了风暴中 221 人死亡，762 人受伤。自给农业和出口农业损失尤其严重。据估计，岛上经济损失达 1300 万埃斯库多，其中粮食作物和咖啡、朗姆酒、甘蔗、棉花和烟草的损失超过 1000 万。[53] 这次圣纳西索飓风和随后发生的地震仅在首都就损坏了 168 栋建筑物，使 1867 年成为"风暴和地震"年。[54]

1867 年的政治影响和物质损失同样将被人铭记。圣纳西索飓风揭示的问题早已是当地的沉疴。很少有人比分配到公共工程部的人更清楚地认识到政府失败的内在危险，19 世纪 60 年代面临环境挑战和资金缺乏时，他们一直在艰难地改善和修复道路、桥梁和码头的基础设施。传统上在西班牙殖民地，国家与市政府通常一起出资修建道路和桥梁，但在 19 世纪 60 年代中期，资金和信贷匮乏却导致了公共工程陷入瘫痪。正如西班牙官员米格尔·德·坎波斯在风暴来临前的一份报告中所言："政府的威信以及和平维护现有政权的威信"有赖于更好的公共工程。[55]而波多黎各却无力支付自己的需求，根本无以为继。在过去 10 年中，政府支出的 6000 万埃斯库多中只有大约 3% 用于公共工程，岛民可以清楚地看到政府的失败。坎波斯强调，没有道路，农业和商业就会受到阻碍，而且"对被推向苦难的工人阶级来说，工作稀缺，在那之后，也许会导致恶习和犯罪"。这里有这个危险。另一名官员卡洛斯·德·罗哈斯（Carlos de Rojas）在圣纳西索飓风袭击 10 天前就公共工程问题向上级报告，他认为不断恶化的局势可能会使这个"和平与安宁的社会失范，这是阁下永远不希望看到的"。

普通人，也就是罗哈斯口中所谓的"无产阶级"，可能会在苦难的驱使下犯罪，除非可以为他们设立健全的宗教原则和榜样。他认为只有教会能为道德生活提供坚实的基础，但却无钱来维护教会的尊严，甚至连修复在风雨中受损的礼拜堂都做不到。[56]

其他观察家不是从宗教角度而是从政治角度看待这种情况的影响。圣纳西索风暴凸显了过去治理的失败。国家花费大量时间、市政当局做出显著牺牲修建的为数不多的公共工程不够用。正如工程师何塞·利安赫斯（José Lianhes）向殖民政府报告的那样，"该省已陷入极为糟糕的、不可持续的境地，最近的灾害更是雪上加霜，但总的弊病可以追溯到很久以前"[57]。他提出了各种改善城镇之间交通的项目，将雇用数千名受苦的农村工人。这些人没有工作就可能"成为破坏公共秩序的人，或试图违反保障财产权的法律"。[58]利安赫斯是一个现实主义者，他警告说，在这种情况下常用的手段是

173

求助于慈善机构或有钱人的爱国心，但在这些情况下，常规手段的作用只是杯水车薪。从根本上解决问题需要政府采取果断行动，让公共工程成为西班牙造福人民的永久而难忘的证明。他呼吁政府为码头、灯塔、电灯、道路、电报和民用建筑筹集超过 400 万比索的资金，超出了当时政府的能力，但他对失败的政治成本的看法也成为其他人讨论的主题。1868 年 4 月，米格尔·德·坎波斯从波多黎各写信给在马德里的海外部公共工程处的总工程师，声称改善殖民地物质生活的努力虽然受到欢迎，但在波多黎各却"毫无效果"。政府的声誉因长年累月地延迟改善基础设施而受损，现在"大多数居民相信，他们眼中外来的、敌对的政府是不道德的"[59]。他补充说，在一个自然资源得天独厚的岛上，尽管人口稠密，生产的东西却很少，生活水平依旧极低，人们认为税收过高，而且似乎连最低限度的税收都没有用于最起码的需要上。

174　　比森特·丰坦-梅拉（Vicente Fontán y Mera）感觉到了圣纳西索风暴和随后 11 月地震的政治影响带来的潜在威胁，他是一个有文学抱负的西班牙官员，在岛上担任教育督察。飓风过后，他出版了《难忘的圣纳西索之夜》，长篇记述了飓风和随后的地震，充满了损失的细节，包括常见的对生命损失、财产破坏和损失成本的逐镇统计。丰坦—梅拉的语言风格华丽，他对惊叹号作为一种文学手段有一种恼人的喜爱，但最为突出的一点是，作为一个忠诚的西班牙人，他试图强调女王的母性责任和西班牙人民在危机时刻对加勒比"兄弟"的高尚情感。丰坦—梅拉赞扬西班牙驻军在危机中的英勇行为，同时呼吁关注岛上的需求。他自豪地指出，在圣托马斯飓风期间，西班牙军舰务埃斯·德·巴尔沃亚号的船长和船员实施英勇的救援行动，受到热烈欢迎，但是作为飓风和地震造成的巨大破坏和损失的见证人，他也想详细记录波多黎各的苦难，并为其辩护。[60] 他批评政府命令税收人员坚持立即缴税，并批评政府评论"损失的消息被夸大，许多城镇根本没有遭受损失"。在国库空虚的情况下，政府除了坚持征税之外别无选择，但丰坦—梅拉指出，即使在风暴之前，岛上的条件就已经很糟糕了，现在更是灾难性的：

> 无产阶级民众在几乎荒芜的田野里往返，只有一间简陋的小屋抵御白天的烈日和夜晚的雨水，正是在这里我们不仅可以调查［直接］损失，而且可以调查这场灾难的延伸影响；如果我们把贫困阶级完全失去仅有的主食理解为一场公共灾难。[61]

他提出未来的补救措施是创建一家农业银行来提供信贷，但与此同时，政府也有责任让富人履行他们的责任，向那些没有资源应对这场危机的人伸出"保护之手"。在他的叙述中隐藏着一种暗示，即政府的无能或失败导致了对殖民统治的政治质疑，但作为一个忠诚的西班牙人，他并不同情激进的变革。正如他所说，"10月29日这一天也提供了一个满足幼稚的抱怨和唱赞歌的机会"。政府和国家之间的仇恨和谣言会带来什么？激进的法律改革带来的政治革命有什么好处呢？他说，"疯狂的激进主义"会摧毁工业、商业和信贷。对丰坦—梅拉来说，最重要的真理即秩序是一切进步和繁荣的关键。波多黎各拥有实现物质完美所需的一切，在危机时刻，爱国和民族情感是有助于实现这一目标的积极品质。丰坦—梅拉和报道公共工程的官员们已经看到了在灾害面前政治失败的影响。

第二年经济缓慢复苏，但激进的政治行为已经启动。群岛的中央高地在1867年恶劣的破坏性天气中遭受重创。拉雷斯镇坐落在

175

科迪勒拉山脉中，生产的棉花和咖啡依靠湍急的河流灌溉，通过北海岸的小港口阿瓜迪拉出口。在正常情况下，路很难走：一辆8头牛拉着的大车在拉雷斯和港口之间往返一次需要10—12天。1867年的暴雨和飓风使情况变得更糟，推高了进口价格，拉低了本地产品的价值。1公担（公制重量单位＝100公斤，译者注）盐鳕鱼在阿瓜迪拉的价格是5埃斯库多，但是到了农村工人手里就是7埃斯库多，而咖啡在拉雷斯的价格比在港口低20%。糟糕的路况标志着基础设施的严重缺乏，这是问题的关键，造成了"许多人的毁灭，其他人的沮丧，以及所有人的恐惧和害怕"。[62] 1867年11月，一份来自拉雷斯的报告请求政府关注，报告解释道，过去道路由地主和商人出资维护、囚犯和流浪者施工；但如今已经不可能了，如今面临饥饿的劳动人口，在收获完咖啡后没有了工作，尽管有"正义和忠诚的心"，但可能会因处境绝望而偷窃。政府能做的至少是修复无法通行的道路和桥梁，同时为农业工人创造就业机会。

　　波多黎各高地的这些情况成为岛上第一次争取独立的政治运动的背景。1868年9月23日夜晚在拉雷斯爆发的起义源于诸多不满。这场运动的主要支持者是大型咖啡种植园主，大多是土生土长的白人，欠当地商人很多债，这些商人大多是西班牙人或科西嘉人。咖啡种植园的工人参加了独立运动。政府的劳动立法使他们处于从属地位和不利的合同安排。[63] 此外，一些参加独立运动的人怀着强烈的废奴主义情绪，对严酷的政治镇压心怀不满。但是，很显然，波多黎各岌岌可危的基础设施和政府——市、省和帝国政府——无力应对挑战，造成了导致这些人愤怒的局面。[64] 1000人短暂地占领了拉雷斯，这次起义并非由洪水和暴雨、圣纳西索风暴或地震单独造成。但是，每一次自然灾害都对西班牙的资源及其应对任何自然或政治挑战的能力造成了更大的压力。像丰坦—梅拉和利安赫斯这样忠诚的西班牙人已经发出了警告，但即使当拉雷斯起义爆发时，起义的原因也被解释为因洪水和地震而心烦意乱的民众被不忠诚的不满分子所误导。领导起义的克里奥尔地主、知识分子和小商人未能成功地动员其他群体加入起义，起义很快结束，领导人被监禁或流亡。[65] 尽管有计划有意图，但岛上没有爆发大起义。造成这种情况的原因很多，但贝坦斯未能带着收集的武器从他在圣托马斯的流亡地（在那里他差点没有逃过地震）航行到波多黎各，无疑是导致失败的原因之一。[66]

起义后两个星期，即 1868 年 10 月 8 日，总督朱利安·何塞·帕维亚发表了一封致波多黎各人民的公开信，明确表达了他对自然灾害在叛乱起因中的重要性以及政府应对的看法。

> 从我接管这个岛的那一刻起，就一直忙于执行女王陛下的 **177** 命令，减轻自然灾害对王国这部分土地的影响。你们已经看到，我夜以继日地致力于减轻你们的痛苦，给所有地区带来安慰，让你们因遭受许多不幸（包括过去几个月经受的干旱）而萎顿的精神重新振作起来。[67]

总督认为，叛乱背后的不忠分子利用了这种"特殊和短暂的局势"来达到自己的目的。这种解释忽视了政府过去的失误，但仍然公平地指出，1867 年的环境灾害造成的饥饿和经济混乱助长了共谋者的愤怒和革命情绪，也创造了一种不安全的生存气氛。正如总督所说，1867 年的洪水、飓风和地震之后，1868 年又发生了一场严重的旱灾。当时在农村很难进行持久战，革命时机未到。贝坦斯后来在流亡中沮丧地写道："1869 年像梦一样飞逝而过，而我们仍然受着奴役。"他极力主张，为了恢复荣誉和尊严，他的同胞应该至少解放非洲人——这些"奴隶中的奴隶"[68]。

在亲西班牙的观点看来，1867 年的自然灾害可以被视为上帝为殖民政权辩护的一个征兆。亲西班牙的保守党领导人之一、记者何塞·佩雷斯·莫里斯与一位西班牙海军军官合作，于 1872 年出版了一份关于拉雷斯叛乱的详细报道，至今仍然有用。他谴责政治对手的分裂主义，还利用了隐藏在废奴辩论下的种族恐惧，暗示贝坦斯为了领导叛乱，曾计划让 3000 名武装黑人登陆。[69] 佩雷斯·莫里斯确信上帝之手打断了叛乱者的计划。他认为，叛乱最初定于 1867 年 6 月 24 日的圣胡安节，这一天在波多黎各具有特殊的象征意义，最初被命名为圣胡安包蒂斯塔（San Juan Bautista），但后来被改到 10 月 10 日，圣伊莎贝拉节。他声称地震打乱了阴谋者的计划，但我们知道地震直到 11 月才发生。如果说是自然事件造成了行动推迟，那就是 10 月初的暴雨和当月的圣纳西索飓风。佩雷斯·莫里斯可能只是搞混了时间顺序，但也许他是想表达另一个观点。他报告说，一些叛乱领导人于 1867 年底在圣托马斯与贝坦斯会面，其中一人记得，1812 年玻利瓦尔领导的独立运动开始时，发生了摧毁了加拉加斯的大地震。圣托马斯和波多黎各的地震会不会像加拉加斯地震一样，是"天意的警告，上天会惩罚对西班牙的反叛，认为这是亵渎神明，也许会把这个岛沉入大西洋"吗？[70] 佩雷斯·莫里斯毫不怀疑，如果上帝没有撼动整个波多黎各岛，分裂主义运动就会在 1867 年爆发，很可能会产生不同的结果。也许他和许多人一样，发现在猛烈但偶发的地震中比在更常见的 10 月风雨中更容易看到上帝之手，但他关于叛乱时机和岛上环境的言论值得思考。佩雷斯·莫里斯认为，1865 年，当拉雷斯的反叛分子在圣多明各亲眼目睹了"不是被子弹打败，就是被气候打败"的颓丧的西班牙军队，成功的希望鼓舞了他们。在某种程度上，他对拉雷斯叛乱的失败提出了类似的解释：气候介入了。

仍然流亡在外的贝坦斯则从大自然的愤怒中吸取了不同的教训。他和妻子在流亡居住的房子倒塌时差点受伤，但他在 1868 年 4 月给一位朋友的信中指出，不仅圣托马斯在颤抖，而且"波多黎各摆脱了暴君"。他评论了自己在圣托马斯经历的破坏，地震之后的海啸像一座白色的山峰一样升起，似乎要吞噬这座城市，人们跪下祈求上帝宽恕和赦免他们的罪过。他写道："圣托马斯仍然在颤抖，波多黎各颤抖着看着它的儿子们对［他们］被奴役麻木不仁。"[71] 与波多黎各总督一样，《纽约时报》认为是大自然造成了这场动荡。1868 年 11 月，它从波多黎各报道说："庄稼长势旺盛，岛上又恢复了繁荣。政治骚动已平息，全民安宁。"[72]

19 世纪缓慢过去了。西班牙在 1868 年经历了一场革命，在自由党内阁的领导下进行了调整。1868—1874 年间，波多黎各在西班牙议会中获得了更多代表权。1870 年的《莫雷法》开启了废奴进程。到 1873 年，波多黎各废除了奴隶制。

在古巴，一场始于 1868 年 10 月的起义最终蔓延开来，持续了 10 年，但最终在一些问题上达成妥协，导致 1878 年停战。效忠者和叛乱者都向此时加入任何一方的奴隶做出承诺，导致奴隶的期望越来越高、抵抗越来越强。强制学徒制在 1880 年取代了古巴的奴隶制，直到 1886 年被废除。行政改革、政治让步、一些最具压迫性的民法得到放松，然后是 19 世纪 80 年代重新开始的政治压迫。在 19 世纪末之前，战争和主权问题将再次出现，但这一次是在美国的新帝国野心的背景下。

政府、技术与科学

19 世纪的最后 30 年见证了西班牙殖民地奴隶制的终结和殖民地争取独立的最后阶段，最终导致了美西战争。1870 年后的一段时期也出现了一些风暴频率高的季节，这些季节似乎发生在太平洋厄尔尼诺现象之前或之后，包括 1878—1879 年、1887 年和 1894 年。[73] 这些风暴频发的年份，以及其他没有出现气候反常现象的年份，都给大加勒比地区的所有国家带来了挑战，但人们现在已经能够利用在某些情况下长期形成的制度、习俗和政策来回应大自然的怒火。此外，19 世纪技术和科学进步在许多地方改变了农业，科技进步被广泛应用于对热带风暴的理解和分析，以及减轻风暴对民众和政府影响的手段之上。

就西班牙而言，19 世纪的飓风和其他灾害揭示了西班牙王室、殖民地和地方层面制度性的应对和救济策略。人们期待统治者表现出对臣民深切的个人同情。19 世纪 40 年代古巴飓风过后，女王、太后和各部都进行了捐款。[74]1867 年，伊莎贝拉二世女王创建了一个委员会，由她的丈夫加的斯公爵主持，目的是发起慈善募捐，为波多黎各和当年也遭受到台风破坏的菲律宾灾民提供救助。[75] 这些努力可能表现了真挚的同情，但就像在 1884 年，古巴和菲律宾遭遇飓风之后，西班牙海外大臣所作的解释一样，尽管西班牙为应对飓风灾害成立了一个总救灾委员会，但无论王室、政府或西班牙人民的感情如何深厚，国库根本不可能应付"如此多的公共灾难"。[76]因此，自愿捐款仍然是第一道防线。许多社会部门都列出了捐赠清单：各个政府机构、银行家、记者、国家银行、西班牙赌场等私人精英俱乐部以及各种志愿协会。1882 年，在古巴的比纳尔德尔里奥省，飓风摧毁了下布埃尔塔（Vuelta Abajo）烟草种植区之后，哈瓦那媒体详细刊登了来自面包师协会、烟草仓库工人、大学教授、加列戈中心（Centro Gallego）私人俱乐部和哈瓦那白人马车夫的集体捐款、货物或服务，以及个人捐赠，如丽人雪茄厂（La Belleza）的老板承诺将 9 月利润的 2% 捐给下布埃尔塔（Vuelta Abajo）的穷人。人们期望王室成员、大臣、公职人员和社会杰出公民能够慷慨解囊，并在集体责任的舞台上发挥明显的作用。这是一种习俗，解 181释了 1846 年古巴风暴后各个政府办公室和部门以及皇家骑兵军团（royal Lancer Regiment）的捐款，以及在 1867 年飓风后，波多黎各公共工程办公室的成员根据各自相应的等级捐出的善款。[77]教会和宗教机构也发挥了安慰和慈善的作用，提供祝福和感恩的宗教仪式，组织慈善捐赠，为因风暴而流离失所的人们提供住所，劝告所有人为救助灾民捐款。1882 年古巴飓风过后，哈瓦那主教堂拉蒙·费尔南德斯·德·皮埃罗拉设立了一个慈善基金，并且本人捐款2000 比索作为第一笔善款，提醒他的教众应该利用这场灾害实现自我救赎，并"在自己的不幸中找到繁荣的新源泉"[78]。这种慈善活动当然是教会的传统角色，但到 19 世纪中叶，世俗的公民社会在这些活动中发挥的作用比在上个世纪大得多。

为了应对灾害，人们安排了各种各样的慈善活动。在哈瓦那，记者们于 1882 年组织了一次文学阅读会，来帮助飓风受灾者。在圣特蕾莎游行期间，消防队员募集了救济品。在圣胡安，博彩业和艺术文学界的女士们和先生们计划在市剧院举行一场由总督主持的"抒情—戏剧"表演，为 1862 年飓风受灾者筹集资金。[79] 有时，总督试图协调这些活动，集中管理捐赠，并要求市政救灾工作向总督办公室报告，但殖民地中央政府倾向于集中实施价格管制，制止利用粮食和建筑材料短缺欺行霸市，禁止抢劫、维持秩序，提供税收减免和分配可用作贷款或减免的资金。

事实上，应对灾害的主要责任方在当地市级政府。在这里，组成地方政府的市政会组织了应对措施，收集损失信息、恳求殖民政府的帮助，并通过它向马德里求助。市政档案充斥着每次风暴后从每个社区收集的文件，记录损失并计算从制糖中心（sugar cen-trales）和城镇教堂到每只母鸡和每头猪等所有东西的价值。慈善委员会也是在市级层面组织的。到 19 世纪 30 年代，组织这些委员会已成为西属安的列斯群岛的标准做法。19 世纪 40 年代古巴飓风过后，奥唐奈总督创建了一个救援委员会来协调救灾工作，并与当地设立的救灾委员会合作。在波多黎各，1867 年飓风过后，庞塞成立了慈善委员会（junta de beneficiencia），"目的是激发庞塞人民毋庸置疑的善举，解决辖区不幸人士的迫切需求"。在这种情况下，慈善委员会印在蓝纸上以收集有关损失和需求信息的表格没有提及女王或西班牙，而这被视为社区事务。委员会收到的捐款从 1 比索到 250 比索不等，似乎表明跨阶层的广泛社会参与。[80] 救济工作也反映了对阶级差别的承认。例如，在 1876 年波多黎各飓风之后，马纳蒂社区对 1200 个需要援助的人或家庭进行登记，不仅列出了每个人的需求，还列出了他们的经济类别：中等、贫穷、破产（无力偿债）、困顿（angustiosa）和富裕（desahogada）。慈善委员会随后收到了数百份个人申请援助信。其他社区也进行了类似的核算和申请。[81]

虽然慈善委员会通常由市长、其他市政官员、知名人士和高级神职人员组成，但也努力动员社会其他部门。在慈善、应对个人困境和应对公共灾害方面，妇女在募集和分配救济资金中发挥了重要作用，但她们并不具有权威地位。1876年圣费利佩（9月13日）飓风袭击波多黎各后，卡瓜斯镇成立了一个妇女慈善委员会，与市长控制下的市委员会相呼应。[82] 在同一场风暴之后，庞塞的慈善委员会向妇女发放表格，请求"慷慨的救助和宝贵的影响力，女士们，我们的慈善天使，总是知道如何打动父亲、丈夫、兄弟，那个永远不会对自己所爱的人的请求置若罔闻的男人"，继而要求妇女们本人"依照她们对慈善和人道主义目标的慷慨原则"捐款。[83] 1882年间隔一个月的两次飓风袭击了比纳尔德尔里奥省，为庆祝阿维拉的圣特蕾莎100周年诞辰成立的妇女委员会决定保留这个组织来帮助受灾省，这一决定受到当地媒体的赞扬。[84] 在岛上总督的妻子马克萨·德·维多利亚·德·拉斯·图纳斯的领导下，成立一个女士委员会。她直接向王室求助，并收到"她的朋友"伊莎贝拉二世的回应电报。[85] 这种慈善活动的女性化深深植根于西班牙社会，并在整个19世纪得到有效和持续的动员。

尽管当时的流行话语强调自给自足，但这在很大程度上依赖于个人或集体慈善捐款的系统仍然变得高度官僚化。在地方一级还取决于市政预算中用于"应急和救灾"的资金数量，而这些资金通常很少或几乎不存在。通常飓风过后，农村人口迁移到最近的城镇寻求救济，给市政资源带来了额外的负担。比森特·丰坦—梅拉在描

183

述圣纳西索飓风时说，这些城镇无法创造"面包和鱼的奇迹"，这就是问题所在。[86]

应对灾难是证明殖民政权或任何政府的存在、效率以及保护臣民或公民的能力的时候。19 世纪，随着西属加勒比殖民地的分裂主义、自治主义势力和情绪高涨，政府及其影响或控制下的记者在自然灾害后不断利用媒体和官方声明来强调西班牙对殖民地的同情、西班牙的慷慨，以及驻扎在安的列斯群岛的西班牙官员和卫戍部队的英勇行为。记录风暴的小册子利用这些形象和故事获取政治利益。就像 1867 年努涅斯·德·巴尔博亚（Núñez de Balboa）号的水手们在圣托马斯港的英勇行为一样，体现英雄主义或善良的故事传达了民族团结的信息。记者们赞美 1867 年圣日耳曼守望者旅的波利卡波·加西亚为拯救风暴受灾者的不懈努力，或是大力吹捧三名国民警卫队队员在 1882 年古巴风暴中的榜样作用——看呐，他们不仅向无家可归的人伸出了援手，而且还自掏腰包给他们买食物，多么令人钦佩！[87]亲西班牙的记者和灾难记录者则回归到"伟大的西班牙民族"团结互助的主题。莱奥波尔多·卡瓦哈尔（Leopoldo Carvajal）是古巴精英中的一员，也是西班牙古巴军事辅助部队或志愿军的上校，他在 1882 年写道："［古巴］岛就是西班牙，西班牙的血中血，骨中骨，它在大洋彼岸的兄弟们多次证明了这一点，他们感受到了天意在其高深莫测的计划中所带来的可怕动荡。"[88]古巴人民在危机时期帮助过西班牙；现在轮到西班牙了。西班牙殖民地救灾委员会主席哈瓦那侯爵（The Marquis of La Habana）1884 年坚称，既然"（在殖民地）受风暴影响的兄弟们总是对半岛各省的公共灾害慷慨解囊，我们也不能对他们遇到的灾害无动于衷"[89]。

　　但是遥远的西班牙既没有资金也没有能力满足殖民地的需要，而且政府有时不愿暂停税收或放松信贷，或者把收入盈余用在殖民地而不是在国内，这在许多人的心中和对西班牙帝国的其他不满结合起来。1870 年 10 月，两次飓风袭击古巴西部，横扫马坦萨斯地区，造成约 800 人死亡。住在古巴的西班牙采矿工程师和飓风研究者曼努埃尔·费尔南德斯·德·卡斯特罗（Manuel Fernández de Castro）在描述这些风暴和飓风的普遍性质时，怀旧地回忆起在 1780 年的战争中，法属马提尼克岛总督布耶（Bouillé）对被俘的英国飓风幸存者宽宏大量，富有同情心。在那种情况下，大自然的暴虐减弱了人类的仇恨。但在 1868 年，无论是在波多黎各拉雷斯的失败尝试，还是在此刻正蓬勃发展的古巴起义中，对殖民统治的不满都再次爆发。大自然的暴烈并没有平复人类的激情：在欧洲没有平息 1870 年普鲁士人和法国人之间的敌对，在古巴也没有。费尔南德斯·德·卡斯特罗感叹道："倾泻而下的洪流，1870 年的飓风，不足以冲刷掉淹没古巴的鲜血，也不足以扑灭吞噬古巴的熊熊大火。"[90]

　　与西班牙一样，北大西洋的其他帝国政府在 19 世纪中叶延续 了应对灾害的传统，但正如蒸汽机和铁路等新技术改变了这些社会的农业基础，新技术的进步同样也开始改变政府和民众应对风暴威胁的方式。对于那些对预测恶劣天气感兴趣的人而言，18 世纪引入的气压计和温度计已成为相对常见的工具。自文艺复兴以来，装有风杯的车轮型风速计（一种测量风速的设备）还只是一个概念，但在 19 世纪 40 年代后期它们却成为了现实，并在接下来的几十年开始广泛应用于美洲殖民地。

在某种程度上，气象技术和信息的传播仍然要归功于个人和政府之间的合作努力。早期讲英语的气象学家里德、雷德菲尔德、埃斯皮和皮丁顿等人的作品此时在出生于古巴的安德烈斯·波埃（Andrés Poëy，1825—1919；图 5.3a）等西语国家学者的作品中能够找到类似之处。安德烈斯是那个时代最重要的古巴博物学家费利佩·波埃的儿子。年轻的安德烈斯在法国长大并接受教育，他在巴黎的国家图书馆开始了毕生的工作，仔细登记所有与加勒比飓风的特征、频率和轨迹有关的著作。波埃于 1845 年回到哈瓦那，成为重要的气象学家和哈瓦那政府气象台的首任台长。尽管他是一位领军人物，但他的研究实际上是自 19 世纪 30 年代以来形成的强大的古巴气象传统的一部分，有时当地报纸也会对他的研究成果进行报道。[91] 他编纂的《旋风目录》（*Bibliographie cyclonique*）于 1866 年出版，这本书基于他的登记工作，收录了超过一千个条目，[92] 启动了飓风年代学和对飓风发生频率的研究，随着学者们试图通过查阅历史记录来揭示飓风发生的模式，这项研究蓬勃发展起来。今天在 HURDAT（北大西洋飓风数据库）这项工作和基于它的分析仍然在进行。

186　　从飓风年代学家和那些收集气压、风速、降雨量和温度测量值的人身上，我们也能看到业余爱好者和政府机构之间跨越国界的合作。居住在波多黎各胡安娜迪亚兹的法国种植园主欧仁·叙凯（Eugene Suquiet）是个很好的例子，他是法国气象学会的成员。1876 年，叙凯“以科学的名义”向岛上的公共工程办公室捐赠了一个气压计。此外，他还介绍了自己对圣费利佩飓风的长期研究，其中包括对风、温度计和气压计读数的认真记录，以及自己对飓风起源和特征的概括性讨论。西班牙政府官员对他的慷慨馈赠和报告表示感谢，但那时，气象学已经在西班牙属诸岛独立建立起了强大的传统。[93]

1857 年，哈瓦那的耶稣会贝伦学院（Jesuit Colegio de Belé）建立了一个气象观测站，该观测站是 18 世纪学院科学兴趣的产物，标志着加勒比地区气象学发展的一个重要时刻。耶稣会最终在世界各地拥有大约 30 个这样的气象站，通常与学校里的数学教席相关联，他们认为这对传教和教育目标很有用。哈瓦那气象站当时是哈瓦那市中心最高的建筑，在几任耶稣会院长的领导下蓬勃发展，尤其是在 1870 年加泰罗尼亚的贝尼托·比涅斯（图 5.3b）抵达之后。从那时起直到 1893 年去世，比涅斯一直是北大西洋飓风领域知识最丰富、最有能力的研究者。他的作品被广泛阅读和翻译。《关于西印度飓风的实用提示》（*Practical Hints in Regard to West Indian Hurricanes*）是他的著作的译本，由 1870 年被赋予建立气象服务任务的美国陆军信号局出版发行。1875 年，比涅斯发布了第一个飓风预报警报，在那 10 年里，他开始在加勒比海地区建立一个观测站网络来共享信息，以便民众和政府能够为即将到来的风暴做好准备。到 1880 年，比涅斯网络开始和美国信号服务网络合作，尽管由于缺乏国会资金支持，合作时断时续。正如历史学家雷蒙德·阿森诺（Raymond Arsenault）所言，不愿意为海外气象站付费限制了美国的天气预报，直到 1875 年 9 月摧毁了得克萨斯州的印第安诺拉的飓风（见第六章）灾难发生，人们才清楚地意识到建立气象站的必要性。即便如此，联邦政府不愿承担保护公民的责任也是一个主要障碍——必须承认，其他国家的政府也是如此。比涅斯的工作和他的气象观测站系统主要由船运公司和电报服务公司资助，而各地政府对此类工作的支持却微乎其微。直到 1890 年，一系列破坏性的冬季暴风雪之后，美国才最终在农业部下设了气象局。[94]

187

图5.3　西班牙裔气象学先驱（左）安德烈斯·波埃和（右）贝尼托·比涅斯神父（画像来自卡洛斯·M. 特雷莱斯，古巴科学图书馆：古巴马坦萨斯：胡安·德·奥利弗，1918，1：161，166）

通信技术的进步使气象预报和气象信息网络的大部分进展成为可能，因此政府通过提供预警系统减轻飓风危险的能力也得到提升。1830 年后，蒸汽船的使用开始大大缩短了越洋航行和新世界港口之间的航行时间。[95] 但通信技术方面的主要进步是电报和海底电缆，它们使发送洲际电报成为可能。到了 19 世纪 50 年代，美国主要城市都被电缆连接起来了。1861 年，第一条横贯大陆的信息发

出；1866 年，第一条横跨大西洋的电缆铺设成功。在铺设跨大西洋
电缆上，欧洲公司之间出现非常激烈的商业竞争，直到 19 世纪 70
年代，有效连接主要岛屿与华盛顿和欧洲的电缆才到位。[96] 即使在
那时，它们也更多地用于灾后恢复，而不是传达风暴即将到来的警
报，至少直到 19 世纪 80 年代末。电报首次用于通信可能是西班牙
女王伊莎贝拉二世在 1867 年圣纳西索飓风过后发给波多黎各人民
的慰问电。至 19 世纪 70 年代中期，这种交流在马德里与殖民地之
间变成常态。例如，1888 年 9 月，波多黎各总督请求"通过电讯"
提供紧急贷款，帮助 9 月遭受飓风袭击的庞塞重建家园，希望借此
激发"所有人的热情和爱国主义"。

电报有可能会给大加勒比地区带来极大的改变，减少其孤立
性，改善通信状况，降低其脆弱性，特别是应对飓风的脆弱性。这
是当时一项革命性的技术，当时人们大多也如此认为。1867 年，贝
坦斯在圣托马斯岛用来装载军火、寄托了他对波多黎各革命希望的
那艘船被命名为"电报号"，这在当时毫不奇怪。

变化中的自然观及风险观

蒸汽船、电报以及很快出现的电话正在扭转人类面对自然的弱
势地位，在整个 19 世纪，许多人认为自然界正在被人类所控制，
尽管巨大的自然破坏力——飓风、火山和地震——冲淡了这种希望
和信念。[97] 随着 19 世纪接近尾声，另一种变化，即观念的变化，也
在大西洋热带风暴的描述和报道中清晰显现。灾难性的暴风雨过
后，仍然可以见到有关天意的说法，就像今天一样，"天怒"或

189　"上帝之手"的说法当时仍然很常见。哈瓦那主教仍然可以在 1882
年告诫教众，信仰上帝是道德和社会的最佳基础，在灾难中，最好
把灵魂托付给上帝，成为更好的基督徒。[98] 然而，科学话语压倒了
倾向于把气候条件或自然灾害解释为由人类罪恶和错误造成的说
法。那些把灾害解释为天意的说法总是与神学解释有些不一致，既
然上天的奖赏是个别给予的，但上帝的愤怒却一起降临在有罪的人
和无辜的人身上。其次，各种解释者和先知关于谁的罪，或哪些
罪，招致特定的地震或洪水的说法也不一致，也削弱了天意解释
的力量。从 17 世纪斯宾诺莎的时代开始，作为受自身法则支配
的物质宇宙，自然已经逐渐成为解释这些事件的一种方式，但是
自然过程和法则并没有简单地取代灾难天定的解释。像今天一
样，这两种解释能够共存，而且"科学家"（这个术语首次出现
在 1833 年）能够在不太涉及第一因①（first cause）或神意的情况
下开展工作。[99]

　　对飓风、地震、海啸和物理世界其他暴烈现象的分析兴趣已经
越来越脱离对终极原因和人类弱点的神学及哲学解释。例如，即使
在耶稣会神父比涅斯及其在哈瓦那气象台的前任的作品中，也没有
提出神的意图或原因，他们的著作致力于测量和分析自然现象，然
后应用这些知识来造福那些可能受到天灾影响的人们。在他们的作
品中，或者说在爱德华·福蒂埃（Edouard Fortier）对 1891 年马提
尼克岛毁灭性的飓风的回应中，关注的焦点已经转移到自然和物质
世界的危险上。福蒂埃对损失的描述以及他讲述的在风暴中丧生的

---

①　神学术语，每一条原因链最终要回归到自我创造的存在（即上帝）。——译者
注

母亲和无辜儿童的故事对传统的天意解释提出了质疑。他说，哪怕就在我们今天用的气压表消失很久之后，鸟儿仍然会向水手发出暴风雨来临的警告，这番话反映了在自然力量面前人类的谦卑。这种 190 转向——强调自然规律和危害超出人类的控制，也许没有被神当作工具，实际上，把导致自然灾害的责任从罪恶社会的肩上卸下，并且免除了灾民的任何责任。这样做，也削弱了圣人或遗迹作为屏障防止不幸发生的作用，或总体上宗教在抵御自然的共同威胁方面的效用。同时，即便有些含蓄，它强调了国家对大自然的"无辜受害者"的福祉负有责任。[100] 的确，与特定种族联系在一起的固有的道德缺陷或消极习惯，如懒惰，可能被用作拒绝提供援助的理由，正如 19 世纪中期在英属西印度群岛风暴后那样，但到了 19 世纪末，自然的危害已成为看待此类事件的主要视角。

大多数西方政府出于自身利益、特定利益集团的推动和生存的驱使，长期以来一直认为有责任为其成员提供灾难保护。[101] 这就是"保护国"（étatprotecteur）的起源。[102] 到 19 世纪后期，问题变成政府应在多大程度上对生命的"风险"负责？这些"风险"，即具有或然性和可预见性的危害，在多大程度上应由个人或集体承担？这种风险观及其向商品的转变源于海上损失的经验，到了 19 世纪后期，随着资本主义的兴起，飓风就像任何不可预测的风暴一样，变成了一个无疑与一般生活特征一致的隐喻。风险和不确定性成为现代生活中唯一的确定性。[103] 通过各种保护性政策或保险来承担风险是福利国家，或者法国人所说的"天佑之国"（état providence）的起源，一些人认为，这是现代世界的起源。[104]1898 年法国的《工作场所事故法》被视为现代福利国家的开端，这并非巧合。该法放弃了任何工作场所假定风险的罪责概念。但正如我们所看到的，自然灾害已经使一些北大西洋国家朝着这个方向发展了一段时间——当然是缓慢且断断续续的。未来一个世纪有这样一种观念，即人类行动，特别是通过科技成就，可能确实会影响自然，或者人们会称之为环境，并改变地球的生态平衡和气候。如果情况的确如此，那么人类将再度为自然灾害承担责任，但这一次则是因为他们的政策、行动或不作为，而不是因为他们的精神或道德缺陷。

第六章

世纪之交的自然与政治

令人怀疑的是，在现代，是否有任何一片拥有近百万人口的土地或地区会像曾经的波多黎各那样，在去年 8 月的一天之内遭到如此严重的破坏或打击。

——乔治·戴维斯将军（1900）

我们用刺刀尖驱使数百名黑人协助焚烧死尸并装上驳船进行海葬。

——劳埃德·R. D. 费林少校，加尔维斯顿（1902）

真正的人性将各国人民团结起来，他们只有一个致命的敌人——造成无差别死亡的大自然。

——马提尼克岛上的罗莎·卢森堡（1902）

19 世纪中叶，电报带来的通信进步使气象观测者的梦想——远距离同步观测和制作气象图——成为可能。这些愿景似乎预示着天气的可预测性。各国政府可以看到这一前景对农业、海上贸易和战争的潜在作用。[1]

共享气象信息的想法早在 19 世纪 40 年代就已形成。1853 年，在布鲁塞尔召开了一场有 10 个国家参加的海洋气象学会议，与会人员主要是海军军官。1854 年，英国成立了气象局，部分要归功于

威廉·里德上校的努力和敦促，他此前曾在巴巴多斯逗留并于 1838
年出版了《风暴定律》一书。[2] 在美国，位于华盛顿特区的史密森学
会（Smithsonian Institution）早在 1849 年就打算预测风暴，一直为
电报公司提供气象仪器、收集观测报告并绘制成气象图。至 1860
年，大约有 500 多个观测站向史密森学会报告观测结果，但内战中
断了这项工作进一步发展。1870 年，美国国会终于设立了首个国家
气象服务局，作为美国陆军商业电报和报告信号部（Army Signal Di-
vision of Telegrams and Reports for the Benefit of Commerce）的一部分。
这种安排强调了电报与气象观测的密切联系，以及预测天气的能力对
国家的商业和安全利益的影响。[3] 在接下来的 20 年里，美国气象服务
局一直处在军方控制之下；直到 1890 年，农业部新成立的气象局才
承担起气象观测和报告的责任。从 19 世纪中期到 19 世纪 90 年代，
美国气象服务局和气象局的主要关注点是五大湖的商业航线、东海
岸的情况以及密西西比河流域爆发洪水的可能性。它们早期曾尝试
接收来自牙买加和哈瓦那的天气报告，如前一章所述，比涅斯神父
于 1870 年接管了贝伦学院的耶稣会气象台，并建立起一个义务观
测员和电报通信网络，该网络在古巴扩展，最终还包含了来自其他
岛屿的报告。[4] 耶稣会还于 1865 年在马尼拉建立了一个气象台，这
个气象台着手建立一些分站，收集对农业和商业有用的气象数据。
1897 年，马尼拉气象台及分站由何塞·阿尔格神父领导，他在太平
洋地区发挥的作用与比涅斯神父在北大西洋地区的作用非常相似，
都组织起一个广泛的数据收集系统。他也是热带风暴理论的领军人
物。阿尔格神父的《碧瑶或菲律宾气旋：理论与实证研究》
（1896）一书被翻译为《远东的旋风》，成为一部标准的参考书。[5]
这一时期气象科学发展的关键是观察和数据收集，尝试通过推理和
类比进行预测的模式。气象学的理论化仍然很少涉及物理学。[6]

193

194 　　共享天气数据的优势促成了 1873 年国际气象组织成立，这是全球科学信息共享的最早范例之一。这个国际主义项目面临成员间测量和观察标准化的问题，以及由不同的国家目标和资源、嫉妒和竞争引起的问题。大加勒比地区就是一个很好的例子。尽管美国气象局致力于兼并发展中的西属古巴气象系统，但在 19 世纪 70 年代，政治和财政受到干预以及缺乏国会支持和拨款限制了信息整合。直到 1886—1887 年一系列破坏性的冬季风暴，以及 1889 年宾夕法尼亚州约翰斯敦致命的洪水造成 2209 人死亡、1700 万美元的损失之后，民众的不满才上升到要求国会采取行动的程度。就在那时，气象局变成了一个民事机构。19 世纪 90 年代，美国一连串破坏性的飓风季节，特别是 1893 年的飓风季节，使国家预警系统明显捉襟见肘，甚至增加观测站，包括在佛罗里达州增加 50 座观测站，也没有给身陷险境的沿海居民带来多少安慰。1896 年摧毁佛罗里达州西海岸锡达基镇的飓风引起了华盛顿的注意；与西班牙开战的压力不断上升，整合加勒比海观测站对于军事行动而言非常必要，就像对待美国生命、财产和商业安全一样。1898 年，麦金利总统命令气象局建立西印度群岛飓风预警系统，据说他害怕飓风胜过害怕西班牙海军。[7] 美西战争后，气象局在牙买加金斯敦建立的气象预报站于 1899 年迁至哈瓦那，然后于 1900 年迁至华盛顿特区。这最后一次变化发生时，得克萨斯州墨西哥湾沿岸正笼罩在可怕灾难的阴云下。事实上，世纪之交前后发生了一系列灾难性事件，暴露了政府政策和能力之间的矛盾，也清楚地表明了社会分歧对实施救灾计划的限制。

圣西里亚科和"饥饿帝国"

1899 年 8 月 8 日，强烈的飓风袭击了波多黎各岛，此时古巴和波多黎各处于美国军事占领之下。这是典型的佛得角飓风之一，大约于 8 月 2 日在佛得角群岛纬度的大西洋中部形成，向西移动到背风群岛，袭击了瓜德罗普岛、圣基茨岛和圣托马斯岛，8 月 8 日到达波多黎各时，风暴达到 4 级。飓风直径只有大约 60 英里；但移动缓慢，因此造成了大面积破坏。风暴眼花了 6 个小时斜穿过 90 英里长的岛屿，在东南海岸的乌玛考附近登陆，然后从西北海岸的阿瓜迪拉附近离岛。首都圣胡安不在主要受灾区，但是其他地方受灾严重，尤其是中部高地咖啡产区和东南部遭到了可怕的破坏。图 6.1 显示了风暴对乌玛考的影响，大量建筑变为瓦砾。许多地方记录的风速超过了每小时 85 英里，据报道，在乌玛考、庞塞和马亚圭斯（见图 5.2），风速达到了每小时 100 英里甚至 140 英里。更糟糕的是，风势减弱后，雨持续下了很久。乌玛考 24 小时内降雨 23 英寸，其他社区报告了类似的积水情况。河水上涨，漫过河道，造成大面积的极其严重的洪灾。[8] 岛上第二大城市庞塞 500 人丧生，大部分为溺亡，多为儿童或穷人。[9] 城市街道被洪水淹没，市政建筑遭到严重破坏，港口附近的地区也遭受了严重的风暴潮，与外界隔绝，商业被毁。港口内有 15 艘船搁浅。储存在港口附近仓库里的粮食被毁。周围地区的咖啡作物几乎损失殆尽。紧邻的城镇也遭受了类似的灾难。洪水淹没了道路，通信中断，所有的电线都断了。饥饿威胁着庞塞，几天之内，人们开始担心卫生和公共健康状况。风暴离开波多黎各后，继续沿美国大西洋沿岸北上，袭击了北卡罗

图6.1　圣西里亚科飓风过后的乌玛考废墟（由波多黎各档案馆提供）

来纳州，最终穿过大西洋，袭击了亚速尔群岛。这种状况以热带风暴的形式盘亘保持了 28 天，成为有记录以来持续时间最长的飓风—热带风暴。[10]

　　尽管自 1876 年以来，波多黎各没有遭受过大飓风，但在 19 世纪 80 年代和 90 年代，这里也遭遇了一系列局部风暴，岛民们绝非应对风暴的新手。但是这场风暴的猛烈程度和造成的破坏不同寻常。庞塞对飓风破坏的反应不是宿命论，而是愤怒。尽管美国气象局已经预测了风暴的来临，而且波多黎各自身也在 1898 年 10 月刚刚建立了自己的气象局，但庞塞居民认为市政府没有及时发出警报。尽管市民们立即尝试向位于圣胡安的军政府求助，但风暴过了两天后，1000 人在市政厅外集会，谴责市长路易斯·波拉塔·多里亚失职，要求将其撤职。[11]尽管集会被驻扎在该地区的美国第五骑兵队驱散，但达到了目的。[12] 驻军提供了一些资源，但在岛上所有地方，市政府都在灾后恢复和救济的第一线，每个地区的军事指挥官很快学会了向他们求助，即使市政府自己也囊中羞涩。

波多黎各岛的政治命运及主权问题仍然悬而未决，在某些方面其未来取决于美国和波多黎各人民如何应对飓风过后的常见挑战。战争结束后，忠诚和主权仍在界定中，此时它们受到风暴的进一步考验。我们可以从一个死者的故事中看到这种情况造成的政治分歧和个人痛苦。大约在 1885 年，何塞·洛佩斯·佩拉斯和他的妻子从西班牙阿斯图里亚斯移民到波多黎各。他在乌玛考地区担任海关代理。圣西里亚科风暴袭击该岛时，洛佩斯·佩拉斯和他的家人住在乌玛考附近的小港口蓬塔圣地亚哥。蓬塔圣地亚哥的海关大楼是镇上唯一用石头或砖石砌成的坚固建筑，是躲避风暴的理想场所，但此时一面新的旗帜——星条旗飘扬在大楼上。失去了工作的洛佩斯·佩拉斯为战争的失败和主权的变更感到沮丧，拒绝在新旗帜下寻找庇护。后来，他和妻子在风暴中丧生。[13] 这是波多黎各历史上最致命的飓风，总计有 3000 多人在这场风暴中丧生，在风暴过后的 10 个月里，食物匮乏，死亡率远高于前几年。[14] 风暴造成的总损失最初估计为 2000 万美元，后来又提高了。即使在今天，圣西里亚科飓风仍然是波多黎各人衡量任何风暴影响或潜在破坏力的标准。[15]

197

8 月初风暴来袭时，美国已经控制了波多黎各将近一年。在军事首长乔治·W. 戴维斯将军（1899 年 5 月 9 日—1900 年 5 月 1 日）的领导下，波多黎各划分为若干军事区，积极对岛上的人力和经济资源进行登记。[16] 戴维斯利用现有的军事机构收集信息，报告全岛的破坏和损失情况。此外，他还向西班牙人在岛上发展的市政府基础设施和当地慈善机构寻求帮助和分享信息。戴维斯的管理效率很高，在波多黎各引入了陪审团审判制和人身保护令。与任期短暂的前任们相比，他对文化差异更为敏感。他的前任们禁止斗鸡、修改离婚法、干涉政教关系。他的确带有一些精英的偏见，但他愿意与当地领导人打交道，并且对岛上的政治很敏感；和大多数人一样，戴维斯本人也是罗马天主教徒。[17] 他在圣胡安成立了一个由约翰·霍夫少校领导的慈善委员会，成员包括美国军医和神职人员，随后又在每个城镇都任命了救济委员会。[18] 此外，他还成立了一个由 9 名波多黎各平民组成的岛上政策咨询委员会，就飓风救济提出建议。[19]

军方在风暴后一周呈上了损失报告，估计有 25 万人流离失所，陷入饥饿；3 个月之内，全岛各市的市政报告连同损失细节被报至圣胡安。[20] 每个市都收集了损失数目和索赔额，而细节和细心程度差异相当大，财产损失总额估计不到 3600 万比索，其中一半以上是咖啡种植业遭受的损失。糖业部门的损失只有大约 320 万比索，城市财产损失估计为 734.5 万美元，超过 2160 万比索。[21] 位于咖啡种植区中心的乌图阿多是受灾最严重的城市，庞塞紧随其后。《商业公报》（*Boletin Mercantil*）在特刊中报道："这个曾经以美丽和富饶闻名的安的列斯小岛，如今满目疮痍，对岛上的居民而言，这是一段充满了泪水、死亡和不幸的历史。"[22]

接下来的 10 年里，波多黎各作家用废墟与毁灭、饥饿、迁徙和废弃的老房子形象来描述他们的国家。波多黎各作家在小说中用圣西里亚科飓风来描述农村社会的失序，作为叙说岛民不平等苦难

223

的背景,[23] 用拉蒙·胡利亚·马林的话说，在波多黎各农村，"饥饿建立起了它的帝国"，在某些方面，圣西里亚科飓风造成的影响和破坏比战争和美国占领波多黎各更大，在所有亲历者的意识中都留下了印记。[24]

岛上有 69 个市政府，自 16 世纪以来一直存在，实际上它们是唯一可以动员起来应对灾难的民事机构。西班牙政府于 1870 年对 199 这些市政府进行了改革，但美国官员抱怨它们腐败无能，最糟糕的是，大多数市政府实际上已经破产。此外，由于旧政权的支持者以及自由党和共和党的成员都在争权夺利，从 1899 年 7 月岛上各地开始举行市政选举，这些选举经常伴随着复仇的暴力事件。尽管如此，市政会还是代表了主要的地方利益集团，并且在危机发生后，他们尽最大努力使这些利益集团受益。庞塞市政会动员了其他城镇的支持，集体向戴维斯将军提出请求，发行 2500 万—3000 万比索债券来资助重建工作，并寻求放松与美国的贸易限制，以及暂停征收过去两年的州税和市政税。马亚圭斯市政会也提出了类似的建议，不到一个月，许多城镇都加入了这一努力。风暴过后一个月，市长、市政会和感兴趣的公民提交了大约 58 份减税申请。[25]

很快就出现了如何提供最佳减税方案的问题。一些支持者认为减税应该惠及所有人，因为很难记录个人财产损失的价值；此外，富人和大咖啡种植园主更有可能合乎救济要求，而不太富裕但应该得到救济的人则不愿意申请。其他人认为，只有那些受灾者本人应该得到这种救济，而不应该通过一项扩大到所有人的普惠政策来鼓励无所事事。持这种观点的人包括民政部部长兼戴维斯的首席波多黎各顾问卡埃塔诺·科利-托斯特。咖啡种植园主特别反对他在救济和赔偿问题上的强硬态度，一篇社论讽刺道，他的守护神圣卡埃塔诺日是 8 月 7 日，而飓风出现在 8 月 8 日圣西里亚科日，这表明波多黎各接连遭遇灾难。[26]

尽管科利–托斯特立场强硬，但戴维斯的顾问委员会认为，这里有 25000 个农场、近 35000 个家庭和城市不动产受到飓风的摧残，损失的证据太难收集。戴维斯听从了他们的建议，在他的第 138 号通令中批准了减免税款。像马亚圭斯这样的地区，咖啡种植园主遭受重创，好几年才还清他们的税收债务。[27] 此外，顾问委员会鼓励重建道路和桥梁，这是当地利益攸关方迫切需要和欢迎的行动；军政府鼓励这些工作，因为进行有益的"诚实劳动"是向岛上贫困居民发放救济的一种可以接受的方式。

灾难如戏

圣胡安的戴维斯将军和华盛顿的麦金利总统都明白，这场灾难是向波多黎各人民展示新政府的效率和慈善的机会。《纽约时报》报道说，面对彻底的贫困，"除非立即提供有效的救济，否则这些不幸的人将死于饥荒"。总统呼吁美国人民的"人性和爱国主义"："波多黎各居民自由地、愉快地服从美国的监护，自愿放弃西班牙的保护，信任地依靠我们更慷慨和仁慈的对待。对荣誉和诚信的珍视与人性的驱动相结合，要求美国对波多黎各的苦难做出慷慨的回应。"[28]

戴维斯几乎立即给穷人和无家可归者提供了军队配给，并持续如此。国会没有拨救济款。华盛顿只送去了总计约 20 万美元的救灾物资，但也开始协调一个庞大的私人捐赠项目，号召所有人口超过 15 万的城市市长组织这项工作。[29] 由纽约州商会创建的纽约救灾委员会被选为国家的总收款机构。纽约救灾委员会主席西奥多·罗斯福州长非常清楚地知道，此时慷慨可能产生政治收益，他写道："我呼吁所有爱国公民向我们遭受苦难的新属地人民表明，他们的领土上悬挂我们的旗帜将带给他们直接的物质和精神利益。"[30] 从美西战争一开始，事实上，在此之前 30 年的印第安人战役中，美国政治家和军事领导人就使用"开明文明的祝福"这一主题。这个主题充斥在戴维斯将军、罗斯福州长、伊莱休·鲁特国务卿和管理古巴、波多黎各和菲律宾的岛屿事务局的信件中。[31] 慈善行动发自内心；美国各地地位卑微的人纷纷捐献钱款、食物和物资，公司、机构和志愿组织亦然。戴维斯将军捐出了自己的部分薪水。但在殖民地的主权和政治未来仍未确定时，政治分歧从未被忘记。《纽约时报》接连数月在波多黎各灾难的专栏上刊登了一长串捐款人及其捐款或物品的清单。这些专栏经常出现在描述美国针对菲律宾叛乱分子的血腥军事行动的文章旁边，从而使美国读者有机会看到美国扩张主义善意和人道主义的一面，而不仅仅是镇压的一面。[32]

对新获得的人民怀有深刻的文化和种族不信任使救济的政治效用和戏剧性复杂化。[33] 1898 年波多黎各的人口约为 96 万人，其中 40 多万人被认为是穷人。戴维斯和他的许多下属军官认为波多黎各穷人懒惰、无知、不关心政治前途或福利。造成这些特征的原因多种多样，可归咎于西班牙的暴政、天主教的迷信、不良饮食习惯或种族混血的缺陷，自 18 世纪以来在旅行者和观察家的著作中已经如是定义。波多黎各吉巴罗（jíbaro，农民）在当地一些知识分子和外国观察者眼里成为流浪汉、懒惰和暴力的代名词，是一群喜欢喝酒和斗鸡的混混。但在 19 世纪初，自由主义者和独立主义者将吉巴罗形象作为波多黎各的本质和独立特征真实、正面的表达。因此，到美国占领波多黎各时为止，在西班牙和波多黎各作者的作品中，讨论波多黎各农民性格时往往小心翼翼地模棱两可，称赞"好乡亲"的质朴简单，但警告说他们很容易被引入歧途，染上懒惰和坏习惯。[34]后来，在 20 世纪，波多黎各精英将进一步阐述正面的吉巴罗神话，并将农民转变为典型的岛民。然而，美国许多军方和私人观察家对农民毫无同情之心，也会同意戴维斯的观点，即"对于被归类为文明民族的人来说，很难想象更令人沮丧的前景"[35]。戴维斯任命的慈善委员会主席兼救援工作主任约翰·范霍夫少校完全同意这些意见，并将美国的使命视为"白人的负担"的一个版本。他写信给戴维斯，"我们会让他们活着，慢慢地、温和地把他们引向光明，最终在半个世纪后，他们将捕捉到第一缕微光，让他们了解我们的标准和我们希望他们的标准是什么"。这种"监护殖民主义"的态度完全符合当时占主导地位的社会救助哲学。[36]军政当局和整个社会普遍担心，向穷人免费分发食物或衣服会让他们养成依赖性，沦为乞丐，由于波多黎各人是"所有趋势都向那个方向发展的民族"，必须不惜一切代价避免这种危险。无论何种原因的公共援助都带有污点，接受者减轻其污点的唯一方法是工作。慈善委员会的座右铭是："没有人会饿死，有劳动能力的人不应该吃嗟来之食。"这种执着弥漫在慈善委员会的信件和戴维斯将军及其幕僚的声明中。

然而，戴维斯和慈善委员会面临的问题是，除了修路，政府能提供的工作很少，用于重建或发展的私人资本几乎不存在。戴维斯和他的顾问们面临的挑战是如何将飓风救援转化为经济刺激项目，从而在利用风暴展示波多黎各与美国新关系的好处的同时，实现经济复苏和发展目标。但是，由于美国在波多黎各和华盛顿的官员的 203 态度和偏见，这些目标变得复杂起来。在制定救灾政策时，种族缺陷、殖民主义和阶级的意识形态汇集在一起。为了避免误认这种态度为波多黎各的新统治者独有，这里必须指出，波多黎各种植园主和城市精英也持这种态度。[37] 出于自身利益，种植园主们认为，直接援助会适得其反，不仅因为流浪者和那些不那么贫困的人领取了救助，而且因为吃饱了肚子的人不愿在咖啡收获季节工作。如第五章所述，在 1849—1873 年西班牙殖民政权统治下，这种思想导致了迫使自由农民和农村劳动者进入种植园工作的强制立法，即臭名昭著的劳动手册制度（libreta），要求所有 16 岁以上的男子必须参加工作。这种对劳工阶级深切的不信任，此时与提高波多黎各人的道德水平和使波多黎各"美国化"的愿望结合在一起，得到了大西洋两岸主流救济哲学的支持，这种思想认为，穷人如果得不到适当的激励和控制，将成为游手好闲的贫民。这种哲学导致了圣西里亚科飓风时代后的波多黎各救济政策，这些政策正好迎合了岛上占主导地位的农业和商业利益。

无论有效、慷慨的救援工作带来何种政治利益，让战争和新殖民地有利可图的压力越来越大，但由于飓风对农业的影响，这一目标很难实现。在圣西里亚科飓风袭击波多黎各之前，这里大约有 12 万英亩土地种植咖啡。咖啡经济在 19 世纪 80 年代蓬勃发展，到 1890 年，波多黎各已成为世界第 4 大咖啡出口国，但到了 19 世纪 90 年代末，一些观察家担心，过分强调单一作物及经济过于依赖这一作物的外国市场会给波多黎各带来不利影响。1899 年收获季节刚刚开始，飓风来袭，树枝上的浆果被剥落，咖啡树被刮倒，遮阴树被连根拔起。1899 年咖啡出口额下降到只有前 5 年平均水平的 10%，戴维斯将军估计，圣西里科飓风造成了 1200 万美元的咖啡收入损失，更不用说资本存量的损失。虽然到 1902 年经济有所恢复，但种植园主的情况仍然很惨淡：没有咖啡用来出口，没有资金进行重建，市场遭到破坏。[38] 中小型咖啡庄园主受到的影响特别大。新种的咖啡树需要 4—5 年才能完全长成结果，而被飓风摧毁的大型遮阴树需要更长的时间来替换。同时，这些种植园主没有资金进行重建和重新种植，那些给他们干活的人会失业、挨饿。戴维斯将军认为，咖啡业的唯一希望是将咖啡产业集中在少数人手里，实行机械化生产。失业工人将不得不迁移。他说："这些失业工人的生活的确会很悲惨，但这种情况在人口密集的热带地区随处可见。"[39]

　　当圣西里科飓风袭击波多黎各岛时，这里的甘蔗种植面积约为 6 万英亩，大约是咖啡种植面积的一半。在蔗糖经济中，土地已经集中在资金较充沛的少数人手中。1899 年，2/3 的甘蔗在风暴中受损，但在这种情况下，洪水泛滥使田地恢复了生机，甘蔗生产很快就恢复了。受损的工厂大多是老式的，此时则被蒸汽驱动的、更大的制糖中心所取代。到 1900 年，波多黎各有 22 个制糖中心，甘蔗成了新的投资作物。总体而言，沿海地区的蔗糖经济比高地的咖啡经济恢复得更快，所以政府的救济工作结束得更快，给甘蔗种植园主的拨款也更少。甘蔗种植园主缺乏的是资金，而不是劳动力。[40]"美国资本为这些糖厂再生提供的资金"，乌玛考的一位地区官员伊登·斯威夫特说，"比一队满载食物的运输船队更有用"。这些资本最终来自美国的投资者和银行，到 1930 年，他们已经在不断扩张的制糖经济中投资了 1.2 亿美元。

在岛上的美国行政官员看来，波多黎各的经济健康问题与眼前的救济问题分不开，而这种关切又取决于他们对波多黎各人民的看法。事实上，斯威夫特很少同情劳动人民，认为只有寡妇、儿童、老人和体弱多病的人应该得到食物。至于其他人，"所有赤脚的人 205 都很穷——也就是说，他们游手好闲、不思进取，没有抱负，除非面临饥饿，他们不愿意工作。这并不意味着应该养活他们"[41]。一位军需官说，令人好奇的是，公共秩序混乱的迹象之一仅仅是小偷小摸，这是由"遍及全国的错误观念造成的，即救济品是给人民的，谁能拿到就可以拿走"。显然，人们误解了救济的含义。[42]

戴维斯将军认为岛上的未来和复苏的希望在于农业部门。总的来说，他支持减税、贷款和其他福利，但与此同时，他面临着为穷人提供食物、住房和衣物的需要，这些穷人大多数是农村劳动力，他们中的许多人将因经济复苏而不得不离开家园。如何解决这些相互矛盾的需求？起初，慈善委员会试图引入使用工作证的办法，要求每个工人都有一个种植园主的签名，但事实证明这太不方便。取而代之的是一种制度：把每个家庭成员每天 1 磅食物的配给供应给种植园主；工人们必须和他们签有合同才能领到救济。慈善委员会意识到种植园主对工人太过苛刻，但他们依旧站在了种植园主这边，认为这是最好的制度，种植园主可以控制工人，并重申"不工作，无救济"的原则。一年之内，种植园主提出了 12000 份救济申请，超过 3200 万磅的粮食分发给了农村地区的 117000 人。慈善委员会实现了目标，而这些目标从来都不纯粹是人道主义的。它改善了农场，雇用了劳动力，养活了成千上万的人，并且，在范霍夫看来，教会了波多黎各人诚实劳动的价值。此外，它解决了种植园主最关心的问题，即工人每天 35—50 美分的平均工资太高，这让波多黎各的咖啡与巴西和中美洲相比缺乏竞争力。由于飓风后的条件严重破坏了传统的赞助和依赖关系，种植园主担心飓风后的救济会

206　使工人不太愿意保持旧有的工资水平，推高劳动力成本。[43]戴维斯让他的顾问委员会转告种植园主，他们大可放心，"美国人民提供的援助不会使岛上和平、有价值的居民沦为乞丐，也不会扰乱各社区的工商业"[44]。

波多黎各的反应和看法

美国面临的管理和人道主义挑战很艰难，但远没有岛民面临的困难大。记者何塞·埃利亚斯·莱维斯在他的小说《粪堆》（*Estercolero*）中写道，8 月 8 日飓风过后，"苦难变成了绝望"，"此刻人们为过去和眼下哭泣"[45]。在西班牙统治的最后几十年里，无地人口增加，公共卫生恶化，导致死亡率上升。没有土地的农工移居到城市，或者移民到古巴和多米尼加共和国。乡下就业不足或受剥削的劳工引发的农村骚乱与城市工人的罢工运动相当。美西战争及其后果加剧了这一切。战后，一场游击运动针对仍然忠诚于西班牙的人展开，随着附属关系的破裂，有时农业工人发起斗争反对种植园主。1898 年 12 月，作为结束战争谈判的一部分，西班牙把波多黎各卖给美国，此后，美军开始镇压暴力活动。

所有这些都成为人们应对风暴的复杂背景，而此时又出现了一系列的新情况。尽管波多黎各岛 1/4 人口一贫如洗，许多地区的市

政管理崩溃，但风暴过后几乎没有发生抢劫，甚至对亲西班牙分子的报复也结束了。在某种程度上，军事占领和政府对臣民实施控制的行动带来了秩序。随着救援物资供应和重建工作开始，一些工人试图要求更高的工资，或者抱怨被动员来卸船的志愿者，但戴维斯拒绝就工资问题进行谈判，事实上，如果工人及其家人拒绝接受他的条件，他就会下令扣下他们的食物。由于失业的农村劳动力众多，工人在谈判中几乎没有影响力，并且受到食品和住房成本上涨以及政府压低工资的愿望的双重挤压。风暴过后，劳工活动和罢工减少了，这似乎在岛上先前的苦难上又增加了一个不必要的悲剧。

207

对于大部分人来说，生存是最紧迫的问题。波多黎各在暴风雨前已经是一个粮食进口国。只有大约 10 万英亩或大约 1/3 的耕地用于种植粮食，其余大部分用于种植甘蔗、烟草和咖啡。飓风袭击更是雪上加霜，自然灾害可能会演变成一场灾难。戴维斯迅速采取行动，分发口粮并下令种植"快速收成的产品"，但即便如此，饥饿仍然是一个严重的问题。大量面临饥饿和失去家园的农工希望渺茫。成千上万的人迁移到城镇，占据广场和街角，寻找住所和食物。营养不良、露宿和恶劣的卫生条件导致慢性病恶化，医院设施不堪重负。一些人干脆选择离开，移民到加勒比海的其他地方，或在厄瓜多尔承包修建铁路，或签约到夏威夷的新甘蔗田工作，他们在恶劣的条件下被运送到那里，"用眼泪浇灌"了流放地后，在遥远的异国郁郁而终。[46]

风暴期间，灾民求助于传统的保护神和信仰来寻求慰藉和解释。风暴过后，观察家们多试图从政治方面来解释这场灾难，找到风暴与当时政治和文化变革之间的关联。哈瓦那的民族主义报纸《滨海日报》（*Diario de la Marina*）看到姐妹岛的情况，指出"当地习俗彻底、突然的改变"扰乱了波多黎各从前的繁荣，波多黎各此时甚至失去了西班牙统治时期所享有的自治。《日报》得出的教训是飓风是天意：飓风"是上帝对美国占领波多黎各的合理愤怒"。[47]毫不奇怪，在主教缺席时行使主教权力的波多黎各主教教区的教长、西班牙的支持者堂胡安·佩皮尼娅—皮伯纳从飓风中读出了不一样的信息。他在对飓风的描述中写道，任何没有被无神论、唯物主义或自然主义蒙蔽的人都可以看出，这场风暴是上帝对这个岛的罪恶进行的惩罚，这些罪恶包括世俗主义和西班牙那"忘恩负义、被取消了国籍的儿子"对美国人的阿谀奉承，他们在接受了西班牙的语言、宗教、良俗和法律后，抛弃了祖国。堂胡安承认，这里战前就有很多罪过，但最糟糕的发生在美国人到来和波多黎各改变国籍之后。抨击一些人对另一些人而言则意味着机会：刚到岛上的新教徒认为主权的改变证实了新教的优越性，不失时机地提供社会援助来赢得追随者，以完成他们的使命。从远处看，风暴还有其他的解释用途。牙买加媒体利用美国在波多黎各及时的救援工作，批评英国对西印度群岛的灾害反应迟缓。

牙买加的看法并非没有道理。出于各种原因，整个救援工作令人印象深刻，戴维斯和国会可以把它作为美国效率和人道主义的证明。美方的军事占领及其提供的官僚基础设施在某种程度上助力了灾后救援的展开，有时以令人惊讶的方式。其中之一是重要的医学突破：飓风促进了钩虫病的治疗和控制。1898 年，贝利·K. 阿什福德少校作为第 11 步兵团的军医来到波多黎各，不久就在庞塞的一家医院里治疗部队中爆发的斑疹伤寒。圣西里亚科飓风期间，阿什福德在向风暴受灾者提供医疗援助方面发挥了主导作用，许多灾民被带到庞塞军政府管理的帐篷居住。正是在此期间，阿什福德观察到，他的 4500 名患者中有近 3/4 患有贫血症，血红蛋白计数低于 50%。这种情况通常归因于农民以大蕉、稻米、豆类和块根作物为生的膳食结构缺陷。但改变饮食并没有带来任何改善。经过进一步研究，阿什福德发现大多数打赤脚的患者身上几乎普遍存在钩虫寄生虫（十二指肠钩虫）。他向上级汇报了他的发现，提请上级注意，并与波多黎各医生一起开展了广泛的治疗行动。[48] 他最终娶了一位波多黎各妇女，定居波多黎各。他后来在传记中写道，相传岛上吉巴罗 209 嗜睡，即观察家们评论了一个世纪的"懒惰"，实际上是一种可以治疗的医学因素造成的。圣西里亚科飓风和当时岛上的政治结构为阿什福德的诊断创造了条件。根除钩虫病，就像美国在古巴防治黄热病的平行计划一样，无疑符合美国的商业和经济目标，除了降低死亡率之外，还特别有助于增加健康劳动力的供应。防治钩虫病的成功，以及阿什福德在岛上的个人声望，像普遍的救济工作一样，也有助于证明主权移交的好处。[49]

随着风暴的破坏力开始减弱，新政治制度的现实越来越明显。当地民众对救灾工作、美国政府的目标以及波多黎各与美国关系的看法变得更加消极。在风暴后的恢复过程中，国会向波多黎各返还了 200 万美元的税收，这笔钱是美国自占领以来对从波多黎各进口的商品征收的关税。咨询委员会和科利-托斯特认为，最好把钱用于修缮建筑物，但种植园主和商人认为，既然这些资金是农产品贸易带来的，应该再投资于农业，这也将使许多人重返工作岗位。种植园主想要的是建立可以为其提供资金支持的农业银行或市政基金。无论如何，200 万美元远远低于他们的需求，种植园主认为归还这笔钱不是慷慨的慈善行为，而仅仅是最基本的正义底线，是把本来就不应该拿走的东西归还给波多黎各。[50]

至 1900 年 5 月，波多黎各不再受军政府统治，戴维斯将军被美国第一位文职总督查尔斯·艾伦取代。劳工运动暂时的平静期已经结束，此时出现了许多要求提高工资的小规模罢工运动。越来越多的码头工人、面包师、泥瓦匠、木匠和印刷工人组织起来，向政府表达他们的诉求。1906 年，甘蔗收割工人举行了一场大罢工。反对这些要求的人将工人新的斗争情绪归咎于圣地亚哥·伊格莱西亚·潘廷（Santiago Iglesias Pantín）等 "社会主义" 组织者的领导，或者归咎于美国资本在岛上的投资刺激了工人的贪心。雇主们威胁要从西印度群岛或从圣托马斯岛引进工人，他们抱怨说，如果岛上真的有这么多苦难和失业，工人们应该对传统的工资感到满意。但是到了 1900 年，工人辞职的时代已经过去了。

一些批评救援工作的人将救援与这些后续问题联系起来。欧亨尼奥·阿斯托尔在圣胡安的一家报纸上以格洛斯特为笔名撰文，表达了传统的种植园主对农业工人的态度，他声称救济使农工沦为流浪汉，降低了 "我们可敬的农村人民" 的道德水平。[51] 政治批评也出现在媒体上，声称救济金根据党派隶属关系发放，慈善委员会是一场 "彻底的灾难"。农业工人提出了另一种批评。戴维斯和救济委员会坚持由种植园主提供食物作为劳动补偿，这样做种植园主受益最大。[52] 一把大米和豆子或一块鳕鱼与农工所付出的劳动并不等价。马亚圭斯的《新旗帜报》讽刺地询问该计划："什么慈善机构，天哪，这是什么慈善机构？"[53] 农工们用歌声唱出了他们对美国人和风暴的评论。[54]

美国人说他来救我们；

但他所说的一切似乎都徒有虚名。

虽然因为飓风，他送了红豆和薄脆饼，

但分发的人把最好的留给了自己，

这就是我们不得不离开的原因。[55]

　　美军占领和飓风袭击合力创造了一个具有长期政治、经济影响的独特情况。战后美国采取了支持种植园主阶级的措施，如暂停取消对农村财产的赎回权，产生了意想不到的后果，冻结了农村信贷市场。圣西里亚科飓风后，当重建工作急需资金时，却出现了资金短缺。戴维斯曾试图在风暴后帮助咖啡种植园主，但飓风对咖啡农业的破坏以某些方式强化了美国人对波多黎各蔗糖的兴趣和需求。211 这场飓风给了美国一个在危机时刻展示效率和仁慈的机会。它通过加强种植园主对农村劳动力的控制来实现这一点，但与此同时，它也加强了对大种植园主的控制并推动对蔗糖生产商更有利的商业政策。那些处于困顿中的种植园主至少在一开始感谢政府的救助，但一年之内，随着波多黎各人认识到推动救济体系的政治策略和社会哲学，人们开始批评救济体系以及政府出于政治目的进行的操纵。1900 年 1 月，国会就波多黎各的未来地位举行听证会。圣西里亚科飓风的阴影笼罩着整场讨论。第一个被传唤的证人是戴维斯将军，他在证词中说："令人怀疑的是，在现代，是否有任何一片拥有近百万人口的土地或地区像波多黎各那样在去年 8 月一天之内遭到如此严重的破坏。"[56] 其他证人继续将风暴造成的状况与哪种政治安排最有利于波多黎各与美国的关系结合起来。鉴于飓风和战争造成的损失，一些人主张扩大自由贸易和采取其他经济措施。主张设立农业银行的艾姆斯少校告诉委员会，波多黎各不需要美国的任何东西，它陷入贫穷只是由于战争和飓风。如果有机会，它会自给自足。相反，反对给予波多黎各产品开放贸易或其他利益的人给出了相当充分的政治、文化和经济论据。一位反对派驳斥了关于飓风的"恐怖"描述，指出波多黎各在西班牙统治时期也遭遇过风暴，美国农民也面临类似灾害的危险。他警告说："拉丁种族在经历了多年的专制统治之后，突然被赋予了过多的权力，即使不是一个危险的因素，也是一个麻烦的问题。同情心泛滥很容易无所适从。"[57] 美国甜菜糖业利益集团代表赫伯特·迈里克认为，美国应该在飓风过后帮助波多黎各，但援助时不应允许免税进口、违反政府原则。[58] 另一位贸易保护主义者指出，菲律宾的战争仍在进行，向波多黎各展示人道主义的成本最终将由另一个殖民地的美国纳税人承担。

1900 年 4 月的《建制法案》，即《福勒克法案》，确立了美国与新属地波多黎各之间的政治和商业关系，建立了由总统任命的总督领导下的文官政府形式。该法案反映了美国和波多黎各各种利益集团的偏见和野心。波多黎各成为美国的"未合并领土"，某些权利得到承认；但岛民没有公民身份，政治自治程度低于西班牙统治末期。利用美国资本扩大岛上糖业经济的条件已经形成。波多黎各并入美国关税和金融结构的做法，保护了美国甘蔗和烟草种植者的利益，但给该岛与其他市场的关系带来负面影响。圣西里亚科飓风并不能决定是否把波多黎各置于依附地位，但创造了更容易做出这个决定的背景。

美国此时首次面临作为一个殖民国家的问题，华盛顿的人们在争论联邦政府应该如何应对恶劣天气对一个即使遥远的新生热带属地的影响。谁该对自然灾害造成的损失负责？哪些政府部门或机构应承担救灾责任，有作为或不作为的影响是什么？《福勒克法案》通过仅 4 个月后，美国就不得不在本土海岸面对一场规模相当的灾难，这是美国历史上最具破坏性的自然灾害：1900 年 9 月 8 日致命的加尔维斯顿飓风和洪水。

难道那不是一场巨大的风暴？加尔维斯顿 1900

1900 年 9 月 8 日袭击得克萨斯州加尔维斯顿的飓风一直被认为是美国历史上最致命的一次自然灾害[59]。已确认死亡人数为 4263 人，但普遍估计风暴和随后的洪水造成了 6000 人丧生，如果将城市所在岛屿的其他地方和附近的大陆算在内，遇难人数可能达到 10000—12000 人。墨西哥湾沿岸长期遭受热带风暴和飓风袭击，加尔维斯顿本身在 19 世纪也遭受了 11 次飓风袭击。1871 年的 3 场风暴造成了相当大的损失。1875 年，另一场风暴袭击了这座城市及其在墨西哥湾的竞争对手——位于南方 150 英里处的印第安诺拉。印第安诺拉遭到的破坏严重到足以让许多人谋求搬迁城镇，但摩根轮船公司的反对阻止了这一行动。然后在 1886 年 8 月，有史以来最猛烈的飓风袭击了美国，风速超过每小时 150 英里，海浪高达 15 英尺，摧毁了印第安诺拉，城址被废弃。

另一方面，加尔维斯顿城虽然位于平坦的沙质岛屿上，海拔不高于 8 英尺，但经受住了 1886 年的暴风雨。该市所在的加尔维斯顿湾口宽 17 英里，是新奥尔良和墨西哥韦拉克鲁斯之间最好的天然港口。这使加尔维斯顿的选址虽然看起来冒险了些，但似乎是值得的。尽管自 1850 年代以来，水手和工程师就已经警告过，这座低洼城市容易受到风暴破坏，可人们对这座城市受到"天然的保护"仍抱有信心。

加尔维斯顿位于一个 27 英里长的沙岛上，最宽处为 3 英里，距离今天 4 个主要野生动物保护区所在的沼泽海岸约 2 英里。沙洲和浅水环绕着岛屿，因此一些居民认为它是一个"安全湾"，不受飓风和海湾风暴驱动海水带来的潜在威胁。[60] 经过辩论，市议会拒绝了建造海堤保护城市免受公海影响的建议。事实上，美国加尔维斯顿气象局局长艾萨克·克莱恩，一位受人尊敬、训练有素、技术娴熟的当地专业人士，坚信该岛受到浅水区的相对保护，没必要修建海堤，他在 1891 年发表的一篇文章中强调了这一信念。他的信心，以及他关于加勒比飓风通常将在到达墨西哥湾沿岸之前向北延伸的声明，在岛上造成了一种虚假的安全感。我们现在知道，他所坚信的浅水提供海洋保护其实是搞混了因浅水而减弱的驱动浪和不会被浅水减弱的风暴潮之间的区别。风暴潮本质上是一个巨大的水穹，范围大约 50 英里，在热带风暴的风暴眼席卷过陆地之时被生生拖拽到岸上。浪涌的高度与海床的深度成反比，因此加尔维斯顿附近的浅水区实际上增加了这座城市的脆弱性。[61]

墨西哥从西班牙独立出来后，加尔维斯顿成为它的一个港口，于 1839 年并入短命的得克萨斯共和国。由于位于墨西哥湾，加尔维斯顿成为棉花出口的主要港口和奴隶贸易的重要终点站。美国内战期间，由于加尔维斯顿港对南部邦联非常重要，这里成为一场重大战役的战场。战后它成为繁荣的商业中心。加尔维斯顿人口的宗教和种族非常多元化，包括墨西哥人、欧洲移民和非裔美国人。到 1900 年，加尔维斯顿人口达到 37000 人，已成为一座富裕的城市，享有墨西哥湾地区美国最佳港口的优越地位。

人们以许多种形式讲述加尔维斯顿飓风的故事——大众的叙述、学术研究、口头证词、民谣—灵歌、小说、戏剧、自传和纪录片等。此处无需赘述细节，但风暴追踪与预测的政治、各级政府在应对风暴中的作用、社会分化对救灾工作的影响等问题都值得评论。

8月27日，这场风暴首次引起人们的注意，当时是向风群岛以东生成的热带低气压。它以热带低气压形式进入加勒比海，穿越安提瓜，然后于9月5日穿过多米尼加共和国和古巴西南部，经过基韦斯特以西。灾难性的是，美国气象局此时在加勒比地区设有观测站，急于展示其能力，预测风暴将继续向北移动，并向南大西洋沿岸发出警告。此时，风暴可能已经达到飓风强度，风速刚刚超过每小时73英里。在墨西哥湾的高温水域，它的规模和烈度都在增长。9月7日，一艘在墨西哥湾遭遇风暴的船只报告称，风速达到了每小时100英里。正如一些古巴气象学家警告的那样，受到美国东南部上空高压阻挡的风暴事实上不是向北而是向西移动。风暴席卷了得克萨斯海岸。阵风在加尔维斯顿达到了每小时120英里，一些报道甚至提到了更强的阵风。风暴经过加尔维斯顿时，气压计下降到27.64。9月8日，风暴潮高达15英尺，比以往在任何飓风时经历的都高，这座城市猝不及防，洪水泛滥。在袭击加尔维斯顿并横扫得克萨斯州大陆后，这场风暴迅速掠过俄克拉荷马州和堪萨斯州，继续向北，然后向东越过五大湖，在那里它仍然保持着每小时50英里的风速。最终消失在纽芬兰沿海。

风暴对加尔维斯顿岛造成的破坏非常可怕：通往大陆的 4 座桥梁被冲走，大约 1/3 建筑被摧毁，汹涌的洪水在 24 小时内淹死数千人。加尔维斯顿地区的损失当时估计为 4000 万美元，根据 2014 年的价值调整后超过 20 亿美元，使加尔维斯顿风暴成为美国历史上损失最大的风暴之一。[62]

生命的丧失在瞬间发生，非常可怕，大多数人是溺亡。铁路驳船被用来拖走尸体。当海葬导致尸体被冲上岸时，人们就用可怕的火葬柴堆来处理遗体。[63] 这些柴堆持续燃烧了三个月。幸存者和殡葬人员（图 6.2）将在他们的余生中记住风暴后的碎片、泥浆和黏液，以及成堆燃烧的尸体。[64]

图 6.2 风暴后加尔维斯顿的一群殡葬人员（图片由美国国会图书馆提供）

风暴在加尔维斯顿过境后，幸存者和国家媒体提出了责任问题。加尔维斯顿有常驻气象学家。艾萨克·克莱恩自 1889 年以来一直在那里领导气象局，几年后他的弟弟约瑟夫也加入进来，约瑟夫也是一名气象学家。艾萨克注意到暴风雨前的大雨，气压下降，尽管逆风，海平面还是上升。可悲的是，他对加尔维斯顿的脆弱性 216 做出了错误的专业评估，并为此付出了高昂的代价，他的妻子和未出生的孩子在风暴中丧生。他后来声称，当暴风雨袭来时，他曾沿着海岸线骑行向居民发出警告，但这个说法从未得到证实，内疚的阴影始终萦绕着他。气象局行政部门还有其他高层也对这场风暴有过误解，他们此时也受到了公众的审视。

1900 年，美西战争后的古巴处于美军占领之下。美国气象局在 19 世纪 90 年代设立了一系列观测站。到 1900 年，它在加勒比海大部分地区都有观测站。尽管共享天气信息是国际和全球计划的一部分，但在天气信息的传播中仍然存在嫉妒、个人野心和竞争中的斤斤计较。美国气象局刚刚经历了一场财政危机，对于针对培训和观测方法的批评非常敏感。在局长威利斯·摩尔的领导下，它要求在一定程度上垄断美国的天气预报。1900 年哈瓦那气象站在一名与军方关系密切的官员威廉·斯托克曼的掌管下，他与驻波多黎各、古 217 巴和菲律宾占领军的其他官员一样，对岛民表现出某种监护式殖民者的态度和负面看法。[65] 这些态度显然影响了他听取古巴飓风观测人员意见的意愿。

至此，古巴气象学已经非常发达，安德烈斯·波依和比涅斯神父的科学继承人肯定和美国气象局一样精通预测。贝伦天文台跟踪了风暴，想向墨西哥湾沿岸发出警告，但摩尔和斯托克曼已经采取行动，阻止"危言耸听的人"和"怪人"过度影响商业或引起恐慌。他们觉得古巴人太情绪化，太善于解释，而且与数学读数结合得不够紧密：他们的报告不可信。由于担心贝伦观测台的竞争，气象局禁止了来自哈瓦那的关于天气预报的电报。不出所料，古巴人被激怒了，气象局对他们带有敌意的抱怨措手不及，但禁令仍然有效。

这种垄断信息技术和坚持政府是灾难中的唯一权威的企图在多大程度上造成这场灾难仍无定论，但即使在飓风袭击加尔维斯顿之后，美国气象局在哈瓦那的代表仍然拒绝相信古巴人对风暴路径的警告是正确的。飓风过后，气象局相当尴尬，试图在华盛顿掩盖真相，诋毁古巴人。正如雷蒙德·阿瑟诺所观察到的，气象局未能与古巴同行进行合作"产生了深远的后果，至少在一代人的时间里抑制了科学进步，威胁了公共安全"[66]。

在加尔维斯顿，生存、安全和恢复是当务之急。有两三万人需要帮助，一万多人无家可归，处于饥饿中。水和食物短缺，疾病的威胁迫在眉睫。此外，还有对犯罪的恐惧。幸存者用枪支、菜刀和他们能找到的任何东西武装自己，对付可能的抢劫者。劳埃德·费林，一个镇压过芝加哥普尔曼罢工和在美西战争中服过役的人，组织了城市民兵队或民团，直到戒严令宣布后，才由得克萨斯州民兵接管并解除了所有公民的武装。[67]

加尔维斯顿立即成立了一个由杰出市民组成的救济委员会，委员会全部由男性和白人组成。与这一时期的典型情况一样，人们在全国各地捐款并设立慈善基金，但捐款和物资的总额甚至未达到

125 万美元，远远低于当时估计的 4000 万美元损失。志愿者开始与每个区的救济小组一起工作，但任务艰巨而复杂。有关可怕的破坏和死亡的报道很多，包括一所天主教孤儿院几乎所有儿童和修女死亡，以及一辆火车从栈桥上冲进海湾。也有英雄行为和无私奉献的故事。后者的例子包括在救济委员会工作的天主教神父詹姆斯·柯温，他指导埋葬和焚烧死者，并起草了戒严令，他的朋友拉比亨利·科恩也在救济委员会服务，亨利·科恩特别关注医院，他的圣约以色列犹太教堂（B'nai Israel temple）没有在风暴中受损，在风暴后为 4 个新教教会提供宗教服务。[68]居民们相互讲述这些关于勇气、无私、牺牲和合作的故事，成为社区重建必要反应的一部分。

这场灾难对国家和州政府提出挑战。由于所有的通信都被切断，华盛顿行动迟缓。尽管国会没有拨款救灾，联邦政府最终还是派出了一支军事特遣队，提供了大量活动帐篷，为数以千计的无家可归者提供住所。圣西里亚科飓风之后，波多黎各被美军占领，直接隶属于美国陆军部，那里的主要救援工作服务于国家的政治目标。但是国会并没有直接承担救济加尔维斯顿的责任。在某种程度上，宪法中的税收和支出条款长期以来一直被一种狭义的"麦迪逊主义"所定义，即应对灾难的援助一直是各个州或私人慈善机构的工作。[69]但这一政策并非规则。历史上，为了所谓的"大众福祉"，国会曾给予过救济或提供财政援助。这样，国会为各种"灾难"提供了援助，起初针对个人，1794 年后，针对因火灾或洪水、海盗劫掠、1812 年战争或印第安人袭击而遭受损失的集体或阶层。在1860—1930 年间，国会出台了 90 个这样的救济法提案，其中一些，像内战后设立自由民局的提案，涉及大量支出。[70]这种行动通常引起关于领取救济者的"过失"或"道德清白"在国会行动中应扮

219

演何种角色的激烈辩论。国会仍然对开创先例保持谨慎，拒绝救济的理由通常是为了避免开创这些先例，而非具体的宪法异议。[71]国会没有在加尔维斯顿灾难中承担更直接的角色，原因之一是在 1900年，美国联邦政府能够直接求助于一个机构来协调救援工作。1881年，克拉拉·巴顿与受瑞士启发成立的欧洲国际红十字会接触后，成立了美国红十字会。在 19 世纪 90 年代美国飓风非常活跃的季节，红十字会获得了第一次真正的飓风救援经验，特别是在 1893年南卡罗来纳海群岛（the South Carolina Sea Islands）的救援工作中，数千名主要是讲古勒语的黑人居民在飓风中丧生，岌岌可危的基础设施被巨浪冲走。那次灾难中的人道主义努力受到了一些社会目标和哲学的影响，同样的社会目标和哲学后来在波多黎各圣西里亚科飓风之后的救济工作中也显而易见。巴顿本人写道，除了对穷人的人道主义援助，红十字会的目标是"保护他们远离乞讨和贫困的习惯；教他们自力更生、节约、节俭；如何养活自己和应对未来的需求，并帮助他们适应我们赋予他们的公民身份，赋予他们公民身份也不知是否明智"[72]当时经济萧条，且灾民大多是非裔美国人，这削弱了国会直接干预的愿望。因此，救济工作依赖于大规模的私人捐助，其中大部分善款从北方各州筹集，但强调帮助弱势和贫困的黑人遭到了南卡罗来纳州白人的不满，认为这是不公平和惩罚性的。[73]各种人道主义救援组织之间相互竞争激烈，但在 1900 年 6 月，国会将巴顿的红十字会纳入其中，因此赋予其独特的官方地位，部分是为了表彰 1898 年巴顿的红十字医院和孤儿院在古巴所做的工作。因此，当飓风袭击加尔维斯顿几个月后，就有一个政府资助的机构做好了行动准备。78 岁高龄的巴顿甚至亲自去灾区视察。[74]

220

红十字会与当地救济委员会合作，让妇女进入管理机构，帮助筹集资金和分发物品。在加尔维斯顿，对穷人的不信任和通过救济对他们进行道德教化的观念通常因种族问题变得非常复杂，正如1893 年海群岛（Sea Islands）风暴后的情况一样。在加尔维斯顿，媒体上关于拾荒、抢劫和亵渎尸体的报道耸人听闻且夸大其词（图6. 3a）。关于黑人为了抢走耳环、戒指和其他贵重物品而砍人耳朵和手指的可怕描述导致了私刑枪杀。1902 年，一篇关于灾难的报道专门用了一章来描述加尔维斯顿，充斥着未经证实的故事，讲述了卷入这些犯罪的黑人"暴徒""食尸鬼"和"吸血鬼"团伙，以及来自休斯敦和新奥尔良的黑人匆忙赶到加尔维斯顿加入抢劫的故事（图 6. 3b）。[75]这样的报道，以及其他关于黑人拒绝工作或拒绝配合救援的报道，显示了种族仇恨之深。这种态度直接导致了戒严令的实施，已经部署德州民兵也赶来维持秩序。黑人被迫加入清理队伍，在刺刀的威胁下收集腐烂的尸体。也许更糟糕的是，市救济委员会采取措施，将所有无家可归或失业的妇女（大多数是黑人妇女）集中在一个拘留营，她们只有接受女佣和厨师的职位后才能被释放。当地媒体和一些全国性媒体指责非裔美国人利用救济系统拒绝工作；幼稚、怯懦或酗酒，在救援中缺乏主动性，缺乏集体精神。

在加尔维斯顿灾后恢复中，自然灾害情况下种族或社会不平等问题凸显。如果提供"公共利益"是政府的责任，那么是否救助则 221取决于天灾造成的受灾者的情况，以及他们在道德上是否真的无可指摘。

图 6.3a　加尔维斯顿风暴后流传很广的图片，射杀抢劫者和吸血鬼

图 6.3b　幸存者正在接收物资。(图 6.3a、6.3b 均选自约翰·库尔特主编：《加尔维斯顿恐怖故事集》，芝加哥：J. H. 莫尔，1900 年；耶鲁大学拜内克图书馆提供)

222　　那么，证明非裔美国人道德败坏，对"公共利益"漠不关心，就成为减少或否定他们有权获得救助的一种方式。约翰·库尔特的《加尔维斯顿恐怖事件全集》描绘了黑人和墨西哥人玷污尸体的犯罪行为，但把"饥饿的幸存者"抢劫商店描绘成正当的必要行为。他指出，只要黑人妇女可以免费获得救济食品，她们就不会为那些忙于清理和重建的白人家庭工作，最好的解决办法是限制她们获得救济。同样的信息在大加勒比地区长期流传。[76] 总而言之，事实证明，红十字会比当地政府更同情加尔维斯顿的非裔美国人，提供了足够的救济，组成了一个黑人红十字会辅助单位，并在某种程度上充当他们和市政救济组织之间的中间人。[77]

　　由于加尔维斯顿的地理位置，很大程度上它的最终恢复是由于对飓风危害的灾后反应。经济复苏很大程度上得益于有效的土木工程。1902 年，人们开始决定修建一条 3 英里长的海堤来保护这座城市免受另一场风暴潮的袭击。在柯文神父的祝福下，项目奠基，第一段海堤于 1905 年完工。这项工程的资金由市政债券提供。人们在修复和重建的建筑物下填充疏浚的沙子，将城市整体抬高，许多区域比以前的地面高出了 15—17 英尺。2000 多栋建筑都是这样建成的。此外，在救灾工作中，有 400 多所新房屋投入建设，为成千上万的人提供了住所。加尔维斯顿的经历清楚地表明，土木工程技术应该用于应对自然灾害，但这种技术的应用引发了所有常见的问题：谁指导应用，谁从中受益，谁为此买单？

　　带着这些问题，环加勒比地区的国家和殖民地迈进了 20 世纪，它们不仅总是受到飓风的威胁，而且还受到各种令人生畏的其他自然灾害的威胁。1907 年牙买加金斯敦发生大地震，2000 多人死于建筑物倒塌及其引发的火灾。1902 年 5 月，英属圣文森特向风岛上的苏弗里埃尔火山和法属马提尼克岛上的贝利火山爆发。每一个事件造成的人员和经济损失都提出了政府在事件前后的责任问题，以及社会组织在人为灾难中的重要性。19 世纪 90 年代，法属安的列斯群岛和英属向风群岛都经历过飓风袭击，但这些火山爆发的壮观场面及其造成如此众多的人员即时死亡的可能性，以飓风很少做到的方式引起了政府的关注，引发了世界范围的人道主义和政治反应。马提尼克岛的火山爆发非常可怕，产生了快速移动的燃烧气体火山碎屑云，笼罩了附近的圣皮埃尔港，几分钟内造成约 3 万人死亡。[78] 法国立即向受灾地区派出救援，来自加勒比海邻国、其他法属殖民地以及英国、日本、挪威和德国的王室援助和同情源源不断。许多人表达了人道主义同情和声援。阿盖尔公爵、罗斯伯里勋爵给一家巴黎报纸驻伦敦记者的信中写道："这种灾难影响我们全人类，因此使各国人民团结起来。我真诚地希望事情会如此。"[79] 一种人道主义的冲动和共同的危机感似乎，至少在一瞬间，把一个灾难性的事件变成了一种可以克服各种社会分歧和冲突的共同经历。

但是在 1902 年，并非所有人都对这些表达或恐惧和同情印象深刻。火山爆发一周后，《莱比锡大众报》发表了一篇煽动性文章，回应圣皮埃尔的悲剧，尤其表示对居民的同情。这篇文章的作者是 31 岁的社会民主党人罗莎·卢森堡，一名波兰犹太活动家，也是战前德国主要的左翼思想家。文章将贝利山（Mount Pelée）描绘成一个危险但勇敢的巨人，他发出的警告被人类的傲慢所忽视。[80] 就像 1789 年在巴黎和 1848 年在维也纳的政治大爆发之前，政府忽视了人民的不满，不惜一切代价维持秩序与和平。自然和政治灾难的共同根源是人为的错误和傲慢。 224

卢森堡在这篇文章中还表达了另外一个观点。她认为，罗斯伯里勋爵勾勒的忘却竞争和嫉妒，对受灾岛上所有幸存者作为人类所表达的情感，不关心从前黑人和白人、富人和穷人、农场工人和种植园主之间的区别，既不诚实也有误导性。"法兰西为小岛上的四万具尸体哭泣，全世界都忙着擦干祖国的眼泪。"但是，当马达加斯加的土著人拒绝接受殖民兼并，成千上万人被法国大炮夺去生命的时候，他们的关心在哪里？卢森堡批判的目标是殖民主义和社会不公，她对双手沾满波兰、菲律宾、中国和非洲殖民战争鲜血的沙皇、德意志皇帝和美国人的鳄鱼眼泪感到愤怒。法国因为 1871 年在国内镇压巴黎起义也免不了受到谴责，巴黎"没有火山爆发，没有熔岩倾泻。祖国，你的大炮，对准了拥挤的人群，痛苦的尖叫响彻天空——两万多具尸体覆盖了巴黎的人行道"。卢森堡无法容忍谴责贝利山的"仁慈的杀人犯"或"哭泣的食肉动物"的眼泪和哀悼。她预言，终有一天另一种火山会将殖民主义——和资本主义——扫除。"只有在它的废墟上，各国人民才会以真正的人性团结起来，他们只有一个致命的敌人——带来无差别死亡的大自然。"

这篇看起来如此现代的文章，就像约瑟夫·康拉德的《黑暗之心》那样，写于 1902 年欧洲殖民扩张的高峰期，无意中让人想起了 18 世纪的布道。那些警告和规劝在自然灾害的降临中，看到了上帝的惩罚之手。虽然卢森堡的谴责并未提到上帝的旨意，但在他看来，自然世界的危险仍然是人类的错误和罪恶造成的；不过在这里，罪恶并非源于个人的伦理或道德弱点，而是源于强者压迫弱者、殖民者压迫被殖民者而产生的集体堕落。卢森堡的政治宣言用火山作隐喻，解释灾害的人为层面，感觉到天灾和人祸对人类苦难的影响相似。它还表达了这样一种观点，即大自然是人类无法控制的敌人，但人类团结一致就有能力面对它。这些想法成为 20 世纪人类面对自然和定义灾难的核心。

225

第七章

十年风暴中的灾难记忆

风暴来了！风暴来了！

风雨来临时，我的波多黎各是何模样？

> ——波多黎各传统歌舞布雷纳中
> 关于 1928 年圣费利佩飓风的描述

他们谈论着岛上风暴

快跑！来看看耶路撒冷！

> ——巴哈马卡利普索民歌中关于 1929 年飓风的描述

每次想起飓风

我都心生憎恶

> ——古巴马塔莫罗斯三重奏乐队的《三重奏与旋风》中
> 关于 1930 年多米尼加共和国圣泽农飓风的描述

20 世纪头 20 年，大西洋两岸大部分国家卷入了第一次世界大战，此后又是战后重建，这期间加勒比地区受大风暴侵扰相对较少。当然，这些年飓风一直有，19 世纪 90 年代风暴频繁的咆哮年代于 1899 年，即圣西里亚科年达到顶峰后，飓风发生的频率降低；直至 20 世纪 20 年代中期，一个更加频繁的风暴周期又开始了。现代研究表明，太平洋厄尔尼诺现象发生的前后几年，北大西洋和加勒比地区的飓风活动常常增多。20 世纪 20 年代中期至 30 年代中期这 10 年间，就是这样的飓风活动剧烈期，事实上，这是过去 5 个世纪中飓风活动最为激烈的时期。这些年天气异常事件时有发生，例如，1932 年 11 月，一场 5 级飓风袭击古巴；在 1933 年飓风季，加勒比地区同时遭遇 3 场飓风。[1] 这种气象形势发生在加勒比地区各社会经历激烈而复杂的社会政治活动时期。在美国，自由放任的资本主义蓬勃发展和禁酒令时期之后是 1929 年的市场崩溃、经济大萧条和罗斯福新政。西班牙属加勒比出现了"数百万人之舞"的糖业繁荣，但之后蔗糖行业也经历了危机和萧条，引发无数罢工运动，但也促进了工会的形成。在古巴和多米尼加共和国，这种动荡促成了个人独裁的考迪罗①的崛起，这些领袖的吸引力取决于他们自身的个人魅力和广泛的人际关系，而不是一贯的政治思想；而在波多黎各，动荡则推动了民族主义的兴起和对民族主义的镇压。类似的经济压力在英属西印度群岛和法属安的列斯群岛催生了跨国文化运动的发展，如加维主义运动②和马提尼克岛上的艾梅·塞泽尔等人领导的反殖民主义知识分子运动。[2] 这一切的发生还伴随着激烈的思想辩论：对资本主义的批判、法西斯主义的兴起、社会主义在各地和全球以不同形式进行传播。这一时代的北大西洋深受美国影响：美国霸权日益增强，在北大西洋地区进行军事和政治干预，并且也是这一地区主要的市场和信贷来源。对加勒比地区社会而言，应对热带风暴等自然灾害是挑战，也是机遇，有时将现有政权的弱点和社会分裂暴露无遗，有时又能催生更广泛的社会变革并提供范例。

---

① 拉丁美洲独立后出现的军阀或强人。——译者注
② 20 世纪早期发生在美国、加勒比地区的以"回到非洲去"口号为中心的黑人民族主义运动。由马库斯·莫赛亚·加维领导，故名。——译者注

"快跑！来看看耶路撒冷！"：巴哈马群岛和英属加勒比

一战结束后，面对经济收缩，英属西印度群岛大都陷入社会动荡。工会和高呼改善工作环境的政党成立，反映了许多殖民地处境艰难。早在 1929 年之前，蔗糖的价格就已开始下跌。英属和法属殖民地许多人至少季节性地在制糖业工作，但这些殖民地无法得到古巴和波多黎各在美国市场上享受的补贴和贸易优惠，因此情况更为糟糕。劳动力迁徙到其他地方寻求就业，稍微缓解了这一状况，但随着蔗糖市场的崩溃，古巴、波多黎各和美国的替代就业机会也逐渐枯竭。人们收入下降，生活条件恶化。

殖民地官员和克里奥尔精英们仍然认为，西印度殖民地的苦难至少部分是由于岛民的工作习惯和态度造成的，并据此制定政策。即便是风暴之后，殖民地总督的慈善冲动也常常因为害怕开创不好的先例而受到限制。[3] 这是殖民地官员们反复提出的论点。1932 年，飓风袭击古巴松岛，情况极度糟糕，牙买加总督使出浑身解数才说服他的市政会向牙买加移民工人提供救济，这些移民工构成松岛采摘柑橘的大部分劳力。次年 7 月 2 日，另一场风暴再次袭击松岛，来自牙买加和开曼群岛的工人再度陷入穷困潦倒；同样，牙买加市政会仍不愿将稀缺资源用于救济。[4]

这一时期，英属西印度群岛殖民地经济取得增长的寥寥无几，巴哈马群岛就是其中之一。巴哈马群岛有 700 个低洼岛屿和岛礁，其中约 30 个有人居住，由于它们位于风暴的主要路径上，容易受到风暴影响。也正因为如此，早期西班牙人役使并造成当地原住民大量死亡后，决定放弃殖民此地。直到 20 世纪，时为英国殖民地的巴哈马生存了下来，既有棉花种植园也有甘蔗种植园，但这个殖民地更依赖剑麻生产、渔业、船舶打捞和采集海绵动物。巴哈马的海绵动物在国际市场上价格很高，安的列斯岛附近水域海水清澈，拥有巨大的堡礁，是世界上最大的海绵动物栖息地之一。海绵动物出口大多掌握在当地希腊中间商手中，到 1910 年，巴哈马每年的海绵动物出口量超 150 万吨。[5]

由于地理位置离美国较近，巴哈马还拥有另一项优势。第二大城市弗里波特距离美国佛罗里达海岸仅 50 英里，使得长期以来贸易，尤其是走私，成为有利可图的活动。1919 年美国《沃尔斯特德法案》（*Volstead Act*）正式生效，开始实施禁酒令。这对巴哈马的经济而言简直就是天赐良机，贩卖私酒、走私偷运和旅游成为当地主要经济活动，而旅游往往是"乘船南下至拿骚，喝杜松子酒和百加得，不醉不归"[6]。1920—1930 年间，巴哈马每年酒类收益从未低于 50 万英镑，1923 年更是超过了 100 万英镑。[7] 酒店开发、和美国互通航班、与美国经济的日渐相融，成为巴哈马生活的一大特点，至少是拿骚经济的一大特点，但走私经济同时也影响了小外岛和岛礁的开拓。1898 年后，美国对加勒比地区的影响力与日俱增，引起了广泛的效果，巴哈马就是一个绝佳例证。

然而，尽管与美国的合法和非法贸易联系紧密，减轻了欧洲经济疲软对巴哈马的影响，但巴哈马群岛位于大西洋飓风主要路径上是无法回避的事实。正如第五章中我们谈到的，1866 年，一场大飓风的风眼直接从拿骚过境，建筑物几乎全都被毁，港口里几乎所有的船只都沉没了，巴哈马遭受严重的打击。

20 世纪，巴哈马平均每两三年就会遭受一场飓风，1926—1935 年 10 年间，巴哈马是北大西洋地区遭受风暴袭击最严重的国家。1926 年，3 场飓风接连侵袭巴哈马群岛。"拿骚大飓风"，沿背风岛链上行，7 月 26 日经过拿骚时风暴达 4 级，而后到达佛罗里达时风暴降为 2 级，然后在佐治亚州和阿拉巴马州上空减弱。此次飓风导致巴哈马 268 人丧生，财产和农作物遭受严重破坏。清理和维修工作仍在进行中，第二场飓风就接踵而至，席卷巴哈马群岛，于 9 月 17 日直击迈阿密（迈阿密大飓风），穿过奥基乔比湖和佛罗里达的狭长地带（the Florida Panhandle），最后进入美国南部。第三场风暴 10 月在加勒比海西部形成，19 日到达古巴，紧接着侵袭巴哈马北部和百慕大。这些风暴暴露了巴哈马的脆弱性，需要建立预警服务、建筑规范等防范措施。事实上，1926 年风暴发生后，政府制定了建筑法规，规定了建筑标准尤其是建造屋顶的最低要求，巴哈马成为加勒比地区最早制定此类政策的国家之一。而另一方面，覆盖巴哈马群岛的无线电广播系统直至 1935 年才建立起来，由于缺乏更好的预警系统，殖民地的外围岛屿仍然很脆弱。

1928 年巴哈马再次遭到 9 月飓风的袭击。这场飓风先是袭击了瓜德罗普岛，造成巨大财产损失，1000 多人丧生。随后穿过背风群岛，于 9 月 16 日掠过巴哈马，此时风力达到 4 级，之后到达波多黎各和佛罗里达，造成毁灭性打击。但好在预警系统运行良好，岛上无人丧生，尽管船只和人员在海上遇难。然而具有讽刺意味的是，许多巴哈马人在飓风袭击佛罗里达中部奥基乔比湖时丧生，他们在那儿做农业移民工，后文会简略提到。

次年，也就是 1929 年，北大西洋飓风活动很少，但巴哈马仍然非常不幸地再遭重创。"安德罗斯大飓风"造成巨额财产损失，约 50 人死亡，许多船只沉海或是搁浅。歌手"盲人布莱克"希格斯在歌曲《快跑，来看看耶路撒冷》中提到了其中的埃塞尔号、默特尔号、比勒陀利亚号 3 艘船。这首歌后来成为一首经典民谣（20 世纪 50 年代经皮特·西格和织工乐队翻唱），一座音乐纪念碑，成为加勒比各种文化中纪念灾难的一种形式，使故事得以代代相传。231 而最糟糕的是，这场风暴在群岛上空缓慢通过，对财产、食物供给和海绵捕捞业造成重创，而海绵捕捞早已显现出过度开发的迹象。

巴哈马经济状况的变化和飓风的频繁袭击加剧了社会和政治不满。1932 年、1933 年、1935 年，更多的飓风接踵而来。[8] 一场场飓风破坏了巴哈马的经济，但 1933 年美国废除禁酒令降低了巴哈马对美国游客的吸引力，造成的影响更为严重。越来越糟糕的经济状况引发了社会不满。在其他一些英属农业殖民地，甘蔗和其他作物危机触发了社会动荡和劳工运动，英国政府认为巴哈马远不如那些农业殖民地那么麻烦和动荡。但到 20 世纪 30 年代中期，巴哈马也出现了这种紧张局势。[9] 社会经济关系的典型特点是白人商业精英与工人职员阶层之间的社会分化——前者以拿骚的海湾街为中心，服务于发展中的旅游服务业；后者是黑人等有色人种。从这种分化中衍生出的阶级和种族偏见越来越明显。1928 年，海湾街利益集团通过立法，基本上禁止了可能惹麻烦的其他加勒比岛屿移民，立法也使得中国人和犹太人很难进入巴哈马。20 世纪 30 年代，曾有人试图建立工人组织，最终施压的确设立了最低工资法和在选举中使用无记名投票，但不满情绪仍然不断升级。拿骚作为旅游目的地取得了发展，增加了对外岛巴哈马人的吸引力，他们面临着反反复复的风暴压力和一些罕见的灾难，如 1938 年发生了一场奇怪的真菌枯萎病，在 1935 年飓风中本来就已遭受重创的海绵捕捞业因此基本上被摧毁。[10]

尽管在禁酒令时期和大萧条后，巴哈马与美国临近的地理位置为旅游业、走私和逃税洗钱创造了大量机会，但 20 世纪 20 年代和 30 年代的巴哈马很好地说明了该地区环境现象和社会经济条件之间的交集和总体影响。自然现象会导致艰难和贫困，经济周期或状况亦然。即便在禁酒令和大萧条后这样的特殊情况下，通常更关心海湾街利益，而非普通巴哈马工人和外岛居民利益的总督和议会也清楚地意识到了二者之间的关系。当地政府和大英帝国政府都感到有必要做出回应。

尽管由于地理位置和这一时期飓风频发，巴哈马情况特殊，但在这些年席卷英属加勒比地区的工人阶级骚乱中，巴哈马的情况某种程度上很典型，不过巴哈马的骚乱程度较轻。全球大萧条、西印度向欧美出口的蔗糖等产品价格下跌，使得加勒比地区工人阶级失业人数大增、经济陷入困境。与此同时，人们要求获得普选权等政治权利，民族主义意识高涨。从 1934—1935 年开始，圣基茨、德梅拉拉和牙买加的糖业工人，特立尼达的石油工人，以及圣卢西亚的煤炭工人都参加了罢工活动或是其他公众活动。一些地方的环境冲击使得情况恶化。1931 年，一场飓风袭击英属洪都拉斯，造成 1000 人死亡，还摧毁了伯利兹城大部分住房，总督的妻子慷慨地为受灾者们开放了政府大楼，但仔细地按身份和种族进行安置：白人收容在会客室中，土著住在储藏室里。英属洪都拉斯的出口本就已经开始下降，飓风更是让情况雪上加霜。营养不良和恶劣的健康状况让情况变得更加严重，民众的抗议十分有效地促成了劳工和失业者协会（Labourers and Unemployed Association，LUA）的诞生。[11] 英属加勒比殖民地的妇女在糟糕的经济状况中首当其冲，也往往站在战斗的最前线。

20 世纪 30 年代后期，这些严峻的状况和缺乏足够的福利系统引发了殖民地一连串罢工和民众活动。这些行动往往使中产阶级和工人阶级联合起来，有时（比如在特立尼达和圭亚那）甚至弥合了黑人和东印度工人之间的既往分裂，后者在奴隶解放后被带到这里。英国政府承诺进行改革。许多人要求殖民地独立和实行普选权，但莫因勋爵（1938—1939）领导的委员会并不作此建议，而是提出建立殖民地联邦等改革措施。1940 年的《殖民地发展和福利法案》（*Colonial Development and Welfare Act*）设立委员会，并拨款进行必要的改革，但二战的爆发使得实际行动推迟到 1945 年。可战争并未减缓民众活动的动力。40 年代涌现出许多工会和新的政党，表达民众诉求。[12]

1928 年的波多黎各和佛罗里达：边境的灾难与主权

热带大风暴不受任何国际边界和文化分歧的限制，因此为及时观察政策、文化、政治对其结果的影响提供了绝佳的角度。1928 年，一场超级大风暴横扫加勒比地区，9 月 12 日摧毁瓜德罗普和圣基茨，13 日穿过波多黎各，16 日抵达拿骚（上文已有论述）；17 日袭击西棕榈海滩附近的佛罗里达海岸，随后对奥基乔比湖地区进行了致命性的打击。因此，这场风暴提供了一个绝佳的机会，从中可以了解到国家和地方条件如何影响各地的应对方式。飓风对波多黎各而言并非新鲜事，但这场风暴的猛烈程度令人印象深刻。[13] 经历过这场圣费利佩飓风的人都不会忘记。风速达每小时 150 英里，是岛上有史以来最为强劲的飓风。财产损失高达 8000 万美元，官方统计超过 300 人在风暴中直接丧生（实际死亡人数可能高达 1500人）——如果没有从 1899 年飓风中吸取的教训和预防措施，死亡人数可能会更高。据波多黎各总督霍勒斯·汤纳之后的报告，山区 48 小时降雨量高达 20 英寸（相当于 500 毫米），创下波多黎各有史以来最高纪录。霍勒斯·汤纳称，波多黎各从 "繁花似锦的天堂" 变成了 "饱受战争蹂躏的法国或比利时"。[14]

234　　　这场风暴破坏性极大。1/3 甘蔗作物被毁，损失超 1700 万美元。几乎所有咖啡作物都损失了，价值达 1000 万美元。更严重的是，约一半咖啡树和六成遮阴树在风暴中死亡。要恢复原状，得花费整整 5 年时间，而这 5 年中，咖啡种植园主几乎没有收入。19 世纪晚期，丰产的、山地种植的波多黎各咖啡一直是岛上的主要产品，占出口 60% 左右。但美国占领波多黎各后，波多黎各失去了在古巴和西班牙的主要市场，在美国市场也没有得到优惠待遇。1928年的飓风是致命一击，波多黎各不再是主要咖啡出口国。然而，美国占领后，蔗糖业蓬勃发展。由于在美国市场受到保护，以及大量美国资本流向土地和技术，1930 年蔗糖产量是 1900 年的 10 倍。彼时，甘蔗种植面积是咖啡的 4 倍。然而，制糖业也遭遇了风暴打击，尤其是自从所种的甘蔗品种发生变化后。与古巴强壮的克里斯塔丽娜甘蔗不同，波多黎各种植的甘蔗品种含糖量更高，但更容易受到风力损害。[15] 尽管如此，美国大公司之前购买了充足的保险，制糖业有望恢复。

　　与此同时，50 多万人流离失所、饥肠辘辘。死亡率急剧飙升，瘟疫和饥荒也随时可能爆发。总而言之，波多黎各几乎被摧毁。在风力作用下，一块 10 英尺长、2×4 英寸厚的木板刺穿了乌图阿多的一棵棕榈树，形成一个十字架，恍若岛上的髑髅地，这是最好的风暴标志。(图 7.1)

图 7.1　圣费利佩飓风过后波多黎各的髑髅地（图片来自美国国家海洋和大气管理局摄影集）

风暴到达波多黎各前，袭击了英属西印度多米尼克岛和法语区瓜德罗普，然后沿着西北方向，撕裂了维尔京群岛，造成严重破坏和大量死亡。但这场致命风暴并未停止，它无需顾及任何文化或政治边界，在横贯波多黎各、向北穿越巴哈马群岛后，于 1928 年 9 月 17 日猛击西棕榈滩。然后向西和向北移动，绕过大沼泽地行至

235　奥基乔比湖。奥基乔比湖水位暴涨，河坝决堤，成千上万在新开垦的田地上劳作的巴哈马移民劳工因此丧命。

圣费利佩飓风，或称奥基乔比飓风，带来了挑战，也创造了机遇。但它们的路径有所不同，通过不同的后果和应对方式，我们可以发现形态各异的社会和政治结构以及其中蕴含的希望。在波多黎各和美国本土两地，领导层勾画出理想未来的远景，且都愿意将这

236　场灾难作为工具，让未来变成现实。在 1893 年南卡罗来纳州的博福特县受海岛飓风袭击后，以及 1900 年加尔维斯顿灾难中，更不用说在 1889 年宾夕法尼亚州约翰斯敦洪灾和 1906 年旧金山地震中，红十字会获得最初的救灾经验，到 1928 年美国国家红十字会进入全面运作。1928 年，在佛罗里达和波多黎各，美国红十字会不仅作为政府应对自然灾害的主要机构发挥了重要作用，而且其报告和工作还提供了关于风暴影响和灾后重建性质的大量信息。1900 年，红十字会收归国有，从独立的慈善救济组织变为政府部门，但雇员仍为私人，而非政府人员，且运行资金来自私人捐款。这种奇怪的构架使得国会维持了救灾仍然是地方、宗教组织或私人关切的假象，但也使红十字会有时坚持认为应该由自己，而非政府，决定什么是"自然灾害"、什么不是"自然灾害"，并由此决定红十字会的职责。[16]

1899 年，圣西里亚科风暴发生后，波多黎各虽然仍处于美军占领之下，但政治局面发生了变化。1900 年，《福勒克法案》（*Foraker Act*）通过，成为政治宪法，美国军事占领结束。1917 年，在美国加入一战前夕，波多黎各人依据《琼斯法》（*Jones Law*）获得了美国公民身份，但这也限制了波多黎各的商业活动和可以生产的物品。[17] 波多黎各继续由美国任命的官员管理，内阁经由美国参议院批准。20 世纪 20 年代后期，糖和咖啡市场萎缩，在那艰难的 10 年中，由于工会成立并活跃起来，各个政党寻求政策替代方案，政治生活更加激烈。结果之一是社会主义政党（Socialist Party）和支持独立的民族主义党（Nationalist Party）出现；迫使此前互为竞争对手的保守政党成立了选举联盟。这些政治目标成为政府应对自然灾害的大背景。

波多黎各开始着手应对这场风暴，一些执政阶层的人将此次危机视为一个变革的机会。尽管圣费利佩风暴的直接死亡率相对较低，但波多黎各 150 万居民中，约 1/3 流离失所、无家可归。飓风造成了 8500 万美元损失，其中大部分是私有财产。岛上一些政治精英把此时的局势不稳看作一个重塑社会的机会，通过创建一个村舍干净整洁、农户勤劳肯干的乡村，将过于独立甚至"懒惰"的吉巴罗（jíbaro，农民）变为一支坚韧有序的劳动力队伍。前众议院议员纳塔略·巴约内特·迪亚斯敦促总督鼓励波多黎各人承担起重建家园的责任，不要依赖外国援助。他警告称，必须不惜一切代价，防止流民从农村向城市移徙；只有照顾家庭或无法工作的儿童和妇女才能获得免费食物。由于此次风暴有 25 万（农村）居民无家可归，需要重建 4 万多所房屋才能容纳下这些人。这项任务也为改革提供了机会。巴约内特·迪亚斯认为，建造崭新整齐的住所是必要的改善，这能"一

237

劳永逸地解决劳动人民的居住卫生问题，消除农村棚屋的悲惨景象——这是对我们文明的羞辱"[18]。但是，不能让穷人和贫民不劳而获。重建工作在救济机构和市政委员会的监督下进行，由农民自己动手，酬劳的 10% 为现金、90% 为食品。

代表甘蔗种植园主利益的波多黎各领导人制定的救济计划中也包含此类社会工程，并得到了波多黎各内政专员吉列尔莫·埃斯特维斯的支持。这项计划将受灾人群分为三类：小业主、城市贫困劳动者和大咖啡庄园的农民。咖啡庄园的农民又可以分为两类：以耕种小块咖啡地为生的人和住在工房里、没有任何土地的雇工。埃斯特维斯试图说服红十字会，必须区别对待不同社会层级或不同类别的人，并且要激发"波多黎各小农公认的良好品质"。小业主具有"良好的道德品质"，值得信任，他们不需要监督也会重建改善自己的家园。[19] 对待其他人就得更谨慎些。最重要的是，埃斯特维斯和救济计划反对将大咖啡庄园的农工从农庄转移到小城镇，相反，他主张建造房屋，将小块土地分发给这些农工，不过是在大庄园恢复之后。如果不这么做，他们就无活可干，红十字会将不得不接受负担。埃斯特维斯称，"这些咖啡庄园的农工热爱他们辛勤耕种的土地，是未来农民的种子"，但他对这些工人的钦佩也是有限度的。由于土地所有者的资源要用来重新种植土地，因此为农民重建住所的钱应该交给为农民提供住所和工作的土地所有者。这项计划考虑到了波多黎各的社会特殊性，但也再次将权力和资源置于种植园主手中。[20]

这些建议和华盛顿提出的观点相差无几，只是华盛顿或许没那么消息灵通。华盛顿的政客们担心援助的成本问题，怀疑波多黎各人

238

自己解决问题的意愿和能力。美国成立了一个专门的国会委员会调查波多黎各的情况，由康涅狄格州会讲西班牙语的共和党参议员海勒姆·宾厄姆领导。[21] 委员会报告称，这是波多黎各有史以来最严重的灾难。这份报告本身、宾厄姆本人呼吁以无息贷款形式提供援助，以及波多黎各总督汤纳的证词，这三个层面均受到部分中西部参议员和众议员质疑。这些提出质疑的议员们认为，波多黎各应该由波多黎各人自己负责，或者坚持认为只有最贫困的人才能得到救济。他们不了解民族主义运动的性质和特点，但是担心关于波多黎各不忠诚的谣言，因此提出反对意见，以免那些"不值得"的人得到援助。汤纳总督坚称，最需要这笔贷款的咖啡种植园主是白人，可靠而且忠诚。最终，美国向波多黎各提供有息贷款援助。[22] 重建工作即将开始，但是要付出代价。

尽管华盛顿和圣胡安当权者试图利用这场灾难制定基于社会差别的计划，但波多黎各人后来回忆起这场风暴时，想到的是大家同舟共济的日子，学校早早放假，邻居们聚在一起念《玫瑰经》祷文，分享食物。60 年后，一位幸存者回忆起重建时说道："每个人都觉得自己是 239 波多黎各的一部分。没有种族、政治、经济差异。我们万众一心。"[23]

佛罗里达州的人们也同样希望重建未来家园。1926 年 9 月 20 日，迈阿密飓风造成 200 人死亡，不久，1928 年风暴接踵而至。在 1926 年的风暴中，狂风在比斯坎湾掀起惊涛骇浪，风暴潮高达 13 英尺，迈阿密遭受的损失超过 10 亿美元。尽管当地媒体希望塑造佛罗里达没有此类危险的形象，进行了淡化处理，但报道表明，2/3 的迈阿密都遭到破坏。风暴发生时，由于开发商试图将戴德县，特别是迈阿密打造成重要的城市中心，这里正处于狂热的土地开发扩张中。房地产价值飙升，红树林的疏浚和垃圾填埋为房地产扩张创造了条件。1920—1926 年，人口增加了一倍多，达到 10 万，同时，房地产狂热蔓延到迈阿密海滩和海湾障蔽岛。[24] 几乎没人考虑到这种转变带来的生态影响，开发商忽视了疏浚和填埋可能会导致生态脆弱性。[25]

1926 年的飓风直接袭击了迈阿密，许多此前从未经历过飓风的新居民在风眼平静地掠过他们时离开保护区，在户外遇到了狂风。这场风暴还在佛罗里达中部奥基乔比湖周围的小型农业社区造成了严重的洪水和死亡，奥基乔比湖大却浅，为大沼泽地提供水源。这些农业城镇和流向奥基乔比湖的河流明显很脆弱，但州政府拒绝提高税收来建造屏障或水坝进行保护。

1928 年的飓风到达迈阿密以北约 75 英里的佛罗里达海岸时，是一场 4 级大风暴。飓风过后，西棕榈滩和博卡拉顿的房主和开发商大声疾呼要求政府提供优惠贷款及援助，但事实上，风暴造成的后果各不相同。带到此地收割的 4000 名左右巴哈马人和其他西印度工人居住在奥基乔比湖附近的贝尔格雷德等小型社区。他们在暴风雨来袭前 12 小时才收到警报。湖面浪潮汹涌，堤坝无力抵挡，这些工人首当其冲遭受冲击。官方发布的报告称死亡人数不到两千，但实际上远远不止。[26] 尸体堆积在湖岸边焚烧，烟雾四漫。此后数月，尸体仍不断从湖面浮出，或是悄无声息消逝在大沼泽地中。

20 世纪 20 年代的佛罗里达种族分化严重，可以预料到，在救灾重建工作中，肤色差异将发挥作用。不同的种族埋葬在不同的地方。在西棕榈滩，69 名白人埋葬在伍德劳恩公墓的一个大坟坑中。而 674 名非裔美国人埋在贫民公墓一个没有标记的乱葬坑中，这个墓地在不同时期旁边分别是"垃圾场，污水处理厂和扩建的街道"[27]。直到后来，这里才放置了纪念匾；1976 年，在贝尔格雷德才终于立起一座纪念碑，附有逃离风暴的一家人的青铜雕塑。风暴过后，人们关注的是德尔雷和棕榈滩的财产损失，而不是消失在潮水中或在奥基乔比湖岸边被火葬的无名尸。[28]

有人抗议种族不平等。迫于压力，红十字会成立了一个有色人种咨询委员会，任务之一是驳斥非裔美国人和白人获得不等援助的"谣言"。同样，问题也出现了。穷人失去了大量借钱抵押购置的房产，面临丧失抵押品赎回权的危险。如果红十字会重建房屋，那么受益的不是这些无家可归的人，而是放贷人。因此，这类房屋没有得到重建。面对非裔美国人的批评，红十字会很被动。在最终报告中，它辩称："尽管知道人民正在按比例获得全部救济，但在'牢骚满腹的人'提出毫无根据的抗议时，委员会难免尴尬。"与此同时，州政府对此不以为然，认为这场灾难不过是自然界的偶然事件，政府没有直接责任。[29]

不能让这种令人不快的事情阻碍发展。当地商业利益集团、开发商、州政府和佛罗里达媒体淡化了风暴的影响和可能造成的破坏。佛罗里达南部正处于繁荣时期，地方和州政府致力于井井有条的房产开发、农业扩张和城市发展。1929 年 3 月，红十字会负责人离开佛罗里达前，西棕榈滩商会安排他乘飞机俯瞰此地。红十字会的报告写下他在空中看到的景象："城市、城镇和村庄排列得井然有序；街道已经清理干净，两旁是重新规划的停车点；农业耕地已无积水，植被

241

茂密，仿佛一夜之间涌现；田地之间重现带状排水沟和灌溉渠；整个乡村点缀着重建的房屋，还未上漆的新木材在清晨阳光下闪闪发光。"[30] 人们不允许风暴改变佛罗里达前进的道路。无论是在佛罗里达还是在波多黎各，这场风暴都是一场灾难，而这场灾难，是由很久以前的行为和决定造成的。

历史学家雷蒙德·阿森诺认为，加尔维斯顿（1900）、迈阿密（1926）和佛罗里达州南部（1928）的飓风以及 1927 年密西西比河的洪水泛滥（我们可能会加上 1928 年的波多黎各）极大地改变了美国对自然灾害、政府的预警和保护责任及灾后救助的态度。1928 年通过《密西西比防洪法案》；1930 年通过《河流和港口法案》，并据此在奥基乔比湖建造胡佛堤坝；要求组建更加有序高效的气象局，都证明了美国态度的转变。甚至有可能做出更多改变，但 1929 年股市崩盘和大萧条将政府的精力转移到了其他方向。金融灾难及其代表的资本主义危机和自由民主危机具有广泛的国际影响和后果，其中包括政府对救济保护人民的态度改变，以及在代表公众利益和愿望方面，政府风格及言论的改变。

242　这里我们必须将目光移回欧洲。任何形式的灾难都会让人联想到一战的恐怖景象。一战结束后，设在日内瓦的国际联盟致力于限制潜在的冲突和暴力的发生，于 1923 年成立一个委员会组织国际联合会，为受灾人群提供互助。意大利政治家兼红十字会主席乔瓦尼·西拉科洛负责该委员会，并获得了法国法学家和人道主义活动家勒内·卡辛的帮助。因对《世界人权宣言》做出突出贡献，勒内·卡辛于 1968 年获得诺贝尔和平奖。[31] 西拉科洛的核心观点是，受灾者得到救济应当是一种权利，而非慈善。事实上，这是国际社会的一

项义务。反对这一观点的人认为，这样做成本太高，或者认为这样
会妨碍红十字会的工作，或者像美国人认为的那样，这仍应该是私
人慈善机构的事情。尽管如此，委员会仍不断做出努力，1927 年，
国际援助联盟章程获得批准，1932 年进入运作。虽然国际援助联盟
的长期影响有限，但将救济视为权利而非慈善和人们有权期望社区
提供帮助的观点，正在改变政府对民众的态度。当然，各国转变的
速度各不相同，但政策和话语存在相似之处，使 20 世纪 30 年代成
为政府应对自然灾害的分水岭。

圣泽农：灾难与独裁

飓风等自然灾害总是能为政府提供创造性机会，但多米尼加共
和国在灾难中的改变尤为显著和持久，鲜有其他地方可以相提并
论：1930 年圣泽农飓风后，多米尼加共和国建立起一个残暴的专制
政权。19 世纪 80 年代，得益于糖业经济欣欣向荣，处在一个向现
代化迈进的威权总统统治下的多米尼加较为稳定，但由于超支和财
政问题，最终导致政治动荡、外债违约，以及 1916—1924 年被美
国占领。有效的文官政府重返多米尼加后，美国撤军，但仍掌控着 243
多米尼加的海关收入。总统奥拉西奥·巴斯克斯试图打破总统一任
的限制，寻求在下次选举中连任，引发了政治动乱，政府垮台。在
1930 年 5 月的选举中，武装部队总司令拉斐尔·特鲁希略当选，他
毫不犹豫地利用军队恐吓镇压反对派。由于特鲁希略是唯一的候选
人，他获得了 90% 以上的选票。

政治变革的背后是蔗糖业的故事。一战期间，蔗糖行业不再受

到欧洲甜菜糖生产商的竞争，因此蓬勃发展。美国大型公司买下许多集中式工厂和大量土地，但随着一战结束，欧洲甜菜糖生产商回归竞争，导致糖价暴跌。1929 年股市崩盘对蔗糖行业和整个国家来说都是一场灾难。从某种意义上来说，特鲁希略的崛起既是政治动荡的结果，也是国家财政问题的产物。[32]

美国占领多米尼加后建立了国民警卫队维持秩序，随后赋予其排他性的军事权力。1919 年，特鲁希略加入国民警卫队。作为国民警卫队成员，他利用与美国海军陆战队军官的关系，获得商业机会以及私人关系，在后来成为国民军的军队中平步青云。此时作为总统，特鲁希略把对军队的控制作为政治工具，同时，他性格狂妄自大，经常发表民粹主义言论，具备广泛的人际关系，挑拨国际利益集团相互竞争。他成功地动员了媒体、大学、教会和学校支持他的统治，1930 年开始掌权，直至 1961 年被暗杀。

20 世纪 20 年代政治动乱期间，多米尼加也未逃脱飓风的影响。1921 年，伊圭东部地区在"马格达莱纳飓风"中蒙受严重财产损失，之所以称作"马格达莱纳飓风"是为了纪念一位被飓风吹入井中却毫发无伤的老妇人。[33]1926 年和 1928 年飓风数量增加，伊圭东部地区再次遇袭。[34]

244　　　1930 年 9 月 3 日，特鲁希略上任仅几周后，多米尼加再次遭受毁灭性飓风袭击，但这次几乎是直击首都圣多明各。[35]这场来自佛得角的飓风，在巴巴多斯以北进入加勒比海，向西移动，经过波多黎各以南后，积蓄力量，侵袭圣多明各，风速高达每小时 150 英里，气压降至 27.6 英寸汞柱（933 毫巴），按照今日标准，这至少是 4 级风暴，但部分风力报告表明风暴可达 5 级。飓风横贯整个多米尼加和海地，后经过古巴南部，再掉头袭击古巴西部，然后沿对角线向西北方向移动，从佛罗里达西海岸行至东海岸，穿越佛罗里达中部，最终在北卡罗来纳州纬度附近的大西洋结束。然而，多米尼加在此次飓风中受影响最为严重，死亡人数估计多达 8000 人，使得这场飓风成为最致命的大西洋飓风之一。彼时约有 5 万人口的圣多明各在风暴中首当其冲。据报道，风暴造成 4000 人死亡，19000 人受伤，约占人口一半。财产损失估计高达 4000 万美元。

面对毁灭和死亡，数千人丧生，成千上万人无家可归、饥肠辘辘，特鲁希略抓住了这一时机，迅速行动，宣布戒严，调动美国海军陆战队训练的国民军，协助救援工作，镇压洗劫和暴力行为。自当选起，特鲁希略便试图解除国家武装，飓风正好掩护了他的企图。[36]9 月 5 日，他发表宣言，声称自己在风暴中走上街头，"作为一名公民和领导人"，被眼前所见深深刺痛。特鲁希略亲自出现在街头的言辞常见于媒体报道和谄媚的传记作者笔下，[37]这些坊间传闻展示着特鲁希略的无私和他对人民的父爱。（图 7.2）正如特鲁希略在宣言中所说："无论过去还是将来，人民都不会被政府抛弃。"受到多米尼加人民的支持和外国援助的特鲁希略不遗余力；为促进城市和国家灾后恢复，国会将所有权力移交给特鲁希略。他的宣言中满是民粹主义言辞，并强调自己也在灾难中"以泪洗面"，这基本上表明了一场自选举以来便不断发展的政府政变。对特鲁希略来说，飓风这一紧急情况是有用的。"因此，我与人民感同身受，同样遭受着巨大的痛苦，我果断决定帮助人民从废墟中重建家园。"[38] 三天后，即 9 月 8 日，特鲁希略发布了第二份宣言，声称城

245

图 7.2　特鲁希略将军与圣泽农受灾者［照片来自《多米尼加新生》(*La Nueva Patria Dominicana*)，1935 年摄于圣多明各；由耶鲁摄影服务机构提供］

市已经重回正轨，每个人都应重返工作岗位。面对国家的不幸，更不能游手好闲。重建是共同的事业。人们不能陷入宿命论和绝望情绪，任何人都不能坐以待毙。根据 11 月初的流浪罪法，政府可以逮捕所有无所事事的人，未经审判便让他们工作。

　　然而，圣多明各局势仍然紧张。成百上千人在公园和街头风餐露宿，饱受饥饿，伤痕累累，贫病交迫。穷人和无家可归的人有时聚集在上层阶级社区，社会分界混乱，不安全感也在四处蔓延。风暴发生整整一个月后，有人在圣卡洛斯和弗朗西斯卡镇的贫民区散布谣言，称另一场飓风即将来袭，会在次日凌晨 4 点袭击首都，还会引发地震。人们惶惶不安，涌向教堂和政府大楼，寻求庇护。[39] 主要报纸《利斯汀日报》（*Listín Diario*）记者拉蒙·卢戈·洛瓦顿在谣言传出时写道："传说中和创造出的新野兽来到这里，到处散播恐慌的种子。"[40]

时势造英雄，而特鲁希略已准备就绪。政府承诺在危机时刻为国家福祉负责，这是特鲁希略常说的话。9 月 12 日他发布公告，再次强调"政府当下的仁慈，将一刻也不放弃支持人民，使他们能够挺过命运带来的可怕考验"。卢戈·洛瓦顿以有利于特鲁希略的方式记录了飓风的后果，突出灾难中蕴含的机会："每一场悲剧是死亡也是诞生，是目标也是起点，是目的地也是路途。"[41] 但卢戈·洛瓦顿并没有提到圣泽农飓风创造了一条通往独裁的道路。自庞巴尔侯爵（Marquis of Pombal）在 1755 年大地震重建里斯本后，再没有任何政治人物如此擅长于利用自然灾害巩固权力。

特鲁希略成立各种委员会负责救济、卫生等事宜，稳定物价，禁止流民进入城市。死者被埋在乱葬坑或是火化。各市区成立地方委员会，负责救济重建工作，在教堂和社区药店中设立施汤处。特鲁希略还成立了红十字会多米尼加分会，接受美国红十字会支援的定量口粮和救援人员。事实上，他向美国大使馆提出要求，让自己的老朋友海军陆战队汤姆·沃森少校协调救灾行动。[42] 一场大型国际人道主义援助很快开始。荷兰和英国的船只运来救济物资，船上 247 的水手上岸直接参与救助；来自迈阿密的飞机陆续抵达；美国波多黎各总督小西奥多·罗斯福迅速提供帮助；荷属库拉索岛、委内瑞拉和其他拉丁美洲国家也迅速伸出援手；1927 年操纵选举获得连任的古巴总统赫拉尔多·马查多派遣了一支由古巴医生、护士和一队士兵组成的医疗队，帮助解决卫生问题；海地大主教带着海地的援助抵达多米尼加。[43] 由于疾病威胁和"糟糕的卫生状况"，一场疫苗接种行动在特鲁希略的卫生部长阿里斯蒂德·菲亚略·卡夫拉尔的领导下展开，他后来报告说，这次疫苗接种工作把所有"清晰的思维和精力"都消耗殆尽。卡夫拉尔称，风暴的低气压导致了化学变化，引发了痢疾、伤寒和流感。[44] 尽管这样的医学理论令人生疑，但在外来医疗队的帮助下，疫苗接种工作在圣多明各迅速开展。

禁止流民迁入城市的命令使救助城市受灾者的工作更容易进行，还有效防止了抢劫事件，控制了疾病的蔓延。但随着重建工作和安置工作的开展，一项将穷人转移到中心城市以外社区的政策也在进行中。殖民时期古老的石头建筑和市中心的主要教堂在风暴中幸存下来，只有轻微损坏；居民区的情况比较差。虽然一些上层阶级社区要求得到关注的声音很大，但受灾最严重的是城市边缘的贫民社区，比如拉米娜和弗朗西斯卡镇。

重建城市可以实施新的建筑规范，清除旧的木质结构建筑，建造更加坚固的水泥建筑。其结果是建立起了新的社会组织，这一点从重建城市的"现代主义"布局中可以窥见。[45] 对农村"棚屋"和落后文化的陈旧偏见将下层阶级排除在市中心、历史殖民区建筑和海滨防波堤之外。在圣泽农飓风废墟中建立起崭新的现代城市象征着重建一个崭新的进步国家，一个"新国家"。如今有了宽阔的大道和新的现代建筑，包括一家内有宴会厅和礼堂的豪华酒店，可以满足政府的仪式需求。[46] 特鲁希略追求进步，沉醉在自己的成就之中。

248

特鲁希略在采取这些措施应对飓风的同时，还实施了压制性的政治制度。根据每天新闻报道的时间顺序显示，在 1930 年 9 月和 10 月，民众解除武装，政治对手被流放或逮捕，政敌西普里亚诺·本科斯梅将军的姐妹被软禁，接着将军最终被捕和死亡，以及建立一党制政治制度的计划，都在同时进行。极权统治的标志开始出现：领导人的形象出现在所有公共场所，雕像和以领导人或亲属命名的街道，源源不断的自我标榜，被收买或霸凌的媒体表现得像希腊合唱团，阿谀奉承的国会甚至提名特鲁希略获得诺贝尔和平奖。

虽然特鲁希略政权极大地刻上了当时专制政府的印记，但多米尼加的政治传统也在为巩固权力加码。1930 年末及随后几年中，特鲁希略的国务卿拉斐尔·比达尔收到过数千封寻求帮助、恩惠或职位的个人来信，其中大多数都在信中表达自己的政治忠诚或忠心，有的甚至创作了波莱罗舞曲向特鲁希略致敬。许多人以飓风为由，强调自己需要帮助或施舍。[47] 在建造新城市和"新祖国"的过程中，传统的裙带关系得到利用。整个过程中，特鲁希略继续宣扬政府的动机是对人民的关心和善意。1930 年秋天，他说："从我个人的禀性和教育而言，行善是令人振奋的好事，对个人来说是必需品，对人民命运而言是救赎。"[48]

如果说"天堂有上帝，人间有特鲁希略"是专制政权的口号，那么风暴中人们并没有忘记寻求天神庇护，特鲁希略在飓风袭击后也不失时机地与教会巩固关系。风暴中人们祈祷忏悔，以传统方式乞求上帝庇护。风暴后一个月的 10 月 2 日晚 6 点，圣多明各教堂所有钟声敲响。次日，伴随着军乐队的奏乐，举行了葬礼和游行，随后竖起一个巨大的花岗岩十字架，"纪念飓风中的罹难者"，并为他

249

们祈福。[49]10 月，特鲁希略说服圣多明各大主教，把备受尊崇的阿尔塔格拉西夏圣母从伊圭带到首都，慰问受灾者。教会也成了为无家可归者设立应急厨房的核心力量。1931 年 9 月 3 日，风暴发生一年后，大主教在圣巴巴拉大教堂举行了一场纪念弥撒，缅怀遇难者。这一传统一直延续了几年。特鲁希略本能地意识到纪念的作用，在城市中建立了一座纪念遇难者的雕像（图 7.3），后来在 40年代，特鲁希略还效仿佛朗哥推崇西班牙文化至上主义和传统天主教。这是整个大加勒比地区 30 年代第一座纪念飓风受害者的纪念碑，后来作为民粹主义话语的一部分，加勒比各政府开始更多地表达对民众的关注，建造了众多的受难者纪念碑。然而，这座纪念碑并没

250　有在特鲁希略重建的首都中存续多久。随着新的圣多明各逐渐崛起，

图 7.3　圣泽农纪念碑落成典礼（照片来自《新多米尼加家园》，1935 年摄于圣多明各；由耶鲁摄影服务机构提供）

特鲁希略的狂妄自大战胜了宗教战略。[50] 广场更名为拉姆菲斯公园，以纪念特鲁希略最小的儿子，受难者纪念碑也被一座方尖碑取代，同样用来纪念这位独裁者的孩子。

但是，如果说特鲁希略重建圣多明各是为了展示自己的强大、巩固自身形象和权力，他并不浅薄、也并非没有意识到需要安抚其他力量。从重建之初，他就认识到与美国开展合作对成功至关重要。赫伯特·胡佛总统迅速授权给多米尼加提供 300 万美元贷款，但特鲁希略谢绝了，他在一份公告中明确表示，任何情况下都不会暂停偿还国家现有债务，这减轻了来自华盛顿的财政压力。10 月 8 日，在为胡佛的代表埃利奥特·沃兹沃斯举行的国宴上，特鲁希略明确表示赞赏外国援助，但强调多米尼加人民勤劳的美德是重建的关键；他表示，这场惨痛的飓风并非他为刺激国家复苏而启动的"庞大且周密的经济计划"的唯一原因。[51]

1936 年，圣多明各城——这座美洲最古老的欧洲殖民地被重新命名，标志着特鲁希略对圣泽农飓风的利用达到高潮。1935 年 12 月 14 日，多米尼加参议院请求将圣多明各更名为特鲁希略城，并要求在历史纪念碑上放置一块铜牌，上面写着："特鲁希略总统不会放弃他的人民，人民不会放弃特鲁希略。"1936 年 1 月 11 日举行了投票，经过一场漫无边际的讨论后，更名请求获得批准。圣多明各的复苏与特鲁希略及其崇拜者和跟班精心构造出来的故事有着不可磨灭的联系。圣泽农飓风实现了其政治目的。

特鲁希略对圣泽农飓风遇难者的纪念，不断地加深着人们的记忆，想起在自然灾害中，他如何挺身而出挽救国家、拯救城市、慰藉人民。1934 年时，9 月 3 日已定为全国哀悼日，但这一天具有更广泛的意义——旨在纪念特鲁希略的伟大成就，让这份记忆保持鲜活。1936 年 9 月，全国哀悼日改为"穷人日"，这一天，成千上万的食物包、衣服和钱被分发给穷人，特鲁希略的妻子玛丽亚·德洛斯·安赫莱斯主管分发活动。政府与灾害的关系源于对飓风的应急反应和政府对受灾者的责任，这种关系不再是对某一特定危机的反应，而是转变为政府与弱势群体之间的永久契约。多米尼加日历上9 月 3 日的变化使这种联系显而易见，但事实上，特鲁希略不过是顺应了欧洲和美洲大部分地区意识形态和政治潮流正在发生的变化。

飓风中的大萧条、国家与爱

1929 年股市崩盘和全球经济危机对整个大加勒比地区产生了深远的影响。特鲁希略只是大加勒比地区政权崛起的一个例子，其中有一些是威权政权，但几乎所有政权都采用民粹主义或民族主义言论，就像 30 年代南欧和德国出现的威权政权一样。各个政权威权主义和民粹主义的程度各不相同，且不同时期的程度也不同。但是，古巴的巴蒂斯塔、危地马拉的乌维科、尼加拉瓜的索摩查，更别说巴西的瓦加斯和墨西哥的卡德纳斯，都在某种程度上认识到了资本主义经济危机，开始寻找替代方案。他们的政策话语往往以政府与人民团结一致来表达。[52] 美国通常并不完全赞成他们的政策或言论，但愿意接受这些政权维护自身利益、维持地区稳定。此外，美国本身正处于政治转型中，这种转型导致 1932 年富兰克林·罗斯福当选总统，实施"新政"。

与此同时，自然灾害继续重创该地区，20 世纪 30 年代初期尤其严重。1932 年和 1933 年都发生了多次 5 级飓风，这种情况从 1920 年至今仅发生了 6 次。[53] 事实上，1930—1935 年是加勒比和北大西洋飓风活动最频繁的时期之一，也许是过去 500 年来最活跃的时期。[54] 风暴加剧与 1932 年太平洋的厄尔尼诺现象联系在一起，也是美国西南部"尘暴区"大旱的主要原因。这个时期充满了挑战和政治变革，有趣的是，政府普遍倾向于在直接应对灾难中发挥更大的作用，关注个体困难痛苦，可以将个人痛苦转化为集体应对措施。

灾难有时触目惊心。1932 年 10 月下旬，一场飓风穿过小安的列斯群岛，然后沿东北方向蜿蜒前行，到达开曼群岛时风暴达 4 级。11 月 9 日，仅仅几个小时内，飓风从南圣克鲁斯到纽维塔斯横穿古巴东部的卡马圭省。卡马圭省是 1900 年后经历了蔗糖业扩张的地区之一；在森林砍伐时期，南圣克鲁斯曾一度是运输木料木材的主要港口。1912—1923 年间，南圣克鲁斯与太子港和卡马圭之间修建了铁路，美国和英国公司享受特许权。这场飓风突然改变路线，向东北方向移动，几乎没有时间发出警报。海水淹没圣克鲁斯海岸旁的街道，许多人逃到铁路沿线的火车里避难。狂风掀起 20 多英尺高的海浪，基本上摧毁了这个小镇。所有建筑物都被毁，2870 人确认死亡，但死亡和失踪人数估计超过了 4000 人。损失估计达 4000 万美元。这是古巴历史上最严重的自然灾害。大部分死亡归咎于美国铁路公司，它要求交纳 500 美元的押金，否则拒绝派机车疏散市民。哈瓦那《世界报》（*El Mundo*）负责报道此次风暴的记者圣地亚哥·冈萨雷斯·帕拉西奥斯写道："我一生从未见过如此的沉痛、荒凉，如此多死亡和悲伤。"哈瓦那国家气象观测台馆长

252

何塞·卡洛斯·迈尔斯·米利亚斯是最令人印象深刻的古巴气象学
253 家之一，他写下一篇出色的飓风报道，文章超越了此类报告常见的
物理和科学描述：

> 1932 年 11 月 9 日星期三上午，一个古巴小镇消失了。这
> 座小镇高贵、勤劳，在我们祖国历史早期的动荡岁月中发挥了
> 重要作用，而且后来知道如何保持美德，使任何战斗都丝毫无
> 法削弱小镇的崇高传统。这座小镇便是南圣克鲁斯。[55]

小镇异地重建，墓园中立起一座 11 月 9 日遇难者纪念碑。人
们仍每年纪念这一事件。这场悲剧深深地烙在了民族记忆中，写进
诗歌和短篇故事中，幸存下来的人们是这场灾难的见证者。民族主
义者和后来的社会主义者用南圣克鲁斯的毁灭批判资本主义的失
败，甚至批判资本主义造成了自然灾害的发生。遇难者纪念碑的意
义超越了纪念共同的悲伤。[56] 但除了这种显而易见的政治用途外，
南圣克鲁斯纪念碑与 3 年前特鲁希略修建的圣泽农飓风纪念碑和 3
年后佛罗里达群岛风暴纪念碑一样，也反映了对受灾者的日益关
注，无论上帝意欲何为、无论何种自然灾害，在这样的危险中政府
都可以有所作为。

古巴忙于灾后事宜的同时，波多黎各也在拼命应对飓风的反复
袭击。1928 年的圣费利佩风暴发生后，波多黎各接连遭遇了 1931
年稍弱的圣尼古拉斯飓风和 1932 年的圣西普里安大风暴。1931 年
圣尼古拉斯飓风绕过波多黎各北部海岸，仅造成两人死亡，但在农
村地区造成了巨大的破坏；1932 年 9 月的圣西普里安飓风虽不如
1928 年的圣费利佩风暴强烈，但造成 250 多人死亡，50 万人无家

可归，带来巨大破坏，损失估计超 3000 万美元。接连 3 场风暴提供了一个机会：审视美国政府和当地岛屿政府如何应对风暴带来的挑战。圣费利佩风暴发生在 1929 年金融危机爆发之前，另两场风暴发生在危机爆发后不久。政府的反应、非政府机构的调解以及岛上居民和那些关心岛屿福祉的人的期望，促成表达各方意图和期望的对话，这场对话关系到岛上最底层居民、政治精英和联邦政府代表；联邦政府此时正处在围绕"福利国家"和罗斯福总统 1933 年后将采取的措施的激烈辩论中。[57] 从中可以看出，灾难发生后对责任的看法和期望的转变产生了矛盾。以前强调慈善机构、社区和地方机构的作用，现在取而代之的是期望国家或帝国政府承担主要责任。在为福利国家的思想和道德辩护时，美国的历史编纂相当关注救灾效果。然而，虽然政府机构在应对灾难方面发挥着越来越大的作用，提高了公众对政府救灾责任的期望，有时甚至是在不属于政府传统职能的生活领域，但是联邦政府在波多黎各的重大作用和行动并不是对话的中心议题。

正如我们所见，19 世纪波多黎各人和古巴人筹集救灾资金通常依靠临时设立的慈善委员会，或是依靠在当地或西班牙进行慈善拍卖和认购。应对措施的不足，最终导致了对西班牙政府效率低下的批评。美西战争后，美军占领波多黎各。不久后的 1899 年 8 月发生圣西里亚科飓风，波多黎各受损严重，大量救灾行动影响了波多黎各人对美国政府直接参与的期望。华盛顿的政策顾问认为圣西里亚科风暴是一个机会，可以向波多黎各人展示加入现代"进步"国家的益处，因此开展了大量私人和公共救济工作。这些工作虽强化了种植园主阶级在岛上的政治经济主导地位，但由于高效的救济工作，各阶层对政府参与的期望都有所提高。[58]1928 年圣费利佩风暴后，类似的政府行动也加强了这些期望。美国国会为波多黎各救济拨款 200 万美元，汤纳总督有效调用了军队、监狱囚犯、国民警卫、警察和学校教师各尽其能。最重要的是，美国红十字会投入运作，在救灾行动中发挥了重要作用。[59] 正如汤纳总督所写：

> 美国红十字会是最佳的国家和国际救济组织，这是全世界公认的，无需多言……（它）是美国组织。波多黎各人民是美国公民的一部分。可以肯定，在困难时刻，红十字会将给予我们人民各种帮助。[60]

汤纳任命红十字会为组织救援工作的中心机构，同时也得到了华盛顿的直接援助。参议员宾厄姆率领的国会代表团提出了有利建议，最终国会投票通过，拨款超 600 万美元用于波多黎各的重建。[61] 陆军部、岛屿事务部和新成立的波多黎各救济委员会指挥行动，明确了联邦政府对波多黎各居民福祉的首要义务，波多黎各人愈加认同国家对救灾的责任感。

圣费利佩飓风后，提供住房、分发食物衣服、开展医疗援助等大量工作相对取得成效，波多黎各政府颇有成效地从华盛顿获得支持，为应对下一次危机奠定了基础。1932 年 9 月 26 日晚，圣西普里安飓风袭击波多黎各。时任总督为得克萨斯州律师约翰·贝弗利，他于 1929 年担任临时总督，当时他担任着波多黎各司法部部长。贝弗利十分了解波多黎各，而且与其他总督不同，他会说西班牙语。[62] 他迅速采取行动应对危机，调动政府工作人员特别是他的执行秘书 J. 萨尔达尼亚采取措施，并使用无线电广播促进救灾重建合作。

256

　　风暴过后，波多黎各的局势十分严峻。大多数损失都没有保险。1928 年飓风中，只有 10% 的受损财产有保险，而农作物保险仅为 200 万美元，主要由伦敦劳埃德保险公司提供。1932 年，损失估计为 300 万美元，但在两场风暴之间的时间里，保险公司前 20 年所有保费收入几乎消耗殆尽。保险公司发现，调整热带地区的飓风索赔条款"难度相当大"，E. J. 韦尔德在为总督提供的保险业报告中哀叹道，他认为保险业的工作只适用于身体健康、体质强壮的人。持续亏损会使许多业主无力承担保险费率，甚至可能打击整个保险业。总督办公室和一个跨部门委员会制订报告，寻找岛上财产和作物的最佳投保方式以防止未来损失，但正如韦尔德在报告中指出，面临风险最大的是穷人，而不是保险公司：

　　　　贫困阶层居住的房子大都非常脆弱，保险公司无法接受这样的风险。而这些人最需要帮助，一旦遭遇飓风袭击，他们会失去拥有的一切，他们买不到保险。即便愿意且有能力支付保费，他们也不可能有保险提供保护，受到的打击最严重。[63]

风暴后，表示支持的书信电话络绎不绝涌入位于圣胡安的总督办公室。各国政府纷纷表示同情和哀悼。在柏林，德国政府派出一名官员向美国临时代办处表示同情，在奥斯陆，挪威政府也做了同样的表示。来自个人和公司的小额救济捐款开始到达，包括全美碾米业者协会、美国钢铁公司、纽黑文市科利诺斯牙膏公司、高露洁棕榄公司、夏威夷波多黎各社区、多米尼加共和国巴拉奥纳糖厂的工人和管理人员、西班牙塞巴斯蒂安埃尔卡诺舰的船员和乘客。[64] 海地和外国捐助者从太子港寄来一张 290 美元的支票。演说家兼喜剧演员威尔·罗杰斯在纽约举办慈善演出，向圣母修女会（Sisters of

257

Notre Dame）捐赠 475 美元用于救灾工作。然而，这些捐款远远不能满足需求。正如纽约波多黎各飓风救济委员会副主席对贝弗利总督所说："我们正在经历的大萧条让捐款变得异常困难。"虽然已经成立了一个庞大的委员会，但事实上，只有少数人愿意抽出时间合作。委员会向波多黎各提供的捐款不到 2000 美元。[65]

贝弗利总督表达了自己的感激，并一再强调波多黎各人正努力承担起重建家园的责任，试图以此展现波多黎各人的自立自强。同时，他还巧妙地借此机会强调，波多黎各的繁荣有赖于蔗糖、烟草、刺绣贸易，并希望能得到"大陆公民"的"关心，甚至优待"。[66]贝弗利这样做是为了表明波多黎各人对于自己的处境在道义上是无辜的，理应得到帮助。长期以来，这一直是救灾的关键理由。

由于大萧条，像之前一样依赖慈善机构和捐款不再可靠。1928年圣费利佩风暴发生时，霍勒斯·汤纳担任波多黎各总督。1932年10月4日，这位前总督从爱荷华写信给时任总督贝弗利，信中说："1928 年的焦虑悲伤仍旧历历在目。必须不惜一切代价解除灾民的痛苦，这种感觉时时刻刻在我脑海中萦绕。"汤纳希望红十字会从1928 年的经验中受益，但他担心大萧条的经济形势可能会削弱救援工作。他说："美国本土机构之前做出了巨大贡献，我希望，这次不会因为如今的情况而减少帮助。"[67]

当然，灾难发生后，50 多个受灾城市地方当局立即向波多黎各政府求助。例如，库莱布拉市长写信给贝弗利总督说，城里只剩下5 栋房子，学校和医院都无法使用，也没有电报通信，所有船只都

已沉入海底。[68] 这样的报告如潮水般涌入位于福塔莱萨的总督办公 258
室，贝弗利从泛美航空公司借来一架飞机，亲自查看受灾情况。他
在空中飞行了约两个半小时，报告说，巴亚蒙一半房屋被毁；中胡
安妮塔的甘蔗田夷为平地；毫无意外，伊莎贝拉、阿尼亚斯科和阿
雷西博都遭到破坏，尤其是农村房屋。[69] 在圣胡安，总督与首都行
政长官赫苏斯·贝尼特斯·卡斯塔尼奥等地方当局密切合作。赫苏
斯·贝尼特斯·卡斯塔尼奥在 1931 年那场小风暴中与贝弗利合作
过，并且一直支持波多黎各政府，反对批评者。[70] 庞塞市长吉列尔
莫·比瓦斯·巴尔迪维索写信给贝弗利，用一种苛刻、或许稍带讽
刺的语气说："考虑到美国人和美国政府的人道主义特点，还有美
国的清偿能力，不索要利息就给我们想要的东西是可能的。"最后，
他坚持美国对波多黎各公民负有义务："一天之内，大自然摧毁了
美丽的美国国旗下 30 年的劳动成果，这面旗帜以高超的技巧统治
着我们，不会允许美国公民遭受这场灾难带来的恐怖。"[71]

还有一些人认为，政府的应对措施和贝弗利总督的领导力完全不
够。风暴发生 3 天后，圣胡安的律师 J. 巴利德朱里·罗德里格斯给
贝弗利写了一封坦率而言辞激烈的信，信中明确表达了批判态度。[72]
巴利德朱里对政府在悲剧面前的"被动"表示震惊，没有看到任何
政府代理人为无家可归和饥饿的人们提供救济，这令人感到沮丧。
他声称，如果是前任总督小西奥多·罗斯福，会采取更好的应对措
施。1930 年在邻国多米尼加发生的圣泽农飓风中，政府采取了
"动态和父亲般的"应对措施，相比之下，波多黎各总督的举措简
直是"耻辱"：街上到处是流离失所的、饥饿的人，看不到政府机
构，红十字会什么也没有做，华盛顿对受损程度一无所知。巴利德
朱里直言不讳地表示应该采取更好的措施；他是"这个有权要求得 259

到更多关注和服务的人群中的一员，因为我们用血汗钱支撑着你假装领导的那个政府"[73]。"总有一天，你要向国家解释这场毫无道理的血腥渎职。"这一看法贯穿整封信。无论是否有理，巴利德朱里的控诉都表明，在他看来，政府毫无疑问应该承担起应对紧急情况的主要责任，救灾其实是个公共政策问题。

　　在波多黎各，风暴一直是生活中常见、尽管是间歇性的状况，对不同的社会阶层、对城市和农村居民的影响各不同。维克多克·克拉克在《波多黎各及其问题》（1930）一书中讨论了他所说的岛上农民对不幸的屈从。他认为农民屈从的根源可能在于奴隶制、封建主义或贫困，但他怀疑"可怕的周期性风暴带走了一切，人们的努力和聪明才智似乎化为乌有"，导致了"农民的被动无助"。[74] 圣西普里安飓风之后，这种看法再现。巴塞洛内塔出现大量人口失业，制糖中心关闭，疟疾猖獗，建筑材料短缺。一位社会工作者写道："我看到居民的乐观大大降低，他们意识到频繁的飓风是真正不可避免的灾难，重建家园、重新种植农场都是徒劳。"[75] 面对反复无常的飓风，神的惩罚警告不再能解释这些顺从沮丧的态度。从某种意义上说，人们的态度已经慢慢世俗化了。市政府、慈善机构和慈善人士此前在救济中发挥主要作用，但如今一个强大的中央政府似乎替代了这些地方和社区机构。

　　面对灾难，地方政府、机构和许多老百姓向岛上政府寻求救260济，要求政府直接干预。一位有5个女儿的寡妇写道，已故的丈夫是退伍军人，风暴过后，她没有得到任何退伍军人家属补贴，也没有从红十字会那里得到任何帮助。她恳求总督办公室能够提供帮助。一位来自锡德拉的老妇人亚松森·克鲁兹也给总督写信，并在信上签了字、画上十字架、按下拇指印。她那 5 英亩的小农场被毁，丈夫生病了，还要照顾一个小孩，她要求得到 300—400 美元贷款，用来种植糊口的粮食，给家人一个安身之所。然而，这个小小的要求说明她已经深刻意识到，大家处境一样困难，不可能依靠邻居施舍，指望联邦政府救济也是件难事。"可以说，联邦政府的财政状况并不乐观，没有足够的资源应对公共灾难。"[76] 有时也有控诉信。卡穆依的卫理公会牧师抱怨说，政府说用几天他的教堂收纳病人和穷人，但他们停留的时间远不止几天，但却没有要求天主教会提供同样的服务，红十字会也不愿配合解决这一情况。他怀疑救济中存在"政治偏袒"。[77] 和其他许多人一样，他现在觉得总督办公室理应解决风暴引起的所有问题。

越来越多的当权者觉得有必要关注这些求助，或者说这样做是有用的，有时甚至能取得意料之外的效果。正是在这种背景下，1932 年 9 月 30 日墨西哥妇女卡门·坎波斯给总督贝弗利手写了一封内容充实、感人至深的信。[78] 她读到了有关风暴的消息，恳求总督将她的信交给弗朗西斯科·加兰·米兰达，她担心弗朗西斯科·加兰遇难或者受伤。"总督先生，您是唯一能告诉我家人下落的人，我 100 万次地恳求您。"

贝弗利总督将坎波斯小姐直截了当、有些私人的请求转交给执行秘书 E. J. 萨尔达尼亚负责，要求萨尔达尼亚与警方联系，查明弗朗西斯科·加兰的下落和状况。萨尔达尼亚同时还负责风暴后其他事宜。10 月 14 日，萨尔达尼亚回信答复，加兰还活着，没有受伤。收到这样的回复，卡门·坎波斯感激万分，重燃热情和希望，然后她给萨尔达尼亚回了一篇悲伤的长信，解释说她担心弗朗西斯 261

科·加兰其实是因为一段错误的恋情。她在信中描述了两人相爱的细节，还有加兰不再给她写信，她陷入了无边漫长的等待。信中她还向萨尔达尼亚倾诉了心中的失望和沮丧。

在政府全力进行救济工作，解决后勤需求、公共卫生威胁以及开展城市重建工作的同时，萨尔达尼亚没有搁置此事。他把加兰叫到办公室，要求他给卡门写一封信，解释是怎么回事儿。可惜的是，档案中没找到那封信。但萨尔达尼亚在公务缠身时，也没放弃给卡门提出了自己的建议："请允许我提个建议，忘记这个加兰先生，忘记您与他曾经的恋情，因为梦没有任何真正的实质内容，我们必须忘记它。加兰（意为'勇敢'）本可以成为一个'勇士'，过得更好，但现在他像一轮太阳，在黄昏中消耗自己的光芒……让灵魂怀有徒劳的幻想不值得。"最后，萨尔达尼亚说："我们身边有这么多如此美丽的事物，如此值得我们关注，不能浪费生命盯着无限地平线上灰色的远方。"这种慈爱的建议充满诗意，并非政府的常规反应，但现在已经融入了国家应对自然灾害的责任中，也融入了普通民众与当权者之间日益增长的对话意识之中。

联邦政府对自然灾害的反应是 1933 年后波多黎各引入新政机构和计划的前奏，二者也有相似之处。[79] 风暴造成的损失加剧了波多黎各一直以来的贫困状况，同时，在美国政府看来，提供紧急救济能削弱岛上棘手的民族主义运动。波多黎各原本的形象就是因贫困和缺乏"进步"而非常悲惨，需要实施恢复计划，而 1928—1932 年的飓风更是加深了这一形象。他们需要政府直接参与应对飓风，并且波多黎各大部分居民也对政府的参与表示欢迎甚至是期待。有人宣称，持续的结构性贫困与自然灾害造成的苦难之间存在联系，这样的声音越来越响亮，也越来越具有说服力。无论是像特鲁希略那样用西班牙语，还是国会中新政的主要支持者、威斯康星州自由派参议员小罗伯特·拉福莱特用英语，都证明了这个观点。

20世纪30年代，在圣胡安和华盛顿、里约热内卢和圣多明各，领导人阅读信件，向公众发表讲话，声称越来越重视代表人民治理国家。富兰克林·德拉诺·罗斯福总统关注寄往白宫的私人信件，阅读、回复时也展现出政府关照。[80] 在政府处理的邮件和罗斯福的无线电广播中，政府解决灾难时期的个人困难都是一个重要部分，体现国家关心人民需求。但是，在这方面，美国并非唯一。正如我们在多米尼加共和国和波多黎各所见，国家在公共福利中的作用不再受到质疑。对灾难的应对也使政府有机会表达关切。

与其他具有潜在破坏性和危险性的自然灾害一样，18世纪以来，飓风越来越多地促使政府做出决策并寻求危机应对方案。特殊事件需要特殊措施。考虑到自然变幻莫测或是上帝旨意，臣民和后来的公民都希望统治者或国家面对灾难时能尽力提供预防、保护、救济或纾解。政治理论家将这一发展称作"灾难型国家"的兴起。[81] 随着时间推移，人们不再将灾难视为主要是对人类罪孽的神圣审判，而是国家可以管理的自然现象。随着20世纪到来，战争、263 疾病、经济灾难带来的威胁加剧，科技、通讯进步，政府和人民都开始呼吁扩大政府作用，建立"天佑之国"（providential state），一个不仅在紧急情况下，而且在平时都关心和为公民提供服务的政府。这将是一个世俗化的国家，承担起"灾难型"国家[82]的责任和职能。这种援助虽然是政府的道德义务，但并不主要依靠道德决定谁应该得到救助、谁不应该得到救助，而是因为这样的援助为社会和政治凝聚力所必需。因此，这符合公共利益。这种帮助意味着国家有权为了它所认为的共同利益对公民进行监管。到 20 世纪 20 年代，这种政府概念仍在不断加强，由于世界金融危机和大萧条，火灾、自然灾害、战争和流行病等紧急情况，与市场力量和经济周期导致的饥饿、失业和贫穷这些"正常"状态之间的区别被模糊了。

多年来，法律学者米凯莱·兰迪斯·道柏一直认为，"新政"和美国福利国家的起源可以在政府应对灾难和自然灾害的国会传统中找到，这一传统由来已久却一直饱受争议。[83] 国会多次对国内外的灾难做出前后不一致的反应，"为天意降临做慈善"，又经常不顾部分议员反对，而这些议员认为救济行动应该仅限于州政府、慈善机构或私人行动。[84] 这种限制性观点有时会被带入讨论之中，但占主导地位的通常是国会为"共同利益"或"普遍福利"而支出的先例，或者这种援助可以被视为政府外交政策的一部分，就像 1812 年地震后送到加拉加斯的救济一样。传统的共和党人试图限制此类支出，或强调地方和私人对此类人道主义援助的责任。[85]1929 年后，由于大萧条、失业和干旱，共和党的尝试破产。这导致了道柏所说的"有同情心的国家"的诞生。

在这段政府责任不断变化的时期，如何区分无辜的受害者和那些由于个人决定和未能工作或储蓄而导致自身不幸的人，关于这个话题的辩论仍在继续。道柏仔细阅读国会辩论以及罗斯福和小罗伯特·拉福莱特等新政治政治家的演讲，他在书中表明这些人不断强调在大部分困境中，救灾和福利具有相似之处。道柏说："事实上，救灾是无数福利国家历史的明确特征，这样的话语是为了表明新政与联邦援助的先例是一致的，因此具有合法性。"[86]20 世纪 30 年代新政的反对者也以类似的方式争辩说（正如自那以后批判政府援助的人所论证的那样），接受援助的人往往并非无辜的受害者，这会养成他们的依赖性。此外，社会根本无力承担新政援助的费用。要求救助的人实在是太多了。最后，这些反对派认为，宪法限制了联邦政府如此使用资金的权力。

拉福莱特等人认为，"上帝的行为"与领导失败或经济崩溃之间虽然有区别，但二者造成的痛苦和伤害没有区别，对受害者来说，造成灾难的原因并不重要。在辩论中，一些国会议员注意到欧洲在援助经济受害者方面有所进展；但部分讨论围绕着不久前对1928年波多黎各的圣费利佩飓风的应对措施，和红十字会因这场灾害获得国会的直接拨款。然而，1932年，面对大萧条，红十字会不愿意以同样的方式参与解决，试图区分"自然灾害"和干旱、饥荒等长期危机，认为这些长期危机是由政策过错导致，因此不符合红十字会干预的条件。但是，面临世界经济危机，要进行或者捍卫这样的区分变得越来越难。

也许19世纪末和20世纪初的政治文化背景也导致了对灾难和政府应对灾难责任的不同看法。首先，帝国主义和殖民条件本身就为政府转变其对灾害应对的态度打下了基础。"白人的负担"或"文明使命"说辞一直强调被支配民族的自然依赖性，强调这些民族无能，因而需要帮助。既然他们无法自救，就需要帝国的人道主义援助和指引，而帝国实际上已经签订了无私提供帮助的契约。如若不然，帝国赖以生存的道德基础就会受到质疑。考虑到英属和法属安的列斯群岛的欧洲殖民史，安的列斯群岛的待遇和其他帝国殖民地有所不同，但由于奴隶解放后群岛的人口组成和人口特征也有

265

很大不同，因此这里的行政官员在某种程度上也秉持同样的态度。不愿帮助"懒惰的当地人"，不愿助长其依赖性，来自英国和法国殖民地的救灾报告充满了这种父亲般的关心和责任的语言。1898 年波多黎各和菲律宾归属美国后，美国情报人员的通讯中同样也使用了这样的语言。面对反复出现的自然灾害，向依附的殖民人口提供救济开创了先例，隶属于美国本土的人民陷入困境无法自救时，也可能获得同样的帮助。

1932 年，罗斯福当选，设立了负责基础设施发展的机构并制定相关计划，这些基础设施将减少自然灾害对人们的影响，同时为失业者提供就业机会。此外，还设立了机构负责加强政府对各种危机和灾害的应对。有些机构，如田纳西河流域管理局（Tennessee Valley Authority，TVA），专门负责减少生态威胁；其他的机构，如民间资源保护队（Civilian Conservation Corps，CCC）和公共事业振兴局（Works Progress Administration，WPA），则负责改善洪水或土壤退化等环境条件。已有丰富的文献论述这一过程，其中一些文献将政府环保主义的起源追溯到新政。[87] 这些计划的出发点是好的，但无论这些活动的目的是什么，有时也会产生负面结果和新的风险。

266 "谁杀了老兵?"——1935 年劳动节飓风

为应对大萧条经济危机和反复无常的自然灾害，政府付出了巨大的代价，同样是在佛罗里达州——这次是佛罗里达州群岛，从佛罗里达半岛南端向南延伸的一连串岛屿和珊瑚礁。[88] 群岛长期以来吸引着游艇和渔民，岛上人烟稀少，却陷入了疯狂的房地产开发。开发商、企业家和铁路建设商亨利·弗拉格勒着手建设一条连接迈阿密和基韦斯特两地的铁路，得到了州政府的支持。这条铁路建于1905—1912年间，是一项庞大的工程壮举，耗资近5000万美元，约1000人为修建铁路付出了生命，其中许多人在20世纪头10年席卷佛罗里达州群岛的多场飓风中丧生。

1935年，大萧条全面展开，失业成为一个主要问题。此前国会不顾柯立芝总统1924年的否决，承诺给一战的失业退伍军人发放津贴，现在退伍军人们要求政府提前支付补助金。在困难的大萧条时期，他们无法再等，因而在许多城市，尤其是华盛顿特区，退伍军人抗议示威。17000千名退伍军人和数千名家庭成员组成了所谓的"补助金大军"，在华盛顿市中心外的阿纳科斯蒂亚公寓聚集扎营，向国会施压，要求履行承诺并提供就业。1932年7月，总统胡佛用暴力手段终结示威活动，由道格拉斯·麦克阿瑟将军指挥、并配备有催泪瓦斯和刺刀步枪的部队，开着装甲车骑兵和坦克，摧毁了请愿军人的营地。早些时候，警察开枪射杀了两名退伍军人，这一事件和冲突引发了政治丑闻，有利于后来罗斯福当选，但其实罗斯福也反对"补助金大军"的做法。

但直到1934年，退伍军人仍在要求政府解决就业问题。那时，罗斯福政府已经建立了民间资源保护队、联邦应急救济局（Federal Emergency Relief Administration，FERA）等机构，负责基础设施建设的招工就业问题。约4200名退伍军人被分配到南卡罗来纳州和佛罗里达州的工作营。其中大约600名退伍军人负责建造一条连接佛罗里达州群岛和迈阿密两地的高速公路，这能促进群岛开发和旅游业发展。这600名老兵中许多患有生理和心理疾病，他们"历经战火、却难以与和平相处"。[89] 罗斯福政府曾经想为他们解决就业问题。与胡佛政府相比,罗斯福对退伍军人更加友善,但也想让那些粗暴混乱的示威者离开华盛顿街头。[90] 在佛罗里达州群岛工作的那600 多人,住在群岛中部简陋的营地上,特别是在下马塔坎贝岛,每天酬劳仅 1 美元左右,即便是夏天,工作也不会停歇。只要是了解佛罗里达州、经历过 1926 年和 1928 年风暴的人,都知道这些工人容易受到风暴影响。1935 年 9 月 2 日是美国劳工节,其中许多人在错误的时间出现在错误的地点。

那天袭击佛罗里达州群岛的飓风不大,但致命。这是有史以来5 级飓风首次袭击美国本土。尽管飓风的直径仅约 10 英里,范围小,但群岛上气压计读数不到 27 英寸,创下当时美国最低纪录,据报道,风速超过每小时 200 英里。美国气象部门在加尔维斯顿灾难和 1928 年奥克乔比飓风中饱受指责,因此在 1935 年初进行了重组,时刻保持警惕,防止灾难进一步恶化。气象局早已注意到工人的脆弱性,制定了相应计划,一旦出现情况,就用火车撤离工人。8 月底,风暴席卷巴哈马群岛,在浅水区风力加强,形成飓风。9月 1 日,气象局向佛罗里达州南部发出警报,但飓风似乎停留在南部,向海湾行进,后面的报告对飓风位置的定位发生错误,也错估了其速度。飓风专家凯瑞·伊曼纽尔认为,飓风的规模较小,难以用当时的技术进行追踪。

268　　警报尚未明确,退伍军人主管不愿意采取行动。发现错误时,为时已晚,紧急疏散列车的安排不够迅速。狂风大作,风暴潮高达15 至 20 英尺,涌上海拔不足 10 英尺的地区,带来毁灭性的影响。姗姗来迟的疏散火车被冲离铁轨,铁轨也被冲走,连同建筑物、树木等等一切。下马塔坎贝和周边地区什么都没留下。官方统计的死亡人数为 423 人，其中 259 人是退伍军人，但后来几乎每个研究人员都表示远远不止。唯一幸运的是，那天是劳动节，大约 350 名退伍军人去了迈阿密或基韦斯特参加节日游行活动，还有另外 91 名军人因为酗酒入狱。

　　此次灾害引发了巨大的丑闻。州政府和联邦政府官员毫无意外地大肆以"上帝的行为"和"天意"为借口，但许多观察员认为应该归咎于地方、州、联邦政府机构与政府官员的决定。人们把矛头指向四面八方：气象局、联邦应急救济局、佛罗里达州政府以及罗斯福总统本人。国会听证会没有对此做出澄清。欧内斯特·海明威常常去往佛罗里达群岛，那儿的马林鱼捕捞吸引了他。飓风发生时，他在基韦斯特的家中安然度过。受左翼杂志《新群众》（*The New Masses*）委托，他撰写了一篇有关这场灾难的文章。在文章中，他批评政府有意疏忽，甚至更严重。标题"谁杀死了老兵？"是对所有相关方的猛烈讽刺和谴责，也是对"补助金大军"的同情和辩护，他们出现在华盛顿令政府蒙羞，所以被派往危险之地。[91] 或许事实真如海明威所说，但许多人认为，气象局或是退伍军人主管的错误是无意的，不是疏忽。

　　海明威的批评尖锐犀利、一语中的。为什么警报来得如此晚？为什么风暴过去 5 天了，红十字会仍然没有任何行动？佛罗里达群岛的平民是出于自由意志选择生活在那儿，他们知道有风险；但这些退伍军人是被送往那儿，孤立无助："他们从来没有自己选择生活的机会。"海明威指出了这些老兵真实的本质："有的人是好人，有的人把支票存入邮政储蓄银行，然后在好人喝醉时过来蹭酒；有

269

的人喜欢打架，有的人喜欢散散步；他们都是战争塑造的结果。"海明威对受害者说："兄弟，你已离世。但是，是谁在飓风季节把你留在岛上？在你之前，已经有 1000 人在飓风季节死亡，而他们当时正在修建的道路现在已被冲毁。谁把你留在那里？如今过失杀人的刑罚又是什么？"

无论是 19 世纪不堪重负的奴隶，还是 1935 年佛罗里达群岛飓风中就业不足的退伍军人，自然灾害中穷人和弱势群体遭受的损失总是最为严重。海明威的文章引发了争论。国会举行了听证会，然而没有人因这场灾难而受到惩罚。但人们对受害者充满同情，对他们的困境感到愧疚，也因政府未能保护他们感到羞耻。海明威的文章虽然激烈且带有倾向性，但表明了对受害者的广泛同情，也反映了人们越来越相信，政府在可怕的天灾人祸面前对人民负有责任。

飓风等自然灾害是大加勒比地区文学中引人共鸣的主题，海明威也遵循了这一悠久传统。《莱姆斯大叔的故事》的作者乔尔·钱德勒·哈里斯对个人和地区细节有着敏锐的洞察力。他为《斯克里布纳杂志》（*Scribner's Magazine*）撰写了一系列有关 1893 年卡罗来纳海岛飓风的文章，其中包含了对于文中人和地方的精美线描画。哈莱姆文艺复兴时期作家佐拉·尼尔·赫斯顿的《他们的眼睛注视着上帝》（*Their Eyes Were Watching God*，1937）一书让许多人关注到 1928 年奥基乔比飓风造成的苦难和对贫困黑人家庭的影响，马乔里·金南·罗琳的普利策奖获奖作品《鹿苑长春》（*The Yearling*，1938）将飓风融入小男孩在佛罗里达州北部森林中成长的故事。这些文学作品凸显出普通百姓面临灾难的艰难困苦和坚忍不拔精神。和大部分拉丁美洲地区一样，西班牙加勒比地区也迎来了社会现实

主义小说的时代，这些小说将农民、甘蔗切割工、土著居民和弱势 270
群体作为历史中令人喜爱的主题和主人公，这种角色很容易就能照
顾到自然灾害的受害者。在诗歌、散文和歌曲，以及青铜器和大理
石雕像中，人们纪念、描绘这些受灾者和灾难。

退伍军人的遗体以军礼下葬在公墓。一名神父、一名拉比和一
名牧师共同主持仪式，还有美国历次战争的退伍军人代表参加，国
民警卫队列队飞行，奏响国歌和哀乐。罗斯福总统写信给退伍军人
管理局的乔治·伊贾姆斯上校，对无法出席葬礼表示遗憾，对"这
些国家卫士的不幸去世"表示哀悼。许多退伍军人组织向墓地献上
花圈。感人至深的是，迈阿密地区的德国战争退伍军人组织将德国
的旧帝国主义旗帜和花圈一同献上；伊贾姆斯也是一战退伍军人，
他将这一举动称为"最优雅得体的姿态"。当问及与丧生的平民相
比，为这些退伍军人举行如此盛大的葬礼是否过甚，伊贾姆斯上校 271
后来表示："这是为了所有人。"——所有在佛罗里达群岛丧生
的人。[92]

1935 年的风暴对退伍军人和平民一视同仁，使得二者对政府有
了同样的主张。1937 年 11 月，在佛罗里达群岛的伊斯拉莫拉达，
一座纪念劳动节飓风遇难者的纪念碑落成（图 7.4）。这座纪念碑
由联邦艺术项目（Federal Art Project）设计，工程项目管理局
（Works Projects Administration，WPA）建造，二者都是新政项目。
5000 名观众出席落成仪式，观看 9 岁的幸存者法耶·玛丽·帕克为
纪念碑揭幕，纪念碑上刻着风中弯曲的棕榈树和重重海浪，碑上的
牌匾上写着："献给在 1935 年 9 月 2 日飓风中丧生的平民和退伍

图 7.4 1937 年伊斯拉莫拉达纪念馆落成典礼（照片来自佛罗里达州摄影档案馆）

军人。"[93]

正如 1928 年奥克乔比飓风遇难者纪念碑和 1930 年多米尼加共和国圣泽农飓风遇难者纪念碑一样，佛罗里达群岛还修建了纪念场所，纪念灾害遇难者，就像纪念战争中丧生的人一样。在流行音乐通过广播大面积传播的时代，作曲家愈渐寻求用民间主题来创造民族意识，布雷纳歌舞、卡利普索民歌和波莱罗舞曲也纪念风暴灾害。自然灾害和国家之间的直接联系出现在大理石雕塑和音乐中。在美国与大加勒比地区的大部分地区，国家与自然灾害之间，特别是与飓风之间的关系，将不复从前。

第八章

公共风暴、集体行动和个人悲伤

与革命产生的影响相比，飓风之类的事情算不了什么。

——菲德尔·卡斯特罗在 1963 年弗洛拉飓风后

人类造成了这场灾难，就像人们确定尼加拉瓜和洪都拉斯政府无力应对这场灾难。

——亚历山大·科伯恩和杰弗里·圣克莱尔
谈 1998 年米奇飓风

干得好，布朗尼。

——布什总统在 2005 年卡特里娜飓风后

1944 年 9 月，一场可怕的飓风首先在波多黎各西北部出现，接着北上沿美国海岸移动，重创了从哈特拉斯角到罗德岛的船只和海岸。尽管岸上只有 46 人在风暴中直接丧生，但海上遇难的包括两艘海岸警卫队的船和一艘海军驱逐舰，沉船造成 248 人丧生。沿岸及航运业损失惨重，当时估计损失为 1 亿美元（或超过今天的 12 亿美元），但这场风暴的危险性比不上 1938 年的新英格兰飓风。[1] 尽管如此，在战争的命运似乎转向有利于盟军的时候，战时一艘美国大型战舰被风暴击沉，以及费城、波士顿和纽约等美国大城市被风浪围困的形象，吸引了美国的注意力。当时人们想知道，是否可以将投入战争的同等精力和创造力转移到征服自然中。事实上，正是在

1944 年 9 月的飓风期间，军用飞机第一次有计划地穿透飓风飞行，进行飓风观察。此时人们已经有了再度尝试对抗风暴的技术。

第二次世界大战在许多方面改变了飓风研究，提供了观察和跟踪风暴的能力，以及预测飓风运动的可能性。在战争期间，从日本准备偷袭珍珠港到盟军确定诺曼底登陆的时机，气象学对所有参战方都发挥了重要作用。仅就美国而言，1944 年诺曼底登陆的计划和成功，以及在凸起战役（the battle of the Bulge）① 中造成盟军损失惨重的恶劣天气，都让人们清楚地认识到天气观测和预测的重要性。事实证明，飓风既是对后勤保障的挑战，也是对军事行动的挑战。得克萨斯州的一场飓风一度中断了急需的航空燃料的生产，也许最著名的是，1944 年和 1945 年两次太平洋飓风（台风）严重破坏了美国大型舰队，使舰队指挥官"公牛"哈尔西上将非常难堪，造成了巨大的生命损失，飞机和船只遭到破坏。[2]

所有这些天气对战争的影响导致了政府和军方在人员和资源上的投入。1943 年，由于一次"酒吧打赌"，第一架飞机飞入了得克萨斯州墨西哥湾海岸的飓风眼，随后是 1944 年有组织的飞行，最终，到 20 世纪 50 年代，这些"飓风猎手"飞机开始进行定期观察飞行。与此同时，追踪敌机和船只的无线电波（战争期间被称为雷达）技术发展到远距离观测天气，可以观察到雨、冰雹和云。随着

---

① 也称阿登攻势，是第二次世界大战期间德国在西线的最后一次重大进攻战役。这场战斗从 1944 年 12 月 16 日开始持续了 5 个星期，直到欧洲战争结束。"凸起战役"之所以得名是因为德国人在阿登森林地区周围制造了一个"凸起"以突破美军防线。——译者注

乘飞机旅行的普及和战后气象观测技术的提高，战争期间气象学的科技进步越来越多地应用于民用领域。

进步仍在继续。人们引入高空气象气球来捕捉风流动的信息，接着在 20 世纪 50 年代，利用卫星高空观测热带天气成为气象学上一项重大突破。[3] 1960 年美国发射了第一颗气象卫星泰罗斯一号（Tiros I），尽管早期气象卫星的效能有限，但到了 20 世纪 60 年代中期，技术能力已经有了很大提高。最终，美国技术使其他国家也能发展自己的气象观测。1977 年，欧洲第一颗气象卫星从美国送入轨道。这些卫星让科学家能在辽阔的海洋上方进行观测。

随着观察和知识的增加，人们越来越相信也许可以控制和管理飓风和其他天气现象。这种信念导致了 1947—1952 年的"卷云计划"，用干冰进行人工增雨（cloud seeding，播云）的计划。如果能取得成功，这项技术将减轻飓风中上升的热空气的影响，理论上可以降低风速和潜在破坏，或者在某些情况下，改变飓风轨迹。对 1947 年一场风暴进行播云导致风暴袭击萨凡纳，在媒体上引发了大量不满。1954 年，德怀特·戴维·艾森豪威尔总统任命了一个委员会调查飓风修正工程，该调查结果只是有保留地肯定。当随后的飓风播云证明无效时，该项目最终被国家飓风中心在 1961—1983 年间实施的破风计划（Project Stormfury）取代。

无论这些改变天气的尝试有何科学价值，这些飓风项目和那些增加或减少降雨的尝试总是引起政治争议，因为改变飓风的路线或改变降雨的地区可能会使一个地区免受伤害，但使另一个地区处于危险之中。菲德尔·卡斯特罗声称，美国正在进行环境战，试图从古巴转移降雨来破坏农业生产。越南战争期间，五角大楼曾试图在胡志明补给线上增加降雨，一些国家抱怨说，操纵天气既是出于环境目的，也是出于经济和政治目的。[4] 阴谋论随处可见，对许多观察家来说，人类似乎过于狂妄自大了。甚至那些不以神学或阴谋论为参照的人也担心，这样的项目似乎完全符合社会学的警告，即我们已经进入了被称为"风险社会"的时代。似乎技术进步不但没有消除风险，反而成为风险的主要制造者。原子能熔毁，耐药菌株的产生，或者在对人类干预的影响尚未有清晰认识的情况下对自然进行任意干扰，有可能造成灾难，它们已经成为问题本身而不是解决方案。[5]

在这些担忧中，20 世纪下半叶是一个更容易受灾难性风暴影响的时期。虽然新技术提高了预测能力，至少对较富裕的国家和较富裕的人口群体而言，似乎降低了死亡率；但人口增长、土地开发和宽松的建筑限制正在增大破坏的损失。从 1950 年到 1994 年，13 次大飓风袭击造成了 330 亿美元的损失，占洪水、干旱和其他自然灾害所有保险损失的 62%。[6] 随着政府开始认识到这种模式，应对飓风的紧迫性变得显而易见。

技术、气象学与管理

在 20 世纪 50 年代和 60 年代，随着大气研究技术的进步，对天气观测和预测，特别是对飓风控制和发布警报的行政组织不断增多。迈阿密气象局于 1955 年成为国家飓风中心，1956 年一系列飓风袭击美国东北部后，成立了国家飓风研究实验室。1970 年，国家海洋和大气管理局（NOAA）成立，国家气象局更名为国家气象服务局。[7]1979 年，第一个联邦救灾组织成立。联邦应急事务管理局（FEMA）成为处理所有灾难的主要机构。所有这些都意味着人们越来越认可政府直接参与预测和防范有可能造成灾难性损失的自然灾害。

276　　这些发展无一不受冷战挑战和意识形态的影响，这一点也是问题。早在 1950 年，美国民防局就承担了控制潜在的自然和其他灾害，尤其是原子弹攻击的职责。因此，对飓风和其他自然现象影响的防备往往从属于政治、军事或今天所谓的"安全"考虑。联邦应急事务管理局最终成为无数政府任命的垃圾场，缺乏自然灾害预防或应对的专门经验[8]，预防核攻击的支出远远超过自然灾害方面的支出，值得注意的是，它在应对 1989 年的雨果飓风或各种干旱、洪水和地震时表现糟糕，无视灾民，特别是最贫穷的受灾者。在美国，政治和意识形态上的分歧越来越明显，有些人认为救灾在许多方面是 20 世纪 30 年代政治变革的延伸，因此是政府的基本责任以及公民作为政治团体的一部分可以期待的权利，有些人继续认为风险是个人的责任，最好由公共慈善机构或通过保险业市场来处理，或者是地方或州政府的事情。

在战后时期，天气预报的进步加上广播和电视的强大传播，使得公众对天气预报越来越感兴趣。在北大西洋，最初用军事字母代码（阿贝尔、贝克、查理等）命名风暴始于 1950 年，1953 年风暴命名因使用女性名字而女性化，伴随着所有可预见的新闻隐喻和对假定女性特征的负面引用。这种做法受到了大众广泛的关注，并使媒体和公众更容易跟踪风暴。[9]1979 年，这种性别偏见最终受到质疑，一个来自 4 种不同语言的男女名交替使用的新字母系列被采用。20 世纪 70 年代创立的萨菲尔-辛普森飓风等级按风力对风暴进行分级，普通公民据此可以很容易地比较它们的破坏潜力，也有助于提高公众对风暴的兴趣。气象播报员开始以半名人的身份出现，不仅在美国，在波多黎各、牙买加和马提尼克岛也是如此。在迈阿密和圣胡安，当地报纸每年出版关于飓风知识的特别增刊，配有显示纬度和经度的地图，以便读者跟踪当季的风暴。

277

由于美国在第二次世界大战中崛起为主导大国，并拥有设备、材料、军事组织和投资这些项目的财政资源，因此在大加勒比地区处于领先地位。[10]然而，也有许多大型合作计划，如全球大气研究，涉及 60 多个国家，包括对热带大气全面、详细的观察。1977 年，在世界气象组织的主持下，飓风委员会首次在墨西哥成立，大约由 30 名国际专家组成，开会讨论区域行动。[11]

然而，在战争结束后的几十年里，加勒比地区的注意力主要集中在战争结束带来的财政挑战，以及治理和宪法地位问题上，这在许多地方意味着要么去殖民化，要么与前宗主国合并。其结果是各区域应对飓风和其他灾害的能力差异相当大，抗灾可用资源也不尽相同。法属安的列斯群岛于 1948 年成为法国的一部分，虽然与宗主国在法律和风格上的差异从未完全消失，但就天气而言，马提尼克岛、瓜德罗普岛和圣马丁岛属于法国国家气象协会的管辖范围。波多黎各仍然处于美国的监护之下，但 1948 年，波多黎各人民第一次能够选举自己的总督路易斯·穆尼奥斯·马林；1952 年，他与美国就自由联合州或联邦安排进行了谈判。波多黎各继续融入美国气象机构，成为积极的参与者。气象传统深厚的古巴保留了自己的气象局，多米尼加共和国亦然。尽管 20 世纪晚期政治史的差异使它们的政府应对自然灾害的能力大相径庭，然而，双方都寻求参与飓风预测和应对的区域性工作。在英国殖民地中，牙买加（1962）、特立尼达和多巴哥（1962）以及巴巴多斯（1966）先后独立，而其他一些则在 1967 年选择成为附属国。虽然英联邦的许多岛屿成立了地方机构来处理自然灾害，但它们选择尽可能与其他加勒比国家联合起来进行区域合作。1984 年，在联合国救灾组织以及加拿大、荷兰和美国政府的帮助下，一个泛加勒比救灾项目正式成立了，但在 1989 年雨果飓风造成破坏后，加勒比共同体（加共体）于 1991 年建立了一个更加独立的加勒比组织。这个新的组织试图改善飓风的防范工作，减少损失和死亡，但由于资源匮乏，即使可以获得一些外国援助，在 20 世纪 90 年代也举步维艰。2005 年，该组织更名为加勒比灾害应急管理署，随着机构的成熟，活动也有所增加。[12]

这些问题的政治定义、地位和未来从未远离全球背景，到 20 世纪 50 年代，全球背景已经演变为冷战时期的意识形态和政治对抗。飓风季节此时将大风暴带入了一个新的政治环境，迫使政府应对风暴时更加关注物质和意识形态的影响。

最后，还必须注意到整个区域正在发生的人口变化。1945—2010 年间，加勒比海岛屿的人口几乎增加了两倍，从 1500 万增至 4200 万，其中大多数（90%）居住在大安的列斯群岛。波多黎各、多米尼加共和国、海地和牙买加的增长率令人印象深刻，但一些小岛的人口增长率也很高。人口密度高导致人口大规模向外迁移和集中在城市地区。[13] 这些变化意味着反复发生的热带风暴的影响也发生了变化。这些变化在加勒比海大陆的边缘地区也很明显：如墨西哥人口从 1950 年的 2800 万增加到 2013 年的 11600 万，以及经常遭受飓风影响的中美洲。在此期间，新的预测技术和更好的通信系统往往会减少飓风造成的死亡人数，但城市发展、人口集中和沿海地区旅游业的发展却增加了财产损害和损失的程度。

279

冷战灾难：一个改革派与一场革命

作为新政的延伸，波多黎各在 20 世纪 30 年代经历了一段改革和重建时期。在此期间，新的政治力量已经出现，包括路易斯·穆尼奥斯·马林领导的支持独立的进步政党——人民民主党或人民党。路易斯·穆尼奥斯·马林是一位杰出政治家之子，他在美国接受了教育，是 20 世纪 30 年代波多黎各岛立法机构的重要人物。美国军事基地的存在使得波多黎各在第二次世界大战中成为美国战争的一部分。许多波多黎各人在美军中服役，但是面对岛上持续的贫困，独立和民族主义的情绪仍然很强烈。反对这种依附关系引发了学术界的谴责、劳工骚乱和政治活动。毫不奇怪，艺术家和诗人借用飓风来比喻波多黎各的脆弱性及其与美国之间的紧张关系。诗人路易斯·帕莱斯·马托斯将岛上非洲文化的感性视为一种武器，视为反对其依附性的象征。[14]

> 风和水的传闻……
> 岛在海上跳舞
> 摇来晃去——

摇吧，摇吧

惹恼山姆大叔

人民党最初是一个支持独立的政党，但穆尼奥斯·马林后来改变了目标，作为党的领导人，他推动人民党走向主张更多自治和与美国合作发展的立场。1948 年，在时任波多黎各参议院议长穆尼奥斯·马林的敦促下，政府发起了"自助行动"，这是一项社会和经济改革方案，提供了若干社会方案，设立了最低工资，旨在将岛上的经济基础从农业转变为工业。同年，美国授予波多黎各选举总督的权利，选民选举了穆尼奥斯·马林。穆尼奥斯·马林是一位诗人和知识分子，有着广泛的政治背景和政治经验，在 20 世纪 30 年代的改良主义和民粹主义时代走向政治成熟，用历史学家弗朗西斯科·斯卡拉诺的话来说，他是"那个时代少有的群众领袖和政治家"[15]。他 3 次连任，直到 1964 年决定不再竞选之前，他一直主宰着波多黎各的政治生活，在接下来的 10 年里，他也一直很活跃。

1949 年，穆尼奥斯·马林一上任，就启动了一项法律、经济和社会变革计划。包括宪法改革和工业化计划，以及各种社会福利计划，但也包括放弃他以前的民族主义和独立立场。1952 年，在他的领导下，波多黎各宣布自己为"自由联邦州"或自由邦，在许多方面与美国融为一体，但显然依附和服从美国。支持独立的政党在选举中失败后，此时采取了更激进的行动，包括在波多黎各的几次枪战和袭击美国国会，穆尼奥斯·马林和联邦机构用严格限制言论和表达自由、任意逮捕和积极镇压来应对所有这些行动。随着冷战的不断升级，岛上的形势以及美国对该岛政治和意识形态的关注使这些镇压行动得以顺利实施。在美国，有人希望让波多黎各独立，放

280

弃这项棘手且昂贵的投资，但穆尼奥斯·马林寻求美国盟友阻止这一举动，并敦促华盛顿加大对改善该岛的投入。

正是在这种背景下，1956 年 8 月 12 日圣克拉拉节那天，贝琪飓风来袭。自 1932 年以来飓风首次袭击该岛，这是一场大风暴，像波多黎各大多数最具破坏性的飓风一样，它从东南向西北横扫该岛。由于 1956 年是选举年，已经有传言说风暴即将来临，过去飓风经常在政治敏感的年份来临。[16]处于渐进改革中的波多黎各已经在气象上做好准备。气象局人员配备充足，指挥得当，第一次有了飓风猎手飞机，雷达也投入了使用。波多黎各大学气象学教授克莱·麦克唐纳博士通过电视让岛上的公众了解刚刚到来的风暴的进展情况；口音浓重的西班牙语丝毫没有削弱他的受欢迎程度。"公众风暴"已经来到了岛上。

风暴开始时是佛得角的一个小热带低气压；在穿越大西洋过程中，8 月 10 日波多黎各首次宣布这场风暴的消息，此时它还在东南方大约 800 英里处。在接近岛屿时，风暴以每小时 20 英里的速度移动，直径为 14 英里。这场风暴造成了灾难性的后果，造成 16 人死亡，244 人受伤，许多家庭无家可归，造成 4000 多万美元的损失。总的来说，政府的各个部门——民防、气象局、红十字会和国民警卫队——以及广播、新闻和电话信息服务都表现良好，或者至少这是总督后来试图传达给人们的信息。[17]

穆尼奥斯·马林知道如何动员政府——他也这样做了。显然，穆尼奥斯·马林仔细考虑了前任总督贝弗利应对 1932 年圣西普里安风暴的做法，立即巡视了受灾地区，在飓风过去两天后，他通过

281

314

电台向全国发表讲话。[18] 他注意到了破坏和暂时混乱的局面，强调自己以同胞应对逆境的能力为荣："经过这些日子，我再次有理由为自己是这个民族的一员感到自豪，为其巨大的信任感到荣幸。为一个知道如何自理的民族服务，尊重一个知道如何自重的民族，是一种快乐。"穆尼奥斯·马林在描述缺乏水、食物、电力和住房的挑战时，赞扬了重建和恢复的努力。"穷人、没有富余资源的好人。"没有人寻求帮助，所有人都寻求自助。只有那些无法自救的人才会求助，而他会积极回应他们。

282　　"政府感到必须这样做，不仅因为这是一个民主政府的责任，也是因为我们的人民在逆境面前表现出的公正、自立和勇气。"这种话语使人回想起中世纪强调"值得帮助的穷人"是福利应当帮助的对象，但这也是一种针对联邦政府的说法，如同穆尼奥斯·马林试图向华盛顿保证，波多黎各能够照顾自己，不会成为联邦政府的更大负担。[19] 他的话令人信服。4 天后，艾森豪威尔总统宣布波多黎各为灾区，并拨款数百万美元用于救济。华盛顿在穆尼奥斯·马林身上看到了确保波多黎各稳定的方法，并把它作为加勒比地区其他国家的民主样板。[20] 救助即将到来。

　　风暴过后几个月里，灾后恢复和管理援助的问题繁多。要求得到损害赔偿的恳求信涌入圣胡安。穆尼奥斯·马林政府的高层特奥多罗·莫斯科索（Teodoro Moscoso）准备了一份报告，为总督的应对措施提供指南，但总督面临的问题很多。一位来自艾博尼托的银行家抱怨说，他的城镇是"丑小鸭"，甚至在风暴期间也像孤儿一样被对待，市长和市政府中的一些人是酒鬼或骗子。乌图阿多市市长写了一封长信，报告了 1000 多所房屋受损和近 200 万美元的损失。乌图阿多的无家可归者租不到房子，因为没有房子，即使有，也没有人会租给穷人。更糟糕的是，他抱怨说，红十字会的当地代表把发放援助政治化，破坏了人们对这一"崇高"机构的信任。[21]

发生灾害后直接向总督恳求援助的传统一直延续着，穆尼奥斯·马林是一个民粹主义者，鼓励这种做法，尽管银行家莱昂西奥·里维拉·罗德里格斯写信告诉他，许多人怀疑他没有收到私人信件，因此不了解灾后恢复的问题。[22] 然而，更贫穷的公民并没有失望，继续写信寻求他对他们的处境进行个人干预。穆尼奥斯向一名失去家园的奥罗科维斯妇女表明了他的政治思想，将其置于积极的、民粹主义的角度：

> 堂娜罗莎（Doña Rosa）……出于对我的感情，您把我称 283
> 作是穷人的父亲。然而，我却并不这么认为。在我们正在进行
> 的工作中，我更像是你们的朋友和伙伴，我们将继续努力改善
> 我们人民的生活条件。在这些努力中，您的朋友向您致敬。[23]

圣克拉拉之后的重建活动完全符合穆尼奥斯·马林的改善计划，艾森豪威尔总统宣布波多黎各为灾区，这为马林的政府提供了一个机会，强调美国将继续在波多黎各的发展中发挥积极作用，作为向似乎受到左翼倾向威胁的拉丁美洲展示的一个窗口。1956 年共和党的纲领既承诺"按照波多黎各人民的愿望和自决的基本原则"继续支持波多黎各的政治成长和经济发展，又赞扬"危地马拉共产主义政权"垮台和从想象中的克里姆林宫控制下解放出来。

这一时期的飓风既带来了政治挑战也带来了机遇。艾森豪威尔

应对自然灾害的方法和重点是让联邦政府采取有限的行动：

> 联邦政府……在人力可能的情况下，应该始终作为合作伙伴，以有益的方式参与救助，但最大的责任和行动的指导应由当地承担。这样，我们就可以按照真正的美国传统共同努力，在不放弃这个国家立国的任何伟大价值观——美国宪法赋予我们的私人特权和权利的同时有所作为。[24]

这一原则在当地的偏好、利益和障碍面前如何指导国家政策，为近代备灾和救灾的历史提供了大部分背景。[25]

1963 年的飓风季在美国相对悄无声息地过去了。7、8 月间，东海岸地区一股强大的高压迫使风暴在大西洋上形成，并向西移动，在到达美国海岸之前弯曲回大西洋，但在 9 月，更靠南的加勒比地区更有利于气旋活动。9 月的飓风两年来首次在路易斯安那州和得克萨斯州登陆，辛迪飓风造成 3 人死亡和 1200 万美元的财产损失。但与当月晚些时候海地和古巴遭受的弗洛拉飓风（7000—8000 人丧生）相比则相形见绌。弗洛拉飓风的破坏性仅次于 1780 年的大飓风，是加勒比地区历史上第二大最致命的飓风。[26] 但是，弗洛拉飓风的重要性远远超出了伤亡人数以及毁坏的农作物和财产，因为到 1963 年，大加勒比地区已经完全卷入了冷战政治的漩涡之中，这场风暴揭示了灾难在政治层面上的影响及其可能创造的机会。古巴应对弗洛拉飓风及其后果而采取的政治和人道主义措施，是在菲德尔·卡斯特罗领导的 1959 年古巴革命取得胜利并随后走上社会主义道路这一背景下发生的。

9 月 26 日卫星观测站在北纬 11.5 度首次发现了弗洛拉，但直到 9 月 30 日，"飓风猎人"飞机才进入风暴进行观测并记录气压计读数。弗洛拉的位置紧靠南美海岸。圣胡安气象局发布了飓风警报，但多巴哥岛在风暴袭击之前只有两个小时的准备时间，飓风在 9 月 30 日以每小时 90—100 英里的风速前进，导致 17 人死亡，3000 万美元的作物和财产损失。附近的特立尼达岛遭遇了暴雨和风速高达每小时 70 英里的大风，但其北部海岸的山脉提供了一些保护。当风暴穿过加勒比海南部时，开始向北转弯。到 10 月 3 日，当它接近海地半岛南部时，阵风达到了每小时 200 英里，气压下降到 27.64 英寸汞柱（936 毫巴）。飓风给该岛造成了猛烈的打击。雨连续下了 3 天，降雨量可能多达 75 英寸。大风、洪水和风暴潮造成了可怕的损失。超过 10 万人无家可归；估计死亡人数为 5000 人，损失为 12500 万—18000 万美元。

事实上，在风暴来临之前，海地没有采取任何措施减轻风暴打击。当时海地在"医生爸爸"弗朗索瓦·杜瓦利埃的控制之下。杜 285 瓦利埃于 1957 年当选，并立即着手建立一个不受约束的暴力、残酷的独裁政权。风暴期间，为了"减少恐慌"，杜瓦利埃的亲信兼海地红十字会主任雅克·富尔坎德博士禁止任何无线电气象广播发布风暴预警。这一决定导致社会对风暴准备不足，数十艘小船沉没或被毁。[27] 结果是一场巨大的灾难。来自美国和其他国家的援助立即开始涌入。杜瓦利埃政权并没有因危机而动摇：弗洛拉飓风之后不到一年，杜瓦利埃宣布自己为终身总统。他将继续无情地镇压所有的反对派。

杜瓦利埃政权的残暴在美国众所周知。尽管如此，到 1961 年，海地大约一半的预算由美国对该政权和海地武装部队的援助提供。杜瓦利埃的打手队——通顿马库特（Tontons Macoutes，又称海地国家安全志愿军）也是由美国武装起来的。约翰·肯尼迪政府明白支持杜瓦利埃政权的风险，也看到了海地的贫困、文盲率高和杜瓦利埃统治下对人权和政治权利的侵犯与进步联盟对该地区政策的矛盾；但是古巴革命带给美国的对共产主义的恐惧，阻止了任何动摇杜瓦利埃政权的企图。[28]

此外，1961 年特鲁希略在邻近的多米尼加共和国遇刺，使美国对地区不稳定日益加剧感到紧张。1962 年 1 月，美国急于将古巴驱逐出美洲国家组织，以换取援助承诺和对杜瓦利埃合法性的默认为条件，让海地投了决定性的一票。杜瓦利埃以反对共产主义为幌子，残酷镇压任何对其政权的反抗，宣布自己有资格连任，并在1961 年操纵了选举。1964 年，他不顾美国的反对担任了终身总统。尽管在肯尼迪和约翰逊政府中有人想削弱杜瓦利埃政权，但杜瓦利埃顽强的技巧和残酷统治下的稳定为他赢得了美国的默许和支持。海地的灾难与邻国多米尼加共和国的情况形成鲜明的对比。多米尼加共和国刚刚遭受了伊迪丝飓风（9 月 26—27 日）的袭击，尽管伊迪丝到达该岛时只是 1 级风暴，但却带来了暴雨。[29]多米尼加人随后躲过了弗洛拉飓风最严重的影响，但遭受了强风、暴雨和严重洪水，最终造成 40 人丧生。桥梁被冲毁，道路中断，估计损失达6000 万美元，其中包括大约 15% 的可可收成。巴拉霍纳地区的救援工作效率低下且腐败，居民抱怨红十字会发送的衣物、药品和食品被盗或被卖掉。[30]尽管如此，风暴的追踪已完全公布，政府也采取了一些有效的预防措施。这一点值得注意，因为当时多米尼加共和国处于军政府控制之下。

军政府废黜了总统胡安·博什之后，于 1963 年 9 月 25 日上台。7 个月前刚刚当选总统的博什试图实施一系列自由主义改革，激怒了军方、教会和强大的经济利益集团。关于中央情报局参与了此次军事政变的传闻在新闻界广为流传。当时的美国大使约翰·巴特洛·马丁否认了这一点。尽管他在回忆录中披露，华盛顿认为博什的问题是咎由自取，不愿意费力支持他的政府。两年后，一场民众起义爆发，要求让流亡的博什回国，美国军队进行了干预，阻止博什回国。[31] 马丁后来回忆，在政变的那天晚上，伊迪丝飓风来袭之前的暴雨浸透了首都，那天晚上没有人群聚集在街上捍卫总统，第二天飓风到达该市时也没有。他后来为美国未能支持博什辩护说，美国无法捍卫一个本国人民不愿支持的政府，但他认为恶劣的天气是他们没有采取行动的一个因素。[32]

海地和多米尼加共和国对自然灾害的反应及其结果之间的差异并不新鲜。从 1850 年到 2007 年，两国共有的岛屿间歇地发生地震，遭受了 69 次飓风。风险一直存在，2010 年海地遭受了 7.7 级地震的冲击，造成 314000 人丧生。[33] 海地面积较小，人口密度较高，人均收入较低，更容易受到热带气旋和地震的影响，政府忽视灾害预防和减灾、缺乏为降低脆弱性所需的基础设施建设所需要的投资，使情况变得更加糟糕。圣泽农教会了特鲁希略灾难的变革力量。他利用了那种力量。有传言说，他的余生都迷信地害怕飓风季，有证据表明，在 1955 年的某个时候，他曾短暂地考虑资助一个控制和驱散飓风的研究中心。[34] 此外，他对某些保护政策感兴趣（诚然是自私的），偶尔会谈到环境保护。杜瓦利埃对这些细节不感兴趣，随后的海地政府，包括他的儿子让·克洛德·杜瓦利埃的独裁政府（1971—1986 年执政），面对国家所处位置的气象和地球物

287

理危害，缺乏采取适当措施应对这些威胁的意愿或资源。[35]

"弗洛拉"飓风在夷平海地半岛南部大部分地区后，继续向西北方向移动，于 10 月 4 日抵达古巴关塔那摩和圣地亚哥之间的奥连特省海岸。风暴移动非常缓慢，采取了一条特殊的行进路线，在古巴岛的东端倾倒了大量的雨水，由于受到美国东海岸高压的影响，风暴前进的力量减弱，导致"漂移"。10 月 7 日至 8 日，风暴再次穿过 10 月 5 日至 6 日袭击过的奥连特省的相同地区，在圣克鲁斯上空形成一个环。在弗洛拉最终离开、穿过巴哈马群岛之前，狂风暴雨在这个区域肆虐了 5 天。古巴降雨量非常惊人，大部分地方的降雨量在 5 天内达到了 40—80 英寸。圣地亚哥报道了超过 100 英寸的降雨量，这是古巴有史以来单次风暴中降雨量的最高纪录。萨拉多河、巴亚莫河、考蒂洛河和康特拉梅斯特雷河全部泛滥。古巴最大的河流考托河据说一度涨到 50 英里宽，比亚马逊河的河口还要宽。[36]奥连特省和卡马圭省首当其冲；数千英亩土地被洪水淹没，庄稼被毁，整个社区被淹没或冲走。风暴路径的奇特循环、暴雨和破坏让人想起一场更久远的古巴气旋，1910 年的"5 日飓风"，另一场在加勒比海南部形成的 10 月风暴，如往常一样向东北方向移动。这场飓风袭击了古巴西部，绕了一个大圈，再次越过比那尔德里奥，摧毁了卡西达和巴塔巴诺，冲破了洪水中的哈瓦那滨海路的海堤，造成至少 100 人死亡，在农村地区可能更多，是古巴有史以来最具破坏性的风暴。弗洛拉飓风的破坏性更严重。

1959 年 1 月，古巴革命推翻了巴蒂斯塔政府。60 年代初，革命领导人菲德尔·卡斯特罗正在巩固政权，走上社会主义道路。他在猪湾（1961 年 4 月）击败了流亡者的入侵部队，在古巴导弹危机期间（1962 年 10 月）经受了苏联和美国之间的对峙，但这场对峙在没有古巴参与的情况下得以解决，对卡斯特罗而言有点尴尬。

弗洛拉飓风的降临恰逢其时。卡斯特罗政府第一次直面真正的自然灾害。为了使新秩序和他的领导合法化，这是卡斯特罗必须成功应对的挑战。古巴人对弗洛拉飓风的反应与邻国明显不同。政权的所有机构都被动员起来投入救灾工作——民兵、军队、国防委员会以及红十字会和警察。革命主要领导人在救灾中发挥了重要作用，不仅是访问受灾地区、与受灾民众交谈、如图 8.1 中所见在两栖车辆上指挥救灾行动的菲德尔·卡斯特罗，还有他的兄弟劳尔，以及像革命指挥官、菲德尔·卡斯特罗早期的伙伴胡安·阿尔梅达·博斯克这样的人，他们在救援动员中发挥了主导作用。博斯克关于这些事件的回忆录《抵御洪灾与风暴》（1985）夹杂了作为目击者的观察和劝诫性评论、对革命正当性的肯定和对前政权以及古巴现存敌人的谴责。这本书 1985 年被授予著名的美洲之家奖，也许更多是由于它所传达的信息和作者的职业，而非文学价值，但是阿尔梅达的作品有时通过个人观察捕捉到灾难的规模及其挑战的维度，使 1963 年 10 月的那些日子栩栩如生。他用直升机叶片发出的 289 "塔克，塔克，塔克"的声音作为英雄主义、牺牲和损失的背景节奏，然后把这声音与记忆中的敲击钉子声进行比较，他记起 1944 年飓风逼近哈瓦时，他和父亲用木板封窗户时敲击钉子的声音。[37] 那是古巴公众记忆中的风暴，仍然是评估"弗洛拉"飓风影响的参照物。

图 8.1　菲德尔·卡斯特罗指挥应对飓风弗洛拉

　　救援工作令人印象深刻：直升机、卡车、坦克和两栖登陆艇送来了食品和物资，帮助疏散了数千人。撤离人数估计为 175000 人。媒体上到处是戴着头盔的菲德尔和其他领导人的照片，以及他亲自接触受灾者的故事。1200 人丧生已经够糟糕的了，但如果没有救援行动，结果可能会更糟。在整个救灾行动中开始形成一种解释性话语，很快成为弗洛拉飓风对革命的意义的核心话语，以及此后使用290　这种意义的方式。10 月下旬，在损失和死亡的估算完成之前，卡斯特罗发表了一个演讲，演讲围绕主导了弗洛拉飓风故事的两个主题展开：革命创造的共同体意识和共同目标，以及革命应对和战胜自然灾害的能力。卡斯特罗将救援者的英雄行为与猪湾保卫者的英雄行为相提并论，声称他们的努力所带来的团结感本身就证明了革命的合理性。"那里发生的是自私的反面，与每个人只关心拯救自己和解决自己的问题相反，那里的人们互相帮助……他们与大自然斗争，他们的决心、勇气、坚忍和冷静——即使是那些失去一切的人——也令人印象深刻。"正如我们所看到的，18 世纪在加勒比地区旅行的一些人，如莫罗·德·圣梅里或如巴巴多斯总督里昂这样的殖民地官员也持有这种观点。现代观察家也注意到，在其他情况下，邻里之间的团结和有共同目的的情感往往来自灾难。[38] 然而，卡斯特罗认为这种态度是古巴人的性格和革命原则的结果。

卡斯特罗接着阐述了最后一点，他呼应了玻利瓦尔对 1812 年加拉加斯地震的挑战："革命是比大自然更强大的力量。与革命的力量相比，飓风之类的事件微不足道。一场革命的力量比自然现象和灾难要大得多。"他承诺在河流上修建大坝和水库，以便未来将暴雨变成农业效益。"我们会补偿那些遭受损失的人，帮助那些家庭。我们将与大自然展开一场真正的战争；保护我们的国家免遭这些苦难和痛苦；把现在这个荒凉、满目疮痍和死气沉沉的中心变成我们国家不可估量的财富中心……这是我们应该做出的回应，这是一种荣誉。"[39]

圣地亚哥·Á. 阿尔瓦雷斯在一部名为《飓风》的 22 分钟纪录片中传达了同样的信息。这部电影表现力很强，是阿尔瓦雷斯的第一部重要作品，使用了来自电视摄影师、军队和古巴电影委员会（ICAIC）的新闻短片片段，有配乐但没有对话，表达了灾难的恐怖和救援人员的努力。电影中的直升机象征着科技战胜自然的能力。阿尔瓦雷斯简洁的黑白纪录片引人注目，成为一种《意志的胜利》，

291

在视觉上颂扬卡斯特罗及其政权。[40]

古巴从弗洛拉飓风后恢复的努力成为一个转型时刻。两年后，切·格瓦拉在写给乌拉圭记者卡洛斯·基哈诺的著名信件中对古巴人民在弗洛拉飓风期间的英雄主义和团结精神表示赞赏，声称"需要将这种精神转化为日常实践，这是我们的根本任务之一"[41]。换句话说，自然灾难产生的共同体意识应该成为日常生活的精神。1966年，当另一场飓风威胁这个岛国时，菲德尔在哈瓦那的一次长篇演讲中再次谈到了这些主题。他再次谈到了面对自然灾害时的合作模式。一个在自然面前宿命论盛行的国家，过去"ciclonear"（闲逛和喝酒）已经成为描述飓风准备工作的常见方式，卡斯特罗此时提醒他的同胞，他们中的唐吉诃德比桑丘·潘沙；在1868年反抗西班牙的十年战争开始时，在猪湾事件中，在与弗洛拉飓风的斗争中，古巴人展示出了为了未来所需要的牺牲精神和勇敢品质。"崭新的人"、新的精神和政府行动可以克服"大自然施加我们的逆境"。应对弗洛拉飓风的做法已经为应对以后的飓风准备好了路径："如果再有一场弗洛拉经过奥连特省，我们确信受害者的数量将会大大减少，因为如果说在那种情况下巨大的努力拯救了无数的生命，这一次会提前几个小时保证绝对没有人会留在洪水可以到达的地方。"演讲继续以这种方式进行，强调采取措施使经济多样化以应对飓风的威胁，并声称无论自然灾害、封锁或袭击都无法阻止革命。[42]

事实上，甚至在弗洛拉飓风之前，卡斯特罗就已经开始着手改善国家的基础设施来应对环境威胁。1960—1962年的严重干旱促使古巴政府于1962年8月创建了水力资源研究所。卡斯特罗后来解释说："你知道是谁提高了我们的水力意识吗？是最近两年的干

292

旱。"卡斯特罗对从弗洛拉飓风的打击中恢复的态度以及最终如何看待政府面对自然灾害的责任，必须放在当时的政治背景下分析。弗洛拉来袭时，古巴的政治重组正在如火如荼地进行。甚至在弗洛拉飓风造成破坏之前，古巴就已经开始实行食物配给制，但这场风暴和后来的美国禁运被用来证明这种做法的合理性。古巴革命政权在 1959 年通过了土地改革，将大地产和公司收归国有，1963 年 10 月，第二次土地改革又将 11000 个农场收归国有，并将更多的土地移交给效率较低的国营企业。[43]

10 月 30 日，卡斯特罗发表电视讲话，强调由于灾难和美国的骚扰，古巴必须紧缩开支。他对美国的一些断言是有道理的。中央情报局继续开展行动，将人员和物资运入古巴，古巴驱逐了中央情报局用于秘密行动的雷克斯号船。卡斯特罗声称，（美国）利用飓风的干扰来掩盖颠覆行动的企图是可耻的，红十字会作为美国国务院的一个分支不值得信任。[44]中央情报局起草了一份关于风暴影响的报告，预测甘蔗的收成将受到影响，卡斯特罗将需要援助，但在经济复苏期间不会立即出现民怨。[45]事实上，甘蔗并没有受到严重影响，但弗洛拉飓风确实中断了农业从糖料生产转向多样化，而这正是卡斯特罗的目标之一。[46]

与此同时，鉴于风暴造成的紧急状况，卡斯特罗还呼吁肯尼迪总统取消对古巴的经济限制。《纽约时报》写道，"在这样的苦难面前，不应该有政治"，美国应该承担起它的"人道主义义务"，通过"非官方渠道"向古巴和海地的受灾者提供援助，无论这两国政府是什么性质。"我们与古巴人民之间没有争执。与海地人也是如此。"[47]正如我们现在所知，卡斯特罗和肯尼迪之间已经就某种形

293 式的临时妥协打开了秘密渠道，但是这些因 1963 年 11 月肯尼迪遇刺突然中断。[48]

卡斯特罗应对弗洛拉飓风的措施巩固了他在古巴的领导地位，但也让那些反对他的流亡者感到沮丧，甚至有人质疑他们反对的有效性。10 月 23 日，何塞·米罗·卡多纳，反卡斯特罗政权的流亡者中的一位重要人物在迈阿密写信给古巴诗人巴勃罗·勒里弗恩德：

> 弗洛拉飓风已经（以多少痛苦和代价）证明，孤立的、没有连续性的、与符合形势的军事计划无关的破坏行为本身会把人们引向绝望，激起报复，推迟解放的时刻。没有人能比弗洛拉更具破坏性……但菲德尔仍在那里。[49]

古巴人抗击弗洛拉飓风的做法成为革命神话的一部分，也成为卡斯特罗政权应对未来自然灾害的典范。1966 年、1976 年和 1994 年的进一步立法巩固了古巴的民防系统。卡斯特罗致力于避免过去的错误，并投入大量资源，通过教育和动员民众来防备自然灾害。古巴在减少生命损失方面的记录令人印象深刻。1996—2002 年间，6 次飓风袭击了古巴，给 24 万多个家庭造成损失和破坏。在这些风暴中，230 多万人被疏散，仅 16 人丧生。[50] 当 1991 年米歇尔飓风（4 级）袭击古巴岛时，只有 5 人死亡，这是自 1944 年大风暴以来古巴经历的最严重的风暴威胁。2005 年，另一场 4 级飓风丹尼斯摧毁了 3 万英亩香蕉树，使 250 万人断电，但政府疏散了 150 万人，即 13% 的古巴人口，仅 16 人丧生。[51] 这些成绩是各方合力的结果，包括国家应急计划、组织动员、强制的年度民用实践和模拟演习

（气象项目），以及古巴气象研究所积极的国际合作都做出了贡献，古巴气象研究所还承担了国家气象咨询预警任务。一些简单的步骤，如修剪树枝、确保水的储备、保持医院开放、允许人们疏散宠物、自行疏散，为古巴救灾行动取得成功也做出贡献，并且将继续做出贡献。岛上民众对于政府期望也随之提高。应对 1985 年的飓风时表现不佳，导致在古巴提到气象部门时讽刺地将其称为"说谎部门"而不是气象部门，其主任被免职。

294

古巴的防灾和减灾政策成为联合国和国际红十字会联合会与红新月会所颂扬的典范，特别是因为古巴不是一个富裕国家，投资于这些措施的资源有限。[52]但是，古巴在减少生命损失方面的成就获得赞扬的同时，也在技术上和意识形态上受到批评。一些观察家批评古巴动员的方式自上而下、地方对国家规划缺乏影响，而另一些观察家则指出，飓风造成的破坏使古巴住房不足的情况更加严重。有的批评者仅仅是对国家要求疏散、限制人们居住在被认为是高风险的地区，以及要求在恢复期间进行非自愿动员的能力感到不舒服。[53]有人认为用自由换效率的代价过于昂贵。

进入 21 世纪后，古巴在环境问题上的总体纪录仍然喜忧参半。平衡经济发展与注重环境保护之间的困难仍然是一个敏感问题。古巴自然资源部前总干事何塞·奥罗博士在 1992 年说，"我们有洪都拉斯的工业产量和东德的污染"。[54] 但是到了 20 世纪 90 年代中期，卡斯特罗开始意识到海平面上升、全球变暖以及飓风规模和频率的增加都对岛屿国家有特别重要的意义。他的发言越来越多地表达出一种"绿色"论调，他批评了永久增长的概念，呼吁更公平地分配财富。[55] 同时，由于实践证明古巴多维度、重视防灾减灾的做法非常有效，古巴已成为许多加勒比国家的榜样。

295 全球变暖与飓风的辩论

尽管人们对飓风的主要成因仍存在激烈的争论，我们现在已经知道，世界上热带风暴每年发生的频率和强度多有变化。"历史气象学家"们，如 19 世纪的安德烈斯·波依和 20 世纪的戴维·卢德勒姆和何塞·卡洛斯·米拉斯等梳理了档案、航海日志和旧报纸，收集了大量有关风暴的信息，一直追溯到哥伦布到达美洲时。他们凭直觉认为，建立风暴的历史纪录可能会揭示能够准确预测的模式，但这些历史报告和叙述的科学有效性和准确性往往值得怀疑。然而，随着飞机侦察和卫星观测（始于 1966 年）的使用，以及 NOAA 等机构的创建，数据记录不仅数量显著增加，而且变得更好、更准确、更一致。[56] 因此，如果不谈风暴随时间变化的原因，气象学家可以自信地谈论从 1950 年左右到现在的大风暴的特征，以及它们发生的模式。

世界所有海洋上每年形成大约 80 个飓风或台风，大西洋上生成大约 10 个热带风暴，其中平均大约 6 个成为飓风（定义为持续风速超过每小时 74 英里）。然而，每年都有相当大的变化，周期性的风暴活动或多或少。20 世纪 20 年代中期至 30 年代中期以及 40 年代中期至 60 年代中期，北大西洋上风暴非常活跃，飓风多次登陆美国。我们已经看到，佛罗里达州遭受了沉重的打击：1926 年的迈阿密，1928 年的奥基乔比，1935 年的基斯。仅佛罗里达 1944—1950 年就经历了 11 次飓风，造成了相当大的经济损失。1970—

1995 年期间，北大西洋的飓风数量似乎明显减少，与 1940—1970 年期间的每年 4 次相比，平均每年只有 1.5 次大飓风（3 级及以上）。[57] 但从 1995 年开始，大西洋飓风的数量，尤其是强烈的 3 级及以上飓风显著上升。1975—1989 年间有 16 次这样强度的风暴，但是在接下来的 1990—2004 年间有 25 次。一项研究表明，1975—2005 年期间，飓风的频率没有增加，但达到 4 级或 5 级的比例增加了一倍。[58]

这些数据引发了两个问题，一个是气象问题，另一个是历史问题。为什么会出现这样的变化？这仅仅是自然循环的一部分，还是今天人类活动的结果？现代科学思想强调，当海水温度上升，垂直风切变（高空风）减少时，飓风会变得更加频繁。在厄尔尼诺事件期间，热带大西洋平流层风通常会增加，而更强的风切变会抑制来自温暖水域的上升水汽柱，从而阻止热带风暴升级为飓风。

一些研究表明，最近大西洋变暖是气候变化，也就是全球变暖的一部分，主要是由于碳排放到大气中，即由于人类活动，但其他研究表明，地球存在周期性的变暖和变冷（大西洋多年代际振荡），这解释了当前飓风频率的上升，或至少对全球变暖的人为性质提出了质疑。虽然反对全球变暖理论的人支持自然发生周期理论，他们承认有大量证据表明自 20 世纪 90 年代中期以来飓风数量和强度有所增加，但过去也发生过这种情况，因此他们认为准确的科学记录根本不足以对目前状况的原因得出任何结论。

从某些方面来说，这场争论是 19 世纪的产物，当时人们不再把人类的罪恶和道德沦丧视为自然灾害的原因，而是转向对地球物理和大气现象的自然解释。但是，尽管 19 世纪的观察家们用自然法则取代了神的愤怒，将人类活动解释为飓风产生的主要原因或至少是次要原因，但 20 世纪末对生态和环境的理解再度将人类的行动和过失置于解释破坏性自然现象的核心。

297　　　到 20 世纪 80 年代，辩论的科学立场已经界限分明。[59] 许多依赖强大的经验主义方法、认为人为造成的全球变暖并非飓风频率和强度增大的根本原因的学者，如克里斯托弗·兰西（Christopher Landsea）和小罗杰·皮尔克，是科罗拉多州立大学气象学家威廉·格雷的学生。从 20 世纪 80 年代开始，格雷作为飓风专家因每年预测飓风的数量和类型声名狼藉。站在他们对立面的是像麻省理工学院的克里·伊曼纽尔这样的气象学家，他们对全球变暖的人为原因及其对热带气旋的影响坚信不疑。这些分歧导致了气象学家之间激烈的、有时甚至不甚体面的辩论，辩论的核心是方法论以及归纳与演绎推理的相对效用。这是一场科学分歧，有些人依赖于观察，因此声称记录不够长或不够完整，不足以得出任何坚实的结论，而有些人利用计算机生成的理论模型得出结论，认为人类的影响确实改变了大气，增加了飓风的风险。[60] 然而，到了 20 世纪 90 年代，这个问题变得越来越政治化，因为那些不希望限制化石燃料使用和碳排放的人倾向于格雷的立场，而那些希望减缓或消除全球变暖对人类影响的人则把论点建立在伊曼纽尔和越来越多其他科学家的研究基础上。[61]

在这场关于人为全球变暖是否存在的争论中，飓风活动的频率和强度成为焦点，全球变暖对其影响似乎直接而易于察觉。因此，当 2004 年仅美国的飓风损失就达到约 420 亿美元，而 2005 年大西洋国家的损失超过 1000 亿美元时，飓风的话题成为公众和政界越来越感兴趣的问题，也成为科学争议的中心。[62] 2005 年卡特里娜飓风灾难之后，由于相互竞争的论文就数据、统计技术和总体解释的分歧争论不休，有关争议和分歧变得更重要也更公开。

不仅政治利益集团抓住科学证据来支持自己的立场，科学家们 298 也开始根据自己的发现提出政策建议。在 2003 年发表的一篇经过仔细论证的论文中，小罗杰·皮尔克、克里斯托弗·兰西和其他人认为，科学证据无法证实全球变暖对飓风的相对影响，因为 1850 年之前的数据断断续续，不完整，而且在仅仅 5 个世纪的时间内，很难对几千年来的地球物理或大气条件做出比较说明。对于那些认为特大风暴造成生命和财产损失大幅上升的人，小罗杰·皮尔克和他的同事提出了证据，表明当对数据进行"标准化"或者说调整为包括人口变化和通货膨胀因素时，飓风造成的生命和财产损失在最近几十年并没有显著增加，并且 1900—1950 年间每场飓风的平均损失在统计上并不低于 1951—2000 年间。他们的论点强调环境变化，如全球变暖和社会变化（人口统计、定居模式、移民、建筑法规等）都会影响飓风的后果，考虑到现阶段关于飓风及气候变化对飓风产生影响的科学知识，与其希望通过调整能源政策来降低飓风频率或强度，不如专注于"政治、制度和知识"方面，即限制海岸附近的人口密度或严格执行建筑法规，更有可能降低在飓风面前的脆弱性。[63]尽管他们的观点颇有道理，但考虑到 21 世纪美国政治的现实，终结贫困和限制人口增长的目标似乎比限制化石燃料的使用更不可能实现。在这个问题上的科学辩论因政治力量与两种立场结盟而更加激烈：一方致力于在有限的环境限制下扩大化石燃料的使用和工业发展，因此对全球变暖的说法持怀疑态度；另一方渴望找到替代能源，并执行严格的环境法规，以减缓污染程度、北极冰盖融化和海平面上升。

299 20 世纪末的社会与风暴

从历史角度看，在 20 世纪最后 10 年和 21 世纪的头 10 年，围绕如何在长期和短期内妥善处理气候变化问题出现了深刻的政治和意识形态分歧。全球变暖是否存在，以及如何妥善应对这一问题引发了许多关于经济发展的本质和政府长期责任的问题。但是，也出现了关于防灾和灾后恢复的短期管理的一种立场，这种立场从 18 世纪后期以来形成的趋势中回归到各国政府在应对此类灾害时越来越发挥更积极的作用。在美国，从 1969—1993 年的 24 年间，民主党入住白宫的时间仅有四年（卡特总统，1977—1981），在此期间，灾害管理的主流哲学非常重视当地和区域组织、与政府签订服务合同的群体和宗教团体。1984 年罗纳德·里根总统给南卡罗来纳州一名七年级学生的信中耐心地总结了这一哲学。当这个学生的母亲说，他的房间是一场"灾难"时，他直接向总统申请联邦救济援助。里根回复说，所需资金量低，他的政府认为，许多事情地方一级的志愿者可以做得更好，他已经发起了一个私营部门的倡议。这个男孩的请求似乎是这种行动和志愿服务的绝佳候选。[64] 总统的信看似幽默风趣，实则隐含着严肃的原则。各种政府机构以及美国参与的世界银行和美洲国家组织等区域和国际组织也倡导同样的策略。

然而，20 世纪 70 年代到 90 年代中期，即使在厄尔尼诺事件导致气旋活动减少的时期，飓风仍然会发生，有时强度会很大，造成致命影响。卡米尔飓风（美国南部，1969）、戴维飓风（多米尼加共和国和海地，1979）、吉尔伯特飓风（牙买加，1988）以及雨果 300 飓风（波多黎各和佛罗里达，1989）都为这一事实提供了证据。这些风暴迫使政府和社会采取应对措施，但如果我们从更广阔的视角来看待这一时期，似乎在飓风造成的灾害频率降低的同时，政府的关注度也在降低，应对飓风潜在威胁的财政拨款在不断减少。历史学家丹尼尔·罗杰斯（Daniel Rodgers）把这段时期称作"分裂的岁月"（years of fracture），正是在此期间美国发生了关于社会性质、社会责任和包容性的深刻辩论。针对约翰逊政府扩大公民权利和福利规定的"伟大社会"，以及对 20 世纪 70 年代中期世界经济危机，美国社会形成了一种对政府为"下层阶级"支出的强烈批评，批评者经常警告道，推动社会援助计划会带来道德风险，造成依赖性。[65]这种说法长期以来一直以各种方式用于针对穷人和灾民，但在 20世纪 70 年代和 80 年代，这些警告和劝诫有了新的力量，引起世界各国政府的共鸣，这些政府希望促进市场驱动的新自由主义经济政策，在灾难面前，它们希望将责任归还给各州或地方当局、慈善机构、教会或受灾者本人及其社区。美国在这些问题上的争论经常反映在加勒比地区其他国家应对类似挑战的方式上，以及美国与这些国家合作或向其提供援助的方式上。

当然，社会、经济和政治环境总是会影响在飓风面前的脆弱程度以及应对措施的性质。1988 年袭击牙买加的吉尔伯特飓风是一个很恰当的例子。风暴来袭时，牙买加正处于一个试图确定其政治特征的动荡时期。牙买加实行议会民主制，首相是政府首脑，尽管它仍然属于英联邦，大不列颠的统治者是牙买加的国家元首。1972
年，牙买加著名政治家和前总理的儿子迈克尔·曼利执掌政府，改
善了与社会主义国家古巴的关系，帮助建立了加勒比共同市场，并
实施了一系列劳工、土地和经济改革。美国因担心牙买加会向左转
而反对他，牙买加国内的保守派政党也反对他。内外夹击导致了
1976 年迈克尔·曼利竞选连任成功期间的暴力事件。1980 年，曼
利的计划陷入了严重的财政困境，他被更保守的牙买加工党领袖爱
德华·西加击败。爱德华·西加是一位成功的商人和政治家，以高
效的管理著称。[66]西加启动了建立在紧缩、私有化和经济多元化基
础上的社会和经济计划。他奉行的外交政策对美国威胁小得多。
事实上，1981 年，他是罗纳德·里根当选总统后在华盛顿接待的
第一位外国国家元首，此后他与里根合作密切。像拉丁美洲和加
勒比地区的许多其他国家一样，牙买加的经济在 20 世纪 70 年代
和 80 年代初的大部分时间里停滞不前或苦苦挣扎，但从 1986 年
到 1989 年，在西加的领导下，每年经济增长约 4.5%。吉尔伯特
飓风打断了这一趋势，摧毁了 70% 的咖啡作物和当年大部分出口
香蕉和可可，也摧毁了牙买加人赖以生存的大部分私人种植的大
部分粮食。

风暴迅速穿过加勒比海，从东到西穿过整个牙买加岛，然后袭
击了尤卡坦半岛、墨西哥新莱昂州。在牙买加上空，这是一场严重
的风暴，阵风有时超过每小时 130 英里，风眼直径 15 英里，气压
一度降至 26.22 英寸（888 毫巴），是西半球当时有史以来记录的
最低气压。[67]金斯敦市及其 75 万人口（牙买加 230 万人口中的一部
分）受到了直接打击；地理学家戴维·贝克和戴维·米勒指出，飓
风穿越岛屿发生在白天，因此岛上几乎所有人都见证了它的穿越和

所造成的破坏。[68] 风暴将大部分雨水倾泻在海上，但岛上大部分降雨发生在风已经将大量树木叶子剥落和连根拔起之后；由此造成的严重侵蚀和泥石流给道路造成了近 2000 万美元的损失。总体而言，这场飓风给牙买加造成的损失估计约为 10 亿美元，超过其当时的年度外汇收入。1980 年牙买加防灾办公室成立，从 1983 年起就制定了防灾害计划，但危机的规模之大使它不堪重负。[69] 一些地方长达 3 个月没有饮用水、电力、电话通信或住房。风暴期间，40 多万人被疏散，灾民的重新安置给政府带来了负担。香蕉作物遭到毁灭，甘蔗减产 17%，粮食供应也受损严重。不仅农业受到干扰和破坏，已经是岛上重要产业的旅游业也受到影响，牙买加北海岸大约 80% 的酒店遭受损失。

灾害管理专家强调，在飓风来临之前，把钱花在防灾减灾上比花在灾后救援上要有效得多。然而，为一个可能发生也可能不发生的风险支出总是一场赌博，而较贫穷的国家往往发现，将稀缺的资源投入可能发生的灾难中尤其困难。这是大部分加勒比岛屿地区的经济状况特征，但也有人试图从文化角度来解释为什么对风暴缺乏足够的准备。[70] 作家马克·库尔兰斯基认为，牙买加人和加勒比的其他民族一样，一直是了不起的幸存者，但不是了不起的规划者。由于传统上没有太多的办法来防范飓风，人们几乎什么也不做。大多数努力和想象力都投入灾后生存中，但事实上，如同大多数加勒比小国一样，牙买加很难拨出足够的资金为如此规模的紧急情况做准备。1986 年牙买加没有专门的应急资金。事实上，直到 1995 年牙买加才设立应急资金，而且通常资金不足。2013 年 6 月，牙买加防灾和应急管理办公室报告说资金严重不足。[71] 因此，牙买加像其他岛屿一样，倾向于在灾后集中力量救灾，而不是减灾和防灾。

　　对于 1988 年的牙买加人来说，这种策略意味着面对风暴成为个人或家庭的生存挑战（图 8.2）。这场风暴很快被拟人化为"吉尔伯特"，一名受灾者称之为"比他们所有的人都坏。他把所有东西都捣碎后扬长而去"[72]。风暴很快成了流行文化的一部分。

303　　图 8.2　吉尔伯特飓风过后牙买加幸存者获得饮用水（照片来自维基百科）

　　以风暴为主题的歌曲唱片至少发行了 10 张，曲风各异，从挑逗、诙谐的雷鬼"吉尔伯特，一次地狱吹箫"，到格雷戈里·艾萨克的"糟糕的灾难"。《牙买加集锦报》写道，吉尔伯特提供了"一个教训——当谈到大自然时，富裕的人和贫穷的人共克时艰"，但这场风暴实际上凸显了牙买加社会的差距和不平等。劳埃德·洛温迪尔（Lloyd Lovindeer）的歌《狂野的吉尔伯特》售出 3 万张唱片，这首歌的副歌取笑了富人家中被吹走的卫星电视天线，同时为年轻人的抢劫行为鼓掌："你看我的冰箱，吉尔伯特给的；你看我的彩电，吉尔伯特给的，你看我的新音响，吉尔伯特给的。"[73]洛温迪尔的歌词甚至采用了古老的天意论解释，但带有牙买加风格。拉斯特法里教徒可能会赞扬风暴是神惩罚非信徒的罪孽，"撕掉他们的屋顶，打碎他们的窗户"，但"脏辫们"① 无法解释为什么吉尔伯特也掀走了他的小屋屋顶。[74]《香蕉人》用另一个版本的"狂野的吉尔伯特"告诉牙买加人，"从头再来很艰难"，然后强调牙买加人必须团结起来作为一个民族来克服灾难。卡斯特罗在弗洛拉飓风后提出了相同主题。事实上，许多灾后研究表明，与人们通常担心的公共秩序崩溃相比，社区合作和团结更常见。[75]

但在重建过程中，公共秩序遭到破坏，腐败和盗窃现象普遍存在，更为保守的观察家对此的同情远不及洛温迪尔的歌词唱的那样。女王在岛上的代表——总督委托进行了一项官方调查，调查没有否认岛上恶劣的生活条件或贫困和暴力是社会崩溃的原因，但将真正的责任归咎于"渗透到国家织锦每一根纬线的腐败，像腐烂的线一样撕裂织物。我们的公民悄悄地穿过中空的飓风眼去偷窃……像成群结队的啮齿动物……像一点点地吞噬死尸的腐食动物"。[76]这

①　此处指信仰拉斯特法里教的人。——译者注

是对抢劫和政治行动的谴责。调查报告的作者是独家专员埃林顿·乔治·格林，他抱怨说："我们为各种无论是真实的还是想象的缘由组织示威和游行，目的是突袭每一个没有放下卷帘门的商业场所，破坏、抢劫后带着我们的不义之财消失。"

吉尔伯特飓风影响了接下来的选举。有一段时间，一些观察家，如《纽约时报》的作者，认为风暴和西加向灾民分发援助的能力可能会改变竞选的态势，战胜反对其紧缩计划和冷静态度的负面意见。[7] 经济已经复苏，但失业率仍保持在20%，到1989年西加的受欢迎程度下降。曼利赢得了选举，重返首相办公室，这次他的言论和计划远没有那么激进，对美国也友好得多。

吉尔伯特飓风是飓风频率较低时期的一次大风暴，但到了20世纪90年代中期，飓风活动又开始增加。1995—1999年期间，共有65次命名风暴，41次飓风，其中20次超过3级。[78] 仅1999年一年就发生了5次非同寻常的4级飓风。整个大加勒比地区的国家和人民面临着前所未有的潜在危险，这一挑战给政府和预算带来了巨大的负担，突显了这些社会中潜在的社会差距和意识形态差异。

这一时期最具灾难性的风暴之一袭击了中美洲的加勒比海边缘地区。由于地球物理特征、位置和历史，这个地区总是容易遭受自然灾害。中美洲易受地震和火山活动的影响，像位于加勒比海和东太平洋这两个飓风形成的活跃中心之间的墨西哥一样，长期以来一直在努力应对这些环境挑战。此外，20世纪的洪都拉斯、萨尔瓦多和尼加拉瓜是拉丁美洲最贫穷的国家，它们的政府不太关注采矿、养牛和各种农业形式对环境的不利影响，导致了森林砍伐、土壤过度使用、清场式砍伐、密植和侵蚀。所有这些都增加了它们在飓风过境时遭受严重破坏的脆弱性。20 世纪后期的政治史加剧了这种脆弱性，其中包括威权黩武主义（萨尔瓦多、洪都拉斯、危地马拉）和个人独裁（尼加拉瓜），只有哥斯达黎加保持了有效的参与式民主。

20 世纪 80 年代，中美洲更是直接成为冷战的一个主战场。里根政府支持美国在该地区的大量驻军，主要是为了反对尼加拉瓜的桑地诺革命，并且为反对桑地诺政权的反政府武装提供资金和支持。美国还保持孤立和反对桑地诺政府的外交及援助政策，遏制其社会计划和对左翼的同情向中美洲其他国家蔓延，所有这些都塑造了中美洲地区的政治史。政治动荡、数十年的内战、暴力肆虐叠加在地方性贫困上。发展和增长的道路——出口农业、血汗工厂工业和城市化——似乎提供了摆脱贫困的途径，但却依赖于不稳定的生态平衡，使中美洲大部分地区越来越容易受到自然灾害的影响。[79]1987 年中美洲开始恢复和平后，这种脆弱性有所增加。

1998 年的米奇飓风发生在 10 月下旬，是加勒比历史上第二大致命风暴。风速高达每小时 180 英里，气压为 26. 72 英寸（905 毫巴），在多个时刻风暴达到了 5 级。与 1963 年的"弗洛拉"飓风一样，米奇飓风强度大，而且路径不稳定，造成了巨大的破坏潜力。10 月 29 日，米奇飓风在洪都拉斯的加勒比海岸登陆，然后蜿蜒穿过地峡，直到再次向东，于 11 月 3 日之前经过危地马拉、伯利兹城和尤卡坦半岛，然后以热带风暴的形式于 11 月 5 日袭击佛罗里达州。大部分时间米奇飓风都在中美洲上空，风暴本身并不是特别危险，但影响了几乎整个中美洲，给洪都拉斯和尼加拉瓜带来了巨量的降水。事实上，风暴眼从未越过尼加拉瓜，但降雨的影响却是毁灭性的。在一些地方，降雨量相当于预期的年度总和。例如，在靠近太平洋海岸的尼加拉瓜波洛斯特加，1998 年 10 月降雨量为 80 英寸，而此前 10 年 10 月的平均降雨量不到 16 英寸。[80] 这场风暴在洪都拉斯造成至少 6000 人死亡，在尼加拉瓜造成 3000 人死亡；据估计，中美洲、尤卡坦半岛和佛罗里达州受其影响的地区死亡和失踪人数高达 19000 人。大多数死亡是由洪水和山体滑坡造成，而不是风。

　　米奇飓风导致 250 万人无家可归，最终造成 65 亿—85 亿美元的损失。[81] 洪都拉斯 60% 的基础设施遭到破坏。这场风暴摧毁或损坏了 285000 所房屋，影响了 81 个城镇。[82] 尼加拉瓜北部各省遭受的影响最为严重，在奇南德加，暴雨导致卡西塔火山发生巨大滑坡，造成埃尔波韦尼尔和罗兰多罗德里格斯镇 2500 人丧生，这是一场"灾难中的灾难"。[83] 在风暴后的数月里，洪都拉斯和尼加拉瓜的部分地区遭受健康威胁，粮食缺乏、人们流离失所、重建材料匮乏。仅在洪都拉斯，1/4 的公立学校被摧毁，25000 名儿童失学。[84]

307　　米奇飓风似乎代表了新一代的超级风暴，许多人认为它是灾难即将来临的先兆，但保守的卡托研究所引述的一些气象学家认为，这场风暴的毁灭性影响不是由于它的特征，而是由于它所经过的社会的性质和脆弱性。[85] 在洪都拉斯和尼加拉瓜，生态脆弱性似乎是风暴破坏性严重的关键。不关注环境问题的毁林地区和农业区是遭受生命损失和物质破坏最严重的地区；在农村贫困地区，情况甚至更糟，自 20 世纪 50 年代以来大规模出口农业的扩张，使那里的农民失去了土地。1998 年，洪都拉斯约 60% 的经济由美国利益集团控制；20 世纪 80 年代，美国成为洪都拉斯的主要市场和主要债权国；当时里根政府决定将洪都拉斯作为替代模式和前沿堡垒，对抗 1979 年在邻国尼加拉瓜掌权的桑地诺政府。美国提出"加勒比盆地倡议"是为了通过农业多样化、国内外投资和促进一系列"结构调整"来实现经济扩张，从根本上讲，这些调整属于"新自由主义"政策的一部分，即通过限制各种形式的政府干预和经济管制来促进市场力量的充分运作。[86] 事实上，这是新自由主义的第二阶段：不再像 20 世纪 50 年代那样追求通过强大的国家来推进自由放任经济的方法，而是强调通过放松管制、私有化和不受限制的市场来实现经济"自由"。[87] 罗纳德·里根和英国的玛格丽特·撒切尔采取了这种政治和经济立场，这种强调减少政府支出和参与市场是一种激进的个人主义，是对与任何政府支出或活动有关的各种形式的集体或"共同"行动的打击。由于美国和其他西方经济体的榜样和政治影响力，这些思想在全球产生了广泛的影响，其中包括降低了政府应对各种灾难的能力。

随着与反政府武装的战斗在 20 世纪 80 年代末放缓，流入洪都拉斯的美国资金减少，经济形势恶化。1989 年的新政府遵循新自由主义计划，从世界银行和国际货币基金组织获得了贷款，这两个机构都支持进行私有化、放松贸易管制和货币贬值的结构调整。尽管 20 世纪 90 年代洪都拉斯的经济年增长率为 3.2%，但仍无法跟上人口年增长率 3.3% 的步伐。[88] 社会服务和收入下降，不平等现象加剧，70% 的人口生活在贫困线以下。洪都拉斯是拉丁美洲人均国内生产总值最低的国家之一，略低于邻国尼加拉瓜。

1979 年桑地诺民族解放阵线赢得了总统职位后，尼加拉瓜经历了动荡的 10 年，伴随着社会主义革命实施了一系列社会和经济变革。改革尝试、在某种程度上由中央情报局资助的内乱和游击队的反抗，以及美国的贸易禁运，导致了这 10 年间的经济衰退。至1990 年，厌倦战争的民众已经受够了，投票使桑地诺民族解放阵线出局。接下来的几年里，在国际货币基金组织和世界银行的支持和压力下，经济又回到了紧缩、减少社会项目和削减支出的状态，但在经济稳定方面进展甚微，干旱、海啸和其他自然现象进一步造成了经济压力。在某种程度上，尽管洪都拉斯和尼加拉瓜的政治史不同，但到了 1998 年，它们面临着类似的经济疲软、社会不平等和环境脆弱等问题，使它们特别容易遭受自然灾害。[89] 飓风米奇是一场即将发生的灾难。

尼加拉瓜和洪都拉斯政府未能对飓风即将到来的警报做出充分反应。尼加拉瓜总统阿莱曼急于与桑地诺民族解放阵线划清界限，起初拒绝宣布国家进入紧急状态，也拒绝采取大规模的疏散行动，他认为如果桑地诺民族解放阵线掌权，就会采取这些措施。

309　　　国家应急委员会最终在 10 月 30 日宣布进入紧急状态，但为时已晚。灾后阶段各方怨声载道：资金和资源分配中的贪污腐败、偏向阿莱曼的自由党成员控制的地区，拒绝桑地诺派市长们的救援请求，任人唯亲、能力不足。1972 年成立并于 1992 年得到加强的尼加拉瓜民防组织本应发挥领导作用，但在内战和对反政府武装的斗争期间，它主要涉及国家安全问题，后来因预算削减而被削弱。虽然米奇飓风过境后，天主教会、其他慈善机构和各种非政府组织都积极提供救济，但它们之间的协调与合作却十分糟糕。

洪都拉斯政府面对这场灾害简直不知所措。应急管理机构（COPECO）不仅人手不足，更缺少直升机，这也导致一些地区无法得到紧急援助。援助分配缓慢且不足；当弗洛雷斯总统将援助分配工作移交给天主教和福音派教会时，援助的交付情况有所改善，但问题依然存在。令人好奇的是，削弱了中央政府的"结构调整"过程在很大程度上与灾害管理作为一个研究领域的迅速发展相契合，也与管理和指导救灾及重建的机构在国际上飞速发展相契合。在这些机构编写的指导行动的文献中，一个主要概念是强调社区、地方、个体和私人的应对之举是管理灾害最高效和最有效的方式，但这种强调削弱了中央政府应对危机、协调行动或在国家层面有效规划和反应的潜力。

然而，在洪都拉斯，权力下放的救灾方式并非不被质疑。洪都拉斯中央集权和威权政府的传统由来已久，此时随着危机的发生而重现。弗洛雷斯总统宣布进入紧急状态，暂时关闭立法机构，用法令进行统治。11 月 3 日，公民权利被中止，开始实施宵禁。在没有地方层面或外界参与的情况下中央制定了重建计划，并成立了一个特别内阁来实施计划。重建工作将通过承包来完成，但没有竞标，310许多合同都给了政治精英的亲信和亲友。总统反对各市政府要求参与规划并依法获得国家预算 5% 的诉求。在接下来的两年里，这种情况造成了中央政府与公民社会机构以及国际捐助者之间关系紧张。这些机构和捐助者寻求促使公民更多地参与政府决策，并确保重建不仅包括建筑物和道路的建设，而且包括重建公民社会。他们批评腐败，对政府的持续施压，最终导致了重建工作的改进和重建期间政治进程更开放，但变革并不完全，补救措施也不充分。[90]

国际社会对洪都拉斯的灾难表示了善意，承诺提供 90 亿美元用于灾后重建。美国立即提供了 3 亿美元，并承诺再提供 10 亿美元，世界银行和美洲开发银行等机构也承诺支持重建、债务减免和开发。第一夫人希拉里·克林顿和副总统夫人蒂珀·戈尔慰问受灾地区，表达了美国的关心；美国军事人员、直升机和其他设备全力投入救灾工作，来自其他十几个国家的救援队也是如此。出于意识形态原因，洪都拉斯拒绝了古巴的帮助。

对一些机构来说，米奇飓风提供了一个促进新自由主义改革进程的机会。美洲开发银行就这场飓风对中美洲的影响进行的评估富有洞察力，认为米奇飓风"要求我们采取行动，寻找新的发展计划来减少社会面对未来自然现象的脆弱性，巩固民主和未来经济发展的前景"。该银行提议减免债务并提供资金帮助农村消除贫困，赞扬"国有通信、电力企业、铁路、邮政、港口和机场的私有化"已取得的进展。[91] 它敦促改革进一步深入。在许多方面，这样做隐含的理念是"灾难资本主义"的初步尝试，即利用灾难性局势的冲击来消解国家对经济的参与，并以自由放任资本主义的形式植入结构性改革。[92] 正如 1999 年危地马拉外交部长所说："毁坏带来了外国投资的机会。"[93] 激进记者亚历山大·科伯恩和他的合著者杰弗里·圣克莱尔总结了对这一过程，特别是它在这场灾难形成中的作用的评论："这场灾难是人为的，就像人类确认尼加拉瓜和洪都拉斯政府没有能力应对这场灾难一样。在世界银行、国际货币基金组织和美国国际开发署实施了 10 年'结构调整'之后，这些政府成了空壳，被强制削减弄得残缺不全。"考克伯恩想知道，当一个政府没有钱买汽油来疏散民众，没有公共汽车，没有疫苗，工作人员很少，没有能力储存水和食物时，它还能做什么？政府没有失败，事

311

实上，它已经萎缩了。"洪都拉斯政府没有让全国处于戒备状态。它只是寄希望于飓风自己会离开。结构调整之后，它能做的仅此而已。"[94] 大自然为潜在的灾难提供了要素；人类的行动和决定产生了灾难。[95]

米奇飓风是中美洲的一场悲剧，但由于各国政府、国际组织和非政府机构在救助、重建以及人道主义援助方面的作用，这类事件现在已经国际化。在这里和整个大加勒比地区，美国在灾害管理方面的模式、策略、利益和影响始终存在。此外，始终存在一种危险，即将灾难简单解释为自然界的意外或上帝之举，而非失败的政策、错误的决定、贪婪、冷漠或更恶劣行为的后果。

联邦应急管理局与美国灾难管理的政治学

正如我们所看到的，美国政府从建国初期向遭受某种损失或灾难的个人或社区赠款开始，逐渐在救灾中扮演更直接的角色。这种 312 变化主要发生在 20 世纪 30 年代，当时罗斯福总统和他的支持者认为，从联邦灾难援助到新政社会项目的过渡是政府责任的合理延伸。1936 年的《洪水控制法》是联邦政府越来越多地参与灾难应对的重要一步。正如二战后见证了天气研究总体特别是飓风研究上的科技进步，这一时期政府也采取越来越多的行动在救灾中发挥作用，作为国内和外交政策的一个方面。直到 1950 年，《救灾法案》才赋予总统宣布灾区范围的权力，从而能够分发援助物资，动员各种政府机构和资源来满足灾民的需求。随后的立法，如 1968 年的《国家洪水保险法案》和 1974 年的《救灾法案》，都试图将联邦救灾资金的发放建立在建筑是否符合规范、是否被保险覆盖以及是否总体上做了降低脆弱性的努力。[96] 然而，美国救灾的主导范式是按照地方、州和联邦政府的次序承担责任，每一级仅在自身资源无法采取足够行动时呼吁下一个级别的行动。从杰斐逊和汉密尔顿时代起，自上而下和自下而上两种政府责任观之间的矛盾就存在，随着20 世纪的结束变得更加激烈。此外，在 20 世纪 50 和 60 年代，灾难预防、应对和管理经常将自然灾害和敌人袭击或核战争的威胁混为一谈。因此，尽管各种政府机构或部门往往分担应对灾害的责任，但通常由国防部控制，而国防部的注意力通常集中在军事上。

在应对诸如 1972 年的艾格尼丝飓风，接下来 1979 年的三里岛核电站熔毁等事件时缺乏协调，促使卡特总统于 1979 年创建了联邦应急事务管理局，试图改善国家和地方的灾难管理。政府应对灾害的方式发生结构性变化的同时，一个新的行动和研究领域——灾害管理——在社会学、心理学、地理学和经济学等学术领域以及非政府机构、国际和人道主义慈善组织以及联合国和世界银行等各种国际组织中出现。从技术和行政角度管理和应对灾害正在成为一个行业。与此同时，美国国家飓风中心以及整个美国和国际气象组织的重要性和专业化程度也在不断提高。

虽然在 20 世纪后半叶，美国遭遇了各种各样的灾难，从暴风雪、洪水和龙卷风到三里岛的原子能事故，但飓风是发生最频繁的自然灾害。风暴是美国这个时期众所周知的常客。虽然研究表明，在美国这样的大国，风暴对国民经济的长期影响可以忽略不计，但电视和天气预报的传播使区域性灾害成为引起全国关注的事件。[97]此外，风暴集中发生在美国东南部，往往揭示了 20 世纪下半叶主导美国人注意力的种族和政治紧张关系，在某种程度上延续了自 16 世纪以来主导大加勒比地区历史的社会和经济主题。

　　20 世纪 60 年代的两次大风暴（major storms）① 就是很好的例子（见图 9.1）。贝琪飓风（1965 年 9 月 9 日）是一场大风暴，在新奥尔良造成 50 人死亡，冲垮了保护城市的一座堤坝，激起了新奥尔良大量非裔美国人的强烈抗议。他们中的一些人认为，下九区的堤坝是被炸毁的，这里几乎 90% 的人口是黑人，这样做是为了拯救其他以白人为主的社区。[98] 这个指控有一定的说服力，因为在 1927 年密西西比发洪水期间，为了缓解新奥尔良的洪水，事实上，曾经在较贫困的教区炸掉防洪堤。[99] 贝琪飓风袭击路易斯安那州时，1964 年的联邦《民权法案》正在实施。这项立法旨在结束各种公共场所和机构中的种族隔离，扩大选举权，但遭到了分裂分子激烈的言辞攻击和大量公职人员的顽固抵制。约翰逊总统亲临灾区，国会迅速提供救援，当地官员赞扬了华盛顿对新奥尔良市和路易斯安那州的帮助，但在整个恢复时期，新奥尔良的非裔美国居民一直怀疑他们没有受到公平对待。五年后，卡米尔飓风（1969 年 8 月 17 日至 20 日）横扫东南部，影响了密西西比、田纳西、肯塔基、西弗吉尼亚和弗吉尼亚。当这场 5 级风暴猛烈袭击密西西比的沿海地区时，风速达到每小时 190 英里，引起 24 英尺的风暴潮，在沿途摧毁房屋和拖车停车场，威力相当于最终形成约 100 个龙卷风相加的总和。它变成了一个热带低气压，向东移动穿过西弗吉尼亚的山脉，然后穿过弗吉尼亚进入大西洋。[100] 历史学家马克·史密斯指出，多年以后，那些在风暴经过之处生活过的人们一听到电锯的声音，

314

————————

①　3 级或 3 级以上、造成毁灭性的或灾难性破坏的飓风。——译者注

就会想起风暴后用电锯清理废墟的那几个月。当时的损失估计为 14 亿美元（按 2013 年美元价值计算约为 90 亿美元），约 5000 所房屋被毁或严重受损。密西西比州和弗吉尼亚州受到风暴的影响尤其严重，弗吉尼亚州 153 人在洪水中丧生。

在那些州，地方和联邦政府应对灾害的性质明显受到当年发生的民权革命和全国性政党的政治策略的影响。新当选总统尼克松领导的共和党推行"南方战略"，主张逐渐向民权立法迈进，使他得到了南方的支持。他负责救灾工作，动员应急预备办公室协调军民救助工作。虽然该办公室的工作总体来说是有效的，但非洲裔美国人抱怨说，隔离政策在很大程度上决定了救济物资的运送，就像它决定了风暴袭击前的疏散工作。

飓风救援、种族和政治的发生交汇时，密西西比的学校至少在理论上处于废除种族隔离的过程中。这些学校原定于 1969 年 8 月取消种族隔离。尼克松政府裹足不前，但卫生、教育和福利部部长助理利昂·帕内塔及部里其他官员坚持执行民权立法，试图将联邦援助直接与遵守 1964 年民权法案挂钩：如果不取消隔离，就得不到修复学校所用的材料或资金。[101] 尼克松受到了来自南方的国会盟友的巨大压力，延缓了学校取消种族隔离的进程，但他不愿意阻止取消种族隔离。在灾后恢复过程中，几乎总是有人抱怨在获得援助方面存在种族和阶级差异，以及穷人在获得用于恢复或重建的赠款或贷款时处于劣势。

雨果飓风（1989）和安德鲁飓风（1992）是造成巨大财产和生命损失的大风暴。二者都是美国到当时为止损失最为惨重的灾难，即使根据通货膨胀进行调整或根据人口和经济增长进行"标准化"调整，它们仍然是造成美国损失最严重的飓风之一。雨果飓风在穿过背风群岛和圣克罗伊岛（St. Croix）时是 4 级风暴。它以每小时高达 120 英里的风速直接威胁着圣胡安，但在穿过埃尔云克山上的热带公园时，风暴发生偏转，圣胡安得以幸免。此后很长时间里，到访埃尔云克的游客会点上许愿蜡烛表示感谢。尽管如此，雨果飓风过后给岛上留下了 10 亿美元的损失。飓风随后向西北方向移动，袭击了南卡罗来纳州海岸，导致从查尔斯顿到默特尔海滩超过 20 英尺的风暴潮，造成 21 人丧生，70 亿美元的损失。损失如此高昂，部分是由于风暴暴露出的建筑法规不完善。虽然南卡罗来纳州受灾地区抱怨联邦应急管理局和红十字会在风暴后的援助行动迟缓、效率低下，但也出现了相反的观点，且在接下来的几十年里变得越来越普遍。一个保守智库从自由主义的角度表述这个问题。为什么政府，任何政府都要参与救灾行动？[102] 未受灾的纳税人对遭受损失的人没有责任，遭受损失的人可以依靠开放的保险市场来保护他们的利益。强制撤离和宵禁是限制自由。风暴过后，禁止必需品涨价的法律导致了商品短缺，这是自由市场本可以避免的。不受限制的市场和产权是所有问题的最佳解决方案。必须制止那些"人性的职业敌人——环保主义者"，他们希望限制海滩上的建筑，并为此推动了州立法，联邦应急管理局简直应该被废除。美国经济学家默里·罗斯巴德（Murray Rothbard）和他的路德维希·冯·米塞斯研究所（一个保守的自由主义智库，提倡"奥地利学派"的反对国家主义经济学）提出的这个立场，是一种有些极端的新自由主义观点，其中有些元素在美国引起了政治谱系中右翼的共鸣。罗斯巴德立场鲜明。他称救灾是"福利国家"的一个方面。[103]

316

仅仅过了 3 年，安德鲁飓风就穿过巴哈马群岛，袭击了佛罗里达州南部的戴德县（1992 年 8 月 24 日），持续风速为每小时 145 英里，阵风为每小时 170 英里。虽然风暴的规模相对较小，但风力和降至 27.19 英寸汞柱（922 毫巴）的气压导致了超过 17 英尺高的风暴潮，并在穿过佛罗里达州之前对迈阿密以南的社区造成了可怕的破坏，最终以 3 级飓风的形式袭击了海湾石油钻井平台和路易斯安那州及密西西比海岸线。保险赔付达 150 亿美元，总损失估计为 260 亿美元。如此多的索赔造成 11 家保险公司破产，佛罗里达立法机关不得不设立一个特别基金来为居民提供足够的保险。即使在今天，安德鲁飓风仍然是对美国造成第 4 大损失的风暴。[104]

从许多方面看，安德鲁飓风都是一场变革性风暴。它暴露出各级行政和基础设施的弱点。联邦和州政府的应对之举都有欠缺。戴德县应急行动局长受官僚主义的束缚，在风暴袭击 3 天后，佛罗里达州州长、民主党人劳顿·奇利斯（Lawton Chiles）已经请求共和党总统老布什进行联邦干预后，戴德县应急行动主任仍能公开提问，"这次的骑士到底在哪里？"大约 18 万人已经无家可归，而联邦应急管理局在一个缺乏经验的局长领导下，效率低下，反应迟缓。[105]一位气象学家后来说："联邦应急管理局基本上准备什么都不做，这就是它几天来所做的。"[106]当地的压力越来越大，老布什总统授权派遣军队协助救援工作，并制止了在佛罗里达州南部发生的一些抢劫事件。联邦政府最终分发 2.9 亿美元的援助，7.46 亿美元用于基础设施重建，尽管如此，地方层面也有失误。佛罗里达州南部的保险业不堪重负，无法满足超过 60 万份的索赔。[107]建筑规范形同虚设，低洼地和海滨地产的过度开发得到允许，在许多地区埋下了隐患。

这种情况也带来政治后果。尽管在 1992 年的选举中，老布什总统再次以微弱优势赢得佛罗里达州，并且地方政府的许多时任官员回到岗位上，但在全国范围内，联邦应急管理局的失败以及应对安德鲁飓风乏善可陈促成了威廉·（比尔）·克林顿总统的胜利，使民主党在众议院获得 31 个席位。克林顿总统任命灾害管理经验丰富的詹姆斯·李·威特为联邦应急管理局局长，并将这一职位提升至内阁级别。正如许多研究表明，联邦应急管理局认识到，就恢复成本而言，花在减灾和防灾上的 1 美元至少会产生 4 倍收益，因此启动了影响力项目（Project Impact），帮助社区做好防灾准备。[108]

但 2000 年小布什当选总统后，把联邦应急管理局交给他的前竞选经理乔·奥尔博（Joe Allbaugh）领导。奥尔博逐渐着手废除联邦应急管理局这个"过大的福利项目"，基本上取消了联邦应急管理局在防灾工作中的任何作用。2001 年 9 月 11 日的恐怖袭击之后，预算已经被削减的联邦应急管理局并入了新的国土安全部。它的工作重点转移到反恐行动上，预防自然灾害的职能几乎被消除；有人建议如果将其职能交给私营部门，可能就不那么政治化，而且能够提高效率。[109]

这是新自由主义的补救措施，将市场视为应对公共政策挑战的最佳解决方案，它出现之时正值政府被迫同时面对不同种类的风险，包括自然灾害和越来越多的人为灾害。德国社会学家乌尔里希·贝克认为，现代性和技术并没有消除风险，而是使它们成为日常生活的核心部分，即现代世界的"风险社会"。然而，贝克并没有过多关注社会如何优先考虑面临的各种风险，或者应该如何同时处理这些风险。2001 年之后，美国因纽约和五角大楼遭到恐怖袭击

318

受到创伤，复仇心切，选择发动反恐战争来回应面临的风险。美国决定集中力量打击恐怖主义，这使其他危险在预算和政治目标上处于次要地位。反复发生的飓风的直接危害等级已经被降低，特别是就长期项目和应对措施而言。更长期的全球变暖的可能性是一种人为的危害，这与贝克的想法非常吻合，但却被很大一部分政治右翼忽视或干脆否认，甚至基于市场的解决方案在政治上也不可行。

2005 年 8 月 30 日，也就是卡特里娜飓风摧毁新奥尔良、成为美国历史上最严重的自然灾害后的第二天，记者埃里克·霍尔德曼在《华盛顿邮报》上指出了联邦应急管理局的降级和转型以及由此对国家造成的危险。他说，新的恐怖袭击当然是可能的，但"飓风、龙卷风、地震、火山、海啸、洪水、风暴、火灾和流感注定会成为每周或每天全国关注的问题"，"它们肯定会来，或迟或早，甚至在我们不合理地削弱自己应对灾害的能力之时"。[110]

第九章

新世纪的古老风暴

我们不是在战争中，但每天都是在伊拉克。

搭乘一艘小船穿过我的城市，像个没有希望的第三世界国家。

——B. J. 威利斯，卡特里娜飓风幸存者

倘若雨再下，堤坝就要决口了。有些人还在沉睡，有些人无比清醒。

——鲍勃·迪伦，《堤坝要决口了》

2005 年袭击了路易斯安那州和密西西比州，并将新奥尔良市变为一片泽国的卡特里娜飓风并不罕见。这是迄今美国历史上损失最惨重的灾难（估计损失在 810 亿—1250 亿美元之间），直接造成 1833 人丧生（也是自 1928 年奥基乔比飓风以来最致命的风暴），这是不断变化的社会、政治关切与大加勒比地区岛屿和边缘地区的地球物理条件所带来的挑战之间长期碰撞的必然结果。构成卡特里娜飓风悲剧的叙事主题与几个世纪以来大风暴历史的特征相同：当地的看法和行动、政治与宗教意识形态和信念、关于政府责任的不同理念、权力冲突、社区团结、社会和种族分裂、无私与牺牲、贪婪与腐败。[1] 但是，卡特里娜飓风发生之时，正值人类活动对环境以及对飓风强度和频率的影响成为科学和政治辩论的主题。在大加勒

比海地区的历史上，没有哪场飓风或其后果像卡特里娜那样受到如此多的关注、分析和政府调查。在本书的结尾部分，我的目的不是重复那些详细的调查和研究，而是将卡特里娜置于飓风影响北大西洋地区居民的漫长且仍在演进的历史中。卡特里娜飓风还迫使我们审视当下关于影响风暴频率和强度的环境条件，以及应对飓风及其潜在气候原因的最佳社会、经济和政治方式的争论。"卡特里娜"已成为自然灾害中所有非自然现象的代名词。

从历史和社会角度看，新奥尔良也许是北美边缘城市中最"加勒比"的城市之一，它历史悠久，经历了帝国对抗、主权变化、文化和语言融合，以及非洲裔人口不可忽视的存在。自建城以来，新奥尔良也一直都处于洪水的威胁之中。这里最初是 1718 年法国人设立的贸易站，建在密西西比河和庞恰特雷恩湖之间略高的地面上，总是容易被河水或飓风引起的湖上风暴潮淹没。1803 年，美国从拿破仑手中买下了路易斯安那州，随着蒸汽船航运开辟了密西西比河的商业通道，尽管环境脆弱，新奥尔良还是蓬勃发展起来。

在 1871 年之前，这个城镇发生过 38 次洪水泛滥，从新奥尔良沿密西西比河向北朝着巴吞鲁日修建的防洪堤从来不足以消除洪水的威胁。事实上，随着上游的堤坝越建越高、越来越坚固，下游的问题也愈发严重。最终，1879 年国会设立了密西西比河委员会来控制商业和水务管理。此时，承担起建造堤坝和疏浚新渠道的工作的并非地方政府或私人，而是陆军工程兵团。尽管 1927 年又发生了一次导致 500 人死亡的大洪水，但此后洪水泛滥的次数减少了，出色的排水系统建造了起来。[2] 国家洪水保险计划（1968）和联邦应急事务管理局（1979）的创建表明灾害应对日益集中化。

321　　新奥尔良的发展，及其位于排水不良、沼泽众多、面临密西西比河和庞恰特雷恩湖洪水威胁的地理位置，引发了公众对公共卫生、土木工程和水资源管理的持续关注。新奥尔良大部分城市人口生活在海平面以下的地方。在常态下，新奥尔良在与环境的紧张关系中幸存下来，但也特别容易受到飓风的袭击。过去的经验表明，这种情况必然会发生。[3] 在 1851—2004 年间袭击美国大陆的 323 次飓风中，有 49 次穿过路易斯安那州，其中 18 次为 3 级或以上风暴。这使得路易斯安那州在最有可能遭受大风暴袭击的州中排名第三，仅次于佛罗里达州和得克萨斯州。[4] 当应对灾难的主要任务落到教区或地方政府、州政府或私人身上时，环境的脆弱性和政府行动之间的紧张关系显而易见，随着中央政府作用的增加，这也成为一个令人关注的问题。

　　20 世纪后期，由于环境和社会变迁，新奥尔良也更容易遭到风暴袭击。密西西比河河口及城市西部的湿地和沼泽过去曾经为风暴潮提供了缓冲，但由于为了方便船只在密西西比航行而修建和疏浚运河，以及为了寻找石油进行能源开发，这些湿地和沼泽的面积已经大幅萎缩。这些发展背后是对经济利益和"进步"的渴望，而工程兵团通常是这些计划的积极参与者；修建运河或拓宽河道时海水对沿海湿地的渗透加剧之类的生态后果要么被忽视，要么被淡化。[5]截至 2000 年，每年约有 25000 英亩湿地消失。

　　随着区域生态的变化，新奥尔良的社会构成也发生了变化。1950 年，这座城市 70% 的人口是白人，30% 是非裔美国人；到 1980

年，这个比例变成了50%白人，50%非裔美国人；到2005年，白人、讲西班牙语的拉美裔以及亚裔合计占城市人口的33%，非裔美国人占67%。[6] 当卡特里娜飓风袭击新奥尔良市时，城市约1/4的人口生活在贫困线以下，家庭收入中位数为30711美元，比全国平均水平46242美元约低1/3。尽管狂欢节（Mardi Gras）、爵士乐和"享受生活吧"的生活方式提升了城市形象，但在这座城市中，人们的居住区被分隔为商人社区和其他高贫困率、高犯罪率、高文盲率和高失业率人口聚集区。种族问题的沉重负担压在这个城市和路易斯安那州——这个全国第二贫困的州身上。新奥尔良资源匮乏的人口多，在灾难面前极其脆弱。[7] 在下九区这样的贫困地区，非裔美国人的数量约为白人的4倍。卡特里娜飓风期间，防洪堤决堤，下九区是受灾最严重的地区。

人们对新奥尔良会遭遇大飓风的担忧由来已久，也经常讨论这个问题。在20世纪最后几十年，城市官员、记者和学者都发出了警告，贝琪飓风（1965）和卡米尔飓风（1969，图9.1）已经足够靠近，清楚地警示了飓风袭击的危险，专家们一次又一次强调在居住着大量贫困人口、地理脆弱的城市中心可能发生洪灾。人们对此忧心忡忡，以至于在美国各政府机构进行的后9·11规划中，联邦应急管理局列出了一份可能发生的灾难场景清单，其中包括需要规划及准备应对新奥尔良发生飓风袭击和洪灾。为此，2004年新奥尔良组织了一次名为"帕姆飓风"的协调"演习"。演习收获很大，但由于缺乏联邦资金支持，无法召开后续的研讨会来解决演习中发现的不足或问题，其中最主要的是，很大一部分人口，可能多达10万人，在需要撤离时无法撤离家园。让教会团体负责他们撤离的讨论并不成功，当卡特里娜飓风袭击这座城市时，没有恰当的人员撤离计划。

2005 年的飓风季打破了纪录。10 年前，1995 年的飓风季非同寻常，发生了 19 场得到命名的风暴，是平均数量的两倍。其中 11 场风暴变成了飓风，5 场达到了 5 级，但是许多风暴都停留在大西洋东部。2005 年有所不同，发生了 7 场大飓风，给整个地区造成重大损失：

323

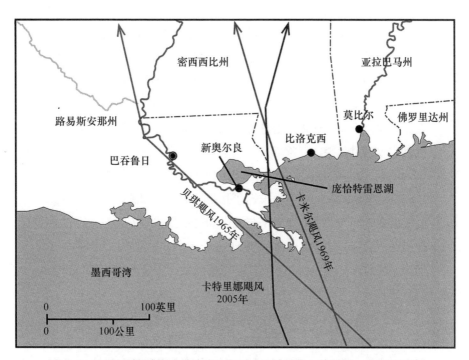

图 9.1　飓风经过新奥尔良的轨迹示意图 [圣地亚哥·穆涅斯·阿尔瓦拉埃斯根据克利夫·杜普莱钦在《世界瞭望杂志》（World Watch Magazine）的绘图绘制，2007 年 9 月至 10 月制作]

3913 人丧生，经济损失将近 1600 亿美元。墨西哥、佛罗里达、古巴、巴哈马群岛以及美国从阿拉巴马到得克萨斯的墨西哥湾沿岸都遭受了袭击，有些地方遭受不止一场风暴袭击。丽塔飓风和威尔玛飓风都是 5 级飓风，都在美国登陆，但没有卡特里娜飓风造成的破坏性大，卡特里娜飓风袭击墨西哥湾沿岸时仅为 3级风暴。

卡特里娜飓风 8 月中旬在巴哈马群岛附近形成，是这个飓风季的第 11 场风暴。初始时几乎没有迹象表明它将成为本季最危险的风暴之一。8 月 25 日，它穿过佛罗里达州南部时是强度最小的飓风，但随后在墨西哥湾上空迅速聚集力量，变为 5 级飓风。飓风中心气压为 26.59 英寸（902 毫巴），是美国有记录以来的第 3 低气压。[8] 这是一场移动缓慢但"潮湿"的风暴，尽管最初估计飓风将在墨西哥湾沿岸东部更远的地方登陆，新奥尔良在风暴到来前几天也确实收到过预警。气象学家和气象局已经做了分内的工作。[9] 市长雷·纳金（Ray Nagin）曾试图向市民发出警告，并启动应急计划——"是真的"——但他推迟了强制疏散医院和酒店，希望不扰乱旅游业，因为他不愿意未来与受影响的企业和服务业部门产生法律问题。最终，他在 8 月 27 日晚上下令撤离。尽管他拖延了时间，但州长凯瑟琳·布兰科和小布什总统已经发出了紧急警告。

卡特里娜飓风于 8 月 28 日晚些时候在密西西比河河口附近登陆，强度为 3 级飓风，但它在密西西比州、阿拉巴马州和路易斯安那州海岸产生了 32.8 英尺的风暴潮，属于 5 级飓风，给这些沿海地区带来灾难性的破坏。新奥尔良不知所措。庞恰特雷恩湖的堤坝无法遏制浪潮，随后运河上的一些堤坝被冲毁。新奥尔良市的大部分地区——最终大约 80% 的地区被淹没。这座城市变成了克里奥尔人的亚特兰蒂斯。洪水混合着家用洗涤液、残骸和垃圾灌满了街道，人们爬上屋顶或趟过上涨的臭水。这是新奥尔良担心了一个世纪的风暴。

风暴的实际打击很沉重，但灾难才刚刚开始。华盛顿没有及时意识到形势的严峻性，市长没能调动城市所有的公共汽车来疏散人群，负责救灾计划的联邦应急管理局看起来漫不经心，效率低下，抑或只是无能为力。在"帕姆"飓风演习中计划了保证水和食物供应，但在最后的避难所没有储存足够的数量。联邦应急管理局的领导层几乎没有救灾经验，受到繁文缛节的束缚，拖延或干扰了简单的常识性程序。可怕的故事不胜枚举：因为没有州里的执业执照，医生无法帮助受害者；之所以没有征用公共汽车来疏散人群，是因为车上没有配备空调或厕所；公共汽车司机在接受必要的性骚扰培训之前不得上岗；州长要求国家援助的请求不是书面形式的，因而被推迟了 5 天。

325　　　更糟糕的是，联邦应急管理局本身隶属于国土安全部，部分救灾资金被挪用于反恐行动。其政治和安全目标优先于应对自然灾害的使命。[10] 尽管联邦应急管理局试图禁止发表死者的照片和其他负面影像，但在电视报道的作用下，卡特里娜飓风成为最广为人知的风暴，全国人民惊恐地看到，人们在屋顶或阁楼窗户上请求救援，其中大多数是黑人，趟水通过洪水淹没的街道，或抓住任何可能漂浮的东西（图 9.2）。种种场景，令人瞠目结舌。

图9.2 卡特里娜飓风幸存者和孩子（合众国际社，摄影师：杰里米·L. 格里沙姆）

　　最糟糕的情况发生在最后的避难所里，大约 25000 人在会议中心避难。特别是在超级穹顶体育馆，那里的准备不足，成千上万无法离开城市的人们忍受着难以想象的糟糕条件住在这里，几乎没有食物、水、卫生设施或医疗护理。由于管理不善、权力界限不清、沟通不畅，以及某些情况下政府官僚的冷漠与无能，防灾和救灾系统似乎已经完全崩溃。在灾后恢复过程中，尤其令人愤怒的是官僚们对救灾工作沾沾自喜，还把对恐怖状况和死亡的报道斥为"谣言"。

326　　　埃莉诺·桑顿穿过洪水淹没的街道来到会议中心，从内部看到了这里的情况。她注意到孩子们手持从沃尔玛抢来的枪恐吓待在会议中心的人们，还说在任何情况下都有好人和坏人，但她对政府的批评最严厉。

> 他们以对待同类最恶劣的方式对待我们。我不管你是谁，什么肤色，从哪里来，有什么背景。我对待一只狗都不会那样。美国炸了巴格达，他们会给巴格达人空投食物。（我哥哥在伊拉克服役）但他们没有为我们这样做。直到风暴过后的第5天，他们才给会议中心带来食物。我很想知道他们晚上睡得怎么样。[11]

事实上，新奥尔良大约80%的人口已经被疏散，但留在城里急需帮助的大多数是穷人和老人，主要是非裔美国人。做计划的人知道这些人没有能力自己撤离，却没有为他们制订救助方案。电视报道中几乎每天都会出现他们悲惨而脆弱的样子，而这也清楚地表明，社会和种族不平等是公共政策崩溃的一个隐匿主题。[12]

很多书都描述了卡特里娜飓风登陆之前的准备工作和之后的救援工作中失败的细节。有三大主题有助于我们将卡特里娜飓风置于大加勒比地区形成过程中飓风的漫长历史背景中考察。第一个主题是位置的重要性。新奥尔良能够疏散大部分市民，并为他们在远至休斯敦、亚特兰大和孟菲斯的地方找到避难所，展现出较大的岛屿或大陆边缘地带在灾难性风暴的阴影下总是具有巨大优势。像巴巴多斯岛、马提尼克岛或安提瓜这样的小岛，在大飓风经过后通常没有未受灾的区域，因此灾后很少有机会为居民寻找避难所或获得食物或

供应。像古巴或牙买加这样的大岛能够更好地在内部消化冲击；墨 327
西哥或美国在这方面的能力更强。因此，新奥尔良卡特里娜飓风的
历史必然大部分是侨民的故事。

　　社会秩序或失序则是卡特里娜故事的第二个核心主题，也是飓
风历史不可或缺的部分。自然灾害后可能出现社会秩序崩溃，也可
能另外形成社区团结对当权者和普通公众的行动产生影响。2005 年
遭遇卡特里娜飓风的新奥尔良，正如在 1831 年的巴巴多斯或 1900
年的加尔维斯顿一样，关于不法行为、抢劫和蔑视权威的报道和谣
言迅速传播，这些报道不仅往往极尽夸张，而且还带有强烈的种族
主义色彩和暗示。在新奥尔良，大约 1/3 的警察在风暴中弃岗，来
自邻近社区的其他警察向试图从一座桥上步行逃离的灾民开枪，这
座桥从被洪水淹没的城里通往白人聚居的郊区。新闻报道中关于向
救援直升机开枪或者关于超级穹顶体育馆发生的轮奸和谋杀的报道
都被夸大，有些甚至根本就不是事实，而且媒体几乎没有认真区分
"抢劫"和需要水、牛奶、面包和卫生纸的人们为了生存所做的努
力。[13] 当局害怕社会秩序崩溃，就像他们总是在破坏性的飓风过境
后担心的那样。他们呼吁军队到灾害现场维持秩序，但密西西比州
和路易斯安那州的州长都不愿意把对州国民警卫队的控制权交给联
邦政府。路易斯安那州州长布兰科希望联邦军队出面控制充满敌意
的民众。尽管国防部部长唐纳德·拉姆斯菲尔德有意拖延了部署军
队，久经沙场的美国正规军还是到达了新奥尔良，但仅仅是因为指
挥官拉塞尔·奥诺雷将军命令他们记住自己的任务是救援和帮助灾
后恢复，他们才放下武器。[14] 社区团结和人道主义行为的故事在某
种程度上湮没于对社会崩溃的夸张叙述中。许多从城外田地和河口
来的农民，其中大多数是白人，自发地驾着小船帮助准备不足的救

328　灾工作，组成了后来被称为"卡津船队"的救援队。来自附近各州和全国各地的医生、护士、建筑工人及社会工作者自愿提供服务。外国政府也提供了帮助。加拿大皇家骑警做出了非凡的贡献，甚至古巴的菲德尔·卡斯特罗和委内瑞拉的乌戈·查韦斯也伸出了援助之手，当然，他们提出的援助被拒绝了。个人捐款涌入红十字会，这个在这次危机中也有过失职记录的机构。即使在超级穹顶体育馆秩序崩溃的情况下，这场灾难也没有使人们陷入相互对抗的自然状态，而是为了得到保护形成了团体，一种非官方的社区政府已然出现。[15] 当军队最终到达那里时，原本预期会发现数百具尸体，但只发现了 6 具，其中 4 具死于自然原因，1 具死于自杀。卡特里娜飓风的后果，就像许多其他飓风后的情况一样，证明了尽管执法部门常常发现很难控制破坏社会秩序的行动，但自助行动、社区团结和人道主义行动至少与那些破坏社会秩序的行动旗鼓相当。

那些被疏散的人有时经历了在他们看来是歧视性的行为，或者遇到官僚主义的冷漠，但另一些时候也对他们得到的慷慨和关怀印象深刻。B. J. 威利斯一直在这座城市的贫困和犯罪中过着绝望的"黑帮"生活，他在说唱中唱道："我们不是在战争中，但每天都是在伊拉克/搭乘一艘小船穿过我的城市/像个没有希望的第三世界国家。"他在卡特里娜飓风中目睹过濒死儿童和老人以及奉命射杀的国民警卫队，这一切都在他的脑海中打下深深的烙印；但是，他被重新安置在孟菲斯，在那里的正面经历，以及家人为了生存所做的努力感动了他，促使他通过追求更道德的生活来克服所有这些创伤。"我还有很多事要做，我不会因那些经历而气馁。"[16] 在灾后恢复时期，居民们对自己被抛弃表示沮丧，对政府的说法嗤之以鼻，讽刺说："要打电话给联邦应急管理局吗？号码是 1-800-哈哈！"或者穿着卡特里娜飓风后的 T 恤，上面写着："联邦应急管理局（FE-MA）＝一个以 F 开头、新的 4 个字母脏词，"或者"联邦应急管理局（FEMA）＝解决一切，见鬼".[17]

在卡特里娜突显的漫长的飓风历史中，政府在自然灾害中的作用是第三个主题。政府应对卡特里娜飓风的失误，与 20 世纪 80 年代以来形成的关于社会应对灾害最佳方式的替代意识形态立场形成了鲜明对比。我们已经注意到中美洲的米奇飓风和牙买加的吉尔伯特飓风的跨国差异。应对方法的差异实际上是关于政府本身的性质和目标的广泛国际辩论的延伸，但由于在根深蒂固的传统信念中，美国政府是有限的政府，以及由于美国对大加勒比地区和世界经济的影响，卡特里娜灾难似乎提供了一个独特的机会来评估政府应对措施的各种竞争模式。

对风暴的解释和对政府明显失误的批评来自许多方面。一些观察家认为布什政府的冷漠或无能对此负有直接责任，而其他人认为，根本的原因是 9·11 恐怖袭击和伊拉克战争的创伤转移了美国的注意力和资源；资金此时被用于为这种小概率事件做准备，而不是用于更常见的自然灾害威胁，如飓风。[18]2005 年，堤坝维护预算大幅削减，国民警卫队后来抱怨说，他们最好的设备被运往伊拉克，无法用于救援工作。在卡特里娜飓风中，美国明显缺乏资源来应对本土反复出现的自然灾害。然而，许多其他批评者认为，有限政府的理念造成了政府应对不力，这一理念主要由信奉自由放任的资本主义和依赖市场驱动的解决办法构成。灾难在于政府的理念，而非政策的执行。共和党执政期间美国政府变成了一个"不干涉主义的政府"[19]，公共部门的概念大大缩小。这意味着政府放弃了在社会福利、教育和救灾方面的主要角色，在市场框架内将这些责任让渡给私人机构、个人或地方当局，这是卡特里娜灾难的主要根源。这种政府理论的捍卫者将受灾者的困境归咎于其自身。脱口秀主持人比尔·奥雷利认为，那些没有撤离的人是不愿离开毒贩的吸毒者，而后来成为共和党总统候选人的宾夕法尼亚州参议员里克·桑托勒姆最初也表示，那些没有撤离城市的人应该受到某种形式的惩罚。[20] 路易斯安那州的州议员、来自巴吞鲁日的罗伯特·贝克是一位卫理公会牧师的儿子，他在破坏中看到了神的意图："我们终于清理了新奥尔良的公租房。我们做不到，但上帝做到了。"[21]

330

大量的学术研究和新闻评论从相反的视角将卡特里娜飓风解读为"新自由主义的洪水"，将包括解雇 4000 名教师和减少一半公共补贴住房的复苏过程视为"休克资本主义"的一个极好例子，即利用灾难消除对自由市场经济运行的任何限制，从而推行剧烈的结构性变革。[22] 正如这场风暴对不同性别、种族和收入的人群产生了不同的影响，城市重建也往往对更富裕阶层和白人市民而言更快、更有利。自由主义批评者还指出，以"裙带"资本主义、无投标合同、昂贵的分包和幕后交易为形式的"公司掠夺"所产生的经济和社会成本远远高于风暴后穷人抢夺食品和电子产品的成本。

卡特里娜飓风提供了一个教训，但如何看待这个教训在很大程度上取决于各人先前的意识形态立场。2007 年，自由派经济学家保罗·克鲁格曼（Paul Krugman）在《纽约时报》发表的专栏文章《无时无刻不在的卡特里娜》被广泛引用，他在文中表示，这场风暴揭示了新自由主义的内在缺陷和政府对公共产品理念的抛弃。他警告说，这项政策将是布什政府的未来。相反，一些保守的评论

家，如冯·米塞斯研究所的经济学家们，将城市穷人的无助仅仅视
为福利国家造成的恶果和依赖的证据。[23]还有一些人，没有考虑到最
近的预算削减和资源减少，发现政府的失败恰恰证实了它的参与注
定是有缺陷的。更为严肃的保守派经济学家和政策规划者得出的结
论是，比较富裕的人口和国家更有能力应对灾难，因此，不受约束
的资本主义、强大的财产权和个人自由是防止这种灾难重演的最佳
保障。布什政府因应对卡特里娜飓风不力而陷入难堪的境地，并受
到相当多的政治批评，尽管他承诺投入大量资金重建新奥尔良，但
国会共和党人很快回应说，其他州对路易斯安那州的问题没有责
任，抑或是救灾资金对政府来说过于高昂，应该留给自由市场。

331

事实上，保险业很快学会了调整。卡特里娜飓风过后，100多
万投保的房主提出索赔，最终保险公司支付了400多亿美元，联邦
洪水保险支付了另外157美元。在经历了20世纪90年代末的多场
飓风和随后的卡特里娜飓风后，保险业意识到自己面临极大的风
险，严重低估了潜在损失。在20世纪70年代和80年代飓风低发的
年份，保险业获得了巨大的利润，但在90年代飓风频率显著上升
的环境中，行业陷入了困境。[24]一种新的金融工具——灾难债
券——出现了，这是一种基于灾难预测的轮盘赌。尽管事实证明卡
特里娜的教训代价高昂，但现在依赖科学信息的保险业越来越相信
气候变化是真实的，自然灾害的风险要求收取更高的保费。面对消
费者对保险费率的抱怨以及一些公司不愿提供巨灾保险，州政府已
经介入，对巨灾保险进行补贴，这样做帮助了那些希望在海滩附近
建造房屋的富裕房主，但与此同时，将成本分摊到整个社会某种程
度上也鼓励了这种冒险行为。市场应对新的环境挑战的解决方案给
自身创造了难题。

市场驱动的新自由主义对策并非避免自然灾害或灾后恢复的唯一可能模式。美国未能充分应对卡特里娜的挑战，这似乎与奉行社会主义的古巴成功应对飓风威胁形成鲜明对比。1963年弗洛拉飓风中古巴开始采取的措施，以及此后在减少飓风死亡人数方面的出色记录，使古巴成为许多国家钦佩的榜样。在2004年的"伊万"飓风期间，古巴成功疏散了全国约10%的人口，无一人死亡。[25] 次年，自弗洛拉以来最强的飓风4级飓风"丹尼斯"袭击了该岛，摧毁或损坏了12万栋房屋，250万栋房屋断电。大约有150万人（超过13%的人口）被转移到安全地带，仅16人在风暴中丧生。[26] 这些令人印象深刻的疏散成就归功于一些政策，如老弱病残居民的预备名单、宠物疏散规定以及为了维持医疗护理将当地医生与其他人口一起转移。政府的协调计划不仅整合了许多机构的工作还有着明确权力划分。

古巴和美国之间对比鲜明，但如果我们拓宽视野，就可以清楚地看到，这种差异不仅仅是资本主义和社会主义之间差异的结果。越南也是一个社会主义国家，但它的飓风死亡记录相对较差，而资本主义国家日本的记录非常好，事实上，日本处理飓风问题要比美国好得多。[27] 相对的国家财富以及投资减灾和备灾的能力当然是一个重要因素，但正如加拿大社会学家罗伯特·布里姆（Robert Brym）所说，决定性因素并不在于一个国家的财富或经济的意识形态基础，而是"承担扶助患难同胞的责任的集体意愿，这种意愿通常通过政府政策来表达"。布里姆总结道："与其他富裕国家相比，美国的这种集体意愿很弱。"但事实上，美国国民在政府救灾和履行其他社会责任的态度上仍然存在深刻的分歧和激烈的争论，这些分歧也影响了与全球变暖对飓风未来影响相关的生态和环境问题上各种冲突的看法。[28]

  加勒比较小的国家寻找自身应对灾害风险可能采取的办法，将自然灾害，特别是新世纪头几十年日益增加的飓风活动风险视为特别具有挑战性的威胁。[29]有人估计，1991—2005 年期间，拉丁美洲因自然现象死亡的人数为 4724502 人。就加勒比的具体情况而言，发展中的小岛国家缺乏美国应对灾害的资源，但也面临同样的危险。国际银行和金融机构也在为此寻求应对策略。国际货币基金组织 2013 年的一项研究指出，加勒比是世界上最容易发生灾害的地区之一，在过去 60 年里一共遭受了 187 次自然灾害。[30]在牙买加和巴哈马群岛，任何一年发生飓风的概率都超过 20%，在东加勒比海的大部分地区，这一概率超过 10%。鉴于群岛的经济状况以及对农业和旅游业的依赖，它们特别容易受到自然灾害的影响。国际货币基金组织的研究预测，自然灾害将使增长率降低了 1%—5%，而这一负担加上不断增长的债务将导致经济螺旋式下降。国际货币基金组织提出了减少社会项目借款、减少公共部门、减少债务和"促进增长的结构性改革"的标准措施，其中一个主要目标是"用自筹资金的私人部门需求取代公共部门需求"。这份报告没有提及这种新自由主义解决方案可能会影响这些岛屿国家应对风险的能力，而正是这些风险使它们一开始就如此脆弱。

333

桑迪飓风及未来

  在关于气候变化影响气旋风暴的强度和频率的科学辩论中，以及有关政府在灾情准备和保护公民免受灾难方面的性质和作用的意识形态辩论中，有关飓风主要成因的老问题从未真正消失。飓风究竟是自然原因、神的干预、类原罪还是人为错误的结果仍然是辩论的一部分。

　　由于大西洋飓风季节发生在每年 6 月至 11 月之间，因此，每 4 年就可能有一次或多次这样的风暴对美国总统选举产生直接影响就不足为奇。2012 年就是如此，当时飓风桑迪横扫大安的列斯群岛，袭击了牙买加、古巴、海地和多米尼加共和国，然后沿美国东海岸北上，重创新泽西、纽约和新英格兰等沿海地区。这是一场巨大的风暴，号称直径为 1100 英里。桑迪造成 286 人死亡，从牙买加金斯敦到魁北克，沿途造成超过 680 亿美元的损失。当飓风桑迪袭击新泽西州时，是风速仅为每小时 80 英里的 2 级飓风，但给美国造成的财产和基础设施损失却仅次于卡特里娜飓风。在政治僵局已经成为华盛顿常态的时刻，民主党总统巴拉克·奥巴马和共和党的新泽西州州长克里斯·克里斯蒂走在新泽西的海滩上，积极合作开展灾后恢复和重建的形象成了偶像。在次月举行的选举中，奥巴马以较大优势当选。克里斯蒂此后在民调中的支持率飙升，他在一年内就做好了竞选总统的准备，尽管随后涉及助手的丑闻、党派操纵桑迪飓风救济基金以及州里巨额赤字到 2014 年减弱了他的一些光彩。奥巴马和克里斯蒂在桑迪飓风期间的合作并非他们受欢迎的唯一原因，但大多数观察家都相信这绝对是奥巴马连任和克里斯蒂受欢迎的一个重要因素，一些投票后的民调也证实了这一点。这证明了政府可以在危机时刻提供有效的帮助——或者至少如保罗·克鲁格曼指出的那样（尽管这一说法极具煽动性），在当权者不蔑视政府时。[31]

虽然有关自然灾害的巨大争议现在集中在科学和政治思想上，但像卡特里娜和桑迪这样破坏性巨大的飓风仍然让人们转而寻求天意的解释，通常但并不总是来自宗教领袖或信徒团体毫不奇怪，福音派牧师认为卡特里娜是对新奥尔良的性放纵、同性恋权利、堕胎和各种其他罪行的惩罚，但即使是该市市长雷·纳金在连任竞选中也表示，上帝因伊拉克战争惩罚了新奥尔良，他还在后来的演讲中声称，上帝希望新奥尔良成为一座非裔美国人的城市。[32]

在总统选举前夕来袭的桑迪飓风也可能引发天意的解释，但那些总是声称在这种事件中看到上帝之手，甚至自以为了解上帝的意志和不悦的具体原因的群体这次三缄其口；事实上，福音派右翼的沉默震耳欲聋。一些人试图利用这场风暴来为他们自己反对堕胎、同性恋婚姻或枪支管制做辩护，但除了广受欢迎的福音派传教士帕特·罗伯逊认为这场风暴是上帝的设计，旨在将共和党候选人米特·罗姆尼（一名摩门教徒）排除在白宫之外，大多数福音派领袖对上帝释放桑迪飓风的意图保持沉默。考虑到奥巴马对风暴的处理对选举结果产生了积极的效果，没有一个最受欢迎的福音派牧师愿意提出这样一个解释，即上帝派风暴来表明对奥巴马的持续诋毁是不公正的，或者反对他帮助社会弱势群体的政策是违反基督教教义的。这种符号的解释原本可能出现，但天意论，通常是用来支持现有的政治信念，而不是作为新的解释或改变心意的催化剂。

但是，尽管奥巴马和克里斯蒂都从向这场风暴的受害者提供援助的工作中获得了政治利益，飓风引发的潜在政治和科学问题仍然 336 处于争议中：怎样最妥善地应对自然现象的危害？政府在多大程度上负责提供灾难保护或救助？气候变化现在发展到什么程度？如果是，需要采取什么措施来减少它对环境和社会的影响？桑迪飓风提供了一个例子，说明这些问题之间复杂且有时相互矛盾的关系。克里斯蒂州长热切地寻求联邦政府的帮助，以便新泽西州能在桑迪侵袭过后迅速复苏，这一举动却被共和党政治家同僚批评为"大政府"的做法和对华盛顿的依赖。但在全球变暖及其对自然灾害风险可能产生影响的问题上，他无论是过去还是此时都像共和党同僚一样持怀疑态度，并在多个场合表达了他对气候变化的质疑。至少对他而言，这些神秘的问题没有解决眼前的问题重要。[33]

但是，把这个问题理解为口头表态与实际行动之间的区别就过于简单了。在桑迪飓风期间，尽管新泽西州运输公司制定了在飓风发生时将列车转移到高地的应急计划，但没有按计划实施，而是将列车留在低洼的草地上，风暴造成 1/4 的铁路车辆损失和超过 15000 万美元的损失。州长克里斯蒂和新泽西州运输官员认为，他们根据过去的经验在风暴前进行的计算是正确的，解释说因为没有人能预测到风暴如此严重造成了他们计算的错误。但是，面临同样问题时，纽约大都会交通管理局（MTA）遭受的损失要小得多，从风暴中恢复的速度也快得多。在纽约州，由于早期的风暴和问题，州长安德鲁·科莫和大都会交通管理局开始相信如果气候变化确实已成为现实，过去便不再是未来的可靠指南。科莫和大都会交通管理局认真对待新的风险。在 10 月 30 日的新闻发布会上，也就是桑迪飓风袭击纽约地区的第二天，科莫表示："气候变化是现实，极端天气也是现实。事实是，我们很脆弱，作为当选官员，如果我们要做好工作，就需要做出必要的修正，这样我们就不会遭受这种类型的损害。"[34]他也回避了高度敏感的政治问题，即是什么导致了气候变化，以及对此应该做些什么。

337

然而，在这个具体的例子中，接受气候变化可能成为现实给纽约州带来了积极的结果，而克里斯蒂对此的怀疑和矛盾态度，以及他任命的交通官员的怀疑，给邻近的新泽西州带来了灾难。联邦交通署和 2011 年新泽西州的一份内部报告都警告说，高风暴潮会带来灾难性的后果，国家气象局也做出了早期预测，警告说桑迪是一场大风暴。在桑迪袭击新泽西州至少 24 小时前，气象局估计有 15 英尺的风暴潮，但新泽西州官员很少关注这种可能性，结果在新泽西州造成了交通灾难。

飓风桑迪证明，制定切实可行的解决方案和对策来应对飓风等自然现象风险，不能脱离围绕它们的科学争议和政治辩论，试图这样做的领导人或国家会让所有面临风险者变得更加脆弱。联邦应急管理局的资金大幅缩减，以至于桑迪飓风到来之前纽约和新泽西可能发生洪水地区的海岸线地图已经过时了 15 或 20 年，这也向我们提出了警示：缺乏对更大的气候变化问题的关注如何导致了灾难的发生。[35]

2013 年 10 月，克里斯蒂再次当选为新泽西州州长，他在获胜演讲里提到了"桑迪飓风的精神"，即这场飓风所产生的社区和合作意识，这与菲德尔·卡斯特罗在 1963 年弗洛拉飓风后所用的术语如出一辙。然而，卡斯特罗的经历使他对环境变化的挑战和政府采取强有力行动应对自然灾害的政治优势非常敏感。目前尚不清楚，即将参加 2016 年总统竞选的共和党人克里斯蒂是否吸取了同样的教训，以及是否能让这一信息吸引他的支持者和他的政党，共和党领导层要么继续否认人为因素导致气候变化的越来越多的科学证据，要么暗示如果气候变化确实存在，那么改变社会模式，而非试 338

图通过减少碳排放来改变气候能够更好地解决问题、更有效地降低脆弱性。这是皮尔克（Pielke）和兰西（Landsea）等一些气象学家主张的立场，与强调不受限制的自由市场和继续使用化石燃料的意识形态立场重合。[36] 由于穷人和穷国总是受自然灾害影响最深重，他们认为防止海平面上升或"超级飓风"的最佳保护是消除贫穷和提高经济水平。2014 年 5 月，佛罗里达州参议员马尔科·卢比奥代表这个被认为特别容易受到海平面上升和大飓风影响的州，质疑人为原因造成全球变暖的主流科学观点，并表示没有任何措施可以有效地改变气候变化，而不会对美国的经济造成损害。他用简单的语言概述了自 20 世纪 80 年代以来在美国、大加勒比地区和世界其他地方广泛采用的政治立场。[37] 这一立场在多大程度上减少了对公共部门和基础设施投资的财政支持，削弱或瓦解了民族国家或区域组织的中央权力，从而加剧了脆弱性，已经成为政治辩论的一个关键议题。在某种程度上，飓风和社会应对它们的方式已经成为竞争的世界观的象征。

现在，每年 6 月，当海洋开始变暖，古老的苍鹭独木舟星座①在加勒比夜空再次升起，飓风就会卷土重来。北大西洋的人们将再一次面对风暴及其提出的老问题：如何最妥善地应对它们的威胁？谁负责这样做？上帝、自然和人类在它们的起源和影响中扮演了什么角色？在新世纪，提出和回答这些古老的问题必将比以往任何时候都更加迫切。

---

① "苍鹭的独木舟"是加勒比占星术中一个星座的名字，象征着神奇的转变。——译者注

缩略语

档案馆

AGI Archivo General de Indias (Seville) 西印度档案（塞维利亚）

AGPR Archivo General de Puerto Rico 波多黎各档案

AGNRD Archivo General de la Nación de la Republica Dominicana 多米尼加共和国国家总档案馆

AHN Archivo Historico Nacional (Madrid) 国家历史档案馆（马德里）

AHMP Archivo Municipal de Ponce 庞塞市档案馆

AHMCH Archivo Historico del Museo de la Ciudad de la Habana 哈瓦那市博物馆历史档案馆

AHMC Archivo Historico Municipal de Caguas 卡瓜斯市历史档案馆

ANOM Archive National d'Outre-Mer (Aix-en-Provence) 国家海外档案馆（艾克斯普罗旺斯）

BNM Biblioteca Nacional (Madrid) 国家图书馆（马德里）

FMM Fundación Luís Muñoz Marín (San Juan) 路易斯·穆尼奥斯·马林基金会（圣胡安）

JA Jamaica Archives (Spanish Town) 牙买加档案馆（西班牙小镇）

USNA National Archives (Washington, DC) 美国国家档案馆（华盛顿

特区）

NAGB National Archive Great Britain 英国国家档案馆

NAH Nationaal Archief Den Haag（The Hague）海牙国家档案馆（海牙）

NLJ National Library of Jamaica（Kingston）牙买加国家图书馆（金斯敦）

RC Rigsarkivet（Copenhagen）丹麦国家档案馆（哥本哈根）

ZAM Zeeuws Archief（Middleburg）泽兰档案馆（米德尔堡）

出版物

CCSD Cartas del Cabildo de la Ciudad de Santo Domingo en el siglo XVI 16 世纪圣多明各市议会的信

CES Cuba：Economia y sociedad 古巴经济与社会

CSPC Calendar of State Papers：Colonial 国家文件日历：殖民地时期

EPR Episcopológio de Puerto Rico 波多黎各主教座堂

注 释

PREFACE

1. Fernand Braudel, *The Mediterranean and the Mediterranean World in the Age of Philip II*, 2 vols. (New York: Harper & Row, 1976). The book was written originally while Braudel was a prisoner of war without access to his notes. It was first published in 1949. The first revised French edition was published in 1966. For an alternate view of Mediterranean history emphasizing change over time and human agency over geographical constraints, see David Abulafia, *The Great Sea: A Human History of the Mediterranean* (New York: Oxford University Press, 2011), xxv–xxviii.

2. Benjamín Vicuña Mackenna, *El clima de Chile: Ensayo histórico* (Buenos Aires: Editorial Francisco de Aguirre, 1970).

3. N.A.T. [Neville] Hall, *Slave Society in the Danish West Indies: St. Thomas, St. John and St. Croix*, ed. B. W. Higman (Mona, Jamaica: University of the West Indies Press, 1992), 1.

4. General overviews that have provided summaries of meteorological information that have proven useful to me are Roger A. Pielke, *The Hurricane* (London: Routledge, 1990); Paul V. Kislow, *Hurricanes: Background, History and Bibliography* (New York: Nova Science Publishers, 2008); Patrick J. Fitzpatrick, *Natural Disasters: Hurricanes—A Reference Handbook*, Contemporary World Issues (Santa Barbara, CA: ABC-CLIO, 1999); Richard J. Murnane and Kam-biu Liu, *Hurricanes and Typhoons: Past, Present, and Future* (New York: Columbia University Press, 2004); James B. Elsner and A. Birol Kara, *Hurricanes of the North Atlantic: Climate and Society* (New York: Oxford University Press, 1999). A tremendous amount of information on past and present storms is now available on the website of the National Oceanic and Atmospheric Administration (NOAA) and its National Hurricane Center. See www.noa.gov/index and www.nhc.noaa.gov. Most important in historical terms is the HURDAT or Atlantic Basin Hurricane database, which gathers information on historical storms from 1850 to the twentieth century.

5. On the field of environmental history I have found particularly helpful the essays by John McNeill ("Observations on the Nature and Culture of Environmental History," *History and Theory* 42, no. 4 (2003): 5–43) and José Augusto Pádua ("As bases teóricas da história ambiental," *Estudos Avançados* 24, no. 68 (Jan. 2010): 81–101).

6. A model study of the impact of disease in the region is John Robert McNeill, *Mosquito Empires: Ecology and War in the Greater Caribbean, 1620–1914*, New Approaches to the Americas (New York: Cambridge University Press, 2010).

7. John Fowler, *A General Account of the Calamities Occasioned by the Late Tremendous Hurricanes and Earthquakes in the West-India Islands, Foreign as Well as Domestic: With the Petitions to, and Resolutions of, the House of Commons, in Behalf of the Sufferers at Jamaica*

and Barbados: Also a List of the Committee Appointed to Manage the Subscriptions of the Benevolent Public, Towards Their Further Relief (London: J. Stockdale and W. Richardson, 1781), i.

8. I first began to develop this idea in Stuart B. Schwartz, "Virginia and the Atlantic World," in *The Atlantic World and Virginia, 1550–1624,* ed. Peter C. Mancall (Williamsburg, VA: Omohundro Institute of Early American History and Culture, 2004), 558–70. For more general views of the Atlantic history concept, see Jack P. Greene and Philip D. Morgan, eds., *Atlantic History: A Critical Appraisal* (Oxford: Oxford University Press, 2009).

9. The early modern era is dealt with in Bernard Bailyn, *Atlantic History: Concept and Contours* (Cambridge, MA: Harvard University Press, 2005). Two major Atlantic history texts essentially end in 1900: see Douglas R. Egerton, *The Atlantic World: A History, 1400–1888* (Wheeling, IL: Harlan Davidson, 2007); Thomas Benjamin, *The Atlantic World: Europeans, Africans, Indians and Their Shared History, 1400–1900* (Cambridge: Cambridge University Press, 2009). John K. Thornton, *A Cultural History of the Atlantic World, 1250–1820* (Cambridge: Cambridge University Press, 2012), ends in the early nineteenth century. One essay on Ireland and liberation theology in the twentieth century is included in Jorge Cañizares-Esguerra and Erik R Seeman, *The Atlantic in Global History, 1500–2000* (Upper Saddle River, NJ: Pearson Prentice Hall, 2007).

10. On the Bermuda High and its effects, see Ivor Van Heerden and Mike Bryan, *The Storm: What Went Wrong and Why during Hurricane Katrina—The Inside Story from One Louisiana Scientist* (New York: Viking, 2006), 18–19.

11. Jill S. M. Coleman and Steven A. LaVoie, "Paleotempestology: Reconstructing Atlantic Tropical Cyclone Tracks in the Pre-HURDAT Era," in *Modern Climatology,* ed. Shih-Yu Simon Wang (N.p.: InTech, 2012), http://www.intechopen.com/books/modern-climatology/paleotempestology-reconstructing-atlantic-tropical-cyclone-tracks-in-the-pre-hurdat-era.

12. For example, see James W. Wiley and Joseph M. Wunderle, "The Effects of Hurricanes on Birds, with Special Reference to Caribbean Islands," *Bird Conservation International* 3, no. 4 (1993): 319–49; Emery R. Boose, Mayra I. Serrano, and David R. Foster, "Landscape and Regional Impacts of Hurricanes in Puerto Rico," *Ecological Monographs* 74, no. 2 (May 2004): 335–52.

13. Barometer readings of atmospheric pressure are usually given in millibars (metric) or in inches. At sea level average pressure is 1013 millibars, or 29.92 inches. Lowest recorded pressure (excluding tornadoes) has been 870 millibars, or 25.70 inches.

14. The Fujita scale, which predicts the effects of tornado wind speed on buildings, has sometimes been used in descriptions of hurricane damage.

15. Pitirim Aleksandrovič Sorokin, *Man and Society in Calamity: The Effects of War, Revolution, Famine, Pestilence upon Human Mind, Behavior, Social Organization and Cultural Life* (Westport, CT: Greenwood Press, 1968). A grand tradition in the social sciences study of disaster developed with outstanding books like Kai Erikson, *Everything in Its Path: Destruction of Community in the Buffalo Creek Flood* (New York: Simon and Schuster, 1976); Michael Barkun, *Disaster and the Millennium* (Syracuse, NY: Syracuse University Press, 1986); Barbara Bode, *No Bells to Toll: Destruction and Creation in the Andes* (New York: Scribner, 1989); E. L. Jones, *The European Miracle: Environments, Economies, and Geopolitics in the History of Europe and Asia,* 2nd ed. (Cambridge: Cambridge University Press, 1987); Theodore Steinberg, *Acts of God: The Unnatural History of Natural Disaster in America* (New York: Oxford University Press, 2000); these are among the works that I have found particularly useful as I designed this project.

16. Matthew Mulcahy, *Hurricanes and Society in the British Greater Caribbean, 1624–1783* (Baltimore: Johns Hopkins University Press, 2006); Charles F. Walker, *Shaky Colonialism: The 1746 Earthquake-Tsunami in Lima, Peru, and Its Long Aftermath* (Durham, NC: Duke University Press, 2008); Geoffrey Parker, *Global Crisis: War, Climate Change and Catastrophe in the Seventeenth Century* (New Haven: Yale University Press, 2013); Louis A. Pérez, *Winds of Change: Hurricanes and the Transformation of Nineteenth Century Cuba* (Chapel Hill: University of North Carolina Press, 2001); Sherry Johnson, *Climate and Catastrophe in Cuba and the Atlantic World in the Age of Revolution* (Chapel Hill: University of North Carolina Press, 2011); Erik Larson, *Isaac's Storm: a Man, a Time, and the Deadliest Hurricane in History* (New York: Crown Publishers, 1999); Raymond Arsenault, "The Public Storm: Hurricanes and the State in Twentieth-Century America," in *American Public Life and the Historical Imagination*, ed. Wendy Gamber, Michael Grossberg, and Hendrik Hartog (Notre Dame, IN: University of Notre Dame Press, 2003), 262–92; Ulrich Beck, *Risk Society: Towards a New Modernity* (London: Sage Publications, 1992).

CHAPTER 1. STORMS AND GODS IN A SPANISH SEA

1. J. Omar Ruiz Gordillo, "Fundaciones urbanas en México: La Veracruz en el siglo XVI," *Altepetl. Revista de Geografía Histórica—Social y Estudios Regionales* 5–6 (2012) (http://www.uv.mx/altepetl/No5/anteriores/alt02/arts/funcaiones%20urbanas.pdf).

2. AGI, Patronato 181. On the role of Veracruz in the Spanish mercantile system, see Pierre Chaunu, "Veracruz en la segunda mitad del siglo XVI y primera mitad del siglo XVII," *Historia Mexicana* 9, no. 4 (1960): 521–57.

3. Virginia García Acosta, Juan Manuel Pérez Zevallos, and América Molina del Villar, *Desastres agrícolas en México: Catálogo Histórico*, Sección de Obras de Ciencia y Tecnología (Mexico City: Centro de Investigaciones y Estudios Superiores en Antropología Social, Fondo de Cultura Económica, 2003), 108–9.

4. This overall chronology is presented in François Walter, *Catastrophes: Une histoire culturelle, XVIe–XXIe siècles*, Univers Historique (Paris: Seuil, 2008).

5. Monica Juneja and Franz Mauelshagen, "Disasters and Pre-industrial Societies Historiographic Trends and Comparative Perspectives," *Medieval History Journal* 10, no. 1–2 (Oct. 2007): 1–31.

6. François Walter, "Pour une histoire culturelle des risques naturels," in *Les cultures du risque: XVIe–XXIe siècles*, ed. François Walter, Bernardino Fantini, and Pascal Delvaux (Geneva: Presses d'histoire suisse, 2006), 6–28; Jean Delumeau, *Rassurer et protéger: Le sentiment de sécurité dans l'Occident d'autrefois* (Paris: Fayard, 1989), 179–210.

7. García Acosta, Pérez Zevallos, and Molina del Villar, *Desastres agrícolas en México*, I, 109.

8. See Héctor Cuevas Fernández and Mário Navarrete Hernández, "Los hurracanes en la época prehispánica y en el siglo XVI," in *Inundaciones 2005 en el estado Veracruz* (Xalapa, Veracruz: Universidad Veracruzana, 2006), ed. Adalberto Tejeda Martínez and Carlos Welsh Rodríguez, 39–49. See also Herman W. Konrad, "Fallout of the Wars of the Chacs: The Impact of Hurricanes and Implications for Prehispanic Quintana Roo Maya Processes," in *Status, Structure, and Stratification: Current Archaeological Reconstructions: Proceedings of the Sixteenth Annual Conference*, ed. Marc Thompson, Maria Teresa Garcia, and F. J Kense (Calgary: University of Calgary, Archaeological Association, 1985), 321–30.

9. Román Piña Chán and Patricia Castillo Peña, *Tajín: La ciudad del dios Huracán* (Mexico City: Fondo de Cultura Económica, 1999), 46.

10. Konrad, "Fallout of the Wars of the Chacs," 334. On the hurricanes of Yucatan in the nineteenth and twentieth centuries, see Emery R. Boose et al., "Geographical and Historical Variation in Hurricanes across the Yucatán Peninsula," in *The Lowland Maya Area: Three Millennia at the Human-Wildland Interface*, ed. Arturo Gómez-Pompa et al. (Binghamton, NY: Food Products Press, 2003), 495–516.

11. On the complicated history of Columbus's journal, see Robert H. Fuson, *The Log of Christopher Columbus* (Camden, ME: International Marine Publishing Company, 1991), 1–13. Fuson's edition and translation, like all others, depend on an edited abstract made by Father Bartolomé de Las Casas sometime between 1527 and 1539, based on a copy of the original. A link to Carib languages is suggested by Douglas Taylor, "Spanish Huracán and Its Congeners," *International Journal of American Linguistics* 22 (1956): 275–76.

12. Sebastián de Covarrubias, *Tesoro de la lengua castellana o española*, ed. Martín de Riquer (Barcelona: S.A. Horta, 1943), 706. I believe this entry is one of the additions of Benito Remigo Noydens from the edition of 1674.

13. Irving Rouse, *The Tainos: Rise and Decline of the People Who Greeted Columbus* (New Haven, CT: Yale University Press, 1992).

14. Fernando Ortiz, *El huracán, su mitología y sus símbolos* (Mexico City: Fondo de Cultura Económica, 1947).

15. The bishop of Santo Domingo noted in 1531 noted that "in these months the Caribs are likely to come [to Puerto Rico] because there are more advantages to be had than in other months" (*suelen venir los caribes por haber mas bonanzas que en otros meses del año*). See AGI (Archivo General de Indias [Seville]), Santo Domingo (SD) 93, ramo 1, doc. 2.

16. Sebastián Robiou Lamarche, *Caribes: Creencias y rituales* (San Juan, PR: Editorial Punto y Coma, 2009), 182–92.

17. Ibid., 190. See Jacques Bouton, *Relation de l'establissement des Francois depuis l'an 1635: En l'isle de la Martinique, l'vne des Antilles de l'Amerique. Des mœurs des sauvages, de la situation, & des autres singularitez de l'isle* (Paris: Sebastien Cramoisy, 1640).

18. The Saffir-Simpson scale has been used since 1973 to distinguish the intensity of hurricanes in the Western Hemisphere. It uses five categories of wind speed: 1 (74–95 mph), 2 (96–110 mph), 3 (111–129 mph), 4 (130–156 mph), 5 (157+ mph).

19. Antonio de Herrera Tordesillas, *Descripción de las Indias occidentales* (Madrid, 1601), dec. 1, lib. 2, cap. 15.

20. The original account appears in Bartolomé de las Casas, *Historia de las Indias*, ed. Lewis Hanke (Mexico City: Fondo de Cultura Económica, 1951). It has been analyzed in meteorological terms by David McWilliams Ludlum, *Early American Hurricanes, 1492–1870*, The History of American Weather, no. 1 (Boston: American Meteorological Society, 1963), 6–7. It is also discussed in cultural terms by Peter Hulme, *Colonial Encounters: Europe and the Native Caribbean, 1492–1797* (New York: Methuen, 1986), 94–95.

21. Craig Martin, "Experience of the New World and Aristotelian Revisions of the Earth's Climates during the Renaissance," *History of Meteorology* 3 (2006): 1–15.

22. John H. Elliott, *The Old World and the New 1492–1650*, The Wiles Lectures 1969 (Cambridge: University Press, 1970); Jorge Cañizares-Esguerra, "New World, New Stars: Patriotic Astrology and the Invention of Indian and Creole Bodies in Colonial Spanish America, 1600–1650," *American Historical Review* 104, no. 1 (Feb. 1999): 33–68; Anthony Grafton, *New Worlds, Ancient Texts: The Power of Tradition and the Shock of Discovery* (Cambridge, MA: Belknap Press of Harvard University Press, 1992).

23. Martín Gelabertó Vilagrán, "Tempestades y conjuros de las fuerzas naturales:

Aspectos magico-religiosos de la cultura en la alta edad moderna," *Pedralbes: Revista d'historia moderna* 9 (1989): 193–99. An excellent analysis of the dialogue between learned and popular culture in the understanding of comets is presented in Sara Schechner, *Comets, Popular Culture, and the Birth of Modern Cosmology* (Princeton, NJ: Princeton University Press, 1997). See also Jorge Cañizares-Esguerra, *Puritan Conquistadors: Iberianizing the Atlantic, 1550–1700* (Stanford, CA: Stanford University Press, 2006), 120–77.

24. This observation is made by Antonello Gerbi, *Nature in the New World: From Christopher Columbus to Gonzalo Fernandez de Oviedo* (Pittsburgh: University of Pittsburgh Press, 1985), 121–23. Gerbi notes that the expeditions of Yañez Pinzon (1501), Ojeda (1505), Velázquez (1518), and Magellan (1519) were not asked to submit reports. On a more general relative lack of European curiosity, see Elliott, *The Old World and the New 1492–1650.*

25. Rómulo D. Carbia, *La crónica oficial de Las Indias occidentales* (La Plata: Argentina, 1934); cited in Gerbi, *Nature in the New World*, 120.

26. James Scott, *Seeing like a State: How Certain Schemes to Improve the Human Condition Have Failed* (New Haven: Yale University Press, 1998).

27. I have not entered here into the question of making this knowledge the exclusive property of Spain. That question has been taken up by a number of authors. See, for example, Alison Sandman, "Controlling Knowledge: Navigation, Cartography, and Secrecy in the Early Modern Spanish Atlantic," in *Science and Empire in the Atlantic World*, ed. James Delbourgo and Nicholas Dew (New York: Routledge, 2008), 31–52. A good specific example of the effect of restricting useful information was the publication ban of Juan Escalante de Mendoza, *Itinerario de navegación de los mares y tierras occidentales* (1575) because of its specific description of the best sailing routes to the Indies. Despite the prohibition, it circulated widely in manuscript. It contained a section on the hurricanes.

28. This utilitarian aspect of knowledge gathering in Spanish science of the period is emphasized by Antonio Barrera-Osorio, *Experiencing Nature: The Spanish American Empire and the Early Scientific Revolution* (Austin: University of Texas Press, 2006). For a general discussion of the development of Spanish cosmography, see María M. Portuondo, *Secret Science: Spanish Cosmography and the New World* (Chicago: University of Chicago Press, 2009).

29. Enciso's work also appeared in editions of 1530 and 1546. See the discussion in Gerbi, *Nature in the New World.*

30. Pérez de Oliva discusses early hurricanes but does not use that word and instead employs *torbellino*, a term from European experience: Fernán Pérez de Oliva, *Historia de la invención de las Indias*, ed. José Juan Arrom (Mexico City: Siglo Veintiuno, 1991).

31. Casas, *Historia de las Indias*, chapter 69, "De las más terribles tormentas que se cree haber en todas los mares del mundo son las que por estos mares destas islas y tierra firme suele hacer."

32. Gonzalo Fernández de Oviedo y Valdes, *De la natural hystoria de las Indias* (Toledo: Remon de Petras, 1526). The first part of the *Historia general* was published in 1535, and the second part was finished in 1541, but not published until 1557.

33. Oviedo, *Historia general*, 1:168–69; 3:10; 6:3.

34. Gonzalo Fernández de Oviedo y Valdés, *Natural History of the West Indies*, North Carolina. University, Studies in the Romance Languages and Literature, no. 32 (Chapel Hill: University of North Carolina Press, 1959), 37; Gonzalo Fernández de Oviedo y

Valdés, *Sumario de la natural historia de Las Indias*, Biblioteca Americana. Serie de Cronistas de Indias 13 (Mexico City: Fondo de Cultura Económica, 1950), 130.

35. It appears in Oviedo *Natural History;* Las Casas, *Historia de las Indias;* and López Medel, *De los Tres elementos.*

36. Francisco del Paso y Troncoso and Silvio Arturo Zavala, *Epistolario de Nueva España, 1505–1818* (México City: Antigua Librería Robredo, de J. Porrúa e Hijos, 1939), 36–40.

37. I am following here the important work done by Martín Gelabertó Vilagrán in "Tempestades y conjuros de las fuerzas naturales."

38. Fernández de Oviedo y Valdés, *Natural History of the West Indies*, 37.

39. Diego de Landa, *Relación de Las Cosas de Yucatán*, ed. Héctor Pérez Martínez, 7th. ed (Mexico City: Editorial P. Robredo, 1938), chapter 10, p. 23. My thanks to Matthew Restall for this translation.

40. "las cosas que están por venir ya sabéis, señor, que solo Dios nuestro Señor las sabe, y no las puede saber ninguna criatura, si no es quien su Divina bondad las revela." See Juan de Escalante de Mendoza, *Itinerario de navegación de los mares y tierras orientales 1575* (Madrid: Museo Naval, 1985), 140.

41. Strangely, the 1590 work of the Jesuit José de Acosta, although much influenced by classical ideas of meteorology and geography, makes no mention of hurricanes. Acosta applied Aristotle's ideas that winds are the exhalations of the earth's humidity to explain the winds of the New World. See José de Acosta, *Natural and Moral History of the Indies*, ed. Jane E. Mangan, trans. Frances López-Morillas (Durham, NC: Duke University Press, 2002).

42. Historian Berta Ares believes that when Juan de Ovando became *visitador* of the Council of the Indies and began gathering geographical information that López Medel probably prepared his manuscript. There was little place in his work for monstrosities or marvels, and he emphasized the "rational" nature of the New World. He believed that "natural man" was closer to God, and that Indians fell into that category. See Tomás López Medel, *De los tres elementos: Tratado sobre la naturaleza y el hombre del Nuevo Mundo*, Berta Ares Queija, ed. (Madrid: Quinto Centenario and Alianza, 1990), xxxii–xxxiii.

43. "concurso y contraste de diversos y contraries vientos."

44. For example, on the impact of hurricanes on Yucatan, see Herman W. Konrad, "Caribbean Tropical Storms: Ecological Implications for Pre-Hispanic and Contemporary Maya Subsistence on the Yucatan Peninsula," *Revista de la Universidad Autónoma de Yucatán* 18, no. 224 (2003): 99–126; Virginia García Acosta, "Huracanes y/o desastres en Yucatán," *Revista de La Universidad Autónoma de Yucatán* 17, no. 223 (2002): 3–15.

45. López Medel, *De los tres elementos*, 33.

46. Particularly useful in regard to these issues in Spain are Martín Gelabertó Vilagrán, "Astrología, religión y pronóstico en el renacimiento," *Historia y Vida* 305 (August 1993): 68–75; and "Supersticiones y augurios climáticos en la España de la Edad Moderna," *Historia y Vida* 296 (Nov. 1996): 23–28. Most important is his "La palabra del predicador: Contrarreforma y superstición en Cataluña (siglos XVII y XVIII)" (dissertation, University of Barcelona, 2003), published as Martí Gelabertó, *La palabra del predicador: Contrarreforma y superstición en Cataluña, siglos XVII–XVIII*, Colección Hispania 17 (Lleida: Editorial Milenio, 2005).

47. Ernest Germana, "Astrology, Religion and Politics in Counter-Reformation Rome," in *Science, Culture, and Popular Belief in Renaissance Europe*, ed. Stephen Pumfrey,

Paolo L. Rossi, and Maurice Slawinski (Manchester, Manchester University Press, 1991), 249.

48. Carmen Gonzalo de Andrés, "La predicción del tiempo en el Siglo de Oro español," *Revista del Aficionado de Meteorología* (n.d.), http://www.tiempo.com/ram /167/la-prediccion-del-tiempo-en-el-siglo-de-oro-espanol-s-xvi–xvii.

49. Julio Ismael Martínez Betancourt, "Predicciones climáticas y el conocimiento popular tradicional del campesino cubano," *Cautauro: Revista Cubana de Antropología* 12, no. 22 (2010): 121–30; V. Cubilla, "Las cabañuelas y la Estación Climatológica Agricola," *Revista INRA* 5 (1961): 60–63.

50. Christopher Columbus, *The "Libro de las profecías" of Christopher Columbus*, ed. Delno C. West and August Kling (Gainesville: University of Florida Press, 1991), 106–7.

51. The statement is drawn from the prefatory letter of Columbus to Ferdinand and Isabella in his book of prophecies. See ibid., 107.

52. Franz Mauelshagen, "Disaster and Political Culture in Germany since 1500," in *Natural Disasters, Cultural Responses: Case Studies toward a Global Environmental History*, ed. Christof Mauch and Christian Pfister, The German Historical Institute Studies in International Environmental History (Lanham, MD: Lexington Books, 2009), 60.

53. I refer here to the argument of Jean Delumeau, *Sin and Fear: The Emergence of a Western Guilt Culture, 13th–18th Centuries* (New York: St. Martin's Press, 1990).

54. Bartolomé de las Casas, *Apologética historia sumaria*, ed. Vidal Abril Castelló, vols. 6–8 of *Obras Completas / Bartolomé de Las Casas* (Madrid: Alianza, 1992).

55. AGI, SD legajo 2.

56. *Relación verdadera, en que se dà quenta del horrible Huracàn que sobrevino à la Isla, y Puerto de Santo Domingo de los Españoles el dia quinze de Agosto de 1680* (Madrid: Lucas Antonio de Bedmar, 1681).

57. See Alain Corbin, *Village Bells: Sound and Meaning in the Nineteenth-Century French Countryside*, European Perspectives (New York: Columbia University Press, 1998).

58. See Teodoro Vidal, *El control de La naturaleza: Mediante la palabra en la tradición Puertorriqueña* (San Juan: Ediciones Alba, 2008), 17–25.

59. Ibid.

60. Ortiz, *El huracán*, 54. In the seventeenth century Father Labat, like many of his contemporary commentators, believed that thunder dissipated the wind, but his position changed after a hurricane he experienced in 1695.

61. For example, Fray Iñigo Abbad reported that the threatening sky over the town of Aguada on the northwestern coast of Puerto Rico in 1772 led the population to seek divine mercy with two days of public rogations in the hermitage of Our Lady of Espinal. See Rafael W. Ramírez de Arellano, "Los huracanes de Puerto Rico," *Boletin de La Universidad de Puerto Rico* 3, no. 2 (Dec. 1932): 21. In Cuba, the survivors of the San Evaristo hurricane of 1837 recalled many years later their prayer, promises, and the removal of the saints' images from the churches to ask for the "clemency of heaven." See José Martínez Fortún y Foyo, Entry for 1837, *Anales y efemérides de San Juan de los Remedios*, vol. 1, part 1 (1492–1849). This text is fully available at http://www.cubangenclub .org/clist.php?nm=76.

62. Damián López de Haro, ed., *Sínodo de San Juan de Puerto Rico de 1645* (Madrid: Centro de Estudios Históricos del CSIC, 1986), 73.

63. My mother-in-law, Divina Arroyo de Jordán, informed me that in Cabo Rojo when she was a girl in the 1920s her grandmother spoke of the burning of blessed

palms as a defense against storms. The use of ashes to make crosses in homes as protection against storms was recounted by Ortiz, *El huracán*, 79.

64. *"San Lorenzo, San Lorenzo, amarra el perro y suelta el viento."* Vidal, *El control de la naturaleza*, 41.

65. The term *cordonazo* ("lashing") is used for hurricanes on the Pacific coast of Mexico. The oldest Spanish building in the Americas is the "casa de cordon," in Santo Domingo. Begun in 1503, it served as residence for Francisco de Garay, a supporter of Columbus who later became governor of Jamaica. The knotted Franciscan cord that adorns its entry was a common decorative element in Isabelline Gothic architecture of the fifteenth century in Spain, but its presence on this building has never been adequately explained, and since the city suffered three hurricanes during the period of construction, its presence as a symbolic protection is certainly possible.

66. I have drawn this material from Ortiz, *El huracán*, 78–81.

67. "Santa Barbara, doncella, líbranos de rayos y centellas, como libraste a Jonás del vientre de la ballena." "San Isidro, labrador, quita el agua y pon el sol." Vidal, *El control de la naturaleza*, 31, 56. Vidal gives excellent examples collected in rural Puerto Rico from elderly informants.

68. Francisco Moscoso, *Juicio al gobernador: Episodios coloniales de Puerto Rico, 1550* (Hato Rey: Universidad de Puerto Rico, Decanato de Estudios Graduados e Investigación, Publicaciones Puertorriqueñas Editores, 1998), 134.

69. The work is cited and discussed in Hulme, *Colonial Encounters*, 100–101. See also Peter Hulme, "Hurricanes in the Caribbees: The Constitution of the Discourse of English Colonialism," in *1642: Literature and Power in the Seventeenth Century: Proceedings of the Essex Conference on the Sociology of Literature, July 1980*, ed. Francis Barker and Jay Bernstein (Colchester: University of Essex, 1981), 55–83.

70. Moreau de Jonnes, *Histoire physique des Antilles Francaise* (Paris, 1822), as cited in Ramírez de Arellano, "Los huracanes de Puerto Rico," 9–10.

71. "Captain Langford's Observations of his own Experience upon hurricanes and their Prognostiks," *Philosophical Transactions of the Royal Society* 20 (1698): 407, cited in Mulcahy, *Hurricanes and Society*, 51.

72. Iñigo Abbad y Lasierra, *Historia geográfica, civil y natural de l a Isla de San Juan Bautista de Puerto Rico*, 3rd edition (San Juan: Ediciones de la Universidad de Puerto Rico, 1970), 530.

73. Jean Baptiste Labat, *Nouveau Voyage aux Isles de l'Amerique* (La Haye: P. Husson, 1724), 165–66.

74. Ramírez de Arellano, "Los huracanes de Puerto Rico," 10.

75. López Medel, *De los tres elementos*, 32. Similar statements were made by Desiderio Herrera y Cabrera, *Memoria sobre los huracanes en la Isla de Cuba* (Havana: Impr. de Barcina, 1847).

76. Crab Jack reported: "Crabs is mighty queer critters, and the best barometers ye ever seen. Where there's a storm coming crabs goes for deep water and buried 'emselves in the mud, an' they don't come back afore the storms over." Lisa Waller Rogers, *The Great Storm: The Hurricane Diary of J. T. King, Galveston, Texas, 1900* (Lubbock: Texas Tech University Press, 2001), 30–32. See also David G. McComb, *Galveston: a History* (Austin: University of Texas Press, 1986), 123.

77. Ortiz, *El huracán*, 54.

78. "unas tormentas que llaman huracanes, las mayores que en el mar se conocen. . . ." Juan López de Velasco, *Geografía y descripción universal de las Indias* (Madrid: Estab. tip. de Fortanet, 1894), 60.

79. See also Escalante de Mendoza, *Itinerario de navegación.*

80. The etymology of the term has been examined by Hulme, *Colonial Encounters*, 101–2. See also Mulcahy, *Hurricanes and Society.*

81. *Noticias de Madrid*, 1621–22.

82. Craig Martin, *Renaissance Meteorology: Pomponazzi to Descartes* (Baltimore: Johns Hopkins University Press, 2011), 26.

83. A study of the Caribbean from 1982 to 1992 suggests that the passage of a low-pressure cell from a hurricane's eye was followed by seismic activity within ten days and within a thousand miles of the storm's path, and that seismic activity increases during the months of September and October, which suggests that atmospheric change triggers seismic activity. See Karen Fay O'Loughlin and James F. Lander, *Caribbean Tsunamis: A 500-Year History from 1498–1998* (Dordrecht: Kluwer Academic Publishers, 2004), 75–79. A similar relationship but caused by seismic stress brought about by displacement of soils was suggested in 2010 by University of Miami geophysicist Shimon Wdowinski. See http://rsmas.miami.edu/users/swdowinski/highlights.html.

84. "tumulto de rigurosos truenos y relampagos con grandíssimos terremotos de huracanes de ayre . . ." See *Espantoso huracan que vino sobre la Villa de Çafra, que fue servido Dios . . . sucediesse por nuestros grandes pecados, para que sea escarmiento a tantas maldades como cada dia cometemos contra su divina Magestad: dase cuenta de la grande ruyna que uvo de personas y haziendas, en este . . . terremoto 1624.* (Seville: Juan de Cabrera, 1624).

85. Waldo Ross, *Nuestro imaginario cultural: Simbólica literaría hispanoamericana*, Autores, Textos y Temas 11 (Barcelona: Anthropos, 1992), 117. Neither the term *terremoto* nor the word *huracán* appear in Sebastián Covarrubias Orozco, *Tesoro de la lingua castellana o español* (Madrid, 1611).

86. Robert Hermann Schomburgk, *The History of Barbados* (London: Brown, Green and Longmans, 1848), 47–48.

87. Gov. Dalling to Lord George Germaine, 12 Jan. 1781, in John Fowler, *A General Account of the Calamities Occasioned by the Late Tremendous Hurricanes and Earthquakes in the West-India Islands,* 5–7. See Edward Long, *The History of Jamaica* (London: T. Lowndes, 1774).

88. Bryan Edwards, *The History, Civil and Commercial, of the British Colonies in the West Indies* (5 vols., London: T. Miller, 1819), 4:273–74.

89. Schomburgk, *The History of Barbados*, 37.

90. Parker, *Global Crisis*, 14–15.

91. Johnson, *Climate and Catastrophe in Cuba*, 4. Johnson's argument is based to a large extent on Joëlle L. Gergis and Anthony M. Fowler, "A History of ENSO Events since A.D. 1525: Implications for Future Climate Change," *Climatic Change* 92, no. 3–4 (Feb. 2009): 343–87; and César N. Caviedes, "Five Hundred Years of Hurricanes in the Caribbean: Their Relationship with Global Climatic Variabilities," *GeoJournal* 23, no. 4 (1 Apr. 1991): 301–10.

92. John Davy, *The West Indies, Before and Since Slave Emancipation, Comprising the Windward and Leeward Islands' Military Command* (London: W. & F. G. Cash, 1854), 213.; John Poyntz, *The Present Prospect of the Famous and Fertile Island of Tobago: With a Description of the Situation, Growth, Fertility and Manufacture of the Said Island. To Which Is Added, Proposals for the Encouragement of All Those That Are Minded to Settle There* (London: G. Larkin, 1683). While hurricanes are infrequent at that latitude, they are not unknown. Tobago suffered heavy damage in 1847. See *Tobago Hurricane of 1847: Papers Relative to the Hurricane in Tobago Presented to Both Houses of Parliament by Command of Her Majesty*

Queen Victoria, on April 11, 1848, Historical Documents of Trinidad and Tobago, no. 3 (Port of Spain: Government Printery, 1966).

93. AGI, SD 93, doc. 47 (10 Oct. 1600).

94. José Luis Sáez, "Una carta anua de la residencia de Santo Domingo (23 Octubre 1695)," *Archivum Historicum Societatis Iesu* 62, no. 124 (1993): 281–312.

95. Augustín Udías, "Earthquakes as God's Punishment in 17th-and 18th-century Spain," in *Geology and Religion: a History of Harmony and Hostility,* ed. Martina Kölbl-Ebert, Geological Society Special Publication no. 310 (London: Geological Society, 2009), 41–48.

96. Bernard Lavalle, "Miedos terranales, angustias escatológicas y pánicos en tiempos de terremotos a comienzos del siglo XVII en el Perú," in *Una historia de los usos del miedo,* ed. Pilar Gonzalbo, Anne Staples, and Valentina Torres Septién (Mexico City: Colegio de México: Universidad Iberoamericana, 2009), 103–127; Walker, *Shaky Colonialism;* Jaime Valenzuela Márquez, "El terremoto de 1647: Experiencia apocalíptica y representaciones religiosas en Santiago colonial," in *Historias Urbanas: Homenaje a Armando de Ramón,* ed. Jaime Valenzuela Márquez (Santiago: Ediciones Universidad Catolica de Chile, 2007), 27–65.

97. Juan Solórzano Pereira, *De indiarum iure,* C. Baciero et al. (Madrid: Consejo Superior de Investigaciones Científicas, 2001), 259–65.

98. The phrase "moral cosmos" is Bob Scribner's. It is cited and discussed in Alexandra Walsham, *Providence in Early Modern England* (Oxford: Oxford University Press, 1999).

99. AGN, Inquisición, v. 710, expediente 68, fs. 469–82. My thanks to María Jordán Arroyo for this reference.

100. Carla Rahn Phillips, *Six Galleons for the King of Spain: Imperial Defense in the Early Seventeenth Century* (Baltimore: Johns Hopkins University Press, 1986), 161. The association of Our Lady of Mount Carmel with storms comes from the Old Testament story of the prophet Elijah, whose victory over the prophets of Baal on Mount Carmel brings a cloud that ends a drought in Israel.

CHAPTER 2. MELANCHOLY OCCASIONS:
HURRICANES IN A COLONIAL WORLD

1. The Cabeza de Vaca account notes his experience with hurricanes and storms beginning with the hurricane he experienced in the port of Trinidad, Cuba. The definitive edition is Rolena Adorno and Patrick Charles Pautz, *Alvar Núñez Cabeza de Vaca: His Account, His Life, and the Expedition of Pánfilo de Narváez* (Lincoln: University of Nebraska Press, 1999).

2. On the confusing and contradictory reports of the 1530 hurricanes in Puerto Rico, see José Carlos Millás, *Hurricanes of the Caribbean and Adjacent Regions, 1492–1800* (Miami, FL: Academy of the Arts and Sciences of the Americas, 1968), 60–62.

3. See, for example, William Stapleton to Lords of Trade, 16 July 1683, *Calendar of State Papers: Colonial* (CSPC), vol. 11 (1681–85), 452–62, http://www.british-history.ac .uk/report.aspx?compid=69878

4. *CSPC,* Aug. 1612, vol. 1 (1574–1660), 14, http://www.british-history.ac.uk/report .aspx?compid=68941&strquery=.

5. John T. McGrath, *The French in Early Florida: In the Eye of the Hurricane* (Gainesville: University Press of Florida, 2000), 20–21.

6. Millás, *Hurricanes of the Caribbean and Adjacent Regions,* 130–31.

7. See for example the report of Lic. Hurtado on the hurricane in Santo Domingo of

1552 that "burned" all the trees and crops and left the island cut off from commerce. AGI, SD 49, ramo 23, no. 145, printed in Genaro Rodríguez Morel, *Cartas de la real audiencia de Santo Domingo (1547–1575)* (Santo Domingo: Archivo General de la Nación, 2011), 189.

8. Phillips, *Six Galleons for the King of Spain*, 11–13. Overviews of the transatlantic fleet system are provided by Alfredo Castillero Calvo, "La carrera, el monopolio y las ferias del trópico," in *Historia general de América Latina* (Madrid and París: Editorial Trotta, Ediciones UNESCO, 1999), 3:75–124; Murdo MacLeod, "Spain and America: The Atlantic Trade, 1492–1720," in *The Cambridge History of Latin America*, ed. Leslie Bethell (Cambridge and New York: Cambridge University Press, 1984), 1: 341–88.

9. Levi Marrero, *Cuba: Economia y sociedad* (CES), 2:149.

10. See Oscar Cruz Barney, *El combate a la piratería en Indias, 1555–1700* (Mexico City: Oxford University Press, 1999).

11. Antonio Domínguez Ortiz, *Política y hacienda de Felipe IV* (Madrid: Editorial de Derecho Financiero, 1960).

12. Alejandro de la Fuente, César García del Pino, and Bernardo Iglesias Delgado, "Havana and the Fleet System: Trade and Growth in the Periphery of the Spanish Empire, 1550–1610," *Colonial Latin American Review* 5, no. 1 (1996): 95–115. See also Alejandro de la Fuente, *Havana and the Atlantic in the Sixteenth Century* (Chapel Hill: University of North Carolina Press, 2008), 51–81.

13. AGI, SD 49, ramo xvi, n. 97, printed in Rodríguez Morel, *Cartas de la real audiencia de Santo Domingo*, 448–49.

14. Marrero, CES, 3:246.

15. AGI, leg. 179 v.

16. AGI, Santo Domingo leg. 173, ff. 1161–64, cited in *EPR* 3:212–13. Bishop Padilla stated, "only those of us who have seen it can understand its gravity." See AGI, SD 173, f. 1127.

17. Abbad y Lasierra, *Historia geográfica, civil y natural de La Isla de San Juan Bautista de Puerto Rico*. Cited in Fernando Ortiz Fernández, *El Huracán*,6; Long, *The History of Jamaica*, 3:22. A similar argument is presented in Davy, *The West Indies, Before and Since Slave Emancipation*, 63. Robert Schomburgk later argued that if the hurricanes were a divine gift, given the terror they cause "it is a sharp and afflictive remedy." See Schomburgk, *The History of Barbados*, 45.

18. M.L.E. Moreau de Saint-Méry, *A Topographical and Political Description of the Spanish Part of Saint-Domingo* 2 vols. (Philadelphia, 1796), 1:30.

19. Hilary McDonald Beckles, "The 'Hub of Empire': The Caribbean and Britain in the Seventeenth Century," in *The Oxford History of the British Empire*, ed. William Roger Louis et al. (Oxford: Oxford University Press, 1998), 1:218–40.

20. B. W. Higman, *A Concise History of the Caribbean* (New York: Cambridge University Press, 2011), 118–20; J. H. Parry and Philip Manderson Sherlock, *A Short History of the West Indies* (London: Macmillan, 1968), 55–80.

21. Cardinal-duc de Richelieu, Armand Jean du Plessis (1585–1642), served as principal minister of France. He was succeeded by Cardinal Jules Mazarin (1602–1661).

22. This story is told in detail in Philip P. Boucher, *France and the American Tropics to 1700: Tropics of Discontent?* (Baltimore: Johns Hopkins University Press, 2008), 66–87. See also, Michel Devèze, *Antilles, Guyanes, La Mer des Caraïbes, de 1492 à 1789*, Regards sur l'histoire; 29: II, *Histoire générale* (Paris: SEDES, 1977), 224–46.

23. Unless otherwise noted, I have used the terms "Leeward" and "Windward" as they are commonly used in English based on the British administrative divisions. The

use of the terms can be confusing. Geographically, first the Spaniards and then the other Europeans divided the Lesser Antilles into two groups of islands: the meridional chain extending from the Virgin Islands south to Trinidad, which were called "Islands to the Windward" ("Islas de Barlovento" or "Iles au Vent"), and the islands from Margarita westward to Aruba along the South American coast, which were called "Islands to the Leeward" ("Islas de Sotavento" or "Iles sous le Vent"). The Windward group, directly affected by the northeasterly trade winds, tended to be more humid, the Leeward group, more arid. The British, however, divided their islands in the meridional Antilles into two administrative units: the islands from Guadeloupe to the north, which they called the Leeward Islands, and those from Martinique to the south, which they called the Windward Islands. Dominica, which lies between Guadeloupe and Martinique, was originally in the Leeward group, but in 1940 it became part of the Windward group. Administratively, Barbados, Trinidad, and Tobago were not part of the British Windward islands. The British administrative division is now commonly used in a geographic sense for grouping the islands. See the discussion in Helmut Blume, *The Caribbean Islands* (London: Longman, 1974), 5–6.

24. Anne Pérotin-Dumon, "French, English, and Dutch in the Lesser Antilles: From Privateering to Planting (1550–1650)," in *General History of the Caribbean*, ed. P. C. Emmer et al. (London: Macmillan Caribbean; UNESCO Pub, 1997), 2:114–59.

25. Wim Klooster, "Other Netherlands beyond the Sea," in *Negotiated Empires: Centers and Peripheries in the Americas, 1500–1820*, ed. Christine Daniels and Michael V. Kennedy (New York: Routledge, 2002), 171–91; Linda M. Rupert, *Creolization and Contraband: Curaçao in the Early Modern Atlantic World* (Athens: University of Georgia Press, 2012).

26. J. Franklin Jameson, "St. Eustatius in the American Revolution," *American Historical Review* 8, no. 4 (July 1903): 683–708.

27. Hall's book provides excellent studies of slave society in the Danish islands.

28. David Eltis, *The Rise of African Slavery in the Americas* (Cambridge: Cambridge University Press, 2000), 24. See also Ignacio Pérez Tostado, "Desarrollo politico y económico de Las Antillas británicas, siglos XV–XVIII," in *Historia de Las Antillas*, ed. Consuelo Naranjo Orovio, Ana Crespo Solana, and Ma Dolores González-Ripoll Navarro (Madrid: Consejo Superior de Investigaciones Científicas; Doce Calles, 2009), 185–214.

29. Boucher, *France and the American Tropics to 1700*, 20–21.

30. Abénon, "Ouragans et cyclones à La Guadeloupe au XVIII siècle," 163–71.

31. François Roger Robert, 1 Feb. 1700 (ANOM[Archive National d'Outre-Mer (Aix-en-Provence)], Col C8A 12 F 87).

32. Charles Mesnier, controleur de la marine à Martinique, 23 Sept. 1713 (ANOM, Col. C8A, 19F, 485).

33. Mulcahy, *Hurricanes and Society*, 10–34.

34. Joannes de Laet, *Nieuwe wereldt, ofte, Beschrijvinghe van West-Indien wt veelderhande schriften ende aen-teeckeninghen van verscheyden natien* (Leiden: Isaack Elzeviet, 1625).

35. Dierick Ruiter, *Toortse der Zee-vaert: Om te beseylen de custen gheleghen bezuyden den Tropicus Cancri, als Brasilien, West-Indien, Guinea, en Angola, etc.* (Vlissingen: Marten Abrahamsz van der Nolck, 1623), 156.

36. ZA Middleburg, 1580.1 State Publications, 1590–1695, "*Vrydom voor de gene die met hare Persoonen Huysgesinnen en Gevolgh near SURINAME gaen*" (Freedom for those people who will go to Suriname on their own, or with their families and entourage).

Similar arguments were made to promote Tobago, Trinidad, and even, for a while, Barbados.

37. Geeraert Brandt, *Het leven en bedryf van den Heere Michiel de Ruiter* . . . (Amsterdam: Wolfgang, Waasberge, Boom, Van Someren en Goethals, 1687).

38. Labat, *Nouveau voyage aux Isles de l'Amerique*, 165–66. See Jean-Pierre Sainton and Raymond Boutin, eds., *Histoire et civilisation de La Caraïbe: Guadeloupe, Martinique, Petites Antilles: La construction des sociétés antillaises des origines au temps présent, structures et dynamiques*, vol. 1 (Paris: Editions Maisonneuve et Larose, 2004), 41–42.

39. Guillaume Thomas François Raynal, *Histoire philosophique et politique des établissements et du commerce des européens dans les deux indes*, J. Justamond, trans. (Dublin, 1776), 5:24–28.

40. Gabriel Debien, *Lettres de colons* (Laval: Madiot, 1965), 56, 64.

41. Ibid., 234.

42. William Smith, *A Natural History of Nevis, and the Rest of the English Leeward Charibee Islands in America* (London: J. Bentham, 1745), 243.

43. William Beckford, *A Descriptive Account of the Island of Jamaica*, 2 vols. (London, T. and J. Egerton, 1790), 355.

44. NAGB, CO, 156/52, Gov. Payne to Earl of Hillsborough, 5 Sept. 1772.

45. See, for example, Henry Laurens, *The Papers of Henry Laurens*, vol. 1, ed. Philip M. Hamer et al., 16 vols. (Columbia: University of South Carolina Press, 1968).

46. Richard Pares, "The London Sugar Market, 1740–1769," *Economic History Review* 9, no. 2 (1956): 254–70, especially p. 264.

47. Gov. Atkins to Lords of Trade (July 4/14, 1676). CSP, West Indies 9, fs. 419–25/ Colonial Office 1/37, no. 22.

48. Lt. Gov. Stede to Lords of Trade (18 Sept. 1687), *NAGB*, CO 1/68, no. 53.

49. William Dickson, *Letters on Slavery* . . . *to Which Are Added Addresses to the Whites, and to the Free Negroes of Barbadoes* (London, 1789), 40; George Frere, *A Short History of Barbados, from Its First Discovery and Settlement, to the End of the Year 1767* (London: J. Dodsley, 1768), 33. J. R. Ward ("The British West Indies in the Age of Abolition, 1748–1815," in *The Oxford History of the British Empire*, ed. William Roger Louis et al., Oxford: Oxford University Press, 1998, vol. 2, *The Eighteenth Century*, table 19.2, 433) claims that Barbados had 50,000 whites and 70,000 slaves in the 1670s, but Russell R. Menard (*Sweet Negotiations* Charlottesville: University of Virginia Press, 2006, 25), gives lower figures of 22,400 whites and 40,400 slaves for 1670.

50. Natalie Zacek, *Settler Society in the English Leeward Islands, 1670–1776* (New York: Cambridge University Press, 2010), 20.

51. Marco Meniketti, "Sugar Mills, Technology, and Environmental Change: A Case Study of Colonial Agro-Industrial Development in the Caribbean," *IA: The Journal of the Society for Industrial Archeology* 32, no. 1 (Jan. 2006): 53–80.

52. Tony Williams, *Hurricane of Independence: The Untold Story of the Deadly Storm at the Deciding Moment of the American Revolution* (Naperville, IL: Sourcebooks, 2008), 68–69. See also Rhys Isaac, *Landon Carter's Uneasy Kingdom: Revolution and Rebellion on a Virginia Plantation* (Oxford: Oxford University Press, 2004).

53. Anonymous, *An Account of the Late Dreadful Hurricane, Which Happened on the 31st of August, 1772. Also the Damage Done on That Day in the Islands of St. Christopher and Nevis, Attempted to be ascertained. by the Editor* (St. Christopher: Thomas Howe, 1772).

54. Lowell J. Ragatz, *The Fall of the Planter Class in the British Caribbean, 1763–1833: A Study in Social and Economic History* (New York: Century Co., 1928), 18–21, presents a generally negative view of religious life in the British West Indies.

55. Ibid., 20–21.

56. Anonymous, *An Account of the Late Dreadful Hurricane*, 1.

57. Bohun, for example believed that Jamaica, Cuba, and Hispaniola were not affected by hurricanes.

58. Mulcahy, *Hurricanes and Society*, 10–32.

59. *Cartas del Cabildo de la Ciudad de Santo Domingo en el siglo XVII* (CCSD, XVII) (27 Oct. 1630): 300.

60. AHMCH (Archivo Historico del Museo de la Ciudad de la Habana), *Acuerdos* of the *cabildo* of Havana. The years 1550–78 have been published as *Actas capitulares del Ayuntamiento de la Habana*, vol. 1584–1599 (Havana: Municipio de la Habana, 1937). See also Marrero, CES, 2:109–11.

61. Marrero, CES, 3:246.

62. See, for example, the request for funds to repair a rampart damaged by a hurricane of 1551 in Puerto Rico, in *Catalogo de Cartas y peticiones del cabildo de San Juan (CCPCSJ)*, doc. 29 (1551).

63. Ramírez de Arellano, "Los huracanes de Puerto Rico," 12–13.

64. AGI, SD 2280, libro 1, fs. 77–78v. At the same time, Blas de Villasanti was granted a two-year grace period for the payment of debts because of the damages three hurricanes caused to his sugar mill (*ingenio*). See AGI, SD 2280, lib. 1, f. 76v–77v.

65. "de su voluntad no han de pagar blanca en su vida." AGI, SD 49, ramo xvi, no. 97, in Rodríguez Morel, *Cartas de la real audiencia de Santo Domingo*, 448–49. In 1552 the council complained again about hurricane losses. See CCSD XVI (5 December 1551), 1:221–25.

66. AGI, SD leg. 164, no. 8 (1534).

67. Alvaro Huerga, *Ataques de los Caribes a Puerto Rico en el siglo XVI*, Historia Documental de Puerto Rico vol. 16 (San Juan: Academia Puertorriqueña de la Historia; Centro de Estudios Avanzados de Puerto Rico y el Caribe; Fundación Puertorriqueña de las Humanidades, 2006), 82–83.

68. CCSD XVI, Cabildo to King Charles I, 22 June 1555, 233–36.

69. Ibid.

70. CCSD XVIII (20 Aug. 1592), 193.

71. AGI Santo Domingo leg. 184 (Nov. 1615).

72. CCPCSJ, doc. 180 (12 Nov. 1615), doc. 182 (7 March 1616).

73. Reduction in the *almojarifazgo, diezmo, and chancellería. See* CCPCSJ, doc. 194 (25 Sept. 1625). See also Enriqueta Vila Vilar, *Historia de Puerto Rico (1600–1650)* (Seville: Escuela de Estudios Hispano-Americanos, 1974), 38–40.

74. "Que todo cuanta falta se desculpa con la tormenta y viene a ser tormenta para mí porque en virtud de este me falta de los diezmos," Salvador Arana Soto, *Historia de nuestras calamidades* (San Juan, 1968), 100.

75. Memorial of Bishop of San Juan to the Audiencia of Santo Domingo: EPR, 3 113n.

76. Juan Luis Vives, *Tratado del socorro de los pobres* (Valencia: Impr. Hijo de F. Vives Mora, 1942). The role of the state in social welfare is discussed in Domingo de Soto, *Deliberación en la causa de los pobres (1545)* (Madrid: Instituto de Estudios Políticos, 1965). See the general discussion in Robert Jütte, *Poverty and Deviance in Early Modern Europe*, New Approaches to European History 4 (Cambridge: Cambridge University Press, 1994).

77. On the general development of royal responsibility and response to calamity in

France, see Jean Delumeau and Yves Lequin, eds., *Les malheurs des temps: Histoire des fléaux et des calamités en France* (Paris: Larousse, 1987).

78. ANOM, Col A25, F259 n. 185 (30 March 1741); n. 66 (9 Nov. 1728).

79. ANOM, *Ordonnance* (18 Aug. 1766), Col C8A 68F 57; ANOM, Col. C8B 12 n. 205.

80. Queen to Gov. Parke, 4 Sept. 1708, *CSPC* 24, no. 127: 91.

81. Gov. Stapleton to Lords of Trade, 13 Feb. 1684, *CSPC* 1; Merchants of Nevis, 9 Nov. 1708, *CSPC* 24, no. 187: 140–41; Council of Trade to Gov. Parke, 25 Nov. 1708, *CSPC* 24, no. 209: 153–55.

82. Jonathan Mercantini, "The Great Carolina Hurricane of 1952," *South Carolina Historical Magazine* 103, no. 4 (2002): 351–65. On the 1740 fire in Charleston, see Matthew Mulcahy, "The 'Great Fire' of 1740 and the Politics of Disaster Relief in Colonial Charleston," *South Carolina Historical Magazine*, 99 (April 1998), 135–57.

83. Jonathan I. Israel, *The Dutch Republic: Its Rise, Greatness and Fall, 1477–1806*, The Oxford History of Early Modern Europe (Oxford: Clarendon Press, 1995), 353–60.

84. St. Eustatius was also badly damaged. A letter from L. J. Benners and son (7 Oct. 1772) reported: "At present, one sees grief and misery among the citizens." ZAM, Middelburgsche Commercie Compagnie, n. 57 Correspondence, Saint Eustatius 1746–1773.

85. Request of George Hassell et al., NAH, West Indies, no. 1.05.06 (inventory n. 1151). Saba, although a Dutch island at the time, had been held at times by both France and England. Its white population was predominantly British. The petition was written in English and most of the signers had English surnames.

86. Gov. Willem Hendrik Rink and Council, St. Martin (21 Aug. 1792), NAH, St. Eustatius, St. Maarten, Saba, n. 1.05.13.01 (inventory no. 295).

87. H. Th. Rolandus, in a letter to the editor of the *Algemeen Handelsblad* (Amsterdam, 13 Dec. 1898), in response to a hurricane that had struck Curaçao, suggested the creation of a national fund and asked for support, but the fund was apparently not created at that time.

88. Edwards, *The History, Civil and Commercial, of the British Colonies in the West Indies*, 2:303.

89. Moreau de Saint-Méry, *A Topographical and Political Description*, 31–32.

CHAPTER 3. WAR, REFORM, AND DISASTER

1. McNeill, *Mosquito Empires*, 18–20.

2. Millás, *Hurricanes of the Caribbean and Adjacent Regions*, 176.

3. A "muddy compromise between Paris and Venice": Shannon Lee Dawdy, *Building the Devil's Empire: French Colonial New Orleans* (Chicago: University of Chicago Press, 2008), 82.

4. Jefferson T. Dillman, "From Paradise to Tropics: Landscape in the British West Indies to 1800" (Ph.D. dissertation, University of Texas at Arlington, 2011, ProQuest/ UMI, AAT 3495001), 257.

5. Reinaldo Funes Monzote, *From Rainforest to Cane Field in Cuba: An Environmental History since 1492* (Chapel Hill: University of North Carolina Press, 2008), 20–45. See also Manuel Moreno Fraginals, *El Ingenio: Complejo económico social cubano del azúcar* (Havana: Editorial de Ciencias Sociales, 1978), 1:157–66.

6. Armand Nicolas, *Histoire de La Martinique*, vol. 1 (Paris: L'Harmattan, 1996), 115.

7. William Beckford, *A Descriptive Account of the Island of Jamaica: With Remarks Upon the Cultivation of the Sugar-cane, Throughout the Different Seasons of the Year, and Chiefly*

Considered in a Picturesque Point of View; Also Observations and Reflections Upon What Would Probably Be the Consequences of an Abolition of the Slave-trade, and of the Emancipation of the Slaves (London: T. and J. Egerton, 1790), 1:x–xi.

8. Matthew Mulcahy presents evidence that contemporaries in the West Indies believed that forest clearing improved health conditions and opened areas to a cleansing by the winds. Mulcahy, *Hurricanes and Society*, 27–28.

9. See the discussion in the chapter "Climate, Conservation, and Carib Resistance: The British and the Forests of the Eastern Caribbean, 1760–1800," in Richard Grove, *Green Imperialism: Colonial Expansion, Tropical Island Edens, and the Origins of Environmentalism, 1600–1860* (Cambridge: Cambridge University Press, 1995), 264–305.

10. John J. McCusker and Russell R. Menard, eds., *The Economy of British America, 1607–1789*, Needs and Opportunities for Study Series (Chapel Hill: University of North Carolina Press, 1985), 153–54.

11. McNeill, *Mosquito Empires*, 129–33; Karen Fay O'Loughlin and James F. Lander, *Caribbean Tsunamis: A 500-Year History from 1498–1998* (Dordrecht: Kluwer Academic Publishers, 2003).

12. Steve Pincus and James Robinson, "Wars and State-Making Reconsidered: The Rise of the Interventionist State" (unpublished paper, 2012); Charles Tilly, *Coercion, Capital, and European States, AD 990–1992*, Studies in Social Discontinuity (Cambridge, MA: Blackwell, 1992).

13. Allan J. Kuethe and Kenneth J. Andrien, *War and Reform in the Eighteenth-Century Spanish Atlantic World, 1713–1796* (Cambridge: Cambridge University Press, 2014).

14. For the general history I am drawing on Jan Golinski, *British Weather and the Climate of Enlightenment* (Chicago: University of Chicago Press, 2007), 80–91; Vladimir Janković, *Reading the Skies: a Cultural History of English Weather, 1650–1820* (Chicago: University of Chicago Press, 2001). See also M. Chenoweth, J. M. Vaquero, R. García-Herrera, and D. Wheeler, "A Pioneer in Tropical Meteorology: William Sharpe's Barbados Weather Journal, April–August 1680," *Bulletin of the American Meteorological Society* 88, no. 12 (Dec. 2007): 1957–64.

15. Chenoweth et al., "A Pioneer in Tropical Meteorology," 1963.

16. Jean-Baptiste Thibault de Chanvalon, *Voyage à La Martinique: Contenant diverses observations sur la physique, l'histoire naturelle, l'agriculture, les moeurs, & les usages de cette isle, faites en 1751 & dans les années suivantes: Lu à l'Académie Royale Des Sciences de Paris en 1761* (Paris: J. B. Bauche, 1763), 135.

17. See the discussion in James E. McClellan, *Colonialism and Science: Saint Domingue in the Old Regime* (Chicago: University of Chicago Press, 2010), 166–67.

18. Oldendorp, C.G.A. *Oldendorp's History of the Mission of the Evangelical Brethren on the Caribbean Islands of St. Thomas, St. Croix, and St. John*, ed. Johann Jakob Bossart, trans. Arnold R. Highfield and Vladimir Barac (Ann Arbor, MI: Karoma Publishers, 1987), 41–49.

19. N. Díaz-Argüelles García, "El Observatorio fisico-meteorico de La Habana," *Anuario—Centro de Estudios de Historia y Organizacion de la Ciencia* no. 1 (1988): 218–47. See also the observations on climate in Alexander von Humboldt, *Ensayo político sobre La Isla de Cuba*, ed. Miguel Angel Puig-Samper, Consuelo Naranjo Orovio, and Armando García González (Madrid: Ediciones Doce Calles, 1998), 149–65. This edition also provides a useful summary of the Enlightenment origins of science in Cuba (pp. 47–57).

20. Jean-Baptiste Thibault de Chanvalon, *Voyage à La Martinique*, 94. For a critique of pro-slavery and racialist ideas within Enlightenment thought, see Louis Sala-Molins,

Les misères des lumières: Sous la raison, l'outrage (Paris: Homnisphères, 2008); Laurent Estève, *Montesquieu, Rousseau, Diderot: Du genre humain au bois d'ébène: Les silences du droit naturel* (Paris: UNESCO, 2002). These intellectual tendencies are placed alongside the political thought of slaves and free people of color in Laurent Dubois, "An Enslaved Enlightenment: Rethinking the Intellectual History of the French Atlantic," *Social History* 31, no. 1 (2006): 1–14.

21. Trevor G. Burnard, *Mastery, Tyranny, and Desire: Thomas Thistlewood and His Slaves in the Anglo-Jamaican World* (Chapel Hill: University of North Carolina Press, 2004), 101–36; Michael Chenoweth, *The 18th Century Climate of Jamaica Derived from the Journals of Thomas Thistlewood, 1750–1786* (Philadelphia: American Philosophical Society, 2003).

22. For the development of pro-slavery ideology, see Gordon K. Lewis, *Main Currents in Caribbean Thought: The Historical Evolution of Caribbean Society in Its Ideological Aspects, 1492–1900* (Baltimore: Johns Hopkins University Press, 1983), 94–170.

23. The phase is cited in E. L. Jones, *The European Miracle,* xix.

24. Governor Russell to Lords of Trade, 24 Oct. 1694, CSPC 14, no. 446, p. 385.

25. See Johnson, *Climate and Catastrophe in Cuba and the Atlantic World,* 72–73.

26. Pierre J. Pannet, *Report on the Execrable Conspiracy Carried Out by the Amina Negroes on the Danish Island of St. Jan in America, 1733,* ed. Aimery Caron and Arnold R. Highfield (Christiansted, St. Croix: Antilles Press, 1984).

27. RC (Rigsarkivet [Danish National Archives]), *Generalguvernementet 1716–1882. Plakatbøger* [General Government 1716–1882. Public notices.] (2 Sept. 1772). Similar measures were taken by the governor on St. Croix after a hurricane in 1785 when the destruction of slave provision grounds moved the government to remove all taxes on food imports (27 Aug. 1785).

28. Anonymous, *An Account of the Late Dreadful Hurricane which happened on the 31st of August, 1772* (St. Christopher, 1772).

29. Ibid., 2.

30. Ibid., 15.

31. Ibid., 40.

32. Ibid., 50–51.

33. Marrero, CES, vol. 8, 107.

34. Elias Regnault, *Histoire des Antilles et des colonies françaises, espagnoles, anglaises, danoises et suédoises* (Paris: Firmin Didot Frères, 1849), 33.

35. Abbad y Lasierra, *Historia geográfica,* as cited by Ortiz, *El huracán,* 61. Guillaume Thomas François Raynal, *Histoire philosophique et politique des établissements et du commerce des européens dans les deux Indes* (Amsterdam, 1772). 5:24–28. For a similar English observation, see Edward Long's statement: "Hurricanes, however destructive therefore they may be in some respects, they fertilize the earth, purge the atmosphere from malignant vapors, and bring with them a bountiful season." Long, *The History of Jamaica,* 3:622.

36. AGI, SD 2417, no. 129. See also AHN (Archivo Historico Nacional [Madrid]), Ultramar 1067, exp. 56 (25 Sept. 1815). There is controversy over the dating on the hurricanes of 1815 and 1816. See Luis A. Salivia, *Historia de los temporales de Puerto Rico y Las Antillas, 1492 a 1970,* 2nd ed. (San Juan: Editorial Edil, 1972), 147–51. I believe that AGI, SD 2417, no. 129 confirms that there were hurricanes on 30 August 1815 and 19 February 1816.

37. Arturo Morales Carrión, *Puerto Rico y la lucha por la hegemonía en El Caribe: Colonialismo y contrabando, siglos XVI–XVIII,* Colección Caribeña (San Juan: Centro de Inves-

tigaciones Históricas, Editorial de la Universidad de Puerto Rico, 1995), 93–154; Fernando Picó, *Historia general de Puerto Rico* (Río Piedras, PR: Ediciones Huracán, 1986), 98–114; Francisco A. Scarano, *Puerto Rico: Cinco siglos de historia* (San Juan: McGraw-Hill, 1993), 267–96.

38. Acta (22 Oct. 1738), Aída R. Caro Costas and Viola Vidal de Rodríguez, eds., *Actas del Cabildo de San Juan Bautista de Puerto Rico* (San Juan: Municipio de San Juan, 1949), no. 95, 143–45. See the discussion in Luis E. González Vales, "El Cabildo de San Juan Bautista de Puerto Rico en el siglo XVIII y la defensa de los derechos de los vecinos," *Revista Chilena de Historia del Derecho* 16 (1990): 205–18.

39. Acta (22 Oct. 1738), *Actas del Cabildo de San Juan Bautista de Puerto Rico*, no. 95, 44.

40. Ibid.

41. Acta (16 Jan. 1739), *Actas del Cabildo de San Juan Bautista de Puerto Rico*, no. 100, 151–52.

42. Ramírez de Arellano, "Los huracanes de Puerto Rico," 18–19.

43. A classic account is Enrique Florescano, *Precios del maíz y crisis agrícolas en México (1708–1810); Ensayo sobre el movimiento de los precios y sus consecuencias económicas y sociales*, Centro de Estudios Históricos New Series 4 (Mexico City: El Colegio de México, 1969). See also the evidence in García Acosta, Pérez Zevallos, and Molina del Villar, *Desastres agrícolas en México*, 317–71.

44. Johnson, *Climate and Catastrophe in Cuba and the Atlantic World*, 2–3. For an alternate chronology of the Little Ice Age, see Brian M. Fagan, *The Little Ice Age: How Climate Made History, 1300–1850* (New York: Basic Books, 2000).

45. AGI, leg. 1136 (16 Oct. 1768); AGI, leg. 1137, Negocios de Habana.

46. An excellent and detailed examination of these storms and their effects appears in Johnson, *Climate and Catastrophe in Cuba and the Atlantic World*, 110–22.

47. Mulcahy, *Hurricanes and Society*, 141–64.

48. John Frederic Schlegel, *A Short Account of the Effects of the Late Hurricane in the West Indies: As Far as Relates to the Missions of the Brethren in the Islands of St. Croix and St. Christopher* (n.p., 1785), 3.

49. Matthew Mulcahy, "The 'Great Fire' of 1740," 135–57. Charitable subscriptions by the London Society of West India Merchants raised after various fires in West Indian cities are listed in Ragatz, *The Fall of the Planter Class in the British Caribbean*, 15.

50. Gov. Ulrick Wilhelm Röepstorff to the crown (2 Sept. 1772), RC, Generalguvernementet 1716–1882, Plakatbøger; Vestindiske Regering (St. Croix, 27 Aug. 1785).

51. Anne Pérotin-Dumon, *Être patriote sous les tropiques: La Guadeloupe, la colonisation et la révolution (1789–1794)* (Basse-Terre: Société d'Histoire de la Guadeloupe, 1985), 39.

52. Grégory Quenet, *Les tremblements de terre en France aux XVIIe et XVIIIe siècles: La naissance d'un risque* (Seyssel: Champ Vallon, 2005), 228–50.

53. Ibid.

54. Ibid. See also René Favier, "La monachie d'Ancien Régime et l'indemnisation des catastrophes naturelles à la fin du XVIII siècle," in *Les pouvoirs publics face aux risques naturels dans l'histoire*, ed. René Favier (Grenoble: CNRS—Maison Sciences de l'Homme-Alpes, 2002), 71–104.

55. Favier, "La monachie d'Ancien Régime," 72.

56. ANOM, Col. C8A 19F 420; ANOM, Col. C8A 19F, 485.

57. Pritchard, *In Search of Empire*, 79.

58. Anne Pérotin-Dumon, *La ville aux iles, la ville dans l'île: Basse-Terre et Pointe-à-Pitre, Guadeloupe, 1650–1820* (Paris: Karthala, 2000), 153.

59. Abénon, "Ouragans et cyclones à La Guadeloupe au XVIIIe siècle," 168–71.

60. Beckford, *A Descriptive Account of the Island of Jamaica*, 90.

61. I based this overview on Millás, *Hurricanes of the Caribbean and Adjacent Regions*, 253–60; Ludlum, *Early American Hurricanes*, 70–72. See also Edward N. Rappaport and José Fernandez-Partagás, "History of the Deadliest Atlantic Tropical Cyclones since the Discovery of the New World," in *Hurricanes: Climate and Socioeconomic Impacts*, ed. Henry F. Diaz and Roger S. Pulwarty (New York: Springer, 1997), 93–108.

62. The letter is quoted in Ludlum, *Early American Hurricanes*, 69.

63. Ibid., 70. Published originally in *The Gentleman's Magazine*, vol. 50 (1780), 621–23; *Annual Register*, 1780, 292–98.

64. Mulcahy, *Hurricanes and Society*, 108–14.

65. "Relation de l'Ouragan du 10 octubre 1780 par William Matthew Burt," ANOM, Col. C8B 15 N 44.

66. NAH, St. Eustatius, St. Maarten en Saba, 1.05.13.01 inventory number 550, Memorial, journal, ledger and outgoing mail of Beaujon and Son, 1780–87. Millás reports the heavy loss of life and ship losses at St. Eustatius, but the Beaujon letter, dated 13 November 1780, ends: "In short, one writes, one hears nothing but disasters, accidents, and damage, caused by this woesome hurricane. How good has God been to us on this little rock, and how much do we owe Him to be thankful in our hearts! The products begin slowly to arrive again and the shipping begins to get going. . . ." Millás, *Hurricanes of the Caribbean and Adjacent Regions*, 257.

67. Letter from St. Eustatia, 20 Oct. 1780, printed in Fowler, *A General Account of the Calamities Occasioned by the Late Tremendous Hurricanes and Earthquakes in the West-India Islands*, 71–73.

68. The attack on St. Eustatius resulted in a scandal, since Admiral George Rodney and the military commander, General George Vaughn, were accused of personally profiting from the sack of the island. A joint Dutch-French expedition retook the island in 1781. See J. Franklin Jameson, "St. Eustatius in the American Revolution," *American Historical Review* 8, no. 4 (July 1903), 683–708.

69. See Cipriano de Utrera, *Santo Domingo: Dilucidaciones históricas, I–II* (Santo Domingo, DR: Secretaría de Estado de Educación, Bellas Artes y Cultos, 1995), 1:432; Salivia, *Historia de los temporales de Puerto Rico y Las Antillas*, 113–15.

70. Supplement to *Royal Gazette* (7–14 Oct. 1780). Simon Taylor, Jamaican plantation owner, wrote to Chaloner Arcedeckne (14 Dec. 1786) that he was planting yams and cassava in order to avoid dependence on plantains, but he complained that storms were so frequent that it was impossible to build up a stock of even those more resistant crops. In the following year (1 May 1787) he complained that breadfruit that had been brought from the Pacific would probably not survive the hurricanes. Excerpts of this correspondence are available at http://blog.soton.ac.uk/slaveryandrevolution.

71. Gov. Dalling to Lord George Germain, 20 Oct. 1780, Jamaica Archives, 1B/5/18.

72. Edwards, *The History, Civil and Commercial, of the British Colonies in the West Indies*, 234–35.

73. David Beck Ryden, "Producing a Peculiar Commodity: Jamaican Sugar Production, Slave Life, and Planter Profits on the Eve of Abolition, 1750–1807" (Ph.D. dissertation, University of Minnesota, 1999), 193–99.

74. The problematic relationship of the planters to imperial government and their relative loss of influence after the loss of the continental colonies are noted in Trevor Burnard, "Harvest Years? Reconfigurations of Empire in Jamaica, 1756–1807," *Journal of Imperial and Commonwealth History* 40, no. 4 (2012): 533–55.

75. Fowler, *A General Account of the Calamities Occasioned by the Late Tremendous Hurricanes and Earthquakes in the West-India Islands.*

76. ANOM, Col. C8A 79 F 10. By late December 1780 the Intendant Peynier reported that 1,600 barrels of flour and 1,200 of salted meat had been distributed to the three islands, half of it as a gift and the rest to be repaid by the following July. See ANOM, Col. C8A 79 F 173.

77. Félix Renouard Sainte-Croix, *Statistique de la Martinique* (Paris, 1822), vol. 1. 96, 120–21.

78. ANOM, Col. C8B 15 N66.

79. AGI, leg. 1127 negociado de la Habana. Petition to rebuild the jail and municipal hall with tax moneys and to excuse clergy from tax obligations were denied.

80. Johnson, *Climate and Catastrophe in Cuba and the Atlantic World*, 150–53.

81. Ludlum, *Early American Hurricanes*, 68; Gilbert C. Din and John E. Harkins, *The New Orleans Cabildo: Colonial Louisiana's First City Government, 1769–1803* (Baton Rouge: Louisiana State University Press, 1996), 95.

82. For example, *Actas del cabildo de San Juan Bautista de Puerto Rico* (20 June 1783), n. 1273; AGI, SD 2304 (20 Sept. 1784); AGI, SD 2305 (6 Sept. 1785); AGI, SD 2308 (24 Aug. 1786).

83. AGI, SD 2308 (26 April 1788).

84. Thomas Thistlewood sold his share to a bookkeeper for about £140. See Burnard, *Mastery, Tyranny, and Desire*, 65.

85. Details of these complaints are provided in Kamau Braithwaite, *The Development of Creole Society in Jamaica, 1770–1820* (Kingston, Jamaica: Ian Randle, 2006), 149–50.

86. An excellent summary of the petitions and the problems they generated is provided in Mulcahy, *Hurricanes and Society*, 180–88.

87. A fuller discussion appears in Melanie J. Newton, *The Children of Africa in the Colonies: Free People of Color in Barbados in the Age of Emancipation* (Baton Rouge: Louisiana State University Press, 2008), 95–96.

88. The best analysis of the hurricanes' relation to slavery is Mulcahy, *Hurricanes and Society*, 97–105. Mulcahy has also distilled this information in Matthew Mulcahy, "Hurricanes, Slavery, and Social Disorder in the British Greater Caribbean" (paper presented at the Third Biennial Allen Morris Conference on the History of Florida and the Atlantic World, Florida State University, 2003).

89. See Andrew Jackson O'Shaughnessy, *An Empire Divided: The American Revolution and the British Caribbean* (Philadelphia: University of Pennsylvania Press, 2000).

90. Richard B. Sheridan, "The Crisis of Slave Subsistence in the British West Indies during and after the American Revolution," *William and Mary Quarterly*, Third Series, 33, no. 4 (Oct. 1976): 615–41.

91. O'Shaughnessy, *An Empire Divided*, 173.

92. Burnard, *Mastery, Tyranny, and Desire*, 5.

93. Beckford, *A Descriptive Account of the Island of Jamaica*, 1:115, 138–40.

94. Mulcahy, *Hurricanes and Society*, 107–15.

95. Robert E. Luster, *The Amelioration of the Slaves in the British Empire, 1790–1833* (New York: P. Lang, 1995), 3–4. Historian William Beckford, who had lived in Jamaica for 15 years, was an important advocate of amelioration as the best path for slaves. His *A Descriptive Account of the Island of Jamaica* (2 vols in 1).; London, 1790) was actually written while he was imprisoned for having posted security for a friend who suffered heavy losses after the 1780 hurricane.

96. Hector Macneill, *Observations on the Treatment of the Negroes, in the Island of Ja-*

maica Including Some Account of Their Temper and Character: With Remarks on the Importa-
tion of Slaves from the Coast of Africa: in a Letter to a Physician in England (London: G.G.J.
and J. Robinson, 1788), 38–39.

97. Ibid., 39–40.

98. Dickson, Letters on Slavery, 96, 162.

99. The story seems to originate as an entry for January 1816 in Matthew G. Lewis,
Journal of a West India proprietor, kept during a residence in the island of Jamaica (London:
John Murray, 1834). It was expanded in Theodora Elizabeth Lynch, The Wonders of the
West Indies (London: Seeley, Jackson, & Halliday, 1856).

100. Fowler, A General Account of the Calamities Occasioned by the Late Tremendous
Hurricanes and Earthquakes in the West-India Islands, i–ii. Cf. Richard B. Sheridan, "The
Formation of Caribbean Plantation Society, 1689–1748," in The Oxford History of the Brit-
ish Empire, ed. William Roger Louis et al. (Oxford: Oxford University Press, 1998),
2:404–5.

101. Particularly interesting in this regard is J. L. Carstens's description of the
whites of Danish St. Thomas made in the 1740s, where all the usual negative character-
istics ascribed to the creoles of the British colonies also appear. See J. L. Carstens and
Arnold R. Highfield, J. L. Carstens' St. Thomas in Early Danish Times: A General Descrip-
tion of All the Danish, American or West Indian Islands (St. Croix: Virgin Islands Humani-
ties Council, 1997), 54–57.

102. Michel-René Hilliard d'Auberteuil, Considérations sur l'état présent de la colonie
française de Saint-Domingue (Paris: Grangé, 1776). See Doris Lorraine Garraway, The Lib-
ertine Colony: Creolization in the Early French Caribbean (Durham, NC: Duke University
Press, 2005), 28–29; Madeleine Dobie, Trading Places: Colonization and Slavery in
Eighteenth-century French Culture (Ithaca, NY: Cornell University Press, 2010), 222–23;
Pierre Pluchon and Lucien-René Abénon, Histoire des Antilles et de la Guyane (Toulouse:
Privat, 1982), 215–18. On Hilliard d'Auberteuil's caustic pen and curious ideas about
racial engineering, see William Max Nelson, "Making Men: Enlightenment Ideas of
Racial Engineering," American Historical Review 115, no. 5 (2010): 1364–94.

103. Leslie, New History, 40–41.

104. BL YU Thistlewood Papers, Diary, 1780, box 6.

105. Burnard, Mastery, Tyranny, and Desire, 65–66. An excellent discussion of planter
mentality is presented in O'Shaughnessy, An Empire Divided, 3–33.

106. Jean-Baptiste Leblond, Voyage aux Antilles, et a l'Amérique Méridionale (Paris: A.
Bertrand, 1813), 60–61.

CHAPTER 4. CALAMITY, SLAVERY, COMMUNITY, AND REVOLUTION

1. David Patrick Geggus, "Slavery, War, and Revolution in the Greater Caribbean,
1789–1815," in A Turbulent Time: The French Revolution and the Greater Caribbean, ed.
David Patrick Geggus and David Barry Gaspar (Bloomington: Indiana University
Press, 1997), 1–51. An excellent overview of the political and social changes in the pe-
riod is presented in Higman, A Concise History of the Caribbean, 141–58.

2. Coleman and LaVoie, "Paleotempestology."

3. Roger A. Pielke Jr. and Christopher N. Landsea, "La Niña, El Niño and Atlantic
Hurricane Damages in the United States," Bulletin of the American Meteorological Society
80, no. 10 (Oct. 1999): 2027–33.

4. Richard H. Grove, "The Great El Niño of 1789–93 and Its Global Consequences
Reconstructing an Extreme Climate Event in World Environmental History," Medieval
History Journal 10, no. 1–2 (Oct. 2007): 75–98.

5. Fagan, *The Little Ice Age*, 167–80.

6. Considerable detail on these debates is provided by Mulcahy, *Hurricanes and Society*, 176–88.

7. The document is published in full in Sidney Daney de Marcillac, *Histoire de la Martinique, depuis la colonisation jusqu'en 1815* (Fort-Royal: Impr. de E. Ruelle, 1846), vol. 4, 42–47.

8. Lt. General Claude Charles de Marillac, Vicomte de Damas, 16 Aug. 1788, ANOM, Co C8A 88 F 99.

9. ANOM, Guadeloupe 2/87, Correspondance sur l'ouragan de 1825. See also Félix-Hilaire Fortuné, *Cyclones et autres cataclysmes aux Antilles* (Fort-de-France: Editions La Masure, 1986).

10. Hugh Thomas, *Cuba: The Pursuit of Freedom* (New York: Harper & Row, 1971), 72–92; Franklin W. Knight, *Slave Society in Cuba during the Nineteenth Century* (Madison: University of Wisconsin Press, 1970), 3–25; Pérez, *Winds of Change*, 38–43.

11. Moreno Fraginals, *El Ingenio*, vol. 3; 43.

12. Ramírez de Arellano makes no mention of the hurricane of August 1793, which struck St. Thomas and St. Eustatius but probably also caused considerable damage in Puerto Rico. Ramírez de Arellano, "Los huracanes de Puerto Rico." On August 26, the *cabildo* of San Juan discussed the shortage of flour and "the great necessity that can result after the plantains that have fallen in the hurricane have been eaten." See ACCSJ, 26 Aug. 1793, no. 1609.

13. Scarano, *Puerto Rico*, 382–87.

14. Johnson, *Climate and Catastrophe in Cuba and the Atlantic World*, 168–75. Johnson developed this story in detail in Sherry Johnson, "El Niño and Environmental Crisis: Reinterpreting American Rebellions in the 1790s" (paper presented at the Third Allen Morris Biennial Conference, Tallahassee: Florida State University, 2004).

15. "Enfrente tenemos las ricas y bellas islas españolas que nunca serán más que enemigas." Bolívar to Santander (23 Dec. 1823), cited in José Luciano Franco, *La batalla por el dominio del Caribe y el Golfo de Mexico* (Havana: Instituto de Historia, Academia de Ciencias, 1964), 320.

16. AHN, Ultramar 2007, no. 2 (22 Oct. 1824).

17. AGPR (Archivo General de Puerto Rico), Gobierno español, caja 185 (circular of 5 Aug. 1825). A *cuerda* equals 0.97 acres.

18. "Estado que manifiesta los estragos sufridos en la isla . . . la noche del 26 al 27 de julio de 1825," AGR, FGEPR, asuntos politicos y civiles, caja 185.

19. AGPR, Gobierno español, asuntos políticos y civiles, caja 185, circular nos. 123, 124. See also Ramírez de Arellano, "Los huracanes de Puerto Rico," 26–27.

20. AGPR, Gobierno español 185 (8 Nov. and 23 Nov. 1825), assuntos políticos y civiles, caja 185.

21. AGPR, Gobierno español, caja 118 (5 Aug. 1825).

22. United States of America, Congress, *Abridgment of the Debates of Congress from 1789 to 1856: Nov.7, 1808–March 3, 1813*. vol. 4, *Relief for Caracas* (New York: D. Appleton, 1857), 531–32. On the general question of U.S. relations with the independence movements in Latin America, see Caitlin Fitz, "The Hemispheric Dimension of Early U.S. Nationalism: The War of 1812 and Spanish American Independence," *Journal of American History* (forthcoming).

23. Michele Landis Dauber, "The Real Third Rail of American Politics," in *Catastrophe: Law, Politics, and the Humanitarian Impulse*, ed. Austin Sarat and Javier Lezaun (Amherst: University of Massachusetts Press, 2009), 60–82. See also Jack M. Balkin, "Disaster

Relief and the Constitution: A History of 'Strict Construction,'" *Balkinization*, 31 Aug. 2005, http://balkin.blogspot.com/2005/08/disaster-relief-and-constitution.html.

24. Robert L. Paquette and Stanley L. Engerman, "Crisscrossing Empires: Ships, Sailors, and Resistance in the Lesser Antilles in the Eighteenth Century," in *The Lesser Antilles in the Age of European Expansion* (Gainesville: University Press of Florida, 1996), 128–43. On the Spanish search for freedom of conscience in the English colonies, see Stuart B. Schwartz, *All Can Be Saved: Religious Tolerance and Salvation in the Iberian Atlantic World* (New Haven: Yale University Press, 2008), 225–34.

25. ANOM Col. C8B 15 N 44.

26. AHN, Ultramar 1067, exp. 56.

27. AGPR, Gobierno español, municipalidades, Fajardo, caja 450.

28. Johnson, *Climate and Catastrophe in Cuba and the Atlantic World*, 150.

29. The pistols can be seen in Paul Pialoux, *Le Marquis de Bouillé: Un soldat entre deux mondes* (Brioude: Edition Almanach de Brioude, 1977), 167. The story bears remarkable similarity to Benjamin Franklin's account of the *Elizabeth* out of Jamaica, driven by a storm to seek refuge at Havana in 1746, and surrendered there with its cargo by its captain. The Governor of Cuba refused to take as a prize of war a ship driven to seek asylum from a storm, saying, "We, though enemies, being Men are bound as such by the laws of Humanity to afford relief to men who ask it of us." The incident is discussed in Michael J. Drexler, "Hurricanes and Revolutions," in Martin Brückner, ed., *Early American Cartographies*, Omohundro Institute of Early American History and Culture (Chapel Hill: University of North Carolina Press, 2011), 441–66. The Bouillé story circulated widely and was sometimes contrasted to the actions of one British officer who imprisoned a boatload of French seamen that survived the loss of their ship to a hurricane. See George Stewart, *Progress of Glasgow: A Sketch of the Commercial and Industrial Increase of the City during the Last Century* (Glasgow: J. Baird, 1883), 85–87.

30. From John Poyer, *History of Barbados* (London: J. Mawman, 1808), 454. Cited in *Account of the Fatal Hurricane, by Which Barbados Suffered in August 1831* (Bridgetown: Printed for Samuel Hyde, 1831), 7.

31. AGPR, Gobierno español, caja 185 (26 Feb. 1826).

32. Anne-Marie Mercier-Faivre and Chantal Thomas, eds., *L'invention de la catastrophe au XVIII siècle* (Geneva: Droz, 2008), 7–15.

33. Cañizares-Esguerra, *Puritan Conquistadors*, 126.

34. Walter, "Pour une histoire culturelle des risques naturels." Unlike Walter, Cañizares-Esguerra emphasizes the similarities of Catholic and Protestant conceptions of nature and providential intervention: Cañizares-Esguerra, *Puritan Conquistadors*, 144–47. See also Kathleen Murphy, "Prodigies and Portents: Providentialism in the Eighteenth- Century Chesapeake," *Maryland Historical Magazine* 97, no. 4 (Jan. 2002): 397–421.

35. Edwards, *The History, Civil and Commercial, of the British Colonies in the West Indies*, 52.

36. "The Advantages of Religion to Societies," in John Tillotson, *The Works of the Most Reverend Dr. John Tillotson* (Edinburgh: W. Ruddiman & Co., 1772), 35–36.

37. Jonathan Israel emphasizes that by the eighteenth century the most accepted explanation of the divine origin of catastrophe was that some disasters were messages from God and some were not. Jonathan I. Israel, *Democratic Enlightenment: Philosophy, Revolution, and Human Rights 1750–1790* (New York: Oxford University Press, 2011), 40–54. It was believed that an angry God usually provided a warning like monstrous

births before causing destruction. See David D. Hall, *Worlds of Wonder, Days of Judgment: Popular Religious Belief in Early New England* (New York: Knopf, 1989), 76–78.

38. Mulcahy, *Hurricanes and Society*, 48. This theme is also developed in Nicholas M. Beasley, *Christian Ritual and the Creation of British Slave Societies, 1650–1780* (Athens: University of Georgia Press, 2009), 49. The English tradition of fast sermons on important occasions is discussed in Ian Kenneth Steele, *The English Atlantic, 1675–1740: An Exploration of Communication and Community* (New York: Oxford University Press, 1986). Steele provides additional bibliography on this theme.

39. Davy, *The West Indies, Before and Since Slave Emancipation*, 277.

40. NAH, St. Eustatius, St. Maarten, en Saba, 1.05.13.01, 13 July 1749.

41. Ibid., 11 July 1793, no. 295. Register of placards, publications, notifications, and edicts.

42. *Gazette Officiale de la Guadeloupe*, 31 July 1825, 42.

43. Waldemar Christian Westergaard, *The Danish West Indies under Company Rule (1671–1754) with a Supplementary Chapter 1755–1917* (New York: The Macmillan Company, 1917), 6. C.G.A. Oldendorp, the Moravian missionary, reported in the eighteenth century that the day of repentance and prayer was actually July 25, not June 25. See Oldendorp, *C.G.A. Oldendorp's History of the Mission*, 45.

44. Cited in Westergaard, *The Danish West Indies*, 6.

45. Walter, "Pour une histoire culturelle des risques naturels."

46. Benjamin Cohen Carillon at different times in the 1840s served as leader of the Jewish congregation in Jamaica as well as that of St. Thomas. Judah M. Cohen, *Through the Sands of Time: A History of the Jewish Community of St. Thomas, U.S. Virgin Islands* (Hanover, NH: Brandeis University Press, 2004), 57–58.

47. AGPR, Letter of Francisco Valderrama, 16 Apr. 1812, Fondo General, Asuntos políticos y civiles, Cónsules Santo Domingo, 1796–1858, caja 34 (16 April 1812).

48. Pablo Rodriguez, "1812: El terremoto que interrumpió una revolución," in *Una historia de los usos del miedo*, ed. Pilar Gonzalbo, Anne Staples, and Valentina Torres Septién (Mexico City: Colegio de México; Universidad Iberoamericana, 2009), 247–73. I have followed his argument closely. See also the major contribution of Rogelio Altez, *El desastre de 1812 en Venezuela: Sismos, vulnerabilidades y una patria no tan boba* (Caracas: Fundación Empresas Polar, 2006).

49. James Ramsay, *Essay on the Treatment and Conversions of African Slaves in the British Sugar Colonies* (London: James Phillips, 1784). See also Frank Wesley Pittman, "Fetishism, Witchcraft, and Christianity among the Slaves," *Journal of Negro History* 11, no. 4 (1926): 650–68; Ortiz, *El huracán*, 78–80.

50. Edward Bartlett Rugemer, *The Problem of Emancipation: The Caribbean Roots of the American Civil War* (Baton Rouge: Louisiana State University Press, 2008), 17–66. See the overview in Franklin W. Knight, "The Disintegration of the Caribbean Slave Systems, 1772–1886," in *General History of the Caribbean*, ed. Franklin Knight, vol. 3 (London: UNESCO, 1997), 322–45.

51. Robert L. Paquette, Stanley L. Engerman, and David Barry Gaspar, "Ameliorating Slavery: The Leeward Islands Slave Act of 1798," in *The Lesser Antilles in the Age of European Expansion* (Gainesville: University Press of Florida, 1996), 241–58.

52. Michael Craton, *Sinews of Empire: A Short History of British Slavery* (New York: Anchor Press, 1974), 266. Eric Williams, *Capitalism and Slavery* (1944) was the classic formulation the argument that the attack on slavery was carried out by humanitarians and capitalists as a joint effort. A debate still rages over this issue. See the excellent summary of the main points under dispute in Dale Tomich, "Econocide? From Abolition to

Emancipation in the British and French Caribbean," in Stephan Palmié and Francisco A. Scarano, *The Caribbean: A History of the Region and Its People* (Chicago: University of Chicago Press, 2011), 303–16.

53. Claude Levy, "Barbados: The Last Years of Slavery 1823–1833," *Journal of Negro History* 44, no. 4 (Oct. 1959): 308–45.

54. Schomburgk, *The History of Barbados*, 434.

55. F.W.N. Bayley, *Four Years' Residence in the West Indies, in the Years 1826, 1827, 1828, 1829* (London: W. Kidd, 1831), 696.

56. *Account of the Fatal Hurricane, by Which Barbados Suffered in August 1831*, 29.

57. S. D. Smith, "Storm Hazard and Slavery: The Impact of the 1831 Great Caribbean Hurricane on St Vincent," *Environment and History* 18, no. 1 (Feb. 2012): 97–123; *Account of the Fatal Hurricane, by Which Barbados Suffered in August 1831*.

58. Ludlum, *Early American Hurricanes*, 140–43.

59. Charles Shephard, *An Historical Account of the Island of Saint Vincent* (London: W. Nicol, 1831), 211. Cited in Ragatz, *The Fall of the Planter Class*, 375.

60. J. R. Ward, *British West Indian Slavery, 1750–1834: The Process of Amelioration* (Oxford: Oxford University Press, 1988); Luster, *The Amelioration of the Slaves in the British Empire, 1790–1833*.

61. Cited in Smith, "Storm Hazard and Slavery," 113.

62. Princeton University Library, Papers of Bearded Hall Estate, 1740–1831, box 1, folder 18.

63. Schomburgk, *The History of Barbados*, 439; Claude Levy, *Emancipation, Sugar, and Federalism: Barbados and the West Indies, 1833–1876* (Gainesville: University Presses of Florida, 1980), 25–33.

64. Ragatz, *The Fall of the Planter Class*, 408.

65. *Account of the Fatal Hurricane, by Which Barbados Suffered in August 1831*, 66–67.

66. Ibid., 77.

67. Ibid., 116–21.

68. Ibid., 120.

69. Schomburgk, *The History of Barbados*, 440. The sum of £100,000 was voted in the House of Commons on 29 February 1832 for Barbados, St. Vincent, and St. Lucia. The money was originally to be directed to the indigent. A subsequent dispute arose when some of these funds were designated for rebuilding of damaged churches. By 1835 many of the damaged estates and sugar mills had been rebuilt, helped by the good sugar crops of 1832 and 1833. In 1835 the commissioners assigned remaining funds to compensate owners who had lost slaves in the 1831 hurricane, and therefore were not able to collect compensation for them as a result of emancipation in 1834.

70. This and subsequent quotations from the governor's speech are found in Schomburgk, *The History of Barbados*, 442–43. See also *Account of the Fatal Hurricane, by Which Barbados Suffered in August 1831*, 142–43, 146.

71. Barkun, *Disaster and the Millennium*, 163.

72. Summaries of the governor's message and the assembly's response are provided in Schomburgk, *The History of Barbados*, 443–44. See also Levy, "Barbados," 323–27.

73. O. Nigel Bolland, "The Politics of Freedom in the British Caribbean," in *The Meaning of Freedom: Economics, Politics, and Culture after Slavery*, ed. Frank McGlynn and Seymour Drescher (Pittsburgh: University of Pittsburgh Press, 1992), 113–46.

74. Ludlum, *Early American Hurricanes*, 140–41; David Ludlum, "The Espy-Redfield Dispute," *Weatherwise* 22, no. 6 (1969): 224–61.

75. Ludlum, *Early American Hurricanes, 1492–1870*; Fitzpatrick, *Natural Disasters: Hurricanes*, 117–18. An excellent summary of these advances in meteorology is given in Bob Sheets and Jack Williams, *Hurricane Watch: Forecasting the Deadliest Storms on Earth* (New York: Vintage, 2001). I have used it as the basis of my summary. See also Chris Mooney, *Storm World: Hurricanes, Politics, and the Battle over Global Warming* (Orlando, FL: Harcourt, 2007), 15–30.

76. I am following the explanation of Sheets and Williams, *Hurricane Watch*, 38–39.

77. Sterling Library, Yale University, William Redfield Meteorological mss, box 2.

78. K. G. Beauchamp, *History of Telegraphy* (London: Institution of Electrical Engineers, 2001), 51–57.

79. Jorma Ahvenainen, *The History of the Caribbean Telegraphs before the First World War* (Helsinki: Suomalainen Tiedeakatemia, 1996), 200–201, emphasizes that until the end of World War I the cable companies barely broke even in the Caribbean.

80. *Account of the Fatal Hurricane, by Which Barbados Suffered in August 1831*, 146.

81. A summary of the work of the observatory at the Colegio de Belén is presented in Walter M. Drum, *The Pioneer Forecasters of Hurricanes* (Havana: Observatory of Belén, 1905). See also Mercedes Valero González, "El observatorio del Colegio de Belén en el siglo XIX," in *Anuario: Centro de Estudios de Historia y Organización de la Ciencia* (Havana: Centro de Estudios de Historia y Organización de la Ciencia, 1988), 200–17; Díaz-Argüelles García, "El Observatorio fisico-meteorico de La Habana." On Jesuit interest in astronomy and meteorology in general see, Agustín Udías Vallina, *Searching the Heavens and the Earth: The History of Jesuit Observatories* (Dordrecht: Kluwer Academic Publishers, 2003).

CHAPTER 5. FREEDOM, SOVEREIGNTY, AND DISASTERS

1. This summary is based on Stanley L. Engerman and Herbert Klein, "The Transition from Slave to Free Labor: Notes on a Comparative Economic Model," in *Between Slavery and Free Labor: The Spanish-Speaking Caribbean in the Nineteenth Century*, ed. Manuel Moreno Fraginals, Frank Moya Pons, and Stanley L. Engerman (Baltimore: Johns Hopkins University Press, 1985), 255–69. I have not mentioned here the process in the areas of the British West Indies outside the normal hurricane tracks, particularly Trinidad and British Guiana. Both of these areas had expanding sugar sectors prior to the 1830s, but despite efforts to force emancipated slaves to remain at work, the availability of lands made this impossible. The result was a drop in production until the 1870s, when the importation of indentured laborers, particularly from India, allowed for considerable recovery of the plantation economy.

2. James L. Dietz, *Economic History of Puerto Rico: Institutional Change and Capitalist Development* (Princeton, NJ: Princeton University Press, 1986), 19.

3. Ibid.

4. Francisco A. Scarano, "Azúcar y esclavitud en Puerto Rico: La formación de la economía de haciendas en Ponce, 1815–1849," in *Azucar y esclavitud*, ed. Andrés Ramos Mattei (San Juan: University of Puerto Rico, 1982), 13–52; Francisco A. Scarano, *Sugar and Slavery in Puerto Rico: The Plantation Economy of Ponce, 1800–1850* (Madison: University of Wisconsin Press, 1984); Luis A. Figueroa, *Sugar, Slavery, and Freedom in Nineteenth-Century Puerto Rico* (Chapel Hill: University of North Carolina Press, 2005).

5. The complaint of "lack of workers" (*falta de brazos*) was constant in the nineteenth century. From the 1830s there had been a series of laws aimed at forcing peasants and free rural workers into labor arrangements. The most famous of these was the law of 1849 requiring work cards, but it was really part of a continuing policy of labor compul-

sion. See Gervasio Luis García, "Economía y trabajo en el Puerto Rico del siglo XIX," *Historia Mexicana* 38, no. 4 (April, 1989): 855–78; Fernando Picó, *Libertad y servidumbre en el Puerto Rico del siglo xix* (Río Piedras, PR: Ediciones Huracán, 1982).

6. Pérez, *Winds of Change*, 39–55. I am following in this section Pérez's excellent and detailed study of the 1844 and 1846 hurricanes and their effects. In addition, an important source is *Huracán de 1846: Reseña de sus estragos en la isla de Cuba* (Havana: Oficina del Faro Industrial, 1846). This latter work is a compendium of materials and reports that appeared in the periodical *El Faro Industrial*.

7. Luis Martínez-Fernández, "Political Change in the Spanish Caribbean during the United States Civil War and Its Aftermath, 1861–1878," *Caribbean Studies* 27, no. 1/2 (Jan. 1994): 37–64.

8. Christopher Schmidt-Nowara, "National Economy and Atlantic Slavery: Protectionism and Resistance to Abolitionism in Spain and the Antilles, 1854–1874," *Hispanic American Historical Review* 78, no. 4 (Nov. 1998): 603–29.

9. See José Fernández Partagás, "Impact on Hurricane History of a Revised Lowest Pressure at Havana (Cuba) During the October 11, 1846 Hurricane" (unpublished paper, 1993), http://www.aoml.noaa.gov/hrd/Landsea/Partagas/impacthurrhist.pdf.

10. Pérez, *Winds of Change*, 73.

11. "Consagrarse pues con nuevo ánimo, com más brios á reparar las desgracias y empuñar nuevamente el arado para obligar á la madre comun á darnos con mano pródiga lo que nos robó la furiosa tempestad, es lo que dicta la prudencia, el único partido que en este momento nos queda." The full letter appears reprinted in Ramírez de Arellano, "Los huracanes de Puerto Rico," 29–33. The author states that the letter is in his private collection.

12. Ibid.

13. Mariano Esteban de Vega, "La asistencia liberal en la España de la Restauración," *Revista de la historia de la economía y de la empresa*, no. 4 (2010): 49–61.

14. *Huracan de 1846*, 71. In 1851, the Spanish government suspended the paper, published since 1842, because of the annexationist discourse of then-editor John Thrasher.

15. "Nuestras autoridades superiors tomaron las medidas que el caso exijia" in ibid., 12. See also the extended discussion and cited sources in Pérez, *Winds of Change*, 112–22.

16. Pérez, *Winds of Change*, 138.

17. James Patterson Smith, "The Liberals, Race, and Political Reform in the British West Indies, 1866–1874," *Journal of Negro History* 79, no. 2 (April 1994): 131–46.

18. Ibid., 141.

19. See the discussion in Bonham C. Richardson, *Economy and Environment in the Caribbean: Barbados and the Windwards in the Late 1800s* (Gainesville: University Press of Florida, 1997), 1–20.

20. Cited by Bridget Brereton, *An Introduction to the History of Trinidad and Tobago* (Oxford: Heinemann Educational Publishers, 1996), 27. For a general "official history," see Henry Iles Woodcock, *A History of Tobago* (Printed for the author, 1867).

21. Curiously, Lt. Gov. Graeme believed that the island had never before been visited by a hurricane. He reported as much in his letter of 14 October 1847 to the Governor at Trinidad. See *Tobago Hurricane of 1847*, 3.

22. Bridget Brereton, "Family Strategies, Gender and the Shift to Wage Labour in the British Caribbean," in *The Colonial Caribbean in Transition: Essays on Post-Emancipation*

Social and Cultural History, ed. Bridget Brereton and Kevin A. Yelvington (Gainesville: University Press of Florida, 1999), 87.

23. Ibid., 14–15. *"An Act for the summary punishment of Persons detected in stealing or pilfering Goods, Lumber, & Co., exposed or scattered by the late Hurricane."*

24. Henry Iles Woodcock, *A History of Tobago*, 110–13. Woodcock notes that only about £20,000 was actually loaned and that payments were delayed on two occasions in part because of the economic depression in the colonies.

25. Woodcock celebrated the "energy and perseverance" of "individuals of all classes" in restoring prosperity, along with the prompt liberality of the Home Government. Ibid., 109.

26. Engerman and Klein, "The Transition from Slave to Free Labor," 266.

27. I have drawn on three studies of the Irish potato famine. See John Kelley, *The Graves Are Walking: The Great Famine and the Saga of the Irish People* (New York: Henry Holt and Co., 2012); Cormac Ó Gráda, Richard Paping, and Eric Vanhaute, eds., *When the Potato Failed: Causes and Effects of the Last European Subsistence Crisis, 1845–1850* (Turnhout: Brepols, 2007); Ciarán Ó Murchadha, *The Great Famine: Ireland's Agony, 1845–52* (London: Continuum International Publishing Group, 2011).

28. *Report on the Bahamas' Hurricane of October 1866: With a Description of the City of Nassau, N.P.* (Nassau: Printed at the "Nassau Guardian" by E. C. Moseley, 1868), 9.

29. Public statement (9 Nov. 1866) published in ibid., 29.

30. Arthur Rumbold to Governor Hill of Antigua (12 Nov. 1867), reprinted in *Sainte Thomae Tiende* (4 Dec. 1867), reprinted in Roy A. Watlington and Shirley H. Lincoln, *Disaster and Disruption in 1867: Hurricane, Earthquake, and Tsunami in the Danish West Indies* (St. Thomas: Eastern Caribbean Center, University of the Virgin Islands, 1997), 23–25.

31. Terencia K. Joseph, "The Storm before the Calm: The 1898 Hurricane and Official Responses, Saint Lucia" (paper presented at the Annual Conference of the Association of Caribbean Historians, San Juan, Puerto Rico, 2011). This paper is based to a large extent on a close reading of the St. Lucia newspaper *The Voice*. I thank Prof. Joseph for her permission to cite this study and the sources cited therein.

32. Ibid., 20. Joseph cites Peter Adrien, *Metayage, Capitalism and Peasant Development in St. Lucia, 1840–1957* (Mona, Jamaica: Consortium Graduate School of Social Sciences, University of the West Indies, 1996), 37. Adrien shows almost a tripling of peasant freeholds between 1853 and 1896.

33. *The Voice*, 8 Dec. 1898, cited in Joseph, "The Storm before the Calm," 20. On the generally depressed economic conditions of the Windwards in this period, see Richardson, *Economy and Environment in the Caribbean*, 50–67.

34. This brief summary draws on Gert Oostindie and Inge Klinkers, *Decolonising the Caribbean: Dutch Policies in a Comparative Perspective* (Amsterdam: Amsterdam University Press, 2003), 29–32, 57–62.

35. Han Jordaan and To van der Lee, "The Hurricane of 1819," in *Building Up the Future from the Past: Studies on the Architecture and Historic Monuments in the Dutch Caribbean*, ed. Henry E. Coomans, Michael A. Newton, and Maritza Coomans-Eustatia (Zutphen, Netherlands: Walburg Pers, 1990), 99–108.

36. Ibid., 104–5.

37. Guadeloupe: 1809 (3 hurricanes), 1821, 1824, 1825, 1833, 1846, 1865, 1888, 1889 1893, 1899. Martinique: 1804, 1806, 1809, 1816, 1817, 1825 (3), 1834, 1837, 1846, 1855, 1872, 1875, 1891, as well as a series of tropical storms, 1883, 1886, 1888, 1889, 1894, 1896.

38. Henri Monet, *La Martinique* (Paris: A. Savine, 1892), 12. For his listing of Martinique's hurricanes, see pp. 205–40.

39. Ibid., 373.

40. "Relativo a la suscripción voluntaria," AGPR, Fondo Municipal, San Juan, leg. 34, exp. 8; AHMP (Archivo Municipal de Ponce), s-282, exp. 3.

41. *St. Thomae Tiende*, 7 Dec. 1867; Extra Money Bill to the Budget of the Municipality of St. Croix in U.S. Consular dispatches, St. Thomas, 1868.

42. Anna Brickhouse, "'L'Ouragan de Flammes' ('The Hurricane of Flames'): New Orleans and Transamerican Catastrophe, 1866/2005," *American Quarterly* 59, no. 4 (2007): 1097–1127.

43. These statements in the *New York Times*, 8 Apr. 1866, 5, are similar to those in the journal of an English eyewitness. The *Times* account, however, unlike that of Burgess, fails to mention the presence of the Haitian president and his ministers in the streets during the fire, or the positive attitude of survivors afterwards. There was no evidence for the supposed arson, and other reports suggested that the fire started in a theater. See George Burgess, *Last Journal of the Rt. Rev. George Burgess, D.D., Bishop of Maine, from December 27, 1865, to April 20, 1866* (Boston: E. P. Dutton and Co., 1866), entry for 19 and 20 March 1866.

44. John Bassett Moore, "Doc. 551," in *A Digest of International Law: 56th Congress, House of Representatives*, vol. 1 (Washington, DC: Government Printing Office, 1906), 601–10. The classic study on the eventual sale of the islands to the United States is Charles Callan Tansill, *The Purchase of the Danish West Indies* (Baltimore: Johns Hopkins Press, 1932). See also Erik Overgaard Pedersen, *The Attempted Sale of the Danish West Indies to the United States of America, 1865–1870* (Frankfurt: Haag & Herchen, 1997). Seward was also apparently concerned that the Danes might sell the islands to Austria to be included in Emperor Maximilian's throne in Mexico. Halvdan Koht, "The Origin of Seward's Plan to Purchase the Danish West Indies," *American Historical Review*, 50, no. 4 (July 1945): 762–67.

45. USNA, Consular Dispatches, St. Thomas, Admiral Porter to Sec. of State William Seward (31 Oct. 1867), Roll 8, vol. 8. See also the report of Consul A. B. Simmons to Secretary of State Seward of the same date.

46. Gordon K. Lewis, "An Introductory Note to the Study of the Virgin Islands," *Caribbean Studies* 8, no. 2 (July 1968): 5–21.

47. *St Thomas Tiende*, editorial, 14 Dec. 1867, reprinted along with the Royal Order of 18 Jan. 1832 in Watlington and Lincoln, *Disaster and Disruption in 1867*, 109–10.

48. James Parton, *The Danish Islands: Are We Bound in Honor to Pay for Them?* (Boston: Fields, Osgood, & Co., 1869).

49. Bret Harte, "St. Thomas: A Geographical Survey," in *The Heathen Chinee: Poems and Parodies.* (London: Richard Edward King, 1888).

50. Accounts of hurricanes for 1867 do not include this *temporal*, but extensive documentary evidence shows that this must have been a storm of major dimensions that preceded the San Narciso hurricane of 29 October 1867. Many reports for municipalities are found in AGPR, Obras Publicas 159.

51. AGPR, Obras Publicas 159, letters of 17 Sept. and 17 Oct. 1867.

52. Carlos de Rojas to Inspector General of Public Works, 24 Oct. 1867, AGPR, Obras Públicas 159.

53. The *escudo* was equivalent to half a peso. The *escudo* coins circulated in Spain in the 1850s and 1860s as part of a monetary reform but circulated less in Cuba and Puerto Rico. Ramírez de Arellano, "Los huracanes de Puerto Rico," 37. The governor required

reports from every district. The report from the Isabela district is a good example. Of losses totaling 110,373 *escudos*, crops in the field totaled 54,568 and products like sugar, rum, molasses, and cotton, 44,794. See AGPR, Fondo Documental Municipal, Isabela, caja 109, exp. 1684; exp. 1686 gives the listing of losses in each neighborhood made by the owners themselves.

54. AGPR, FMSJ, leg. 34, exp. 11, "Relación de los edificios que sufrieron deterioros con motivo de los temblores de 1867." Exp. 9 and 10 include discussions of the San Juan municipal council in response to the disasters that reveal a preoccupation with the possibility of infectious disease due to the many unburied bodies in the aftermath of the storm and the earthquakes (25 November 1867). It was also suggested that ships coming from St. Thomas should be carefully watched and perhaps quarantined.

55. AHN, Ultamar 379, exp. 10 (10 Oct. 1867).

56. AHN, Ultramar 379, exp. 10 (20 Oct. 1867): "podian llevar a esta pacifica y tranquila sociedad hasta el bordo de principios en que jamas se ha visto ni en que VE puede consenter que nunca se encuentre."

57. "malestar general data del antiguo," José Lianhes to Gobierno Superior Civil (Nov. 1867), AHN, Ultramar, leg. 379, exp. 10.

58. Ibid.

59. "la mayoria de los habitantes crea en la immoralidad de una Administración mirada como estrangera y enemiga." AHN, Ultramar 379, Miguel de Campos to Ingen. encargado del Negociado de Obras Públicas del Ministerio de Ultramar (9 April 1868).

60. Louis van Housel, "An Earthquake Experience," *Scribner's Monthly*, 15 (1878), excerpted in Watlington and Lincoln, *Disaster and Disruption in 1867*, 41–62. Van Housel notes, "A small Spanish man-of-war, the name of which I regret to say I cannot recall, deserves special mention." He then proceeds to describe its actions in rescuing the drowning.

61. Vicente Fontán y Mera, *La memorable noche de San Narciso y los temblores de tierra* (San Juan: Imprenta del Comercio, 1868), 40.

62. AGPR, Obras Publicas 159, unsigned report, Lares, 14 Nov. 1867: "De ahí la ruina de muchos, la disanimación de otros y el terror y espanto de todos."

63. Laird W. Bergad, "Toward Puerto Rico's Grito de Lares: Coffee, Social Stratification, and Class Conflicts, 1828–1868," *Hispanic American Historical Review* 60, no. 4 (Nov. 1980): 617–42.

64. For the general context of the Lares rebellion, see Olga Jiménez de Wagenheim, *Puerto Rico's Revolt for Independence: El Grito de Lares* (Boulder: Westview Press, 1985); Francisco Moscoso, *La Revolución puertorriqueña de 1868: El grito de Lares* (Puerto Rico: Instituto de Cultura Puertorriqueña, 2003).

65. Francisco Moscoso, *Clases, revolución y libertad: Estudios sobre el Grito de Lares de 1868* (Río Piedras [Puerto Rico]: Editorial Edil, Inc., 2006).

66. Ibid., 45–46.

67. José Pérez Moris and Luis Cueto y González Quijano, *Historia de la insurrección de Lares* (Barcelona: Establecimiento Tip. de Narciso Ramirez y C., 1872), 298.

68. BNM, Ms. 20.128, "Proclama de Betances a los puertoriqueños," 109–10.

69. Pérez Moris and Cueto y González Quijano, *Historia de la insurrección de Lares*, 74–76.

70. Ibid., 50, 56.

71. "Todavia tiembla la isla y se estremece Puerto Rico de ver a sus hijos insensibles a la servidumbre," Betances to Pedro Lovera, Santo Domingo, 18 April 1868, in *Ramón*

Emeterio Betances: Obras completas, ed. Félix Ojeda Reyes and Paul Estrade, vol. 5, Escritos politicos: Correspondencia relativa a Puerto Rico (forthcoming).

72. *New York Times,* 23 Nov. 1868, 5.

73. Caviedes, "Five Hundred Years of Hurricanes in the Caribbean."

74. Pérez, *Winds of Change,* 134.

75. AGPR, Gob. Español, political/civil, leg. 118 (10 Dec. 1967).

76. *"tantas y tantas calamidades públicas." Memoria en que se da cuenta de los trabajos de la Junta General de Socorros para Cuba y Filipinas* (Madrid: Manuel Tello, 1884), 5.

77. AGPR, Obras Públicas, leg. 159, "Relación de las suscripciones de los empleados de la Inspección General de Obras Públicas." Contributions ranged from 44 to 12 *escudos.*

78. *El hurácan de Vuelta-Abajo: Curiosa recopilacion de todo lo que de mas notable ha publicado la prensa con motivo de aquella tremenda catástrofe* (Havana: Impr. La Idea, 1882), 16.

79. AGPR, Fondo Municipal, San Juan 34, exp. 9 (9 Nov. 1867).

80. AHMP, s-282, exp. 2.

81. AGPR, Fondo Municipal, Manatí, leg. 62, registro 1754.

82. AHMC, Calamidades, caja 13, exp. 3.

83. AHMP, s-282, exp. 5.

84. *El huracán de Vuelta-Abajo,* 7.

85. Ibid.

86. Fontán y Mera, *La memorable noche de San Narciso y los temblores de tierra,* 47–48.

87. *El huracán de Vuelta-Abajo,* 18–19; AGPR, Obras Públicas 159 (11 Oct. 1867).

88. *El huracán de Vuelta-Abajo,* 13–14.

89. Ibid.

90. Manuel Fernandez de Castro, *Estudio sobre los huracanes ocurridos en la isla de Cuba durante el mes de octubre de 1870* (Madrid: Lapuente, 1871), 48. "Ni los torrentas de agua que han derramado sobre Cuba los huracanes de 1870 han bastado para lavar la sangre que la inunda ni apagar el incendio que la devora."

91. José Carlos Millás y Hernández, "Genesis y marcha de los huracanes antillanos," in *Astronomy, Meteorology, and Seismology: Proceedings of the Second Pan-American Scientific Congress,* ed. Robert Simpson Woodward (Washington, DC: Government Printing Office, 1917), 42–55.

92. this work first appeared in the previous year in the *Annales hydrographiques.* The Andrés Poëy papers are today located in the Museo Montané in the Faculty of Biology at the University of Havana.

93. AHN, Ultramar 374, exp. 2. His treatise, "Descripcion del huracan de 13 de septiembre de 1876," is available online though the Portal de Archivos Españoles, PARES.

94. Raymond Arsenault, "The Public Storm: Hurricanes and the State in Twentieth-Century America," in *American Public Life and the Historical Imagination,* ed. Wendy Gamber, Michael Grossberg, and Hendrik Hartog (Notre Dame, IN: University of Notre Dame Press, 2003), 267–68.

95. Yrj Kaukiainen, "Shrinking the World: Improvements in the Speed of Information Transmission, c. 1820–1870," *European Review of Economic History,* 5, no. 1 (2001): 1–28.

96. John A. Britton, "International Communications and International Crises in Latin America, 1867–1881," *The Latin Americanist* 52, no. 1 (2008): 131–54.

97. In an 1952 essay entitled "Presencia de la naturaleza," Alejo Carpentier criticizes Goethe's famous reference to an "amiable Nature" that in Europe is "dominated and quieted" by man, reminding him and us that "America still lives under the telluric sign

of the great storms and the great floods." See Alejo Carpentier, *Letra y solfa: Literatura, poética. Selección de crónicas de Alejo Carpentier* (Havana: Letra Cubanas, 2001). Reprinted in Jorge Ángel Pérez, ed., *La danza del huracán* (Havana: Letras Cubanas, 2002), 9–10. On the question of technology, colonialism, and the control of Nature there is an extensive literature: for an introduction, see Michael Adas, *Machines as the Measure of Men: Science, Technology, and Ideologies of Western Dominance* (Ithaca, NY: Cornell University Press, 1989); Stuart George McCook, *States of Nature: Science, Agriculture, and Environment in the Spanish Caribbean, 1760–1940* (Austin: University of Texas Press, 2002).

98. *El huracan de Vuelta-Abajo*, 16.

99. Walter, "Pour une histoire culturelle des risques naturels," 1–18.

100. This point is nicely made in Mack Holt's review of Jean Delumeau, *Rassurer et protéger: Le sentiment de sécurité dans l'Occident d'autrefois* (*Journal of Social History* 24, no. 4 (July 1991): 851–53).

101. Steve Pincus and James Robinson argue that by the end of the eighteenth century, over 30 percent of British state expenditures were aimed at various forms of social amelioration. Pincus and Robinson, "Wars and State-Making Reconsidered: The Rise of the Interventionist State."

102. François Lebrun, "La protection du monarque (1660–1800)," in *Les malheurs des temps: Histoire des fléaux et des calamites en France,* ed. Jean Delumeau and Yves Lequin (Paris: Larousse, 1987), 321–22.

103. This point is made cogently in Jonathan Levy, "Risk as We Know It," *Chronicle of Higher Education,* 10 Sept. 2012, http://chronicle.com/article/Risk-as-We-Know-It /134148/.

104. There is an extensive and provocative literature on the rise of "Risk Society," in which science and technology itself have become the major threat of disaster since the middle of the twentieth century. The starting point is Ulrich Beck, *Risk Society: Towards a New Modernity* (London: Sage Publications, 1992). See the critique in Jean Baptiste Fressoz, "Beck Back in the 19th Century: Towards a Genealogy of Risk Society," *History and Technology,* 23, no. 4 (Dec. 2007): 333–50. A parallel approach has been made by François Ewald, *Histoire de l'état providence: Les origines de la solidarité* (Paris: Grasset, 1996). The use of the concept to describe early modern times is made by a number of contributors to François Walter, Bernardino Fantini, and Pascal Delvaux, eds., *Les cultures du risque: XVIe–XXIe siècles* (Geneva: Presses d'Histoire Suisse, 2006). See also Jonathan Levy, *Freaks of Fortune: The Emerging World of Capitalism and Risk in America* (Cambridge, MA: Harvard University Press, 2012).

CHAPTER 6. NATURE AND POLITICS AT THE CENTURY'S TURN

1. Paul N. Edwards, "Meteorology as Infrastructural Globalism," *Osiris* 21: 1 (2006): 229–50. See also Frederik Nebeker, *Calculating the Weather: Meteorology in the 20th Century* (San Diego: Academic Press, 1995), 11–15.

2. J. M. Walker, *History of the Meteorological Office* (Cambridge: Cambridge University Press, 2012), 3–8.

3. NOAA's National Weather Service, "Evolution of the National Weather Service," http://www.nws.noaa.gov/pa/history/timeline.php.

4. Arsenault, "The Public Storm," 267–69.

5. James Francis Warren, "Scientific Superman: Father José Algué, Jesuit Meteorology in the Philippines under American Rule," in *The Colonial Crucible Empire in the Making of the Modern American State,* ed. Alfred W. McCoy and Francisco A. Scarano (Madison: University of Wisconsin Press, 2009), 508–22.

6. Nebeker, *Calculating the Weather*, 1–3.

7. Ibid., 269. See also David Longshore, *Encyclopedia of Hurricanes, Typhoons, and Cyclones* (New York: Facts on File, 1998), 409–10.

8. I am drawing here on my earlier article and the extensive sources cited therein: Stuart B. Schwartz, "The Hurricane of San Ciriaco: Disaster, Politics, and Society in Puerto Rico, 1899–1901," *Hispanic American Historical Review* 72, no. 3 (Aug. 1992): 303–34.

9. On conditions in Ponce during the storm, we have the observations of Dr. Ashford, who was stationed in the town in 1899. See Bailey K. Ashford, *A Soldier in Science: The Autobiography of Bailey K. Ashford, Colonel M.C., U.S.A.* (San Juan: Editorial de la Universidad de Puerto Rico, 1998), 39.

10. HURDAT information presented in http://www.aoml.noaa.gov/hrd/hurdat. The storm became a hurricane on August 5, and over the course of its existence it was downgraded to a tropical storm and then upgraded again to hurricane status.

11. AHMP, Calamidades, Caja S-282, exp. 2. In the days immediately following the storm it was not referred to as the San Ciriaco hurricane but rather as the "ciclon de 8 de agosto." See Salivia, *Historia de los temporales de Puerto Rico y las Antillas*, 255–77.

12. "Ponce Wrecked by Hurricane," *New York Times*, 12 Aug. 1899.

13. José López Pelaez and his wife were the great-grandparents of Judge Jose A. Cabranes, of the U.S. Court of Appeals, Second Circuit, who graciously provided me this family anecdote. Personal correspondence, 23 June 2012.

14. Salivia places the figure at 3,369 deaths, or 2,183 more than the total of all previously recorded hurricanes on the island. The mortality rate was 43.2/1000, whereas in the preceding years it was 29.7/1000. Salivia, *Historia de los temporales de Puerto Rico y Las Antillas*, 255. See also *Report of the Military Governor*, no. 4088, 219.

15. See for example, Vicente Toledo Rohena, "El recuerdo devastador de San Ciriaco," in the supplement "Huracanes y seguridad," *El Vocero, 10 July 2000*, S5.

16. The remarkable product of this inventory taking can be seen in works such as Henry K. Carroll, *Report on the Island of Puerto Rico*, Treasury Dept. doc. 2118 (Washington, DC, 1899); War Department, *Report on the Census of Porto Rico, 1899* (Washington, DC, 1900); *Puerto Rico al tomar posesión de ella los Estados Unidos* (San Juan: Imprenta de "La Corespondencia," 1899).

17. A brief but comprehensive overview is provided in Luis Martínez-Fernández, "Puerto Rico in the Whirlwind of 1898: Conflict, Continuity, and Change," *OAH Magazine of History* 12, no. 3 (April 1998): 24–29.

18. Hoff's wife Lavinia was made head of the Woman's Relief Society, which distributed clothing throughout the island. Davis always mentioned her positively in his reports. See *Report of the Military Governor of Porto Rico*, 56th Cong., 2nd session, H. doc. N. 4088, 759–61.

19. Ibid., 45–53.

20. For example, AGPR, Fondo Documental Municipal, Fajardo, caja 282. For a full accounting see "Estadistica de los daños causados por el huracán del 8 de agosto de 1899," in Ramón Aráez y Fernando, *Historia del ciclón del día de San Ciriaco* (San Juan: Imprenta Heraldo Español, 1905), 340.

21. After the U.S. occupation the United States government set the exchange rate for the Puerto Rican peso at 60 percent of the U.S. dollar, an exchange rate considerably lower than the historical parity between the two currencies. Ostensibly this was done to promote Puerto Rican exports to the U.S. market, but it also had the effect of lower-

ing the price of land on the island, which made it cheaper for American investors. My thanks to Professor Francisco Scarano for this information.

22. *Boletín Mercantil de Puerto Rico* 61 (Sept. 1899): 1.

23. Carmen Centeno-Añeses, "Huellas de San Ciriaco en la literature puertorriquña de comienzos de siglo," in *La Llegada del Cíclope: Percepciones de San Ciríaco a cien años de su visita*, ed. Raquel Rosario Rivera (San Juan: Fundación Puertorriqueña de las Humanidades, 2000), 89–97.

24. In the 1890s, a young generation of non-elite writers had emerged with the growth of journalism and with the development of the labor movement. The San Ciriaco storm appears as an important element in Eladio Ayala Moura, *El hijo de Carmen, o, Aventuras de un obrero novela original* (Ponce, PR: Tip. Pasarell, 1909); José Elías Levis Bernard, *Estercolero* (San Juan: La Editorial Universidad de Puerto Rico, 2008); José Elías Levis Bernard, *Mancha de lodo; novela.* (Mayaguez: Imp. El Progreso, 1903); Matías González García, *Gestación; novela de carater social y economico.* (San Juan, 1938).

25. AGPR, Fondo Documental Municipal, San Juan, leg. 34, exp.28; AGPR Fondo Fortaleza, 1899, caja 28, exp. 5125.

26. *El Diario de Puerto Rico*, 9 Aug. 1900, 2.

27. "Report of the Governor," *2nd Annual Report (May 1, 1901–July 1, 1902)* (Washington, DC, 1902); AGPR, Fondo Documental Municipal. Lares, *Actas del ayuntamento*, 12 Aug., 23 Oct., 13 Nov. 1899, caja 45, 112–14.

28. *New York Times*, 12 Aug. 1899, 2.

29. Ibid., 1–2. The direct appeal to U.S. governors for relief of Puerto Rico from Secretary of State Root is reported in *New York Times*, 15 Aug. 1899, 5.

30. "Help for Puerto Ricans," *New York Times*, 11 Aug. 1899, 3.

31. Peter Steven Gannon, "The Ideology of Americanization in Puerto Rico, 1898–1909: Conquest and Disestablishment" (Ph.D. dissertation, New York University, 1979); Edward J. Berbusse, *The United States in Puerto Rico, 1898–1900* (Chapel Hill: University of North Carolina Press, 1966), 103–105.

32. See, for example, *New York Times*, 11, 12, and 15 Aug. 1899.

33. See, for example, Cathy Duke, "The Idea of Race: The Cultural Impact of American Intervention in Cuba, 1898–1912," in *Politics, Society, and Culture in the Caribbean: Selected Papers of the XIV Conference of Caribbean Historians*, ed. Blanca Silvestrini (Río Piedras: Universidad de Puerto Rico, 1983), 85–110.

34. Francisco A. Scarano, "The Jíbaro Masquerade and the Subaltern Politics of Creole Identity Formation in Puerto Rico, 1745–1823," *American Historical Review* 101, no. 5 (Dec. 1996): 1398–1431; Lillian Guerra, *Popular Expression and National Identity in Puerto Rico the Struggle for Self, Community, and Nation* (Gainesville: University Press of Florida, 1998), 53–55.

35. *Report of the Military Governor*, no. 4088, 775; Gannon, "The Ideology of Americanization in Puerto Rico, 1898–1909," 150–56; María Dolores Luque de Sánchez, *La ocupación norteamericana y la Ley Foraker: La opinion publica Puertorriqueña, 1898–1904* (Río Piedras: Editorial Universitaria, Universidad de Puerto Rico, 1977), 90–93.

36. Van Hoff to Davis (undated but probably late Aug. 1899), reprinted in *Report of the Military Governor*, no. 4088, 780. The phrase "social assistance philosophy" is from Julian Go, *American Empire and the Politics of Meaning: Elite Political Cultures in the Philippines and Puerto Rico During U.S. Colonialism* (Durham, NC: Duke University Press, 2008), 25.

37. Teresita Martínez de Carrera, "The Attitudes of Influential Groups of Colonial Society Toward the Rural Working Population in Nineteenth-Century Puerto Rico,

1860–73," *Journal of Caribbean History* 12 (1979): 35–54; Scarano, "The Jíbaro Masquerade," 1420–25.

38. Testimony of Gen. Davis, *Hearings before the Committee on Pacific Islands and Puerto Rico* (Senate Bill 22640, 56TH Cong., 1ST sess., Senate doc. 147, n. 3851), 30–32.

39. *Report of the Military Governor*, no. 4088, 192.

40. An excellent overview of the coffee economy is provided by Francisco A. Scarano, *Puerto Rico: Cinco Siglos de Historia* (San Juan: McGraw-Hill, 1993), 460–76.

41. Swift to Charity Board, 18 Sept. 1899, *Report of the Military Governor*, n. 4088, p. 720.

42. Major Cruse to Major Van Hoff, 18 July 1900, *Report of the Military Governor*, n. 4088, 709–12.

43. Go, *American Empire and the Politics of Meaning*, 55–92.

44. AGPR, Fondo Fortaleza, caja 28 (28 Aug. 1899).

45. The remarks are cited in the editorial essay in José Elías Levis Bernard, *Estercolero*, ed. Carmen Centeno Añeses (San Juan: La Editorial de la Universidad de Puerto Rico, 2008), 137–51. José Elías Levis Bernard, a journalist and artist from Aguadilla of French Jewish background, had published his first novel *El Estecolero* in 1899, but after the hurricane, he rewrote it and published *Estecolero* in 1901, making the disaster of the hurricane a major element in the novel and dedicating the book to the widows of the poor and the orphans created by the storm. There are two excellent modern editions. See José Elías Levis Bernard and Estelle Irizarry, *Las novelas: El estercolero (1899); Estercolero (1901)* (San Juan: Ediciones Puerto, 2008) and the above cited edition by Carmen Centeno Añeses, José Elías Levis Bernard, *Estercolero* (San Juan: La Editorial de la Universidad de Puerto Rico, 2008).

46. The statement is from the Liberal journalist Manuel Fernández Juncos, as cited in Irene Fernández Aponte, "La dislocalización poblacional y el éxodo migratorio como resultado del huracán de San Ciriaco," in *La llegada del Cíclope: percepciones de San Ciríaco a cien años de su visita*, ed. Raquel Rosario Rivera (San Juan: Fundación Puertorriqueña de las Humanidades, 2000), 113–21.

47. *Diario de la Marina* (Havana) as cited in *New York Times*, 15 Aug. 1899, 4.

48. Henry J. Nichols, "Fact and Fancy about the Hookworm," *Medical Record* no. 80 (1911): 322–24. See also Ileana M. Rodríguez-Silva, *Silencing Race: Disentangling Blackness, Colonialism, and National Identities in Puerto Rico* (New York: Palgrave Macmillan, 2012), 206–7. Considerable detail of the conditions in the field hospital following the hurricane is provided in Ashford, *A Soldier in Science*.

49. Cf. Mariola Espinosa, "A Fever for Empire: U.S. Disease Eradication in Cuba as Colonial Public Health," in *The Colonial Crucible Empire in the Making of the Modern American State*, ed. Alfred W. McCoy and Francisco A. Scarano (Madison: University of Wisconsin Press, 2009), 288–96.

50. "Pro patria," *El Diario de Puerto Rico*, 3 April 1900.

51. *El Diario de Puerto Rico*, 19 May 1900.

52. Schwartz, "The Hurricane of San Ciriaco," 328–33, discusses the criticism and provides a quantitative analysis of the regional distribution of relief funds.

53. *La Nueva Bandera* (Mayagüez), quoted in *El Diario de Puerto Rico*, 16 May 1900.

54. This *canción* "La invasion Yanqui" appears in María Cadilla de Martínez, *La poesía popular en Puerto Rico* (San Juan: Sociedad Histórica de Puerto Rico, 1999), 322. It is cited and discussed in José G. Amador, " 'Redeeming the Tropics': Public Health and National Identity in Cuba, Puerto Rico, and Brazil, 1890–1940" (Ph.D. dissertation, University of Michigan, 2008), 112–15.

55. "El Americano dijo que venía por salvarnos; / pero asina me parece que lo que dijo fué en vano. / Aunque manda coloradas y galletas pa el ciclón / se quedan con lo major los que el mantengo reparten, / y asina para otra parte tendremos que dir rodando."

56. "Document 14," in *Industrial and Other Conditions of the Island of Puerto Rico, and the Form of Government Which Should Be Adopted for It: Hearings before the Committee on Pacific Islands and Puerto Rico of the United States Senate on Senate Bill 2264, to Provide a Government for the Island of Puerto Rico, and for Other Purposes* (Washington, DC: U.S. Government Printing Office, 1900), 34.

57. Ibid., testimony of Henry Oxnard, 150–53.

58. Ibid., testimony of Herbert Myrick, 164–65.

59. John D Cox, *Storm Watchers: The Turbulent History of Weather Prediction from Franklin's Kite to El Niño* (Hoboken, NJ: Wiley, 2002), 120–22.

60. McComb, *Galveston*, 29–30, 120–22.

61. Neil Frank, "The Great Galveston Disaster of 1900," in *Hurricane! Coping with Disaster: Progress and Challenges since Galveston, 1900*, ed. Robert H Simpson, Richard A. Anthes, and Michael Garstang (Washington, DC: American Geophysical Union, 2003), 129–40. An excellent discussion of the meteorological aspects of the Galveston storm is presented in Kerry A. Emanuel, *Divine Wind: The History and Science of Hurricanes* (Oxford; New York: Oxford University Press, 2005), 83–92.

62. The Miami storm of 1926 has been estimated at $157 billion and New Orleans' Katrina at $81 billion.

63. Casey Edward Greene and Shelly Henley Kelly, *Through a Night of Horrors: Voices from the 1900 Galveston Storm* (College Station: Texas A&M University Press, 2000), 133.

64. Ibid., 133.

65. Larson, *Isaac's Storm*, 104–8.

66. Arsenault, "The Public Storm," 270.

67. Greene and Kelly, *Through a Night of Horrors*, 75–93.

68. Henry Cohen II, *Kindler of Souls: Rabbi Henry Cohen of Texas* (Austin: University of Texas Press, 2007). On Kirwin, see accounts in Clarence Ousley, *Galveston in Nineteen Hundred: The Authorized and Official Record of the Proud City of the Southwest as It Was before and after the Hurricane of September 8, and a Logical Forecast of Its Future* (Atlanta: W.C. Chase, 1900).

69. Michele Landis Dauber, "Let Me Next Time Be 'Tried by Fire': Disaster Relief and the Origins of the American Welfare State 1789–1874," *Northwestern University Law Review* 92 (1997–1998): 967–1034.

70. Michele Landis Dauber, *The Sympathetic State*, Stanford Public Law Working Paper No. 77 (Stanford, CA: Stanford University, Jan. 2004), 5–6.

71. Dauber, "Let Me Next Time Be 'Tried by Fire,'" 981–83.

72. Clara Barton, *The Red Cross in Peace and War* (Washington, DC: American Historical Press, 1899), 198.

73. Bill Marscher and Fran Marscher, *The Great Sea Island Storm of 1893* (Macon, GA: Mercer University Press, 2004).

74. Elizabeth Hayes Turner, "Clara Barton and the Formation of Public Policy in Galveston" (paper presented at Philanthropy and the City: A Historical Overview, City University of New York: Rockefeller Archive Center and Russell Sage Foundation, 2000).

75. John Coulter ed., *The Complete Story of the Galveston Horror* (Chicago: E. E. Sprague, 1900), 133–216.

76. Ibid., 216–18.

77. Hayes Turner, "Clara Barton and the Formation of Public Policy in Galveston," 11. Turner provides considerable evidence drawn from Galveston newspapers such as *The Daily News* and the *News*. See also Melanie Gilbert, *Race and the Media in Natural Disasters: The Media's Portrayal of African Americans in the Galveston Storm of 1900 and in Hurricane Katrina*, Research Paper 211 (Southern Illinois University, 1 May 2011), http://opensiuc.lib.siu.edu/gs_rp/211.

78. The spectacular nature of the Martinique eruption has produced a large number of popular and academic studies. See Solange Contour, *Saint-Pierre, Martinique*, 2 vols. (Paris: Editions Caribéennes, 1989); William A Garesché, *The Complete Story of the Martinique and St. Vincent Horrors* (Chicago: Monarch Book Co., 1902); Angelo Heilprin, *Mont Pelée and the Tragedy of Martinique: A Study of the Great Catastrophes of 1902, with Observations and Experiences in the Field* (Philadelphia: J. B. Lippincott, 1903); Alwyn Scarth, *La Catastrophe: The Eruption of Mount Pelée, the Worst Volcanic Eruption of the Twentieth Century* (Oxford: Oxford University Press, 2002); Ernest Zebrowski, *The Last Days of St. Pierre: The Volcanic Disaster That Claimed Thirty Thousand Lives* (New Brunswick, NJ: Rutgers University Press, 2002).

79. Garesché, *The Complete Story*, 118–20.

80. Available online at http://www.icl-fi.org/print/english/wv/953/martinique.htm

CHAPTER 7. MEMORIES OF DISASTER IN A DECADE OF STORMS

1. Caviedes, "Five Hundred Years of Hurricanes in the Caribbean," 304–8.

2. A succinct outline of this period in the Caribbean is presented by O. Nigel Bolland, "Labor Protest, Rebellions and the Rise of Nationalism during Depression and War," in *The Caribbean: A History of the Region and Its Peoples*, ed. Stephan Palmié and Francisco A. Scarano (Chicago: University of Chicago Press, 2011), 459–74.

3. NLJ, ms. 931.

4. JA, 1B/5/77/208 Gov. Ransford Slater's Log.

5. Wayne Neely, *Great Bahamian Hurricanes of 1926: The Story of Three of the Greatest Hurricanes to Ever Affect the Bahamas* (Bloomington, IN: iUniverse, 2009), 86–88.

6. Ibid., 81–93. The song lyric comes from "Mammy Don't Want No Peas, No Rice," by Blind Blake.

7. Michael Craton and Gail Saunders, *Islanders in the Stream: A History of the Bahamian People*, vol. 2: *From the Ending of Slavery to the Twenty-First Century* (Athens: University of Georgia Press, 1992), 2:237–42.

8. Bahamian historian Wayne Neely has written a number of books on the Bahamian hurricanes in general and on individual storms that, although somewhat repetitive, provide much valuable material on local conditions. See, for example, Neely, *Great Bahamian Hurricanes of 1926*; Neely, *The Great Bahamas Hurricane of 1929* (Nassau: Media Publications, 2005).

9. Richardson, *Economy and Environment in the Caribbean*, 18–67.

10. Craton and Saunders, *Islanders in the Stream*, 2:268–76.

11. Anne S. Macpherson, *From Colony to Nation: Women Activists and the Gendering of Politics in Belize, 1912–1982* (Lincoln: University of Nebraska Press, 2007), 115–20.

12. Bridget Brereton and Kevin A. Yelvington, *The Colonial Caribbean in Transition: Essays on Post-Emancipation Social and Cultural History* (Gainesville: University Press of Florida, 1999), 10–15; O. Nigel Bolland, *On the March: Labour Rebellions in the British Caribbean, 1934–39* (Kingston, Jamaica: Ian Randle Publishers, 1995); O. Nigel Bolland,

Colonialism and Resistance in Belize: Essays in Historical Sociology (Kingston, Jamaica: University of the West Indies Press, 2003).

13. I have published some of the material in the following paragraphs as part of Stuart B. Schwartz, "Hurricanes and the Shaping of Circum-Caribbean Societies," *Florida Historical Quarterly* 83, no. 4 (April 2005): 381–409.

14. Horace A. Towner, *Twenty-ninth Annual Report of the Governor of Porto Rico* (Washington, DC: Government Printing Office, 1930), 1–3.

15. Puerto Rico had shifted to BH 10–12 and SC 12–4 because they had a higher sucrose content and were more resistant to disease. About eighty percent of Puerto Rican cane was of these varieties by the late 1920s. The Cubans continued to use the less brittle *cristalina* variety. "Testimony of Carlos Chardón, Commissioner of Agriculture," in *Relief of Porto Rico: Joint Hearings before the Committee on Territories and Insular Possessions, United States Senate and the Committee on Insular Affairs, House of Representatives, Seventieth Congress, 2nd Session on S.J. Res. 172 and H.J. Res. 333, a Bill for the Relief of Porto Rico, December 10 and 11, 1928* (Washington, DC: Government Printing Office, 1929), 64.

16. Thomas Reynolds, "American Red Cross Disaster Services, 1930–47" (Ph.D. dissertation, Columbia University, 1954); Jonathan C. Bergman, "The Shape of Disaster and the Universe of Relief: A Social History of Disaster Relief and The 'Hurricane of '38,' Suffolk County, Long Island, New York, 1938–41" (Ph.D. dissertation, State University of New York at Buffalo, 2008), 35–36.

17. Dietz, *Economic History of Puerto Rico*, 90–91.

18. Bayonet Díaz to Governor of Puerto Rico, 25 Sept. 1928, AGPR, Obras publicas, leg. 166. Much information is also provided in Emilio del Toro, *Final Report of the Insular Executive Committee of Supervision and Relief* (San Juan, 1929) and in *Report on Damage by the Storm of September 13, 1928: Island of Puerto Rico* (San Juan, 1928). These reports were made by appraisers of the Federal Land Bank of Baltimore, Porto Rico Branch.

19. Guillermo Esteves to Governor, 15 Oct. 1928, AGPR, Obras publicas, leg. 166 and leg. 207.

20. Guillermo Esteves to Red Cross Constitutive Committee, 31 Oct. 1928, AGPR, Obras publicas, leg. 160 and leg. 166.

21. Bingham was a former Yale professor and "discoverer" of Machu Picchu.

22. An excellent review of these discussions and debate is found in Ronald Fernandez, *The Disenchanted Island: Puerto Rico and the United States in the Twentieth Century* (Westport, CT: Praeger, 1996), 98–101.

23. Carmen Chiesa de Pérez, "El huracán de San Felipe," *El Mundo*, 16 Sept. 1990, 4.

24. "Great Miami Hurricane of 1926," http://www.srh.noaa.gov/mfl/?n=miami hurricane1926.

25. An excellent summary of hurricane impact on Florida during the period of its rapid development in the 1920 and 1930s is presented in Steinberg, *Acts of God*, 48–68.

26. Arsenault, "The Public Storm," 272.

27. Deborah Sharp, "Storm's Path Remains Scarred after Seventy-Five Years," *USA Today*, 5 Sept. 2003, 4A.

28. , Steinberg presents a review of these events based on newspapers and periodicals of the period. Steinberg, *Acts of God*, 55–60. See also Lawrence E. Will, *Okeechobee Hurricane and the Hoover Dike* (St. Petersburg, FL: Great Outdoors Pub. Co., 1961); Robert Mykle, *Killer 'Cane: The Deadly Hurricane of 1928* (New York: Cooper Square Press, 2002), 5–10. Excellent use of interviews and statements from survivors is made by Eliot Kleinberg, *Black Cloud: The Great Florida Hurricane of 1928* (New York: Carroll & Graf Publishers, 2003).

29.　Steinberg, *Acts of God*, 54–61. See also Will, *Okeechobee Hurricane and the Hoover Dike*.

30.　American Red Cross, *The West Indies Hurricane Disaster* (Washington, DC, 1928); Schwartz, "Hurricanes and the Shaping of Circum-Caribbean Societies," 407–9.

31.　Antoine Prost and Jay Winter, *René Cassin and Human Rights: From the Great War to the Universal Declaration* (Cambridge: Cambridge University Press, 2013) 157–60. My thanks to Jay Winter for allowing me to see the pre-publication proofs of this book.

32.　Emilio Rodríguez Demorizi, *Cronología de Trujillo*, vol. 1 (Ciudad Trujillo: Impresora Dominicana, 1955), 28–45; Fernando A. Infante, *La era de Trujillo: Cronología histórica, 1930–1961* (Santo Domingo, DR: Editora Collado, 2007), 48–53.

33.　As in Cuba and Puerto Rico, in the Dominican Republic the tradition is to name hurricanes by the saint's day on which they occur, but the Dominicans also have a custom of naming storms according to individuals associated with them usually because of some mishap or miracle: the 1921 hurricane of Magdalena; the 1834 hurricane of Padre Ruiz (who was being buried in the cathedral when the storm struck); the 1894 hurricane of Lilís (the nickname of General Hereaux, who ruled the country at that time).

34.　Vetilio Alfau Durán, "Los principals huracanes habidos en Santo Domingo," in *Vetilio Alfau Durán en el Listín diario: Escritos*, ed. Arístides Incháustegui and Blanca Delgado Malagón (Santo Domingo, DR: Secretaría de Estado de Educación, Bellas Artes y Cultos, 1994), 15–25.

35.　The San Zenón hurricane's role in the consolidation of the Trujillo regime has been the subject of a number of excellent modern studies. A succinct overview is presented in Frank Moya Pons, *El ciclón de San Zenón y la "patria nueva": Reconstrucción de una ciudad como reconstrucción nacional* (Santo Domingo, DR: Academia Dominicana de la Historia, 2007). The cultural and social effects of Trujillo's post-storm program are emphasized in Lauren Derby, *The Dictator's Seduction: Politics and the Popular Imagination in the Era of Trujillo* (Durham, NC: Duke University Press, 2009), 66–108. The diplomatic aspects in relation to the United States are covered in Eric Roorda, *The Dictator Next Door: The Good Neighbor Policy and the Trujillo Regime in the Dominican Republic, 1930–1945* (Durham, NC: Duke University Press, 1998), 55–62. The literary impact and uses of the San Zenón hurricane are analyzed in Mark D. Anderson, *Disaster Writing: The Cultural Politics of Catastrophe in Latin America* (Charlottesville: University of Virginia Press, 2011), 29–55. For a somewhat similar political use of natural disaster, see Mark Alan Healey, *The Ruins of the New Argentina: Peronism and the Remaking of San Juan After the 1944 Earthquake* (Durham, NC: Duke University Press, 2011).

36.　Infante, *La era de Trujillo*, 59.

37.　Ramón Lugo Lovatón, *Escombros: Huracán del 1930* (Ciudad Trujillo, DR: Ed. del Caribe, 1955). The book is a collection of articles published originally during the recovery from the hurricane.

38.　Rafael Leónidas Trujillo Molina, *Discursos, mensajes y proclamas* (Santiago, DR: Editorial El Diario, 1946), 22–23.

39.　Infante, *La era de Trujillo*, 58.

40.　"la nueva bestia de las leyendas y invenciones llegó a la ciudad, y la sembró entera de semillas del pánico." Lugo Lovatón, *Escombros*, 93.

41.　"toda tragedia es a la vez sepulcro y cuna, meta y partida, descanso y sendero." Ibid., 13.

42.　Roorda, *The Dictator Next Door*, 56–58. Roorda discusses the tensions between the diplomatic corps who were distrustful and suspicious of Trujillo and the Naval and

Marine officers who supported him. Trujillo's request for Watson was treated as an opportunity for the embassy to get some leverage with the new government.

43. After his fall in 1933, Machado was protected by Trujillo, who refused to extradite him to Cuba on humanitarian grounds. Machado eventually moved to the United States. See his letter of thanks to Trujillo of 16 Jan. 1934, Gerardo Machado Papers, University of Miami Libraries.

44. Aristides Fiallo Cabral, *Memoria del Secretario de Estado de Sanidad, 1930 (Santo Domingo, 1931)*, 5–6.

45. Derby, *The Dictator's Seduction*, 80–81.

46. Ibid.

47. Curro Pérez to Vidal, 1 Oct. 1930, AGNRD, Fondo Politíco, leg. D351, exp. 5.

48. AGNRD, Presidencia, 1.25, LD 620 (Calendario político de Trujillo, 1930–40).

49. AGNRD, Presidencia, 1.25 LD 620. Archbishop of Santo Domingo to Rafael Vidal, 30 Sept. 1930.

50. Derby, *The Dictator's Seduction*, 80–88. Derby concentrates on the city's rebuilding and the social implications of the project.

51. Trujillo Molina, *Discursos, mensajes y proclamas*, 67–72.

52. Fulgencio Batista (1933–44, 1952–59), Jorge Ubico (1931–49), Anastacio Somoza (1934–56), Lázaro Cárdenas (1934–40), Getulio Vargas (1930–45, 1951–54). See Eric Paul Roorda, "Genocide Next Door: The Good Neighbor Policy, the Trujillo Regime, and the Haitian Massacre of 1937," *Diplomatic History* 20, no. 3 (1996): 301–19. The post-1929 economic crisis also produced other responses such as the French Popular Front government and, in some ways, the Vichy regime that succeeded it. See Philip Nord, France's New Deal (Princeton, NJ: Princeton University Press, 2010), 19–39.

53. Seasons counting multiple Category 5 hurricanes (with winds in excess of 157 miles per hour) are 1932, 1933, 1960, 1961, 2005, and 2007.

54. Caviedes, "Five Hundred Years of Hurricanes in the Caribbean," 301–10.

55. José Carlos Millás, *Memoria del huracán de Camaguey de 1932* (Havana: Seoane y Fernández, 1933), 6.

56. In 2005, Santa Cruz del Sur was struck by another Category 5 storm but no lives were lost. This was celebrated by Raúl Castro as evidence of the effectiveness of a socialist government in dealing with natural disaster, and his brother Fidel Castro wrote, "a stong and energetic Civil Defense protects our population and offers it more security from catastrophes than does the United States."Destaca Raúl Castro preservación de vidas durante huracán," *La Crónica de Hoy*, 17 Feb. 2013, http://www.cronica.com.mx /notas/2008/397131.html; Fidel Castro, *Reflexiones de Fidel*, vol. 8 (Havana: Oficina de Publicaciones del Consejo de Estado, 2007), 69.

57. Michele Dauber, "Fate, Responsibility, and 'Natural' Disaster Relief: Narrating the American Welfare State," *Law and Society Review* 33 (1999): 257–318; Dauber, "The Real Third Rail of American Politics." On the New Deal in Puerto Rico, see Manuel R. Rodriguez, *A New Deal for the Tropics: Puerto Rico during the Depression Era, 1932–1935* (Princeton, NJ: Markus Wiener Publishers, 2010).

58. I have provided considerable detail in Schwartz, "The Hurricane of San Ciriaco," 327–34.

59. Foster Rhea Dulles, *The American Red Cross: A History* (New York: Harper & Brothers, 1950).

60. *Boletin administrativo n. 323. Proclama del gobernador de Puerto Rico* (24 Sept. 1928), AGPR, Obras Publicas 166. The activities of the Red Cross in the San Felipe hurricane

were summarized in American Red Cross, *El ciclón que azotó a Puerto Rico septiembre 13, 1928* (San Juan, 1929).

61. Towner, *Twenty-ninth Annual Report of the Governor of Porto Rico*, 3–4.

62. The John R. Beverley papers are housed in the Briscoe Center for American History at the University of Texas (Austin).

63. AGPR, "Tropical Storms and Hurricane Insurance," Of. Gob., caja 1846, 27/15. See also "A Plan for the Protection of the Agriculture of Puerto Rico," report by S. M. Thomson prepared by the Interdepartmental Committee on Puerto Rico.

64. AGPR, Of. Gob., caja 1845; War Dept. to Governor of Puerto Rico (14 Oct. 1932).

65. Frank Antonsanti to Gov. Beverley (22 Nov. 1932), AGPR, Of. Gob., caja 1845.

66. AGPR, Of. Gob., caja 1845 (Sept. 1932). (This letter of Gov. Beverley is made on stationery with the letterhead of the Puerto Rican American Tobacco Company.)

67. Towner to Beverley, 4 Oct. 1932, AGPR, Of. Gob. 27/6.

68. AGPR, Of. Gob., Caja 1845.

69. AGPR, Of. Gob. 27/2.

70. AGPR, Of. Gob. 27/6.

71. Vivas Valdivieso to Gov. Beverley (15 Sep. 1928), AHMP, caja S-282, Newspaper files, *El Aguila de Puerto Rico* (15 Sept. 1928).

72. AGPR, Of. Gob. 255.2 27/6.

73. AGPR, Of. Gob. 255.2 (29 Sept. 1932).

74. Victor S. Clark and Brookings Institution, *Porto Rico and Its Problems* (Washington, DC: Brookings Institution, 1930), xxi.

75. M. Moure de Carmona to Governor, Oct. 1932, AGPR, Of. Gob. Caja 1845.

76. AGPR, Of. Gob. 1845, Asunción Cruz to Gov. Beverley, Caguas, 14 Oct. 1932.

77. J.P. Santana to Gov. Beverley, undated (1932), AGPR, Of. Gob. 1845

78. This letter, along with the related correspondence, is found in AGPR, Of. Gob., Cajas 1845 and 1846.

79. Gordon K. Lewis, *Puerto Rico: Freedom and Power in the Caribbean* (New York: Monthly Review Press, 1963), 68–87.

80. Dauber, *The Sympathetic State*, 185–224. Dauber makes a quantitative analysis of the letters sent to Eleanor Roosevelt.

81. Adi Ophir, "The Two-State Solution: Providence and Catastrophe," *Journal of Homeland Security and Emergency Management* 4, no. 1 (21 March 2007): 1–44.

82. I am using the phrase here only to refer to the growing state response to natural disasters or other emergencies, and not in the sense implied by Ophir that the catastrophic state, which rules by exceptions and the need to discriminate among its inhabitants, is, in effect, the totalitarian state. See ibid., 25–26.

83. For example, Dauber, "Fate, Responsibility, and 'Natural' Disaster Relief"; Dauber, "The Real Third Rail of American Politics"; Dauber, *The Sympathetic State*.

84. Dauber, "The Real Third Rail of American Politics," 65. Opponents of federal involvement in disaster relief always argued that these measures were outside the constitutional responsibility of the federal government and that exceptions were not strictly "relief" and should not constitute a precedent.

85. Leland R. Johnson et al., *Situation Desperate: U.S. Army Engineer Disaster Relief Operations, Origins to 1950* (Alexandria, VA: Office of History, U.S. Army Corps of Engineers, 2011), 17–18.

86. Dauber, "Fate, Responsibility, and 'Natural' Disaster Relief," 273.

87. For example, David B. Woolner and Harry L. Henderson, *FDR and the Environment* (New York: Palgrave Macmillan, 2005); Neil M. Maher, *Nature's New Deal: The Ci-*

vilian Conservation Corps and the Roots of the American Environmental Movement (Oxford: Oxford University Press, 2008).

88. I have based my discussion on part of the extensive literature on this storm. See Thomas Neil Knowles, *Category 5: The 1935 Labor Day Hurricane* (Gainesville: University Press of Florida, 2009); John M. Williams and Iver W. Duedall, *Florida Hurricanes and Tropical Storms, 1871–2001* (Gainesville: University of Florida Press, 2002); Willie Drye, *Storm of the Century: The Labor Day Hurricane of 1935* (Washington, DC: National Geographic Society, 2002); Les Standiford and Henry Morrison Flagler, *Last Train to Paradise: Henry Flagler and the Spectacular Rise and Fall of the Railroad That Crossed the Ocean* (New York: Crown Publishers, 2002); Gary Dean Best, *FDR and the Bonus Marchers, 1933–35* (Westport, CT: Praeger, 1992). I have also used Emanuel, *Divine Wind*. For a concise outline of events, I have also drawn upon Steinberg, *Acts of God*, 48–65. For useful detail, see Jerry Wilkerson, "The Florida Keys Memorial," *Keys Historeum*, 2 Aug. 2013, http://www.keyshistory.org/hurrmemorial.html. Excellent use of the government investigations of the disaster are made in Seiler Christine Kay, "The Veteran Killer: The Florida Emergency Relief Administration and the Labor Day Hurricane of 1935" (Ph.D. dissertation, Florida State University, 2003).

89. Thomas Hibben, Chief Engineer of FERA used this phrase. Cited in Kay, "The Veteran Killer."

90. *Florida Hurricane Disaster. Hearings before the Committee on World War Veterans' Legislation, House of Representatives, Seventy-fourth Congress, Second Session, on H.R. 9486, a Bill for the Relief of Widows, Children and Dependent Parents of World War Veterans Who Died as the Result of the Florida Hurricane at Windley Island and Matecumbe Keys, September 2, 1935* (Washington, DC: Government Printing Office, 1936).

91. David S. Heidler and Jeanne T. Heidler present a detailed and quite critical analysis of how this article fit into Hemingway's biography and how it reflects his inconsistent and somewhat confused political perceptions. See David S. Heidler and Jeanne T. Heidler, " 'You're Dead Now, Brother': Hemingway and the 1935 Labor Day Hurricane," *David S. and Jeanne T. Heidler American Historians*, 1 Sept. 2010, http://djheidler.com/~djheid5/Blog/~%281%29~Hurricane.htm.

92. Colonel Ijams's testimony appears in *Florida Hurricane Disaster. Hearings before the Committee on World War Veterans' Legislation, House of Representatives, . . . September 2, 1935*, 375–87.

93. Wilkerson, "The Florida Keys Memorial."

CHAPTER 8. PUBLIC STORMS, COMMUNAL ACTION, AND PRIVATE GRIEF

1. "1944—Great Atlantic Hurricane," *Hurricane: Science and Society*, n.d., http://www.hurricanescience.org/history/storms/1940s/GreatAtlantic/.

2. Sheets and Williams, *Hurricane Watch*, 125–42. A number of this important generation of hurricane scientists and students like Bob Sheets himself and the historian David Ludlum had been trained in the military during or following World War II.

3. Chapter 5 ("The 1950s") of Sheets and Williams, *Hurricane Watch*, provides a useful and detailed narrative of the scientific, technological, and institutional advances of the postwar period. See also the useful narrative summary in Arsenault, "The Public Storm," 275–83.

4. James Rodger Fleming deals with the general scientific and ethical issues that climate manipulation raises. See Fleming, *Fixing the Sky: The Checkered History of Weather and Climate Control* (New York: Columbia University Press, 2010).

5. Fleming also presents the long history of human attempts to modify the environ-

ment and the usual disregard for moral implications or unexpected physical consequences.

6. Stanley A. Chagnon, "Factors affecting temporal fluctuations in damaging storm activity in the United States based on insurance loss data," *Meteorological Applications* 6, no. 1 (1999):1–10; Roger Pielke Jr., Joel Gratz, Christopher Landsea, et al., "Normalized Hurricane Damage in the United States, 1900–2005," *Natural Hazards Review* 9, no. 1 (2008): 29–42.

7. I have relied here on Fitzpatrick, *Natural Disasters: Hurricanes*, 71–96.

8. Steinberg, *Acts of God*, 185–87.

9. Naming practices vary according to the world region. At present the Atlantic uses six lists of 21 male and female names that are repeated after six years. Names of particularly memorable storms are sometimes retired and replaced. If more than 21 storms appear in a year, the letters of the Greek alphabet are used.

10. Many of the early Hurricane Hunter flights were made with World War II aircraft like the B-29 that were available for conversion to civilian purposes in the 1950s.

11. The International Meteorological Organization had been founded in 1873. See Fortuné, *Cyclones et autres cataclysmes aux Antilles*.

12. The key study of this organization is Denise D. P. Thompson, "Building Effectiveness in Multi-State Disaster Management Systems: The Case of the Caribbean Disaster and Emergency Response Agency" (Ph.D. dissertation, Pennsylvania State University, 2010). See also www.cderma.org and "Caribbean Disaster Emergency Management Agency," *Wikipedia, the Free Encyclopedia*, http://en.wikipedia.org/w/index.php?title=Caribbean_Disaster_Emergency_Management_Agency&oldid=565071598.

13. Higman, *A Concise History of the Caribbean*, 275–79.

14. Luis Pales Matos, "La plena de menéalo," reprinted in *La Revista de Centro de Estudios Avanzados de Puerto Rico y el Caribe* 2 (1986): 81–82.

> Bochinche de viento y agua . . .
> Sobre el mar
> Está la Antilla bailando
> —de aquí payá, de ayá pacá
> Menéalo, menéalo
> En el huracán
> . . .
> ¡Pará que rabie el Tío Sam!

15. Scarano, *Puerto Rico*, 779.

16. Salivia, *Historia de los temporales de Puerto Rico y Las Antillas, 1492 a 1970*, 332; Edwin Miner Solá, *Historia de los huracanes en Puerto Rico* (San Juan,: First Book, 1995), 40–42.

17. Salivia, *Historia de los temporales* 321–30. I have followed his account closely.

18. A document ("Resumen de los datos. . . .") exists in the files of the FMM, section V, series 16, dated 13 Sept. 1956 (the day after the hurricane), which summarizes newspaper accounts in *La Democracia* and *El Mundo* of the government's response to the 1932 storm.

19. "Mensaje radial del gobernador del ELA (14 Aug. 1956), FMM, section V, series 16, subsection 29.

20. A. W. Maldonado, *Luis Muñoz Marín: Puerto Rico's Democratic Revolution* (San Juan: Editorial Universidad de Puerto Rico, 2006), 335.

21. Ermelindo Santiago to Luís Muñoz Marín, FMM, Section V, series 16, subsection 29.

22. FMM, Section V, series 16, subsection 29, Rivera Rodriguez to Muñoz Marín (15 Aug. 1956).

23. Ibid., Muñoz Marín to Rosa Rodrigues Rivera (14 Sept. 1956).

24. Dwight D. Eisenhower, "Remarks on Drought and Other Natural Disasters. McConnell Air Force Base, Wichita, Kansas," ed. John T. Wooley and Gerhardt Peters, *The American Presidency Project, 15 Jan. 1957*, http://www.presidency.ucsb.edu/wc/?pid=10823#axzz2hCN1AmZM.

25. Rudolph Homère Victor, "Cette nuit là les portes del'enfer s'étaient en'ouvertes," *Mr. Météo: Toutes les infos météos*, 31 May 2013, http://mrmeteo.info/site/2013/05/31/cette-nuit-la-les-portes-de-lenfer-setaient-entrouvertes/.

26. Gordon E. Dunn, "The Hurricane Season of 1963," *Monthly Weather Review* 92, no. 3 (1965): 128–37.

27. Laurent Dubois, *Haiti: The Aftershocks of History* (New York: Metropolitan Books, 2012), 335–50.

28. Ibid., 335–36.

29. Hurricane Edith had caused considerable damage in St. Lucia and Dominica, and in Martinique, it killed ten people, injured fifty, and caused $40 million in damages. The storm had weakened over the Lesser Antilles before it reached Santo Domingo. See Dunn, "The Hurricane Season of 1963," 132–33.

30. "nunca se repartieron ni nadie las ha visto," AGNRD, Fondo Presidencial 13288, 20157–28.

31. There is an excellent political memoir of this period by the U.S. ambassador. See John Bartlow Martin, *Overtaken by Events: The Dominican Crisis from the Fall of Trujillo to the Civil War* (New York: Doubleday, 1966), especially 546–90.

32. Ibid., 585.

33. Christian Webersik and Christian Klose, "Environmental Change and Political Instability in Haiti and the Dominican Republic: Explaining the Divide," paper presented to the Conference on Computer Supported Cooperative Work Workshop, 16–17 Dec. 2010, http://file.no/files/projects/workinggroup/webersik_CSCW_WG_3_workshop_dec10.pdf.

34. The rumor about Trujillo's fear of hurricanes is noted in Martin, *Overtaken*, 585. Trujillo was in contact with Joseph O'Brien, a New York engineer, who had created a New York Waterway Research Society and who wanted to create the Franklin Science Center. O'Brien had a theory that the energy in hurricanes and the electrical and magnetic energy developed by the earth were related and that concern with air pressure variables was misguided. O'Brien's real interest was the creation of a canal from the East coast to the Great Lakes and from Lake Superior to Hudson's Bay, but he sought Trujillo's financial support as well for the hurricane study. See O'Brien to Trujillo (14 Sept. 1955), AGNRD, Fondo Presidencial, caja 13288, 20157–28.

35. Denis Watson, "Menaces hydrométéorologiques et risques géophysiques en Haiti," *Revue de La Société Haïtienne d'Histoire, de Géographie et de Géologie* nos. 241–44 (2011): 31–66. Haiti suffered at least 20 major natural disasters in the twentieth century. Denis's article concentrates on events in the last decade, but his observations are applicable to the previous century as well.

36. Osviel Castro Medel, "Ciclón Flora en Cuba: El lazo mortal," 4 Oct. 2010, http://osvielcastro.wordpress.com/2010/10/04/ciclon-flora-en-cuba-el-lazo-mortal-i/.

37. Juan Almeida Bosque, *Contra el agua y el viento* (Havana: Ediciones Verde Olivo, 2002), 24–25.

38. See Rebecca Solnit, *A Paradise Built in Hell: The Extraordinary Communities That Arise in Disasters* (New York: Viking, 2009).

39. Julio García Luis, "Hurricane Flora (October 4, 1963)," in *Cuban Revolution Reader: a Documentary History of 40 Key Moments of the Cuban Revolution* (Melbourne: Ocean Press 2001), 129–33. See also Castro's important speech "Informe sobre el paso del ciclón Flora por las provincias de Camagüey y Oriente por la cadena Nacional de Radio y Televisión (21 Oct. 1963)," in *Obra revolucionaria* 27 (1963): 7–25.

40. Michael Chanan, *Cuban Cinema* (Minneapolis: University of Minnesota Press, 2004), 22.

41. Che Guevara, "Socialism and Man in Cuba," in *Manifesto: Three Classic Essays on How to Change the World* (Melbourne: Ocean, 2005).

42. Fidel Castro, "Discurso pronunciado en la conmemoración del VI aniversario de los CDR" (Plaza de la Revolución, Havana, 28 Sept. 1966), http://www.cuba.cu /gobierno/discursos/1966/esp/f280966e.html.

43. See Fidel Castro, "Discurso en el acto por la conmemoración del Instituto Nacional de Recursos Hidráulicos" (10 Aug. 1963), *Obra revolucionaria,* 21 (1963), 29–40. Thomas, *Cuba,* 1479.

44. Maurice Halperin, *The Rise and Decline of Fidel Castro: An Essay in Contemporary History.* (Berkeley: University of California Press, 1972), 285–86.

45. "The Effects of Hurricane Flora on Cuba," Special National Intelligence Estimate, 85–3-63 (15 Nov. 1963), LBJ Library, Case NLJ 94–29, doc. 5.

46. Cuban sugar production actually rose between 1962 and 1965. The figures in thousands of tons are: 1962, 51.6; 1963, 52.6; 1964, 60.1; 1965, 65.1. Thomas, *Cuba,* Appendix 3, 1560–64. On the effects of Flora on agricultural policy in Cuba, see Amelia Estrada, " 'Y Vino Dos Veces': Hurricane Flora and Revolutionary Cuba at the Crossroads" (paper presented at the American Historical Association Annual Meeting, San Francisco, 2002).

47. "Cuba, Haiti, and Flora," editorial, *The New York Times,* 8 Oct. 1963.

48. President Kennedy insisted that the contacts be kept secret. A list of relevant documents about the initiation of a dialogue between Cuba and the United States on improving relations can be found at the web page National Security Archive, George Washington University, http://www2.gwu.edu/ñsarchiv/index.html.

49. Miró Cardona to Pablo Le-Riverend, San Juan, 23 Oct. 1963, Cuban Heritage Collection, University of Miami Libraries, box 26, folder 2. (My thanks to Michael Bustamante for this reference.)

50. Martha Thompson and Izaskun Gaviria, *Cuba Weathering the Storm: Lessons in Risk Reduction from Cuba* (Boston: Oxfam America, 2004), 8–9. See also José Carlos Lezcano, "Aspectos esenciales sobre la mitigación de los desastres naturales en Cuba," in *Cuba in Transition* (Miami: Association for the Study of the Cuban Economy, 1995), 5:399–406; José Alvarez, *The Potential Correlation between Natural Disasters and Cuba's Agricultural Performance* (Gainesville: Department of Food and Resource Economics, Florida Cooperative Extension Service, University of Florida, 2004), http://edis.ifas .ufl.edu/fe490.

51. Robert J. Brym, *Sociology as a Life or Death Issue* (Toronto: Pearson, 2008), 67.

52. Such criticism appears in Holly Sims and Kevin Vogelmann, "Popular Mobilization and Disaster Management in Cuba," *Public Administration and Development* 22, no. 5 (2002): 389–400. See also Thompson and Gaviria, *Cuba Weathering the Storm.*

53. Keyser and Smith present a positive view of the Cuban disaster mitigation system, while B. E. Aguirre recognizes Cuba's success in preparation for disasters, but criticizes its failures in post-disaster reconstruction. See Jonathan Keyser and Wayne Smith, *Disaster Relief Management in Cuba*, Center for International Policy, 18 May 2009, http://www.ciponline.org/research/html/disaster-relief-management-in-cuba; B. E. Aguirre, "Cuba's Disaster Management Model: Should It Be Emulated?" *International Journal of Mass Emergencies and Disasters* 23, no. 3 (2005): 55–71. Much of Aguirre's critique seems to lie on the nature of the Cuban political system as such and on "the long political dictatorship of Mr. Castro." See also Sergio Díaz-Briquets, "The Enduring Cuban Housing Crisis: The Impact of Hurricanes," Papers and Proceedings of the Fifth Annual Meeting of the Association for the Study of the Cuban Economy (ASCE), 429–41, http://www.ascecuba.org/publications/proceedings/volume19/.

54. Quoted in Sergio Diaz-Briquets and Jorge F Pérez-López, *Conquering Nature: The Environmental Legacy of Socialism in Cuba* (Pittsburgh, PA: University of Pittsburgh Press, 2000), 1–23. Much of their criticism is political in nature.

55. See, for example, the 1994 interview given by Castro in Barbados following the UN Global Conference on that island. Latin American Network Information Center, Castro Speech Data Base. See also Fidel Castro, *Fidel Castro: My Life*, ed. Ignacio Ramonet (New York: Scribner, 2008), 355–56, 396–400.

56. This was especially true after NOAA's creation of HURDAT (Atlantic Basin Hurricane Data Base), which now includes data from 1851 to the present.

57. Johan Nyberg et al., "Low Atlantic Hurricane Activity in the 1970s and 1980s Compared to the Past 270 Years," *Nature*, 447, no. 7145 (7 June 2007): 698–701. See also "Hurricanes: The Greatest Storms on Earth," http://earthobservatory.nasa.gov/Features/Hurricanes/hurricanes_3.php.

58. Roger A. Pielke Jr. et al., "Hurricanes and Global Warming," *Bulletin of the American Meteorological Society* 86, no. 11 (Nov. 2005): 1571–75; P. J. Webster et al., "Changes in Tropical Cyclone Number, Duration, and Intensity in a Warming Environment," *Science* 309, no. 5742 (16 Sept. 2005): 1844–46. See also J. Marshall Shepherd and Thomas Knutson, "The Current Debate on the Linkage between Global Warming and Hurricanes," *Geography Compass* 1:1 (2007): 1–24; Thomas R. Knutson et al., "Tropical Cyclones and Climate Change," *Nature Geoscience*, 3, no. 3 (March 2010): 157–63.

59. Mooney, *Storm World*.

60. The controversy of hurricane climatology has been ably presented in ibid.

61. Knutson et al., "Tropical Cyclones and Climate Change."

62. Shepherd and Knutson, "The Current Debate on the Linkage between Global Warming and Hurricanes."

63. Roger A. Pielke Jr. et al., "Hurricane Vulnerability in Latin America and the Caribbean: Normalized Damage and Loss Potentials," *Natural Hazards Review* 4, no. 3 (2003): 101–14.

64. Ronald Reagan, *Reagan: a Life in Letters*, ed. Martin Anderson, Annelise Anderson, and Kiron K. Skinner (New York: Free Press, 2003), 664.

65. Daniel T. Rodgers, *Age of Fracture* (Cambridge, MA: Belknap Press of Harvard University Press, 2011), 180–202, http://site.ebrary.com/id/10456081.

66. Mark Kurlansky, *A Continent of Islands: Searching for the Caribbean Destiny* (Reading, MA: Addison-Wesley, 1992), 34–40.

67. David Barker and David Miller, "Hurricane Gilbert: Anthropomorphising a Natural Disaster," *Area* 22, no. 2 (June 1, 1990): 107–16. The current record low pressure of 26.05 inches (882 mb) is held by hurricane Wilma (2005).

68. Ibid., 108.

69. Kevin J. Grove, "From Emergency Management to Managing Emergence: A Genealogy of Disaster Management in Jamaica," *Annals of the Association of American Geographers* 103, no. 3 (2013): 570–88.

70. World Bank and United Nations, *Natural Hazards, Unnatural Disaster: The Economics of Effective Prevention* (Washington, DC: World Bank, 2010), 16–18.

71. ODPEM, http://www.odpem.org.jm/ArticleDetails/tabid/226.

72. Mr. Needham quoted in *Daily Gleaner*, 18 Sept. 1988, excerpted in Barker and Miller, "Hurricane Gilbert," 114.

73. Kurlansky, *A Continent of Islands*, 35–36.

74. The lyrics of "Wild Gilbert" are available at www.elyrics.net/read/I /lloyd-lovindeer.

75. Solnit, *A Paradise*, 267–304.

76. JA, 1B/38/1/14, Errington George Green, Sole Commissioner, "Report of the Commission of Enquiry (27 February 1993)," chapter 1.

77. Laura Tanna, "On Development and Losing Elections," *Jamaica Gleaner Online*, 14 March 2010, http://jamaica-gleaner.com/gleaner/20100314/arts/arts4.html.

78. Walter J. Fraser, *Lowcountry Hurricanes: Three Centuries of Storms at Sea and Ashore* (Athens: University of Georgia Press, 2006), 247.

79. An excellent—if critical—political overview of U.S. policy in this era is provided in Greg Grandin, *Empire's Workshop: Latin America, the United States, and the Rise of the New Imperialism*, The American Empire Project (New York: Owl Books, 2007).

80. Sébastien Hardy, "Risque naturel et vulnérabilité: Un analyse de la catastrophe de Posoltega (30 octobre 1998)," in *Nicaragua, dans l'oeil du cyclone*, ed. Joël Delhom and Alain Musset (Paris: Institut des Hautes Etudes de l'Amérique Latine, 2000), 41–52.

81. Pielke Jr. et al., "Hurricane Vulnerability in Latin America."

82. Manuel Torres, *Huracán Mitch, 1998–2003: Retrato social de una tragedia natural* (Tegucigalpa: Centro de Documentación de Honduras, 2004), 1.

83. Alain Musset, "Entre cyclones et tremblement de terre: Le Nicaragua face au risqué naturel," in *Nicaragua, dans l'oeil du cyclone*, ed. Joel Delhom and Alain Musset (Paris: Institut des Hautes Etudes de l'Amérique Latine, 2000), 34–35.

84. An excellent summary of the effects of Hurricane Mitch based on UN reports is Marisa Olivo Ensor and Bradley E. Ensor, "Hurricane Mitch: Root Causes and Responses to the Disaster," in *The Legacy of Hurricane Mitch: Lessons from Post-Disaster Reconstruction in Honduras*, ed. Marisa Olivo Ensor (Tucson: University of Arizona Press, 2009), 22–46.

85. The conservative Cato Institute think tank argued that such claims of "hypercanes" were unproven and alarmist, a result of "White House huckstering" by the Clinton administration. See Patrick J. Michaels, "Mitch, That Sun of a Gun," *Cato Institute*, 15 Dec. 1998, http://www.cato.org/publications/commentary/mitch-sun-gun.

86. Ensor and Ensor, "Hurricane Mitch," 32–33, 42.

87. Daniel Steadman Jones, *Masters of the Universe: Hayek, Friedman and the Birth of Neoliberal Politics* (Princeton, NJ: Princeton University Press, 2012), 297–329.

88. Torres, *Huracán Mitch*, 27–30.

89. *Hurricane Mitch and Nicaragua*, Special Publication 38 (Boulder, CO: Natural Hazards Research and Applications Information Center Institute of Behavioral Science University of Colorado, n.d.), 4–6, http://www.colorado.edu/hazards/publications /sp/sp38/part4.html.

90. Vilma Elisa Fuentes, "Post-Disaster Reconstruction," in *The Legacy of Hurricane*

Mitch: Lessons from Post-disaster Reconstruction in Honduras, ed. Marisa Olivo Ensor (Tucson: University of Arizona Press, 2009), 100–28; Catherine Ambler, "The Distribution of Emergency Relief in Post Hurricane Mitch Nicaragua" (B.A. thesis, Williams College, 2003).

91. Consultative Group for the Reconstruction and Transformation of Central America, "Central America after Hurricane Mitch: The Challenge of Turning a Disaster into an Opportunity," *Inter-American Development Bank*, n.d.

92. Naomi Klein, *The Shock Doctrine: The Rise of Disaster Capitalism* (New York: Metropolitan Books/Henry Holt, 2007), 501.

93. Cited in ibid. The statement was made at a meeting of the World Economic Forum in 1999.

94. Alexander Cockburn and Jeffrey St. Clair, "The Politics of Hurricane Mitch," *Counterpunch*, 15 June 1999, http://www.counterpunch.org/1999/06/15/the-politics -of-hurricane-mitch/.

95. This is the basic argument for Steinberg, *Acts of God*, 201.

96. Bruce B. Clary, "The Evolution and Structure of Natural Hazard Policies," *Public Administration Review* 45 (1985): 20–28.

97. On the diminished impact of hurricanes on the GDP of the United States, see Roger M. Vogel, "Natural Disaster and U.S. Economic Growth: 1952–2009," *International Journal of Humanities and Social Science* 1:14 (2011): 46–50; Arsenault, "The Public Storm," 278–82. Disaster impact on small island nations tends to be much greater. See Economic Commission for Latin America and the Caribbean, "Caribbean Small States, Vulnerability and Development," 2005, http://www.eclac.cl/cgi-bin/getProd.asp?xml =/publicaciones/xml/8/23558/P23558.xml&xsl=/portofspain/tpl-i/p9f.xsl&base =/portofspain/tpl/top-bottom.xsl.

98. Andy Horowitz, "Help: Hurricane Betsy and the Politics of Disaster in New Orleans' Lower Ninth Ward, 1965–1967" (unpublished paper).

99. John Barry, *Rising Tide: The Great Mississippi Flood of 1927 and How It Changed America* (New York: Simon and Schuster, 1997).

100. The basic facts of the storm are recounted in Mark M. Smith, *Camille: 1969 Histories of a Hurricane* (Athens: University of Georgia Press, 2011), 17–35.

101. This was a position much like that taken in 1867 by Senator Charles Sumner, who wanted no federal funds sent to flooded towns along the Mississippi River until the loyalty to the Union of Mississippi and other southern states was assured by their adherence to republican principles, including the voting franchise and free public schools for all. Panetta was a Republican at this time. He became a Democrat in 1971, later serving in Congress.

102. On the problems of disaster management before and after Hugo, see Roy Popkin and Claire Rubin, *Disaster Recovery after Hurricane Hugo in South Carolina* (Washington, DC: Center for International Science, Technology, and Public Policy, George Washington University, 1990), www.colorado.edu/hazards/publications/wp/wp69.pdf.

103. Murray Newton Rothbard, "Government and Hurricane Hugo: A Deadly Combination," in *Making Economic Sense* (Auburn, AL: Ludwig von Mises Institute, 1995), http://www.mises.org/econsense/ch26.asp.

104. Lynee McChristian, *Hurricane Andrew and Insurance: The Enduring Impact of an Historic Storm* (New York: Insurance Information Institute, Aug. 2012), http://www .insuringflorida.org/assets/docs/pdf/paper_HurricaneAndrew_final.pdf.

105. The story of FEMA's mismanagement and concentration on plans for taking over the government in case of attack is detailed in Christopher Cooper and Robert

Block, *Disaster: Hurricane Katrina and the Failure of Homeland Security* (New York: Times Books, 2006), 45–66.

106. Van Heerden and Bryan, *The Storm*, 138–40.

107. "Hurricane Andrew 20th Anniversary Is a Reminder to Prepare for Emergencies," *Federal Emergency Management Agency*, 22 Aug. 2012, http://www.fema.gov/news-release/2012/08/22/hurricane-andrew-20th-anniversary-reminder-prepare-emergencies. On the effect of Hurricane Andrew on local politics, see David K. Twigg, *The Politics of Disaster: Tracking the Impact of Hurricane Andrew* (Gainesville: University Press of Florida, 2012).

108. James Surowiecki, "Disaster Economics," *The New Yorker*, 3 Dec. 2012 (http://www.newyorker.com/talk/financial/2012/12/03/121203ta_talk_surowiecki). Estimates of savings are sometimes higher.

109. Van Heerden and Bryan, *The Storm*, 139; Cooper and Block, *Disaster*, 86–87. An article critical of the political use of disaster relief through FEMA by two economists demonstrated that Presidents Reagan, George H.W. Bush, Clinton, and George W. Bush all declared more disasters in reelection years than in any other year of their incumbency. The authors suggested the advantages of the private sector taking over the administration of disaster relief. Thomas A. Garrett and Russell S. Sobel, "The Political Economy of FEMA Disaster Payments," *Economic Inquiry* 41, no. 3 (2003): 496–509.

110. Eric Holdeman, "Destroying FEMA," *Washington Post*, 30 Aug. 2005, sec. Opinions (http://www.washingtonpost.com/wp-dyn/content/article/2005/08/29/AR2005082901445.html).

CHAPTER 9. ANCIENT STORMS IN A NEW CENTURY

1. The literature on Hurricane Katrina is overwhelming. A keyword search in the Yale University library database yields 1,074 items excluding the periodical literature and scholarly articles, principally books and government reports. I have found useful overviews in Cooper and Block, *Disaster*; Van Heerden and Bryan, *The Storm*; Michael Eric Dyson, *Come Hell or High Water: Hurricane Katrina and the Color of Disaster* (New York: Basic Civitas Books, 2006); William R. Freudenburg et al., *Catastrophe in the Making: The Engineering of Katrina and the Disasters of Tomorrow* (Washington, DC: Island Press/Shearwater Books, 2009); Ronald J. Daniels, Donald F. Kettl, and Howard Kunreuther, *On Risk and Disaster: Lessons from Hurricane Katrina* (Philadelphia: University of Pennsylvania Press, 2006); Robert J. Brym, "Hurricane Katrina and the Myth of Natural Disasters," in *Sociology as a Life or Death Issue* (Toronto: Pearson, 2008), 53–80.

2. Roger D. Congleton, *The Story of Katrina: New Orleans and the Political Economy of Catastrophe*, SSRN Scholarly Paper (Rochester, NY: Social Science Research Network, 2006), http://papers.ssrn.com/abstract=908046; Craig E Colten, *An Unnatural Metropolis: Wresting New Orleans from Nature* (Baton Rouge: Louisiana State University Press, 2005).

3. Colten, *An Unnatural Metropolis*, 14–15.

4. NOAA Technological Memorandum NWS TPC-4 "The Deadliest, Costliest, and Most Intense United States Hurricanes from 1851–2004," cited in Congleton, *The Story of Katrina*, 12.

5. On the negative effects of the work of the Corps of Engineers and the program of engineered water systems, see Freudenburg et al., *Catastrophe in the Making*, 91–135.

6. Richard Campanella, "An Ethnic Geography of New Orleans," *Journal of American History*, 94, no. 3 (Dec. 2007): 704–15.

7. Elizabeth Fussell, "Constructing New Orleans, Constructing Race: A Population History of New Orleans," *Journal of American History* 94, no. 3 (Dec. 2007): 846–55.

8. Ewen McCallum and Julian Heming, "Hurricane Katrina: An Environmental Perspective," *Philosophical Transactions of the Royal Society A: Mathematical, Physical and Engineering Sciences* 364, no. 1845 (15 Aug. 2006): 2099–15.

9. Van Heerden and Bryan, *The Storm*, 21–32.

10. Romain Huret, "L'ouragan Katrina et l'Etat federal américain: Une hypothèse de recherche," *Nuevo Mundo Mundos Nuevos. Nouveaux mondes mondes nouveaux* (8 May 2007), http://nuevomundo.revues.org/3928.

11. D'Ann R. Penner and Keith C. Ferdinand, *Overcoming Katrina: African American Voices from the Crescent City and Beyond* (New York: Palgrave Macmillan, 2009), 137.

12. William F. Shughart II, "Katrinanomics: The Politics and Economics of Disaster Relief," *Public Choice* 127, no. 1/2 (April 2006): 31–53. Shughart argues that the Katrina disaster was evidence of "American dependency on the public sector." He agrees that there were institutional failures during Katrina, but presents an argument that government is always ineffective, that spending on infrastructure will not boost the economy, and that the fact that FedEx and Wal-Mart did a better job in meeting the challenge than did FEMA demonstrates that free market economics is the best solution to natural disasters. He goes so far as to suggest that federal or state aid to victims for rebuilding creates a "moral hazard" of dependency that only encourages worse disasters in the future. He also claims that there was no evidence of racial bias in the response failures, and that imposing minimum wage standards in the rebuilding process disadvantaged minority contractors.

13. Congleton, *The Story of Katrina*, 18–19; Erik Auf der Heide, "Common Misconceptions about Disasters: Panic, the 'Disaster Syndrome' and Looting," in *The First 72 Hours: A Community Approach to Disaster Preparedness*, ed. Margaret O'Leary (New York: iUniverse, 2004), 340–80.

14. Dyson, *Come Hell or High Water*, 14–15. Cf. Cooper and Block, *Disaster*, 206–61; Paul Krugman, "A Katrina Mystery Explained," *New York Times Blog: The Conscience of a Liberal*, 17 May 2009, http://krugman.blogs.nytimes.com/2009/05/17/a-katrina -mystery-explained/.

15. Penner and Ferdinand, *Overcoming Katrina.*

16. Auf der Heide, "Common Misconceptions about Disasters."

17. Penner and Ferdinand, *Overcoming Katrina*, 204–10.

18. Maura Fitzgerald, *What Was Found: New Orleans after the Storm* (2007). A class project done at Yale University and now on deposit in the Beinecke Library at Yale University.

19. Eric Steiger, "L'ouragan Katrina: Les leçons d'un échec: Les faiblesses du dispositif de sécurité intérieure des Etats-Unis," *La Revue Géopolitique*, 1 Jan. 2008, http:// www.diploweb.com/L-ouragan-Katrina-les-lecons-d-un.html.

20. This phrase is used by Romain Huret, "La fin de l'État Providence? Un bilan de la politique sociale de George W. Bush," *Vingtième Siècle* no. 97 (Jan. 2008): 105–16. See also his "L'ouragan Katrina."

21. Henry A. Giroux, "Reading Hurricane Katrina: Race, Class, and the Biopolitics of Disposability," *College Literature* 33, no. 3 (July 2006): 171–96. Santorum subsequently retracted his remarks.

22. *Huffington Post*, 12 Sept. 2005.

23. Klein, *The Shock Doctrine.*

24. Cf. Paul Krugman, "Katrina All the Time," *New York Times*, 31 Aug. 2007, sec. Opinion (http://www.nytimes.com/2007/08/31/opinion/31krugman.html); Robert Tracinski, "Katrina y el estado de beneficencia," *TIADaily.com*, 2 Sept. 2005 (http://www.contra-mundum.org/castellano/tracinski/Katr_EdoBenef.pdf).

25. Michael Lewis, "In Nature's Casino," *New York Times*, 26 Aug. 2007.

26. Vicki Bier, "Hurricane Katrina as a Bureaucratic Disaster," in *On Risk and Disaster: Lessons from Hurricane Katrina*, ed. Ronald J Daniels, Donald F Kettl, and Howard Kunreuther (Philadelphia:University of Pennsylvania Press, 2006), 243–55; Tracinski, "Katrina y el estado de beneficencia."

27. Brym, "Hurricane Katrina and the Myth of Natural Disasters."

28. Ibid., 62–64. Brym presents data from 1980–2000 that demonstrates high or low vulnerability to hurricane fatalities for 34 countries based on deaths relative to population at risk. During that period, Australia, New Zealand, Cuba, Japan, Mexico, and China all had vulnerabilities lower than expected, while Vietnam, Bangladesh, Honduras, Nicaragua, and India had higher than expected hurricane fatalities. The United States had an average of 222 hurricane-related deaths per year, while Japan (a country with more people exposed to that hazard) had 39. Cuba had an average of only 3 deaths per year during this period.

29. Ibid., 62–64. Matthew Kahn argues that wealth is the key element in reducing fatalities and thus, he implies, further capitalist development is the best protection against an increase in natural disasters due to global warming. Matthew E. Kahn, "The Death Toll from Natural Disasters: The Role of Income, Geography, and Institutions," *Review of Economics and Statistics* 87: 2 (May 2005): 271–84.

30. Economic Commission for Latin America and the Caribbean, "Caribbean Small States, Vulnerability and Development" (Nov. 2005), http://www.eclac.cl/cgi-bin/getProd.asp?xml=/publicaciones/xml/8/23558/P23558.xml&xsl=/portofspain/tpl-i/p9f.xsl&base=/portofspain/tpl/top-bottom.xsl.

31. The IMF definition of a natural disaster is that it kills at least 10 people and affects at least 100, or that a state of emergency had been declared. See *Caribbean Small States: Challenges of High Debt and Low Growth* (Washington, DC: International Monetary Fund, 20 Feb. 2013).

32. Krugman, "Sandy versus Katrina," *New York Times*, 4 Nov. 2012, sec. Opinion (http://www.nytimes.com/2012/11/05/opinion/krugman-sandy-versus-katrina.html).

33. Brett Martel, "Storms Payback from God," *Washington Post*, 17 Jan. 2006.

34. Rebecca Leber, "Chris Christie Denies Climate Change Has Anything to Do with Hurricane Sandy," Climate Progress, 21 May 2013, http://thinkprogress.org/climate/2013/05/21/2039811/christie-climate-change-sandy/.

35. Patricia Levi, "Hurricane Sandy Climate Change: Andrew Cuomo Rightly Raises Global Warming Issue," *PolicyMic*, 2 Nov. 2012, http://www.policymic.com/articles/17930/hurricane-sandy-climate-change-andrew-cuomo-rightly-raises-global-warming-issue.

36. Eleanor Randolph, "What if the Flood Maps Are Just Plain Wrong?" *New York Times*, 6 Dec. 2013, Opinion page.

37. Pielke Jr. et al., "Hurricane Vulnerability in Latin America," 112.

38. Emmarie Huettiman, "Rubio on a Presidential Bid, and Climate Change," *New York Times*, 12 May 2014.

参考文献

PUBLISHED WORKS

"1944—Great Atlantic Hurricane." *Hurricane: Science and Society*, n.d. http://www .hurricanescience.org/history/storms/1940s/GreatAtlantic/.

Abbad y Lasierra, Iñigo. *Historia geográfica, civil y natural de la Isla de San Juan Bautista de Puerto Rico*, 3rd ed. San Juan: Ediciones de la Universidad de Puerto Rico, 1970.

———. *Historia geográfica, civil y natural de la Isla de San Juan Bautista de Puerto Rico*, edited by Jose Julian de Acosta y Calbo and Gervasio Garcia. San Juan: Doce Calles, 2002.

Abénon, Lucien-René. *La Guadeloupe de 1671 à 1759: Étude politique, économique et sociale*. Paris: L'Harmattan, 1987.

———. "Ouragans et cyclones à la Guadeloupe au XVIIIe siècle: Le problème alimentaire." In *Les catastrophes naturelles aux Antilles: D'une Soufrière à une autre*, edited by Alain Yacou, 163–71. Paris: Editions Karthala, 1999.

Abulafia, David. *The Great Sea: A Human History of the Mediterranean*. New York: Oxford University Press, 2011.

Account of the Fatal Hurricane, by which Barbados Suffered in August 1831. Bridgetown: Printed for Samuel Hyde, 1831.

Acevedo Vázquez, Juan. "1899: Los Cagüeños en San Ciriaco." *Caguas* (December 1999): 39–41.

Acosta, José de. *Natural and Moral History of the Indies*, edited by Jane E. Mangan; translated by Frances López-Morillas. Durham, NC: Duke University Press, 2002.

Actas capitulares del Ayuntamiento de la Habana. Vol. 1584–1599. Havana: Municipio de la Habana, 1937.

Adas, Michael. *Machines as the Measure of Men: Science, Technology, and Ideologies of Western Dominance*. Ithaca, NY: Cornell University Press, 1989.

Adorno, Rolena, and Patrick Charles Pautz. *Alvar Núñez Cabeza de Vaca: His Account, His Life, and the Expedition of Pánfilo de Narváez*. Lincoln: University of Nebraska Press, 1999.

Adrien, Peter. *Metayage, Capitalism and Peasant Development in St. Lucia, 1840–1957*. Mona, Jamaica: Consortium Graduate School of Social Sciences, University of the West Indies, 1996.

Aguilera, Jesús. "Los huracanes del Caribe (1875–1980)." *Tierra Firme* 2, no. 7 (1984): 371–80.

Aguirre, B. E. "Cuba's Disaster Management Model: Should It Be Emulated?" *International Journal of Mass Emergencies and Disasters* 23, no. 3 (2005): 55–71.

Ahvenainen, Jorma. *The History of the Caribbean Telegraphs before the First World War*. Helsinki: Suomalainen Tiedeakatemia, 1996.

Alegría, Ricardo E., ed. *Documentos históricos de Puerto Rico*. 5 vols. San Juan: Centro de Estudios Avanzados de Puerto Rico y el Caribe, 2009.

Alfau Durán, Vetilio. "Los principals huracanes habidos en Santo Domingo." In *Vetilio Alfau Durán en el Listín diario: Escritos*, edited by Arístides Incháustegui and Blanca Delgado Malagón. Santo Domingo, DR: Secretaría de Estado de Educación, Bellas Artes y Cultos, 1994.

Almeida Bosque, Juan. *Contra el agua y el viento*. Havana: Ediciones Verde Olivo, 2002.

Altez, Rogelio. *El desastre de 1812 en Venezuela: Sismos, vulnerabilidades y una patria no tan boba*. Caracas: Fundación Empresas Polar, 2006.

———. *Si la naturaleza se opone: Terremotos, historia y sociedad en Venezuela*. Caracas: Editorial Alfa, 2010.

Alvarez, José. *The Potential Correlation between Natural Disasters and Cuba's Agricultural Performance*. Gainesville: Department of Food and Resource Economics, Florida Cooperative Extension Service, University of Florida, 2004. http://edis.ifas.ufl.edu/fe490.

Ambler, Catherine. "The Distribution of Emergency Relief in Post Hurricane Mitch Nicaragua." B.A. thesis, Williams College, 2003.

American Red Cross. *El ciclón que azotó a Puerto Rico septiembre 13, 1928*. San Juan, 1929.

———. *The West Indies Hurricane Disaster*. Washington, DC, 1928.

Anderson, Mark D. *Disaster Writing: The Cultural Politics of Catastrophe in Latin America*. Charlottesville: University of Virginia Press, 2011.

Andrews, Kenneth R. *The Spanish Caribbean: Trade and Plunder, 1530–1630*. New Haven: Yale University Press, 1978.

Ángel Pérez, Jorge, ed. *La danza del huracán*. Havana: Letras Cubanas, 2002.

Anonymous. *An Account of the Late Dreadful Hurricane, Which Happened on the 31st of August, 1772. Also the Damage Done on That Day in the Islands of St. Christopher and Nevis, Attempted to Be Ascertained. By the Editor*. St. Christopher: Thomas Howe, 1772.

Aponte, Irene Fernández. "La dislocalización poblacional y el éxodo migratorio como resultado del huracán de San Ciriaco." In *La llegada del Cíclope: Percepciones de San Ciríaco a cien años de su visita*, edited by Raquel Rosario Rivera, 113–21. San Juan: Fundación Puertorriqueña de las Humanidades, 2000.

Aráez y Fernando, Ramón. *Historia del ciclón del día de San Ciriaco*. San Juan: Imprenta Heraldo Español, 1905.

Arana Soto, Salvador. *Historia de nuestras calamidades*. San Juan [n.p.], 1968.

Arsenault, Raymond. "The Public Storm: Hurricanes and the State in Twentieth-Century America." In *American Public Life and the Historical Imagination*, edited by Wendy Gamber, Michael Grossberg, and Hendrik Hartog, 262–92. Notre Dame, IN: University of Notre Dame Press, 2003.

Ashford, Bailey K. *A Soldier in Science: The Autobiography of Bailey K. Ashford, Colonel M.C., U.S.A*. San Juan: Editorial de la Universidad de Puerto Rico, 1998.

Asselin de Beauville, Christian. "Les perturbations tropicales." In *Les catastrophes naturelles aux Antilles: D'une soufrière à une autre*, edited by Alain Yacou, 197–209. Paris: Editions Karthala, 1999.

Auf der Heide, Erik. "Common Misconceptions about Disasters: Panic, the 'Disaster Syndrome' and Looting." In *The First 72 Hours: A Community Approach to Disaster Preparedness*, edited by Margaret O'Leary, 340–80. New York: iUniverse, 2004.

Ayala Moura, Eladio. *El hijo de Carmen, o, Aventuras de un obrero novela original*. Ponce, PR: Tip. Pasarell, 1909.

Bacardí y Moreau, Emilio. *Crónicas de Santiago de Cuba*. Barcelona: Tip. de Carbonell y Esteva, 1908.

Bailyn, Bernard. *Atlantic History: Concept and Contours*. Cambridge, MA: Harvard University Press, 2005.

Balkin, Jack M. "Disaster Relief and the Constitution: A History of 'Strict Construction'" *Balkinization*, 31 August 2005. http://balkin.blogspot.com/2005/08/disaster-relief-and-constitution.html.

Barker, David, and David Miller. "Hurricane Gilbert: Anthropomorphising a Natural Disaster." *Area* 22, no. 2 (1 June 1990): 107–16.

Barkun, Michael. *Disaster and the Millennium*. Syracuse, NY: Syracuse University Press, 1986.

Barnes, Jay. *Florida's Hurricane History*. Chapel Hill: University of North Carolina Press, 1998.

Barrera-Osorio, Antonio. *Experiencing Nature: The Spanish American Empire and the Early Scientific Revolution*. Austin: University of Texas Press, 2006.

Barry, John, *Rising Tide: The Great Misssissippi Flood of 1927 and How It Changed America*. New York: Simon and Schuster, 1997.

Barton, Clara. *The Red Cross in Peace and War*. Washington, DC: American Historical Press, 1899.

Bayley, F.W.N. *Four Years' Residence in the West Indies, in the Years 1826, 1827, 1828, 1829*. London: W. Kidd, 1831.

Beasley, Nicholas M. *Christian Ritual and the Creation of British Slave Societies, 1650–1780*. Race in the Atlantic World, 1700–1900. Athens: University of Georgia Press, 2009.

Beauchamp, K. G. *History of Telegraphy*. London: Institution of Electrical Engineers, 2001.

Beck, Ulrich. *Risk Society: Towards a New Modernity*. London: Sage Publications, 1992.

Beckford, William. *A Descriptive Account of the Island of Jamaica: With Remarks Upon the Cultivation of the Sugar-cane, Throughout the Different Seasons of the Year, and Chiefly Considered in a Picturesque Point of View; Also Observations and Reflections Upon What Would Probably Be the Consequences of an Abolition of the Slave-trade, and of the Emancipation of the Slaves*. London: T. and J. Egerton, 1790.

Beckles, Hilary McDonald. "The 'Hub of Empire': The Caribbean and Britain in the Seventeenth Century." In *The Oxford History of the British Empire*, vol. 1: *The Origins of Empire. British Overseas Enterprise to the Close of the Seventeenth Century*, edited by Nicholas P. Canny, 218–40. Oxford: Oxford University Press, 1998.

Bell, Henry Hesketh Joudou, *Obeah: Witchcraft in the West Indies*. London: Sampson, Low, Marston, Searle and Rivington, 1889.

Benjamin, Thomas. *The Atlantic World: Europeans, Africans, Indians and Their Shared History, 1400–1900*. Cambridge: Cambridge University Press, 2009.

Berbusse, Edward J. *The United States in Puerto Rico, 1898–1900*. Chapel Hill: University of North Carolina Press, 1966.

Bergad, Laird W. "Toward Puerto Rico's Grito de Lares: Coffee, Social Stratification, and Class Conflicts, 1828–1868." *Hispanic American Historical Review* 60, no. 4 (November 1980): 617–642.

Best, Gary Dean. *FDR and the Bonus Marchers, 1933–35*. Westport, CT: Praeger, 1992.

Betances, Ramón Emeterio. "Todavia Tiembla La Isla y Se Estremece Puerto Rico de Ver a Sus Hijos Insensibles a La Servidumbre." Betances to Pedro Lovera (Santo Domingo, 18 April 1868). In *Ramón Emeterio Betances: Obras completas*, edited by Félix

Ojeda Reyes and Paul Estrade. Vol. 5, *Escritos politicos: Correspondencia relativa a Puerto Rico*. Forthcoming.

Bier, Vicki. "Hurricane Katrina as a Bureaucratic Nightmare." In *On Risk and Disaster: Lessons from Hurricane Katrina*, edited by Ronald J. Daniels, Donald F. Kettl, and Howard Kunreuther, 243–55. Philadelphia: University of Pennsylvania Press, 2006.

Bixel, Patricia Bellis, and Elizabeth Hayes Turner. *Galveston and the 1900 Storm: Catastrophe and Catalyst*. Austin: University of Texas Press, 2000.

Blume, Helmut. *The Caribbean Islands*. London: Longman, 1974.

Bode, Barbara. *No Bells to Toll: Destruction and Creation in the Andes*. New York: Scribner, 1989.

Bolland, O. Nigel. *Colonialism and Resistance in Belize: Essays in Historical Sociology*. Kingston, Jamaica: University of the West Indies Press, 2003.

———. "Labor Protest, Rebellions and the Rise of Nationalism during Depression and War." In *The Caribbean: A History of the Region and Its Peoples*, edited by Stephan Palmié and Francisco A. Scarano, 459–74. Chicago: University of Chicago Press, 2011.

———. *On the March: Labour Rebellions in the British Caribbean, 1934–39*. Kingston, Jamaica: Ian Randle Publishers, 1995.

———. "The Politics of Freedom in the British Caribbean." In *The Meaning of Freedom: Economics, Politics, and Culture after Slavery*, edited by Frank McGlynn and Seymour Drescher, 113–46. Pittsburgh: University of Pittsburgh Press, 1992.

Boose, Emery R., David R. Foster, Audrey Barker Plotkin, and Brian Hall. "Geographical and Historical Variation in Hurricanes across the Yucatán Peninsula." In *The Lowland Maya Area: Three Millennia at the Human-Wildland Interface*, edited by Arturo Gómez-Pompa, Scott Ferdick, Juan Jiménez-Osornio, and Michael Allen, 495–516. Binghamton, NY: Food Products Press, 2003.

Boose, Emery R., Mayra I. Serrano, and David R. Foster. "Landscape and Regional Impacts of Hurricanes in Puerto Rico." *Ecological Monographs* 74, no. 2 (May 2004): 335–52.

Booy, Theodoor de. "The Virgin Islands of the United States." *Geographical Review* 4, no. 5 (November 1917): 359–73.

Boucher, Philip P. *France and the American Tropics to 1700: Tropics of Discontent?* Baltimore: Johns Hopkins University Press, 2008.

———. "The 'Frontier Era' of the French Caribbean, 1620s–1690s." In *Negotiated Empires: Centers and Peripheries in the Americas, 1500–1820*, edited by Christine Daniels and Michael V. Kennedy, 207–34. New York: Routledge, 2002.

Bouton, Jacques. *Relation de l'establissement des Francois depuis l'an 1635: En l'isle de la Martinique, l'vne des Antilles de l'Amerique. Des mœurs des sauuages, de la situation, & des autres singularitez de l'isle*. Paris: Chez Sebastien Cramoisy, 1640.

Bouza Suárez, Alejandro. "Algunos hechos asociados al desarrollo de la beneficencia en Cuba hasta el siglo XVIII." *Revista Cubana de Salud Publica* 26, no. 1 (2000): 63–67.

Bowden, Martyn J. *Hurricane in Paradise: Perception and Reality of the Hurricane Hazard in the Virgin Islands*. St. Thomas: Island Resources Foundation, 1974.

Braithwaite, Kamau. *The Development of Creole Society in Jamaica, 1770–1820*. Kingston, Jamaica: Ian Randle, 2006.

Brandt, Geeraert. *Het leven en bedryf van den Heere Michiel de Ruiter . . .* Amsterdam: Wolfgang, Waasberge, Boom, Van Someren en Goethals, 1687.

Braudel, Fernand. *La Méditerranée et le monde méditeranéen à l'époque de Philippe II*. Revised and expanded 2nd ed. Paris: A. Colin, 1966.

————. *The Mediterranean and the Mediterranean World in the Age of Philip II*. 2 vols. New York: Harper & Row, 1976.

Brereton, Bridget. "Family Strategies, Gender and the Shift to Wage Labour in the British Caribbean." In *The Colonial Caribbean in Transition: Essays on Post-Emancipation Social and Cultural History*, edited by Bridget Brereton and Kevin A. Yelvington, 77–107. Gainesville: University Press of Florida, 1999.

————. *An Introduction to the History of Trinidad and Tobago*. Oxford: Heinemann Educational Publishers, 1996.

Brereton, Bridget, and Kevin A. Yelvington. *The Colonial Caribbean in Transition Essays on Postemancipation Social and Cultural History*. Gainesville: University Press of Florida, 1999.

Brickhouse, Anna. "'L'Ouragan de Flammes' ('The Hurricane of Flames'): New Orleans and Transamerican Catastrophe, 1866/2005." *American Quarterly* 59, no. 4 (2007): 1097–1127.

Britton, John A. "International Communications and International Crises in Latin America, 1867–1881." *The Latin Americanist* 52, no. 1 (2008): 131–54.

Brym, Robert J. *Sociology as a Life or Death Issue*. Toronto: Pearson, 2008.

Burgess, George. *Last Journal of the Rt. Rev. George Burgess, D.D., Bishop of Maine, from December 27, 1865, to April 20, 1866*. Boston: E. P. Dutton and Co., 1866.

Burnard, Trevor G. "Harvest Years? Reconfigurations of Empire in Jamaica, 1756–1807." *Journal of Imperial and Commonwealth History* 40, no. 4 (2012): 533–55.

————. *Mastery, Tyranny, and Desire: Thomas Thistlewood and His Slaves in the Anglo-Jamaican World*. Chapel Hill: University of North Carolina Press, 2004.

Byrd, Alexander X. *Captives and Voyagers: Black Migrants across the Eighteenth-Century British Atlantic World*. Antislavery, Abolition, and the Atlantic World. Baton Rouge: Louisiana State University Press, 2008.

Cadilla de Martínez, María. *La poesía popular en Puerto Rico*. San Juan: Sociedad Histórica de Puerto Rico, 1999.

Campanella, Richard. "An Ethnic Geography of New Orleans." *Journal of American History* 94, no. 3 (December 2007): 704–15.

Cañizares-Esguerra, Jorge. "Iberian Science in the Renaissance: Ignored How Much Longer?" *Perspectives on Science* 12, no. 1 (March 2004): 86–124.

————. *Nature, Empire, and Nation: Explorations of the History of Science in the Iberian World*. Stanford, CA: Stanford University Press, 2006.

————. "New World, New Stars: Patriotic Astrology and the Invention of Indian and Creole Bodies in Colonial Spanish America, 1600–1650." *American Historical Review* 104, no. 1 (February 1999): 33–68.

————. *Puritan Conquistadors: Iberianizing the Atlantic, 1550–1700*. Stanford, CA: Stanford University Press, 2006.

Cañizares-Esguerra, Jorge, and Erik R Seeman. *The Atlantic in Global History, 1500–2000*. Upper Saddle River, NJ: Pearson Prentice Hall, 2007.

Carbia, Rómulo D. *La crónica oficial de las Indias occidentales*. La Plata: República Argentina, 1934.

Cárdenas Ruiz, Manuel, *Crónicas francesas de los indios caribes*. Río Piedras: Editorial Universidad de Puerto Rico and Centro de Estudios Avanzados de Puerto Rico y el Caribe, 1981.

"Caribbean Disaster Emergency Management Agency." *Wikipedia, the Free Encyclopedia*, http://en.wikipedia.org/w/index.php?title=Caribbean_Disaster_Emergency_Management_Agency&oldid=565071598.

Caro Costas, Aída R., and Viola Vidal de Rodríguez, eds. *Actas del Cabildo de San Juan Bautista de Puerto Rico*. San Juan: Municipio de San Juan, 1949.

Carpentier, Alejo. *Letra y Solfa: Literatura, Poética. Selección de crónicas de Alejo Carpentier*. Havana: Letra Cubanas, 2001.

Carroll, Henry K., *Report on the Island of Puerto Rico*, Treasury Dept. doc. 2118 (Washington, DC, 1899).

Carstens, J. L., and Arnold R. Highfield. *J. L. Carstens' St. Thomas in Early Danish Times: A General Description of All the Danish, American or West Indian Islands*. St. Croix: Virgin Islands Humanities Council, 1997.

Casas, Bartolomé de las. *Apologética historia Sumaria*. Edited by Vidal Abril Castelló. Vols. 6–8 of *Obras Completas / Bartolomé de Las Casas*. Madrid: Alianza, 1992.

———. *Historia de las Indias*. Edited by Lewis Hanke. Mexico City: Fondo de Cultura Económica, 1951.

Castillero Calvo, Alfredo. "La carrera, el monopolio y las ferias del trópico." In *Historia General de América Latina*, edited by Alfredo Castillero Calvo and Allan J. Kuethe. Vol. 3, part 1: *Consolidación del orden colonial*, 75–124. Madrid: Editorial Trotta, Ediciones UNESCO, 1999.

Castro, Fidel. "Discurso en el acto por la conmemoración del Instituto Nacional de Recursos Hidráulicos" (10 Aug. 1963), *Obra revolucionaria*, 21 (1963), 29–40.

———. "Discurso pronunciado en la conmemoración del VI aniversario de los CDR." Plaza de la Revolución, Havana, Cuba, 28 September 1966. http://www.cuba.cu /gobierno/discursos/1966/esp/f280966e.html.

———. *Fidel Castro: My Life*. Edited by Ignacio Ramonet. New York: Scribner, 2008.

———. *Reflexiones de Fidel*. Vol. 8. Havana: Oficina de Publicaciones del Consejo de Estado, 2007.

Castro Herrera, Guillermo, and Reinaldo Funes Monzote. *Naturaleza en declive: Miradas a la historia ambiental de América Latina y el Caribe*. Valencia: Centro Francisco Tomás y Valiente UNED Alzira-Valencia Fundación Instituto de Historia Social, 2008.

Castro Medel, Osviel. "Ciclón Flora en Cuba: El lazo mortal." http://osvielcastro .wordpress.com/2010/10/04/ciclon-flora-en-cuba-el-lazo-mortal-i/ (4 Oct. 2010).

Caviedes, César N. "Five Hundred Years of Hurricanes in the Caribbean: Their Relationship with Global Climatic Variabilities." *GeoJournal* 23, no. 4 (April 1991): 301–10.

Centeno-Añeses, Carmen. "Huellas de San Ciriaco en la literature puertorriqueña de comienzos de siglo." In *La llegada del Cíclope: percepciones de San Ciríaco a cien años de su visita*, edited by Raquel Rosario Rivera, 89–97. San Juan: Fundación Puertorriqueña de las Humanidades, 2000.

Chagnon, Stanley A. "Factors Affecting Temporal Fluctuations in Damaging Storm Activity in the United States Based on Insurance Loss Data." *Meteorological Applications* 6, no. 1 (1999):1–10.

Chanan, Michael. *Cuban Cinema*. Minneapolis: University of Minnesota Press, 2004.

Chanvalon, Jean-Baptiste Thibault de. *Voyage a La Martinique: Contenant Diverses Observations Sur La Physique, L'histoire Naturelle, L'agriculture, Les Moeurs, & Les Usages de Cette Isle, Faites En 1751 & Dans Les Années Suivantes: Lu à l'Académie Royale Des Sciences de Paris En 1761*. Paris: Chez Cl. J. B. Bauche, 1763.

Chaunu, Pierre. "Veracruz en la segunda mitad del siglo XVI y primera mitad del siglo XVII." *Historia Mexicana* 9, no. 4 (1960): 521–57.

Chenoweth, M[ichael], J. M. Vaquero, R. García-Herrera, and D. Wheeler. "A Pioneer in

Tropical Meteorology: William Sharpe's Barbados Weather Journal, April–August 1680." *Bulletin of the American Meteorological Society* 88, no. 12 (Dec. 2007): 1957–64.

———. *The 18th Century Climate of Jamaica Derived from the Journals of Thomas Thistlewood, 1750–1786.* Philadelphia: American Philosophical Society, 2003.

Clark, Victor S, and Brookings Institution. *Porto Rico and Its Problems.* Washington, DC: Brookings Institution, 1930.

Clary, Bruce B. "The Evolution and Structure of Natural Hazard Policies." *Public Administration Review* 45 (January 1985): 20–28.

Cline, Isaac Monroe. *Tropical Cyclones, Comprising an Exhaustive Study . . . of . . . Features Observed and Recorded in Sixteen Tropical Cyclones Which Have Moved in on Gulf and South Atlantic Coasts During the Twenty-Five Years, 1900 to 1924 Inclusive.* New York: Macmillan Company, 1926.

Cockburn, Alexander, and Jeffrey St. Clair. "The Politics of Hurricane Mitch." *Counterpunch,* 15 June 1999. http://www.counterpunch.org/1999/06/15/the-politics-of-hurricane-mitch/.

Cohen Henry, II. *Kindler of Souls: Rabbi Henry Cohen of Texas.* Austin: University of Texas Press, 2007.

Cohen, Judah M. *Through the Sands of Time: A History of the Jewish Community of St. Thomas, U.S. Virgin Islands.* Hanover, NH: Brandeis University Press, 2004.

Coleman, Jill S. M., and Steven A. LaVoie. "Paleotempestology: Reconstructing Atlantic Tropical Cyclone Tracks in the Pre-HURDAT Era." In *Modern Climatology,* edited by Shih-Yu Simon Wang. N.p.: InTech, 2012. http://www.intechopen.com/books/modern-climatology/paleotempestology-reconstructing-atlantic-tropical-cyclone-tracks-in-the-pre-hurdat-era.

Colten, Craig E. *An Unnatural Metropolis: Wresting New Orleans from Nature.* Baton Rouge: Louisiana State University Press, 2005.

Columbus, Christopher. *The "Libro de las profecías" of Christopher Columbus.* Edited by Delno C. West and August Kling. Gainesville: University of Florida Press, 1991.

Congleton, Roger D. *The Story of Katrina: New Orleans and the Political Economy of Catastrophe.* SSRN Scholarly Paper. Rochester, NY: Social Science Research Network, January 6, 2006. http://papers.ssrn.com/abstract=908046.

Consultative Group for the Reconstruction and Transformation of Central America. "Central America after Hurricane Mitch: The Challenge of Turning a Disaster into an Opportunity." *Inter-American Development Bank,* n.d.

Contour, Solange. *Saint-Pierre, Martinique.* 2 vols. Paris: Editions Caribéennes, 1989.

Cooper, Christopher, and Robert Block. *Disaster: Hurricane Katrina and the Failure of Homeland Security.* New York: Times Books, 2006.

Corbin, Alain. *Village Bells: Sound and Meaning in the Nineteenth-century French Countryside.* European Perspectives. New York: Columbia University Press, 1998.

John Coulter, ed. *The Complete Story of the Galveston Horror.* Chicago: E. E. Sprague, 1900.

Covarrubias Orozco, Sebastián de. *Tesoro de la lengua castellana, o española.* Madrid: L. Sanchez, 1611.

———. *Tesoro de la lengua castellana, o española.* Madrid: Sanchez, 1873. http://archive.org/details/tesorodelalengua00covauoft.

———. *Tesoro de la lengua castellana o española,* edited by Martín de Riquer. Barcelona: S.A. Horta, 1943.

Cox, John D. *Storm Watchers: The Turbulent History of Weather Prediction from Franklin's Kite to El Niño.* Hoboken, NJ: Wiley, 2002.

Crabb, John. *A Poem Upon the Late Storm and Hurricane. With an Hymn. Dedicated to the Queen. By John Crabb, A.M. Late Fellow of Exeter College in Oxford*. London: printed for John Wyat, at the Rose, in S. Paul's Church-Yard, 1704.

Craton, Michael. *Sinews of Empire: A Short History of British Slavery*. New York: Anchor Press, 1974.

Craton, Michael, and Gail Saunders. *Islanders in the Stream: A History of the Bahamian People*. Vol. 2: *From the Ending of Slavery to the Twenty-First Century*. Athens: University of Georgia Press, 1992.

Cruz Barney, Oscar. *El combate a la piratería en Indias, 1555–1700*. Mexico City: Oxford University Press, 1999.

Cubilla, V. "Las cabañuelas y la Estación Climatológica Agricola." *Revista INRA* 5 (1961): 60–63.

Cuevas Fernández, Héctor, and Mário Navarrete Hernández. "Los huracanes en la época prehispánica y en el siglo XVI." In *Inundaciones 2005 en el estado Veracruz*, edited by Adalberto Tejeda Martínez and Carlos Welsh Rodríguez. Xalapa, Veracruz: Universidad Veracruzana, 2006. 39–49.

Daney de Marcillac, Sidney. *Histoire de la Martinique, depuis la colonisation jusqu'en 1815*. Vol. 4. Fort-Royal: Impr. de E. Ruelle, 1846.

Daniels, Ronald J., Donald F. Kettl, and Howard Kunreuther. *On Risk and Disaster: Lessons from Hurricane Katrina*. Philadelphia: University of Pennsylvania Press, 2006.

Dauber, Michele Landis. "Fate, Responsibility, and 'Natural' Disaster Relief: Narrating the American Welfare State." *Law and Society Review* 33 (1999): 257–318.

———. "Let Me Next Time Be 'Tried by Fire': Disaster Relief and the Origins of the American Welfare State 1789–1874." *Northwestern University Law Review* 92 (1997–98): 967–1034.

———. "The Real Third Rail of American Politics." In *Catastrophe: Law, Politics, and the Humanitarian Impulse*, edited by Austin Sarat and Javier Lezaun, 60–82. Amherst: University of Massachusetts Press, 2009.

———. *The Sympathetic State*. Stanford Public Law Working Paper No. 77. Stanford, CA: Stanford University, January 2004. http://papers.ssrn.com/sol3/papers.cfm?abstract_id=486245.

Davy, John. *The West Indies, Before and Since Slave Emancipation, Comprising the Windward and Leeward Islands' Military Command*. London: W. & F. G. Cash, 1854.

Dawdy, Shannon Lee. *Building the Devil's Empire: French Colonial New Orleans*. Chicago: University of Chicago Press, 2008.

De la Fuente, Alejandro. *Havana and the Atlantic in the Sixteenth Century*. Chapel Hill: University of North Carolina Press, 2008.

De la Fuente, Alejandro, César García del Pino, and Bernardo Iglesias Delgado. "Havana and the Fleet System: Trade and Growth in the Periphery of the Spanish Empire, 1550–1610." *Colonial Latin American Review* 5, no. 1 (1996): 95–115.

Debien, Gabriel. *Lettres de colons*. Laval: Madiot, 1965.

Delhom, Joël, and Alain Musset, eds. *Nicaragua, dans l'oeil du cyclone*. Travaux and Mémoires de l'Institut Des Hautes Études de l'Amérique Latine no. 69. Paris: Institut des Hautes Etudes de l'Amérique Latine (IHEAL), 2000.

Delumeau, Jean. *Rassurer et protéger: Le sentiment de sécurité dans l'Occident d'autrefois*. Paris: Fayard, 1989.

———. *Sin and Fear: The Emergence of a Western Guilt Culture, 13th-18th Centuries*. New York: St. Martin's Press, 1990.

Delumeau, Jean, and Yves Lequin, eds. *Les malheurs des temps: Histoire des fléaux et des calamités en France*. Paris: Larousse, 1987.

Denis, Watson. "Menaces hydrométéorologiques et risques géophysiques en Haiti." *Revue de La Société Haïtienne d'Histoire, de Géographie et de Géologie* nos. 241–44 (2011): 31–66.

Derby, Lauren. *The Dictator's Seduction: Politics and the Popular Imagination in the Era of Trujillo*. Durham, NC: Duke University Press, 2009.

"Destaca Raúl Castro preservación de vidas durante huracán." *La Crónica de Hoy*, 17 February 2013. http://www.cronica.com.mx/notas/2008/397131.html.

Devèze, Michel. *Antilles, Guyanes, La Mer Des Caraïbes, de 1492 à 1789*. Paris: SEDES, 1977.

Diaz, Henry, and Pulwarty, Roger, eds. *Hurricanes: Climate and Socioeconomic Impacts*. Berlin: Springer, 1997.

Díaz-Argüelles García, N. "El Observatorio Fisico-Meteorico de La Habana." *Anuario—Centro de Estudios de Historia y Organizacion de la Ciencia* no. 1 (1988): 218–47.

Díaz-Briquets, Sergio. "The Enduring Cuban Housing Crisis: The Impact of Hurricanes." Papers and Proceedings of the Fifth Annual Meeting of the Association for the Study of the Cuban Economy (ASCE), 429–41. http://www.ascecuba.org/publications/proceedings/volume19.

Diaz-Briquets, Sergio, and Jorge F Pérez-López. *Conquering Nature: The Environmental Legacy of Socialism in Cuba*. Pittsburgh, PA: University of Pittsburgh Press, 2000.

Díaz Hernández, Luis Edgardo. *Temblores y terremotos de Puerto Rico*. 3rd ed. Ponce, PR, 1990.

Dickson, William. *Letters on Slavery . . . to Which Are Added Addresses to the Whites, and to the Free Negroes of Barbadoes*. London, 1789.

Dietz, James L. *Economic History of Puerto Rico: Institutional Change and Capitalist Development*. Princeton, NJ: Princeton University Press, 1986.

Din, Gilbert C., and John E. Harkins. *The New Orleans Cabildo: Colonial Louisiana's First City Government, 1769–1803*. Baton Rouge: Louisiana State University Press, 1996.

Dobie, Madeleine. *Trading Places: Colonization and Slavery in Eighteenth-century French Culture*. Ithaca, NY: Cornell University Press, 2010.

"Document 14." In *Industrial and Other Conditions of the Island of Puerto Rico, and the Form of Government Which Should Be Adopted for It: Hearings before the Committee on Pacific Islands and Puerto Rico of the United States Senate on Senate Bill 2264, to Provide a Government for the Island of Puerto Rico, and for Other Purposes*. Washington, DC: Government Printing Office, 1900.

Domínguez Ortiz, Antonio. *Política y Hacienda de Felipe IV*. Madrid: Editorial de Derecho Financiero, 1960.

Drexler, Michael J., "Hurricanes and Revolutions." In *Early American Cartographies*, edited by Martin Brückner, 441–66. Omohundro Institute of Early American History and Culture. Chapel Hill: University of North Carolina Press, 2011.

Drum, Walter M. *The Pioneer Forecasters of Hurricanes*. Havana: Observatory of Belén, 1905.

Drye, Willie. *Storm of the Century: The Labor Day Hurricane of 1935*. Washington, DC: National Geographic Society, 2002.

Du Tertre, Jean Baptiste. *Histoire générale des Antilles habitées par les françois: Divisées en deux tomes, et enrichie de cartes & de figures*. Paris: Chez Thomas Iolly, 1667.

Dubois, Laurent. "An Enslaved Enlightenment: Rethinking the Intellectual History of the French Atlantic." *Social History* 31, no. 1 (2006): 1–14.

441

————. *Haiti: The Aftershocks of History.* New York: Metropolitan Books, 2012.

Duke, Cathy. "The Idea of Race: The Cultural Impact of American Intervention in Cuba, 1898–1912." In *Politics, Society, and Culture in the Caribbean: Selected Papers of the XIV Conference of Caribbean Historians,* edited by Blanca Silvestrini, 85–110. Universidad de Puerto Rico, 1983.

Dulles, Foster Rhea. *The American Red Cross: A History.* New York: Harper & Brothers, 1950.

Dunn, Gordon E. "The Hurricane Season of 1963." *Monthly Weather Review* 92, no. 3 (1965): 128–37.

Dyson, Michael Eric. *Come Hell or High Water: Hurricane Katrina and the Color of Disaster.* New York: Basic Civitas Books, 2006.

Economic Commission for Latin America and the Caribbean. "Caribbean Small States, Vulnerability and Development." November 2005. http://www.eclac.cl/cgi-bin /getProd.asp?xml=/publicaciones/xml/8/23558/P23558.xml&xsl=/portofspain /tpl-i/p9f.xsl&base=/portofspain/tpl/top-bottom.xsl.

Edwards, Bryan. *The History, Civil and Commercial, of the British Colonies in the West Indies.* 5 vols. London: T. Miller, 1819.

————. *Thoughts on the Late Proceedings of Government, Respecting the Trade of the West India Islands with the United States of North America.* 2nd ed. London: Printed for T. Cadell, 1784.

Edwards, Paul N. "Meteorology as Infrastructural Globalism." *Osiris* 21, no. 1 (2006): 229–50.

Egerton, Douglas R. *The Atlantic World: A History, 1400–1888.* Wheeling, IL: Harlan Davidson, 2007.

Eisenhower, Dwight D. "Remarks on Drought and Other Natural Disasters. McConnell Air Force Base, Wichita, Kansas." Edited by John T. Woolley and Gerhardt Peters. *The American Presidency Project,* 15 January 1957. http://www.presidency.ucsb.edu /ws/?pid=10823#axzz2hCNlAmZM.

El huracán de Vuelta-Abajo: Curiosa recopilacion de todo lo que de mas notable ha publicado la prensa con motivo de aquella tremenda catástrofe. Havana: Impr. La Idea, 1882.

Elliott, John Huxtable. *The Old World and the New 1492–1650.* Wiles Lectures 1969. Cambridge: Cambridge University Press, 1970.

Elsner, James B., and A. Birol Kara. *Hurricanes of the North Atlantic: Climate and Society.* New York: Oxford University Press, 1999.

Eltis, David. *The Rise of African Slavery in the Americas.* Cambridge: Cambridge University Press, 2000.

Emanuel, Kerry A. *Divine Wind: The History and Science of Hurricanes.* Oxford; New York: Oxford University Press, 2005.

Engerman, Stanley L., and Herbert Klein. "The Transition from Slave to Free Labor: Notes on a Comparative Economic Model." In *Between Slavery and Free Labor: The Spanish-speaking Caribbean in the Nineteenth Century,* edited by Manuel Moreno Fraginals, Frank Moya Pons, and Stanley L. Engerman, 255–69. Baltimore: Johns Hopkins University Press, 1985.

Ensor, Marisa Olivo, and Bradley E. Ensor. "Hurricane Mitch: Root Causes and Responses to the Disaster." In *The Legacy of Hurricane Mitch: Lessons from Post-Disaster Reconstruction in Honduras,* edited by Marisa Olivo Ensor, 22–46. Tucson: University of Arizona Press, 2009.

Erikson, Kai. *Everything in Its Path: Destruction of Community in the Buffalo Creek Flood.* New York: Simon and Schuster, 1976.

Escalante de Mendoza, Juan de. *Itinerario de navegación de los mares y tierras occidentales 1575*. Madrid: Museo Naval, 1985.

Espantoso huracan que vino sobre la Villa de Çafra, que fue servido Dios . . . sucediesse por nuestros grandes pecados, para que sea escarmiento a tantas maldades como cada dia cometemos contra su divina Magestad : dase cuenta de la grande ruyna que uvo de personas y haziendas, en este . . . terremoto 1624. Seville: Juan de Cabrera, 1624.

Espinosa, Mariola. "A Fever for Empire: U.S. Disease Eradication in Cuba as Colonial Public Health." In *The Colonial Crucible Empire in the Making of the Modern American State*, edited by Alfred W McCoy and Francisco A Scarano, 288–96. Madison: University of Wisconsin Press, 2009.

Estève, Laurent. *Montesquieu, Rousseau, Diderot: Du genre humain au bois d'ébène: Les silences du droit naturel*. Mémoire Des Peuples. Paris: UNESCO, 2002.

Ewald, François. *Histoire de l'état providence: Les origines de la solidarité*. Paris: Grasset, 1996.

Fagan, Brian M. *The Little Ice Age: How Climate Made History, 1300–1850*. New York: Basic Books, 2000.

Favier, René. "La monachie d'Ancien Régime et l'indemnisation des catastrophes naturelles à la fin du XVIII siècle." In *Les pouvoirs publics face aux risques naturels dans l'histoire*, edited by René Favier, 71–104. Grenoble: CNRS—Maison Sciences de l'Homme-Alpes, 2002.

Fernandez de Castro, Manuel. *Estudio sobre los huracanes ocurridos en la isla de Cuba durante el mes de octubre de 1870*. Madrid: Lapuente, 1871.

Fernández de Oviedo y Valdés, Gonzalo. *De la natural hystoria de las Indias*. Toledo: Remon de Petras, 1526.

———. *Natural History of the West Indies*. North Carolina University Studies in the Romance Languages and Literature no. 32. Chapel Hill: University of North Carolina Press, 1959.

———. *Sumario de la natural historia de las Indias*. Biblioteca Americana. Serie de Cronistas de Indias 13. Mexico City: Fondo de Cultura Económica, 1950.

Fernandez, Ronald. *The Disenchanted Island: Puerto Rico and the United States in the Twentieth Century*. Westport, CT: Praeger, 1996.

Figueroa, Luis A. *Sugar, Slavery, and Freedom in Nineteenth-Century Puerto Rico*. Chapel Hill: University of North Carolina Press, 2005.

Fitz, Caitlin. "The Hemispheric Dimension of Early U.S. Nationalism: The War of 1812 and Spanish American Independence." *Journal of American History* (forthcoming).

Fitzpatrick, Patrick J. *Natural Disasters: Hurricanes—A Reference Handbook*. Contemporary World Issues. Santa Barbara, CA: ABC-CLIO, 1999.

Fleming, James Rodger. *Fixing the Sky: The Checkered History of Weather and Climate Control*. New York: Columbia University Press, 2010.

Florescano, Enrique. *Precios del maíz y crisis agrícolas en México (1708–1810): Ensayo sobre el movimiento de los precios y sus consecuencias económicas y sociales*. Centro de Estudios Históricos. New Series 4. Mexico City: El Colegio de México, 1969.

Florida Hurricane Disaster. Hearings before the Committee on World War Veterans' Legislation, House of Representatives, Seventy-fourth Congress, Second Session, on H.R. 9486, a Bill for the Relief of Widows, Children and Dependent Parents of World War Veterans Who Died as the Result of the Florida Hurricane at Windley Island and Matecumbe Keys, September 2, 1935. Washington, DC: Government Printing Office, 1936.

Fontán y Mera, Vicente. *La memorable noche de San Narciso y los temblores de tierra*. San Juan: Imprenta del Comercio, 1868.

Fortuné, Félix-Hilaire. *Cyclones et autres cataclysmes aux Antilles*. Fort-de-France [Martinique]: Editions La Masure, 1986.

Fowler, John. *A General Account of the Calamities Occasioned by the Late Tremendous Hurricanes and Earthquakes in the West-India Islands, Foreign as Well as Domestic: With the Petitions to, and Resolutions of, the House of Commons, in Behalf of the Sufferers at Jamaica and Barbados: Also a List of the Committee Appointed to Manage the Subscriptions of the Benevolent Public, Towards Their Further Relief*. London: J. Stockdale and W. Richardson, 1781.

Franco, José Luciano. *La batalla por el dominio del Caribe y el Golfo de Mexico*. 2 vols. Havana: Instituto de Historia, Academia de Ciencias, 1964.

Frank, Neil. "The Great Galveston Disaster of 1900." In *Hurricane! Coping with Disaster: Progress and Challenges since Galveston, 1900*, edited by Robert H. Simpson, Richard A. Anthes, and Michael Garstang, 129–40. Washington, DC: American Geophysical Union, 2003.

Fraser, Walter J. *Lowcountry Hurricanes: Three Centuries of Storms at Sea and Ashore*. Athens: University of Georgia Press, 2006.

Frere, George. *A Short History of Barbados, from Its First Discovery and Settlement, to the End of the Year 1767*. London: J. Dodsley, 1768.

Fressoz, Jean-Baptiste. "Beck Back in the 19th Century: Towards a Genealogy of Risk Society." *History and Technology* 23, no. 4 (December 2007): 333–50.

Freudenburg, William R., Robert Gramling, Shirley Bradway Laska, and Kai Erikson. *Catastrophe in the Making: The Engineering of Katrina and the Disasters of Tomorrow*. Washington, DC: Island Press/Shearwater Books, 2009.

Fuentes, Vilma Elisa. "Post-Disaster Reconstruction." In *The Legacy of Hurricane Mitch: Lessons from Post-Disaster Reconstruction in Honduras*, edited by Marisa Olivo Ensor, 100–128. Tucson: University of Arizona Press, 2009.

Funes Monzote, Reinaldo. *From Rainforest to Cane Field in Cuba: An Environmental History since 1492*. Chapel Hill: University of North Carolina Press, 2008.

Fuson, Robert H. *The Log of Christopher Columbus*. Camden, ME: International Marine Publishing Company, 1991.

Fussell, Elizabeth. "Constructing New Orleans, Constructing Race: A Population History of New Orleans." *Journal of American History* 94, no. 3 (December 2007): 846–55.

García, Gervasio Luis. "Economía y trabajo en el Puerto Rico del siglo XIX." *Historia Mexicana* 38, no. 4 (April 1989): 855–78.

García Acosta, Virginia. "Huracanes y/o desastres en Yucatán." *Revista de la Universidad Autónoma de Yucatán* 17, no. 223 (2002): 3–15.

———."La perspectiva histórica en la antropología del riesgo y del desastre: Acercamientos metodológicos." *Relaciones: Estudios de Historia y Sociedad* 25, no. 97 (2004): 125–42.

García Acosta, Virginia, Juan Manuel Pérez Zevallos, and América Molina del Villar. *Desastres agrícolas en México: Catálogo histórico*. Sección de Obras de Ciencia y Tecnología. Mexico City: Centro de Investigaciones y Estudios Superiores en Antropología Social/Fondo de Cultura Económica, 2003.

García Luis, Julio, "Hurricane Flora (October 4, 1963)." In *Cuban Revolution Reader: A Documentary History of 40 Key Moments of the Cuban Revolution*, 129–33. Melbourne: Ocean Press, 2001.

Garesché, William A. *The Complete Story of the Martinique and St. Vincent Horrors*. Chicago: Monarch Book Co., 1902.

Garraway, Doris Lorraine. *The Libertine Colony: Creolization in the Early French Caribbean.* Durham, NC: Duke University Press, 2005.

Garrett, Thomas A., and Russell S. Sobel. "The Political Economy of FEMA Disaster Payments." *Economic Inquiry* 41, no. 3 (2003): 496–509.

Geggus, David Patrick. "Slavery, War, and Revolution in the Greater Caribbean, 1789–1815." In *A Turbulent Time: The French Revolution and the Greater Caribbean,* edited by David Patrick Geggus and David Barry Gaspar, 1–51. Bloomington: Indiana University Press, 1997.

Gelabertó, Martí. *La palabra del predicador: Contrarreforma y superstición en Cataluña, siglos XVII–XVIII.* Colección Hispania 17. Lleida: Editorial Milenio, 2005.

Gerbi, Antonello. *Nature in the New World: From Christopher Columbus to Gonzalo Fernandez De Oviedo.* Pittsburgh, PA: University of Pittsburgh Press, 1985.

Gergis, Joëlle L., and Anthony M. Fowler. "A History of ENSO Events since A.D. 1525: Implications for Future Climate Change." *Climatic Change* 92, no. 3–4 (February 2009): 343–87.

Germana, Ernest. "Astrology, Religion and Politics in Counter-Reformation Rome." In *Science, Culture, and Popular Belief in Renaissance Europe,* edited by Stephen Pumfrey, Paolo L. Rossi, and Maurice Slawinski. Manchester: Manchester University Press, 1991.

Giroux, Henry A. "Reading Hurricane Katrina: Race, Class, and the Biopolitics of Disposability." *College Literature* 33, no. 3 (July 2006): 171–96.

Glantz, Michael H. *Currents of Change: El Niño's Impact on Climate and Society.* Cambridge: Cambridge University Press, 1996.

Go, Julian. *American Empire and the Politics of Meaning: Elite Political Cultures in the Philippines and Puerto Rico during U.S. Colonialism.* Durham, NC: Duke University Press, 2008.

Gøbel, Erik. *A Guide to Sources for the History of the Danish West Indies (U.S. Virgin Islands), 1671–1917.* Administrationshistoriske Studier; Studies in Danish Administrative History, vol. 15. Odense: University Press of Southern Denmark, 2002.

Golinski, Jan. *British Weather and the Climate of Enlightenment.* Chicago: University of Chicago Press, 2007.

González Vales, Luis E. "El Cabildo de San Juan Bautista de Puerto Rico en el siglo XVIII y La defensa de los derechos de los vecinos." *Revista Chilena de Historia del Derecho* 16 (1990): 205–18.

Gonzalo de Andrés, Carmen. "La predicción del tiempo en el Siglo de Oro español." *Revista del Aficionado de Meteorología* (n.d.). http://www.tiempo.com/ram/167/la-prediccion-del-tiempo-en-el-siglo-de-oro-espanol-s-xvi-xvii/.

Goveia, Elsa V. *A Study on the Historiography of the British West Indies to the End of the Nineteenth Century.* Washington, DC: Howard University Press, 1980.

Grafton, Anthony. *New Worlds, Ancient Texts: The Power of Tradition and the Shock of Discovery.* Cambridge, MA: Belknap Press of Harvard University Press, 1992.

Grandin, Greg. *Empire's Workshop: Latin America, the United States, and the Rise of the New Imperialism.* The American Empire Project. New York: Owl Books, 2007.

"Great Miami Hurricane of 1926." http://www.srh.noaa.gov/mfl/?n=miami hurricane1926.

Greene, Casey Edward, and Shelly Henley Kelly. *Through a Night of Horrors: Voices from the 1900 Galveston Storm.* College Station: Texas A&M University Press, 2000.

Greene, Jack P., and Philip D. Morgan, eds. *Atlantic History: A Critical Appraisal.* Oxford:

Oxford University Press, 2009. http://search.ebscohost.com/login.aspx?direct=true &scope=site&db=nlebk&db=nlabk&AN=257648.

Grove, Kevin J. "From Emergency Management to Managing Emergence: A Genealogy of Disaster Management in Jamaica." *Annals of the Association of American Geographers* 103, no. 3 (2013): 570–88.

Grove, Richard H. "The Great El Niño of 1789–93 and Its Global Consequences Reconstructing an Extreme Climate Event in World Environmental History." *Medieval History Journal* 10, no. 1–2 (October 2007): 75–98.

———. *Green Imperialism: Colonial Expansion, Tropical Island Edens, and the Origins of Environmentalism, 1600–1860.* Cambridge: Cambridge University Press, 1995.

Guerra, Lillian. *Popular Expression and National Identity in Puerto Rico: The Struggle for Self, Community, and Nation.* Gainesville: University Press of Florida, 1998.

Guevara, Che. "Socialism and Man in Cuba." In *Manifesto: Three Classic Essays on How to Change the World.* Melbourne: Ocean, 2005.

Hall, David D. *Worlds of Wonder, Days of Judgment: Popular Religious Belief in Early New England.* New York: Knopf, 1989.

Hall, Neville. *Slave Society in the Danish West Indies: St. Thomas, St. John, and St. Croix.* Johns Hopkins Studies in Atlantic History and Culture. Baltimore: Johns Hopkins University Press, 1992.

———. *Slave Society in the Danish West Indies: St. Thomas, St. John and St Croix.* Edited by B. W. Higman. Mona, Jamaica: University of the West Indies Press, 1992.

Hall, Richard, Sr., and Richard Hall, Jr., eds. *Acts, Passed in the Island of Barbados. From 1643, to 1762, Inclusive; Carefully Revised, Innumerable Errors Corrected: And the Whole Compared and Examined, with the Original Acts, in the Secretary's Office.* London: Printed for R. Hall, 1764.

Halperin, Maurice. *The Rise and Decline of Fidel Castro: An Essay in Contemporary History.* Berkeley: University of California Press, 1972.

Hardy, Sébastien. "Risque naturel et vulnérabilité: Un analyse de la catastrophe de Posoltega (30 octobre 1998)." In *Nicaragua, dans l'oeil du cyclone,* edited by Joël Delhom and Alain Musset, 41–52. Paris: Institut des Hautes Etudes de l'Amérique Latine, 2000.

Harte, Bret. "St. Thomas: A Geographical Survey." In *The Heathen Chinee: Poems and Parodies.* London: Richard Edward King, 1888.

Hayes Turner, Elizabeth. "Clara Barton and the Formation of Public Policy in Galveston." Paper presented at Philanthropy and the City: A Historical Overview. City University of New York: Rockefeller Archive Center and Russell Sage Foundation, 2000. http://www.rockarch.org/publications/conferences/turner.pdf.

Healey, Mark Alan. *The Ruins of the New Argentina: Peronism and the Remaking of San Juan after the 1944 Earthquake.* Durham, NC: Duke University Press, 2011.

Heidler, David S., and Jeanne T. Heidler. "'You're Dead Now, Brother': Hemingway and the 1935 Labor Day Hurricane." *David S. and Jeanne T. Heidler American Historians,* September 1, 2010. http://djheidler.com/~djheid5/Blog/~%281%29~Hurricane .htm.

Heilprin, Angelo. *Mont Pelée and the Tragedy of Martinique: A Study of the Great Catastrophes of 1902, with Observations and Experiences in the Field.* Philadelphia: J.B. Lippincott Company, 1903.

Heninger, S. K. *A Handbook of Renaissance Meteorology, with Particular Reference to Elizabethan and Jacobean Literature.* New York: Greenwood Press, 1968.

Herrera Tordesillas, Antonio de. *Descripción de las Indias occidentales.* Madrid, 1601.

Herrera y Cabrera, Desiderio. *Memoria sobre los huracanes en la isla de Cuba.* Havana: Impr. de Barcina, 1847.

Higman, B. W. *A Concise History of the Caribbean.* Cambridge Concise Histories. New York: Cambridge University Press, 2011.

Hilliard d'Auberteuil, Michel-René. *Considérations sur l'état présent de la colonie française de Saint-Domingue.* Paris: Grangé, 1776.

Holdeman, Eric. "Destroying FEMA." *Washington Post,* 30 August 2005. http://www .washingtonpost.com/wp-dyn/content/article/2005/08/29/AR2005082901445 .html.

Holt, Mack P. "Review of *Rassurer et protéger: Le sentiment de sécurité dans l'Occident d'autrefois* by Jean Delumeau." *Journal of Social History* 24, no. 4 (July 1991): 851–53.

Huettiman, Emmarie. "Rubio on a Presidential Bid, and Climate Change," *The New York Times,* 12 May 2014.

Huerga, Alvaro. *Ataques de los Caribes a Puerto Rico en siglo XVI.* Historia Documental de Puerto Rico, vol. 16. San Juan: Academia Puertorriqueña de la Historia; Centro de Estudios Avanzados de Puerto Rico y el Caribe; Fundación Puertorriqueña de las Humanidades, 2006.

Hulme, Peter. *Colonial Encounters: Europe and the Native Caribbean, 1492–1797.* New York: Methuen, 1986.

———. "Hurricanes in the Caribbees: The Constitution of the Discourse of English Colonialism." In *1642: Literature and Power in the Seventeenth Century: Proceedings of the Essex Conference on the Sociology of Literature, July 1980,* edited by Francis Barker and Jay Bernstein, 55–83. Colchester: University of Essex, 1981.

Humboldt, Alexander von. *Ensayo político sobre la isla de Cuba.* Edited by Miguel Angel Puig-Samper, Consuelo Naranjo Orovio, and Armando García González. Madrid: Ediciones Doce Calles, 1998.

Huracán de 1846: Reseña de sus estragos en la isla de Cuba. Havana: Oficina del Faro Industrial, 1846.

Huret, Romain. "La fin de l'État providence? Un bilan de la politique sociale de George W. Bush." *Vingtième Siècle* no. 97 (January 2008): 105–16.

———. "L'ouragan Katrina et l'Etat federal américain: Une hypothèse de recherche." *Nuevo Mundo Mundos Nuevos (Nouveaux mondes mondes nouveaux; New World New Worlds)* (8 May 2007).

"Hurricane Andrew 20th Anniversary Is a Reminder to Prepare for Emergencies." *Federal Emergency Management Agency,* 22 August 2012. http://www.fema.gov/news -release/2012/08/22/hurricane-andrew-20th-anniversary-reminder-prepare -emergencies.

Hurricane Mitch and Nicaragua. Special Publication 38. Boulder, CO: Natural Hazards Research and Applications Information Center Institute of Behavioral Science University of Colorado, n.d. http://www.colorado.edu/hazards/publications/sp /sp38/part4.html.

Infante, Fernando A. *La era de Trujillo: Cronología histórica, 1930–1961.* Santo Domingo: Editora Collado, 2007.

Ingram, K. E. *Sources of Jamaican History 1655–1838: A Bibliographical Survey with Particular Reference to Manuscript Sources.* Zug: Inter Documentation, 1976.

International Monetary Fund. "Caribbean Small States: Challenges of High Debt and Low Growth." Washington, DC, 20 February 2013. http://www.imf.org/external /np/pp/eng/2013/022013b.pdf.

Isaac, Rhys. *Landon Carter's Uneasy Kingdom: Revolution and Rebellion on a Virginia Plantation.* Oxford: Oxford University Press, 2004.

Israel, Jonathan I. *Democratic Enlightenment: Philosophy, Revolution, and Human Rights 1750–1790.* New York: Oxford University Press, 2011.

———. *The Dutch Republic: Its Rise, Greatness and Fall, 1477–1806.* The Oxford History of Early Modern Europe. Oxford: Clarendon Press, 1995.

Jameson, J. Franklin. "St. Eustatius in the American Revolution." *American Historical Review* 8, no. 4 (July 1903): 683–708.

Janković, Vladimir. *Reading the Skies: A Cultural History of English Weather, 1650–1820.* Chicago: University of Chicago Press, 2001.

Jennings, Gary. *The Killer Storms: Hurricanes, Typhoons, and Tornadoes.* Philadelphia: Lippincott, 1970.

Johns, Alessa. *Dreadful Visitations: Confronting Natural Catastrophe in the Age of Enlightenment.* New York: Routledge, 1999.

Johnson, Leland R., and United States, Army, and Corps of Engineers. *Situation Desperate: U.S. Army Engineer Disaster Relief Operations, Origins to 1950.* Alexandria, VA: Office of History, U.S. Army Corps of Engineers, 2011.

Johnson, Sherry. *Climate and Catastrophe in Cuba and the Atlantic World in the Age of Revolution.* Envisioning Cuba. Chapel Hill: University of North Carolina Press, 2011.

———. "Climate, Community, and Commerce among Florida, Cuba, and the Atlantic World, 1784–1800." *Florida Historical Quarterly* 80, no. 4 (April 2002): 455–82.

———. "El Niño, Environmental Crisis, and the Emergence of Alternative Markets in the Hispanic Caribbean, 1760s–70s." *William and Mary Quarterly* Third Series, 62, no. 3 (July 2005): 365–410.

Jones, E. L. *The European Miracle: Environments, Economies, and Geopolitics in the History of Europe and Asia.* 2nd ed. Cambridge: Cambridge University Press, 1987.

Jordaan, Han, and To van der Lee. "The Hurricane of 1819." In *Building Up the Future from the Past: Studies on the Architecture and Historic Monuments in the Dutch Caribbean,* edited by Henry E Coomans, Michael A Newton, and Maritza Coomans-Eustatia, 99–108. Zutphen, Netherlands: Walburg Pers, 1990.

Juneja, Monica, and Franz Mauelshagen. "Disasters and Pre-industrial Societies Historiographic Trends and Comparative Perspectives." *Medieval History Journal* 10, no. 1–2 (October 2007): 1–31.

Jütte, Robert. *Poverty and Deviance in Early Modern Europe.* New Approaches to European History 4. Cambridge: Cambridge University Press, 1994.

Kahn, Matthew E. "The Death Toll from Natural Disasters: The Role of Income, Geography, and Institutions." *Review of Economics and Statistics* 87, no. 2 (May 2005): 271–84.

Kaukiainen, Yrj. "Shrinking the World: Improvements in the Speed of Information Transmission, c. 1820–1870." *European Review of Economic History* 5, no. 1 (2001): 1–28.

Kelley, John. The Graves Are Walking: *The Great Famine and the Saga of the Irish People.* New York: Henry Holt and Co., 2012.

Keyser, Jonathan, and Wayne Smith. *Disaster Relief Management in Cuba.* Center for International Policy, 18 May 2009. http://www.ciponline.org/research/html/disaster-relief-management-in-cuba.

Kislow, Paul V. *Hurricanes: Background, History and Bibliography.* New York: Nova Science Publishers, 2008.

Klein, Naomi. *The Shock Doctrine: The Rise of Disaster Capitalism*. New York: Metropolitan Books/Henry Holt, 2007.

Kleinberg, Eliot. *Black Cloud: The Great Florida Hurricane of 1928*. New York: Carroll & Graf Publishers, 2003.

Klooster, Wim. "Other Netherlands beyond the Sea." In *Negotiated Empires: Centers and Peripheries in the Americas, 1500–1820*, edited by Christine Daniels and Michael V. Kennedy, 171–91. New York: Routledge, 2002.

Knight, Franklin W. "The Disintegration of the Caribbean Slave Systems, 1772–1886." In *General History of the Caribbean*, edited by Franklin Knight. Vol. 3. London: UNESCO, 1997.

———. *Slave Society in Cuba during the Nineteenth Century*. Madison: University of Wisconsin Press, 1970.

Knowles, Thomas Neil. *Category 5: The 1935 Labor Day Hurricane*. Gainesville: University Press of Florida, 2009.

Knutson, Thomas R., John L. McBride, Johnny Chan, Kerry Emanuel, Greg Holland, Chris Landsea, Isaac Held, James P. Kossin, A. K. Srivastava, and Masato Sugi. "Tropical Cyclones and Climate Change." *Nature Geoscience* 3, no. 3 (March 2010): 157–63.

Koht, Halvdan. "The Origin of Seward's Plan to Purchase the Danish West Indies." *American Historical Review* 50, no. 4 (July 1945): 762–67.

Konrad, Herman W. "Caribbean Tropical Storms: Ecological Implications for Pre-Hispanic and Contemporary Maya Subsistence on the Yucatan Peninsula." *Revista de la Universidad Autónoma de Yucatán* 18, no. 224 (2003): 99–126.

———. "Fallout of the Wars of the Chacs: The Impact of Hurricanes and Implications for Prehispanic Quintana Roo Maya Processes." In *Status, Structure, and Stratification: Current Archaeological Reconstructions: Proceedings of the Sixteenth Annual Conference*, edited by Marc Thompson, Maria Teresa Garcia, and F. J Kense, 321–30. Calgary, AB: University of Calgary, Archaeological Association, 1985.

Krugman, Paul. "Katrina All the Time." *The New York Times*, 31 August 2007, sec. Opinion. http://www.nytimes.com/2007/08/31/opinion/31krugman.html.

———. "A Katrina Mystery Explained." *New York Times Blog: The Conscience of a Liberal*, 17 May 2009. http://krugman.blogs.nytimes.com/2009/05/17/a-katrina-mystery-explained/.

———. "Sandy versus Katrina." *The New York Times*, 4 November 2012, sec. Opinion. http://www.nytimes.com/2012/11/05/opinion/krugman-sandy-versus-katrina.html.

Kuethe, Allan J., and Kenneth J. Andrien. *War and Reform in the Eighteenth-Century Spanish Atlantic World, 1713–1796*. Cambridge: Cambridge University Press, 2014.

Kurlansky, Mark. *A Continent of Islands: Searching for the Caribbean Destiny*. Reading, MA: Addison-Wesley, 1992.

Labat, Jean Baptiste. *Nouveau Voyage aux Isles de l'Amerique*. La Haye: P. Husson, 1724.

Laet, Joannes de. *Nieuvve wereldt, ofte, Beschrijvinghe van West-Indien wt veelderhande schriften ende aen-teeckeninghen van verscheyden natien*. Leiden: Isaack Elzeviet, 1625.

Landa, Diego de. *Relación de las cosas de Yucatán*. Edited by Héctor Pérez Martínez. 7th ed. Mexico City: Editorial P. Robredo, 1938.

Larson, Erik. *Isaac's Storm: A Man, a Time, and the Deadliest Hurricane in History*. New York: Crown Publishers, 1999.

Laurens, Henry. *The Papers of Henry Laurens*. Vol. 1. Edited by Philip M. Hamer et al. Columbia: University of South Carolina Press, 1968.

Lavalle, Bernard. "Miedos terranales, angustias escatológicas y pánicos en tiempos de terremotos a comienzos del siglo XVII en el Perú." In *Una historia de los usos del miedo*, edited by Pilar Gonzalbo, Anne Staples, and Valentina Torres Septién, 103–27. Mexico City: Colegio de México, Universidad Iberoamericana, 2009.

Leber, Rebecca. "Chris Christie Denies Climate Change Has Anything to Do with Hurricane Sandy." *Climate Progress*, 21 May 2013. http://thinkprogress.org/climate/2013/05/21/2039811/christie-climate-change-sandy/.

Leblond, Jean-Baptiste. *Voyage aux Antilles, et a l'Amérique Méridionale*. Paris: A. Bertrand, 1813.

Lebrun, François. "La protection du monarque (1660–1800)." In *Les malheurs des temps: Histoire des fléaux et des calamités en France*, edited by Jean Delumeau and Yves Lequin, 321–66. Paris: Larousse, 1987.

Légier, Emile. *La Martinique et la Guadeloupe. Considérations économiques sur l'avenir et la culture de la canne, la production du sucre et du rhum et les cultures secondaires dans les Antilles françaises. Notes de voyage. Avec une carte des Antilles et plusieurs figures dans le texte.* Paris, 1905.

Leslie, Charles. *A New History of Jamaica*. Dublin: Oli. Nelson, 1741.

Levi, Patricia. "Hurricane Sandy Climate Change: Andrew Cuomo Rightly Raises Global Warming Issue." *PolicyMic*, 2 Nov. 2012. http://www.policymic.com/articles/17930/hurricane-sandy-climate-change-andrew-cuomo-rightly-raises-global-warming-issue.

Levis Bernard, José Elías. *Estercolero*. San Juan: La Editorial Universidad de Puerto Rico, 2008.

———. *Mancha de lodo: Novela*. Mayaguez, PR: Imp. El Progreso, 1903.

Levis Bernard, José Elías, and Estelle Irizarry. *Las novelas: El estercolero (1899); Estercolero (1901)*. San Juan: Ediciones Puerto, 2008.

Levy, Claude. "Barbados: The Last Years of Slavery 1823–1833." *Journal of Negro History* 44, no. 4 (October 1959): 308–45.

———. *Emancipation, Sugar, and Federalism: Barbados and the West Indies, 1833–1876*. Gainesville: University Presses of Florida, 1980.

Levy, Jonathan. *Freaks of Fortune: The Emerging World of Capitalism and Risk in America*. Cambridge, MA: Harvard University Press, 2012.

———. "Risk As We Know It." *Chronicle of Higher Education*, 10 September 2012. http://chronicle.com/article/Risk-as-We-Know-It/134148/.

Lewis, Gordon K. "An Introductory Note to the Study of the Virgin Islands." *Caribbean Studies* 8, no. 2 (July 1968): 5–21.

———. *Main Currents in Caribbean Thought: The Historical Evolution of Caribbean Society in Its Ideological Aspects, 1492–1900*. Baltimore: Johns Hopkins University Press, 1983.

———. *Puerto Rico: Freedom and Power in the Caribbean*. New York: Monthly Review Press, 1963.

Lewis, Michael. "In Nature's Casino." *The New York Times*, 26 August 2007.

Lewis, Matthew G. *Journal of a West India proprietor, kept during a residence in the island of Jamaica*. London: John Murray, 1834.

Lezcano, José Carlos. "Aspectos esenciales sobre la mitigación de los desastres naturales en Cuba." In *Cuba in Transition*, 5:399–406. Miami: Association for the Study of the Cuban Economy, 1995.

Lobdell, Richard. "Economic Consequences of Hurricanes in the Caribbean." *Review of Latin American Studies* 3 (1990): 178–90.

Long, Edward. *The History of Jamaica*. London: T. Lowndes, 1774.

Longshore, David. *Encyclopedia of Hurricanes, Typhoons, and Cyclones*. New York: Facts on File, 1998.

López de Haro, Damián, ed. *Sínodo de San Juan de Puerto Rico de 1645*. Colección Tierra Nueva e Cielo Nuevo, 18. Sínodos Americanos, vol. 4. Madrid: Centro de Estudios Históricos del CSIC, 1986.

López de Velasco, Juan. *Geografía y descripción universal de las Indias*. Madrid: Estab. tip. de Fortanet, 1894.

López Medel, Tomás. *De los tres elementos: Tratado sobre la naturaleza y el hombre del Nuevo Mundo*. Edited by Berta Ares Queija. Series El Libro de Bolsillo, 1503. Madrid: Quinto Centenario and Alianza, 1990.

Ludlum, David McWilliams. *Early American Hurricanes, 1492–1870*. The History of American Weather, no. 1. Boston: American Meteorological Society, 1963.

———. "The Espy-Redfield Dispute." *Weatherwise* 22, no. 6 (1969): 224–61.

Lugo Lovatón, Ramón. *Escombros: Huracán del 1930*. Santo Domingo, DR: Ed. del Caribe, 1955.

Luque de Sánchez, María Dolores. *La ocupación norteamericana y la Ley Foraker: La opinion publica Puertorriqueña, 1898–1904*. Río Piedras: Editorial Universitaria, Universidad de Puerto Rico, 1977.

Luster, Robert E. *The Amelioration of the Slaves in the British Empire, 1790–1833*. New York: P. Lang, 1995.

Lynch, Theodora Elizabeth. *The Wonders of the West Indies*. London: Seeley, Jackson, & Halliday, 1856.

MacLeod, Murdo. "Spain and America: The Atlantic Trade, 1492–1720." In *The Cambridge History of Latin America*, edited by Leslie Bethell, 1:341–88. Cambridge and New York: Cambridge University Press, 1984.

Macneill, Hector. *Observations on the Treatment of the Negroes, in the Island of Jamaica Including Some Account of Their Temper and Character: With Remarks on the Importation of Slaves from the Coast of Africa: in a Letter to a Physician in England*. London: G.G.J. and J. Robinson, 1788.

Macpherson, Anne S. *From Colony to Nation: Women Activists and the Gendering of Politics in Belize, 1912–1982*. Lincoln: University of Nebraska Press, 2007.

Maher, Neil M. *Nature's New Deal: The Civilian Conservation Corps and the Roots of the American Environmental Movement*. Oxford: Oxford University Press, 2008.

Maldonado, A. W. *Luis Muñoz Marín: Puerto Rico's Democratic Revolution*. San Juan: Editorial Universidad de Puerto Rico, 2006.

Marrero, Levì. *Cuba: Economia y sociedad*. 15 vols. Río Piedras, PR: Editorial San Juan, 1972–92.

Marscher, Bill, and Fran Marscher. *The Great Sea Island Storm of 1893*. Macon, GA: Mercer University Press, 2004.

Martel, Brett. "Storms Payback from God." *Washington Post*, 17 Jan. 2006.

Martin, Craig. "Experience of the New World and Aristotelian Revisions of the Earth's Climates during the Renaissance." *History of Meteorology* 3 (2006): 1–15.

———.*Renaissance Meteorology: Pomponazzi to Descartes*. Baltimore: Johns Hopkins University Press, 2011.

Martin, John Bartlow. *Overtaken by Events: The Dominican Crisis from the Fall of Trujillo to the Civil War*. New York: Doubleday, 1966.

Martínez Betancourt, Julio Ismael. "Predicciones climáticas y el conocimiento popular tradicional del campesino cubano." *Cautauro: Revista Cubana de Antropología* 12, no. 22 (2010): 121–30.

Martínez de Carrera, Teresita. "The Attitudes of Influential Groups of Colonial Society toward the Rural Working Population in Nineteenth-Century Puerto Rico, 1860–73." *Journal of Caribbean History* 12 (1979): 35–54.

Martínez-Fernández, Luis. "Political Change in the Spanish Caribbean during the United States Civil War and Its Aftermath, 1861–1878." *Caribbean Studies* 27, no. 1/2 (January 1994): 37–64.

———. "Puerto Rico in the Whirlwind of 1898: Conflict, Continuity, and Change." *OAH Magazine of History* 12, no. 3 (April 1998): 24–29.

Martinez-Fortún y Foyo, José Andrés. *Anales y efemerides de San Juan de los Remedios y su jurisdicción* , vol. 1, part 1 (1492–1849). Havana: Impr. Pérez Sierra y Comp., 1930.

Matos, Luis Pales. "La plena de menéalo," reprinted in *La Revista de Centro de Estudios Avanzados de Puerto Rico y el Caribe* 2 (1986):81–82.

Mauch, Christof, and Christian Pfister, eds. *Natural Disasters, Cultural Responses: Case Studies toward a Global Environmental History*. The German Historical Institute Studies in International Environmental History. Lanham, MD: Lexington Books, 2009.

Mauelshagen, Franz. "Disaster and Political Culture in Germany since 1500." In *Natural Disasters, Cultural Responses: Case Studies toward a Global Environmental History*, edited by Christof Mauch and Christian Pfister. The German Historical Institute Studies in International Environmental History. Lanham, MD: Lexington Books, 2009.

McCallum, Ewen, and Julian Heming. "Hurricane Katrina: An Environmental Perspective." *Philosophical Transactions of the Royal Society A: Mathematical, Physical and Engineering Sciences* 364, no. 1845 (15 August 2006): 2099–2115.

McChristian, Lynee. *Hurricane Andrew and Insurance: The Enduring Impact of an Historic Storm*. New York: Insurance Information Institute, August 2012. http://www.insuringflorida.org/assets/docs/pdf/paper_HurricaneAndrew_final.pdf.

McClellan, James E. *Colonialism and Science: Saint Domingue in the Old Regime*. Chicago: University of Chicago Press, 2010.

McComb, David G. *Galveston: A History*. Austin: University of Texas Press, 1986.

McCook, Stuart George. *States of Nature: Science, Agriculture, and Environment in the Spanish Caribbean, 1760–1940*. Austin: University of Texas Press, 2002.

McCusker, John J., and Russell R. Menard, eds. *The Economy of British America, 1607–1789*. Needs and Opportunities for Study Series. Chapel Hill: University of North Carolina Press, 1985.

McGrath, John T. *The French in Early Florida: In the Eye of the Hurricane*. Gainesville: University Press of Florida, 2000.

McNeill, John Robert. *Mosquito Empires: Ecology and War in the Greater Caribbean, 1620–1914*. New Approaches to the Americas. New York: Cambridge University Press, 2010.

———. "Observations on the Nature and Culture of Environmental History." *History and Theory* 42, no. 4 (2003): 5–43.

Medrano Herrero, Pío. *Don Damián López De Haro y Don Diego de Torres y Vargas: Dos figuras del Puerto Rico Barroco*. Colección Dédalo. San Juan: Editorial Plaza Mayor, 1999.

Meilink-Roelofsz, M.A.P. "A Survey of Archives in the Netherlands Pertaining to the History of the Netherlands Antilles." *West-Indische Gids* 35 (1953): 1–38.

Memoria en que se da cuenta de los trabajos de la Junta General de Socorros para Cuba y Filipinas. Madrid: Manuel Tello, 1884.

Meniketti, Marco. "Sugar Mills, Technology, and Environmental Change: A Case Study of Colonial Agro-Industrial Development in the Caribbean." *IA: The Journal of the Society for Industrial Archeology* 32, no. 1 (January 2006): 53–80.

Mercantini, Jonathan. "The Great Carolina Hurricane of 1952." *The South Carolina Historical Magazine* 103, no. 4 (2002): 351–65.

Mercier-Faivre, Anne-Marie, and Chantal Thomas, eds., *L'invention de la catastrophe au XVIII siècle*. Geneva: Droz, 2008.

Michaels, Patrick J. "Mitch, That Sun of a Gun." Cato Institute, 15 December 1998. http://www.cato.org/publications/commentary/mitch-sun-gun.

Millás, José Carlos. "Genesis y marcha de los huracanes antillanos." In *Astronomy, Meteorology, and Seismology: Proceedings of the second Pan-American Scientific Congress*, edited by Robert Simpson Woodward, 42–55. Washington, DC: Government Printing Office, 1917.

———. *Hurricanes of the Caribbean and Adjacent Regions, 1492–1800*. Miami, FL: Academy of the Arts and Sciences of the Americas, 1968.

———. *Memoria del huracán de Camagüey de 1932*. Havana: Seoane y Fernández, 1933.

Miner Solá, Edwin. *Historia de los huracanes en Puerto Rico*. San Juan: First Book, 1995.

Monet, Henri. *La Martinique*. Paris: A. Savine, 1892.

Mooney, Chris. *Storm World: Hurricanes, Politics, and the Battle over Global Warming*. Orlando, FL: Harcourt, 2007.

Moore, John Bassett. "Doc. 551." In *A Digest of International Law: 56th Congress, House of Representatives*. Vol. 1. Washington, DC: Government Printing Office, 1906.

Morales Carrión, Arturo. *Puerto Rico and the Non Hispanic Caribbean: A Study in the Decline of Spanish Exclusivism*. 2nd ed. Río Piedras: University of Puerto Rico, 1971.

———. *Puerto Rico y la lucha por la hegemonía en el Caribe: Colonialismo y contrabando, siglos XVI–XVIII*. Colección Caribeña. San Juan: Centro de Investigaciones Históricas, Editorial de la Universidad de Puerto Rico, 1995.

Moreau de Saint-Méry, M.L.E. *A Topographical and Political Description of the Spanish Part of Saint-Domingo: Containing, General Observations on the Climate, Population, and Productions, on the Character and Manners of the Inhabitants, with an Account of the Several Branches of the Government: To Which Is Prefixed, a New, Correct, and Elegant Map of the Whole Island*. Philadelphia, 1796.

Moreno Fraginals, Manuel. *El Ingenio: Complejo económico social cubano del azúcar*. 3 volumes. Havana: Editorial de Ciencias Sociales, 1978.

Moscoso, Francisco. *Clases, revolución y libertad: Estudios sobre el Grito de Lares de 1868*. Río Piedras, PR: Editorial Edil, Inc., 2006.

———. *Juicio al gobernador: Episodios coloniales de Puerto Rico, 1550*. Hato Rey, PR: Universidad de Puerto Rico, Decanato de Estudios Graduados e Investigación: Publicaciones Puertorriqueñas Editores, 1998.

———. *La Revolución puertorriqueña de 1868: El Grito de Lares*. San Juan: Instituto de Cultura Puertorriqueña, 2003.

Moya Pons, Frank. *El ciclón de San Zenón y la "patria nueva": Reconstrucción de una ciudad como reconstrucción nacional*. Santo Domingo, DR: Academia Dominicana de la Historia, 2007.

Mulcahy, Matthew. "The 'Great Fire' of 1740 and the Politics of Disaster Relief in Colonial Charleston." *South Carolina Historical Magazine* 99, no. 2 (April 1998): 135–57.

———. *Hurricanes and Society in the British Greater Caribbean, 1624–1783*. Early America. Baltimore: Johns Hopkins University Press, 2006.

———. "The Port Royal Earthquake and the World of Wonders in Seventeenth-Century

Jamaica." *Early American Studies: An Interdisciplinary Journal* 6, no. 2 (2008): 391–421.

———. "A Tempestuous Spirit Called Hurricano: Hurricanes and Colonial Society in the British Greater Caribbean." In *American Disasters*, edited by Steven Biel, 11–38. New York: New York University Press, 2001.

———. "Urban Disasters and Imperial Relief in the British-Atlantic World, 1740–1780." In *Cities and Catastrophes: Coping with Emergency in European History—Villes et catastrophes: Réactions face à l'urgence dans l'histoire européenne*, edited by Geneviève Massard-Guilbaud, Harold L Platt, and Dieter Schott, 105–22. Frankfurt am Main: P. Lang, 2002.

Murnane, Richard J., and Kam-biu Liu. *Hurricanes and Typhoons: Past, Present, and Future*. New York: Columbia University Press, 2004.

Murphy, Kathleen. "Prodigies and Portents: Providentialism in the Eighteenth-Century Chesapeake." *Maryland Historical Magazine* 97, no. 4 (January 2002): 397–421.

Musset, Alain. "Entre cyclones et tremblement de terre: Le Nicaragua face au risqué naturel." In *Nicaragua, dans l'oeil du cyclone*, edited by Joël Delhom and Alain Musset, 34–35. Paris: Institut des Hautes Etudes de l'Amérique Latine, 2000.

Mykle, Robert. *Killer 'Cane: The Deadly Hurricane of 1928*. New York: Cooper Square Press, 2002.

Nebeker, Frederik. *Calculating the Weather: Meteorology in the 20th Century*. San Diego: Academic Press, 1995.

Neely, Wayne. *The Great Bahamas Hurricane of 1929*. Nassau: Media Enterprises, 2005.

———. *Great Bahamian Hurricanes of 1926: The Story of Three of the Greatest Hurricanes to Ever Affect the Bahamas*. Bloomington, IN: iUniverse, 2009.

Nelson, William Max. "Making Men: Enlightenment Ideas of Racial Engineering." *American Historical Review* 115, no. 5 (2010): 1364–94.

Newton, Melanie J. *The Children of Africa in the Colonies: Free People of Color in Barbados in the Age of Emancipation*. Baton Rouge: Louisiana State University Press, 2008.

Nichols, Henry J. "Fact and Fancy about the Hookworm." *Medical Record* no. 80 (1911): 322–24.

NOAA, National Weather Service. "Evolution of the National Weather Service." http:// www.nws.noaa.gov/pa/history/timeline.php.

Nord, Philip. *France's New Deal*. Princeton: Princeton University Press, 2010.Nyberg, Johan, Björn A. Malmgren, Amos Winter, Mark R. Jury, K. Halimeda Kilbourne, and Terrence M. Quinn. "Low Atlantic Hurricane Activity in the 1970s and 1980s Compared to the Past 270 Years." *Nature* 447, no. 7145 (7 June 2007): 698–701.

Ó Gráda, Cormac, Richard Paping, and Eric Vanhaute, eds. *When the Potato Failed: Causes and Effects of the "Last" European Subsistence Crisis, 1845–1850*. Turnhout, Belgium: Brepols, 2007.O'Loughlin, Karen Fay, and James F. Lander. *Caribbean Tsunamis: A 500-Year History from 1498–1998*. Dordrecht: Kluwer Academic Publishers, 2003.

Ó Murchadha, Ciarán. *The Great Famine: Ireland's Agony, 1845–52*. London: Continuum International Publishing Group, 2011.

O'Shaughnessy, Andrew Jackson. *An Empire Divided: The American Revolution and the British Caribbean*. Philadelphia: University of Pennsylvania Press, 2000.

Oldendorp, C.G.A. C.G.A. *Oldendorp's History of the Mission of the Evangelical Brethren on the Caribbean Islands of St. Thomas, St. Croix, and St. John*. Edited by Johann Jakob Bossart. Translated by Arnold R. Highfield and Vladimir Barac. Ann Arbor, MI: Karoma Publishers, 1987.

Oliver-Smith, Anthony. "Anthropological Research on Hazards and Disasters." *Annual Review of Anthropology* 25 (January 1996): 303–28.

Olson, Richard Stuart, and A. Cooper Drury. "Un-therapeutic Communities: A Cross National Analysis of Post-Disaster Political Unrest." *International Journal of Mass Emergencies and Disasters* 15, no. 2 (1997): 221–38.

Olson, Richard Stuart, and Vincent T Gawronski. "Disasters as Critical Junctures? Managua, Nicaragua, 1972 and Mexico City, 1985." *International Journal of Mass Emergencies and Disasters* 21, no. 1 (2003): 5–35.

Oostindie, Gert, and Inge Klinkers. *Decolonising the Caribbean: Dutch Policies in a Comparative Perspective*. Amsterdam: Amsterdam University Press, 2003.

Ophir, Adi. "The Two-State Solution: Providence and Catastrophe." *Journal of Homeland Security and Emergency Management* 4, no. 1 (21 March 2007): 1–44.

Ortiz Fernández, Fernando. *El huracán, su mitología y sus símbolos*. Mexico City: Fondo de Cultura Económica, 1947.

Ousley, Clarence. *Galveston in Nineteen Hundred: The Authorized and Official Record of the Proud City of the Southwest as It Was before and after the Hurricane of September 8, and a Logical Forecast of Its Future*. Atlanta: W.C. Chase, 1900.

Pádua, José Augusto. "As bases teóricas da história ambiental." *Estudos Avançados* 24, no. 68 (January 2010): 81–101.

Pagney, Françoise. "Trois ouragans sur la Guadeloupe: Hugo (1989), Luis et Marilyn (1995) et l'activité touristique." In *Les catastrophes naturelles aux Antilles: D'une soufrière à une autre*, edited by Alain Yacou, 184–96. Paris: Editions Karthala, 1999.

Pannet, Pierre J. *Report on the Execrable Conspiracy Carried Out by the Amina Negroes on the Danish Island of St. Jan in America, 1733*. Edited by Aimery Caron and Arnold R. Highfield. Christiansted, St. Croix: Antilles Press, 1984.

Paquette, Robert L., and Stanley L. Engerman. "Crisscrossing Empires: Ships, Sailors, and Resistance in the Lesser Antilles in the Eighteenth Century." In *The Lesser Antilles in the Age of European Expansion*, 128–43. Gainesville: University Press of Florida, 1996.

Paquette, Robert L., Stanley L. Engerman, and David Barry Gaspar. "Ameliorating Slavery: The Leeward Islands Slave Act of 1798." In *The Lesser Antilles in the Age of European Expansion*, 241–58. Gainesville: University Press of Florida, 1996.

Pares, Richard. "The London Sugar Market, 1740–1769." *Economic History Review* 9, no. 2 (1956): 254–70.

Parker, Geoffrey. *Global Crisis: War, Climate Change and Catastrophe in the Seventeenth Century*. New Haven: Yale University Press, 2013.

Parry, J. H., and Philip Manderson Sherlock. *A Short History of the West Indies*. London: Macmillan, 1968.

Parton, James. *The Danish Islands: Are We Bound in Honor to Pay for Them?* Boston: Fields, Osgood, & Co., 1869.

Paso y Troncoso, Francisco del, and Silvio Arturo Zavala. *Epistolario de Nueva España, 1505–1818*. Mexico City: Antigua librería Robredo, de J. Porrúa e Hijos, 1939.

Pedersen, Erik Overgaard. *The Attempted Sale of the Danish West Indies to the United States of America, 1865–1870*. Frankfurt: Haag & Herchen, 1997.

Penner, D'Ann R., and Keith C. Ferdinand. *Overcoming Katrina: African American Voices from the Crescent City and Beyond*. New York: Palgrave Macmillan, 2009.

Pérez, Louis A., Jr. *Winds of Change: Hurricanes and the Transformation of Nineteenth Century Cuba*. Chapel Hill: University of North Carolina Press, 2001.

Pérez de Oliva, Fernán. *Historia de la invención de las Indias*. Edited by José Juan Arrom. Mexico City: Siglo Veintiuno, 1991.

Pérez Moris, José, and Luis Cueto y González Quijano. *Historia de la insurección de Lares*. Barcelona: Establecimiento Tip. de Narciso Ramirez y C., 1872.

Pérez Tostado, Ignacio. "Desarrollo politico y económico de Las Antillas Británicas, siglos XV–XVIII." In *Historia de Las Antillas*, edited by Consuelo Naranjo Orovio, Ana Crespo Solana, and Ma Dolores González-Ripoll Navarro, 185–214. Madrid: Consejo Superior de Investigaciones Científicas; Doce Calles, 2009.

Pérotin-Dumon, Anne. *Être patriote sous les tropiques: La Guadeloupe, la colonisation et la révolution (1789–1794)*. Basse-Terre: Société d'histoire de la Guadeloupe, 1985.

———. "French, English, and Dutch in the Lesser Antilles: From Privateering to Planting, (1550–1650)." In *General History of the Caribbean*, edited by P. C. Emmer, Germán Carrera Damas, Franklin W. Knight, and B. W. Higman, 2:114–59. London: Macmillan Caribbean; UNESCO, 1997.

———. *La ville aux iles, la ville dans l'île: Basse-Terre et Pointe-à-Pitre, Guadeloupe, 1650–1820*. Paris: Karthala, 2000.

Perpiña y Pibernat, Juan. *Sobre el ciclón del Glorioso San Ciriaco y compañeros mártires*. Puerto Rico: A. Lynn e Hijos de Pérez Movis, 1899.

Pfister, Christian, Rudolf Bralzdil, Ruldiger Glaser, eds. *Climatic Variability in Sixteenth-Century Europe and Its Social Dimension*. Dordrecht: Kluwer Academic Publishers, 1999.

Phillips, Carla Rahn. *Six Galleons for the King of Spain: Imperial Defense in the Early Seventeenth Century*. Baltimore: Johns Hopkins University Press, 1986.

Paul Pialoux, *Le Marquis de Bouillé: Un soldat entre deux mondes*. Brioude: Edition Almanach de Brioude, 1977.

Picó, Fernando. *Historia general de Puerto Rico*. Río Piedras, PR: Ediciones Huracán, 1986.

———. *Libertad y servidumbre en el Puerto Rico del siglo XIX*. Río Piedras, PR: Ediciones Huracán, 1982.

Pielke, Roger A. *The Hurricane*. London: Routledge, 1990.

Pielke, R[oger] A., Jr., J. Gratz, C. W. Landsea, D. Collins, M. A.Saunders, and R. Musulin. "Normalized Hurricane Damages in the United States: 1900–2005." *Natural Hazards Review* 9, no. 1 (2008): 29–42.

Pielke, Roger A., Jr., and Christopher N. Landsea. "La Niña, El Niño and Atlantic Hurricane Damages in the United States." *Bulletin of the American Meteorological Society* 80, no. 1.0 (October 1999): 2027–33.

Pielke, Roger A., Jr., Christopher Landsea, M. Mayfield, J. Laver, and R. Pasch. "Hurricanes and Global Warming." *Bulletin of the American Meteorological Society* 86, no. 11 (November 2005): 1571–75.

Pielke, Roger A., Jr., J. Rubiera, C. Landsea, M. Fernández, and R. Klein. "Hurricane Vulnerability in Latin America and the Caribbean: Normalized Damage and Loss Potentials." *Natural Hazards Review* 4, no. 3 (2003): 101–14.

Piña Chán, Román, and Patricia Castillo Peña. *Tajín: La ciudad del Dios Huracán*. Mexico City: Fondo de Cultura Económica, 1999.

Pittman, Frank Wesley, "Fetishism, Witchcraft, and Christianity among the Slaves." *Journal of Negro History* 11, no. 4 (1926): 650–68.

Pluchon, Pierre, and Lucien-René Abénon. *Histoire des Antilles et de la Guyane*. Toulouse: Privat, 1982.

Poëy y Aguirre, Andrés. *Bibliographie cyclonique: Catalogue comprenant 1,008 ouvrages, brochures et écrits qui ont paru jusqu'a ce jour sur les ouragans et les tempêtes cycloniques.* Paris: Imprimerie administrative de Paul Dupont, 1866.

Popkin, Roy, and Claire Rubin. *Disaster Recovery after Hurricane Hugo in South Carolina.* Washington, DC: Center for International Science, Technology, and Public Policy, George Washington University, 1990. www.colorado.edu/hazards/publications /wp/wp69.pdf.

Portuondo, María M. *Secret Science: Spanish Cosmography and the New World.* Chicago: University of Chicago Press, 2009.

Poyer, John. *History of Barbados.* London: J. Mawman, 1808.

Poyntz, John. *The Present Prospect of the Famous and Fertile Island of Tobago: With a Description of the Situation, Growth, Fertility and Manufacture of the Said Island. To Which Is Added, Proposals for the Encouragement of All Those That Are Minded to Settle There.* London: G. Larkin, 1683.

Pritchard, James S. *In Search of Empire: The French in the Americas, 1670–1730.* Cambridge: Cambridge University Press, 2004.

Prost, Antoine, and Jay Winter. *René Cassin and Human Rights: From the Great War to the Universal Declaration.* Cambridge: Cambridge University Press, 2013.

Quenet, Grégory. *Les tremblements de terre en France aux XVIIe et XVIIIe siècles: La naissance d'un risque.* Seyssel: Champ Vallon, 2005.

Ragatz, Lowell J. *The Fall of the Planter Class in the British Caribbean, 1763–1833: A Study in Social and Economic History.* New York: Century Co., 1928.

———. *A Guide for the Study of British Caribbean History, 1763–1834, including the Abolition and Emancipation Movements.* Annual Report, American Historical Association, 1930, vol. 3. Washington, DC: Government Printing Office, 1932.

Ramírez de Arellano, Rafael W. "Los huracanes de Puerto Rico." *Boletin de La Universidad de Puerto Rico* 3, no. 2 (December 1932): 7–76.

Ramsay, James. *Essay on the Treatment and Conversions of African Slaves in the British Sugar Colonies.* London: James Phillips, 1784.

Rappaport, Edward N., and José Fernandez-Partagás. "History of the Deadliest Atlantic Tropical Cyclones since the Discovery of the New World." In *Hurricanes: Climate and Socioeconomic Impacts,* edited by Henry F. Diaz and Roger S. Pulwarty, 93–108. New York: Springer, 1997.

Raynal, Guillaume Thomas François. *Histoire philosophique et politique des établissements et du commerce des européens dans les deux Indes.* Amsterdam: Berry, 1772.

———. *Histoire philosophique et politique des établissements et du commerce des européens dans les deux Indes.* J. Justamond, trans. Dublin, 1776.

Reagan, Ronald. *Reagan: A Life in Letters.* Edited by Martin Anderson, Annelise Anderson, and Kiron K. Skinner. New York: Free Press, 2003.

Real Díaz, José Joaquín, San Juan (PR) Cabildo, and Archivo General de Indias. *Catálogo de las cartas y peticiones del cabildo de San Juan Bautista de Puerto Rico en el Archivo General de Indias, siglos XVI–XVIII.* San Juan: Instituto de Cultura Puertorriqueña, 1968.

Regnault, Elias. *Histoire des Antilles et des colonies françaises, espagnoles, anglaises, danoises et suédoises.* L'univers. Histoire et Description de Tous les Peuples. Paris: Firmin Didot Frères, 1849.

Reilly, Benjamin. *Disaster and Human History: Case Studies in Nature, Society and Catastrophe.* Jefferson, NC: McFarland & Co., 2009.

Relación verdadera, en que se dà quenta del horrible Huracàn que sobrevino à la Isla, y Puerto de Santo Domingo de los Españoles el dia quinze de Agosto de 1680. Madrid: Lucas Antonio de Bedmar, 1681.

Report on the Bahamas' Hurricane of October 1866: With a Description of the City of Nassau, N.P. Nassau: Printed at the "Nassau Guardian" by E. C. Moseley, 1868.

Richardson, Bonham C. *Economy and Environment in the Caribbean Barbados and the Windwards in the Late 1800s.* Gainesville: University Press of Florida, 1997. http://search .ebscohost.com/login.aspx?direct=true&scope=site&db=nlebk&db=nlabk&AN =54117.

Robiou Lamarche, Sebastián. *Caribes: Creencias y rituales.* San Juan: Editorial Punto y Coma, 2009.

Rochefort, Charles de. *Histoire naturelle et morale des Iles Antilles de l'Amerique. Enrichie d'un grand nombre de belles figures en taille douce, des places & des raretez les plus considerables, qui y sont décrites. Avec un vocabulaire caraïbe.* 2nd ed. Rotterdam: A. Leers, 1665.

Rodgers, Daniel T. *Age of Fracture.* Cambridge, MA: Belknap Press of Harvard University Press, 2011. http://site.ebrary.com/id/10456081.

Rodríguez Demorizi, Emilio. *Cronología de Trujillo.* Vol. 1. Ciudad Trujillo: Impresora Dominicana, 1955.

Rodriguez, Manuel R. *A New Deal for the Tropics: Puerto Rico during the Depression Era, 1932–1935.* Princeton, NJ: Markus Wiener Publishers, 2010.

Rodriguez, Pablo. "1812: El terremoto que interrumpió una revolución." In *Una historia de los usos del miedo,* edited by Pilar Gonzalbo, Anne Staples, and Valentina Torres Septién, 247–273. Mexico City: Colegio de México, Universidad Iberoamericana, 2009.

Rodríguez Morel, Genaro. *Cartas de la real audiencia de Santo Domingo (1547–1575).* Santo Domingo, DR: Archivo General de la Nación, 2011.

———. *Cartas del cabildo de la ciudad de Santo Domingo en el siglo XVIII.* Santo Domingo, DR: Centro de Altos Estudios Humanísticos y del Idioma Español, 2007.

Rodríguez-Ramírez, M. E. "Cronología clasificada de los ciclones que han azotado a La Isla de Cuba desde 1800 hasta 1956." *Revista Cubana de Meteorología* 2, no. 4 (1956).

Rodríguez-Silva, Ileana M. *Silencing Race: Disentangling Blackness, Colonialism, and National Identities in Puerto Rico.* New York: Palgrave Macmillan, 2012.

Rogers, Lisa Waller. *The Great Storm: The Hurricane Diary of J. T. King, Galveston, Texas, 1900.* Lone Star Journals 2. Lubbock: Texas Tech University Press, 2001.

Roorda, Eric Paul. *The Dictator Next Door: The Good Neighbor Policy and the Trujillo Regime in the Dominican Republic, 1930–1945.* Durham, NC: Duke University Press, 1998.

———. "Genocide Next Door: The Good Neighbor Policy, the Trujillo Regime, and the Haitian Massacre of 1937." *Diplomatic History* 20, no. 3 (July 1996): 301–19.

Rosario Rivera, Raquel. *La llegada del cíclope: Percepciones de San Ciríaco a cien años de su visita.* San Juan: Fundación Puertorriqueña de las Humanidades, 2000.

Ross, Waldo. *Nuestro imaginario cultural: Simbólica literaría hispanoamericana.* Autores, Textos y Temas 11. Barcelona: Anthropos, 1992.

Rothbard, Murray Newton. "Government and Hurricane Hugo: A Deadly Combination." In *Making Economic Sense,* edited by Murray Newton Rothbard. Auburn, AL: Ludwig von Mises Institute, 1995. http://www.mises.org/econsense/ch26.asp.

Rouse, Irving. *The Tainos: Rise and Decline of the People Who Greeted Columbus.* New Haven: Yale University Press, 1992.

Rugemer, Edward Bartlett. *The Problem of Emancipation: The Caribbean Roots of the American Civil War.* Baton Rouge: Louisiana State University Press, 2008.

Ruiter, Dierick. *Toortse der Zee-vaert: Om te beseylen de custen gheleghen bezuyden den Tropi-*

cus Cancri, als Brasilien, West-Indien, Guinea, en Angola, etc. Vlissingen: Marten Abrahamsz van der Nolck, 1623.

Ruiz Gordillo, J. Omar. "Fundaciones urbanas en México: La Veracruz en siglo XVI." *Altepetl. Revista de Geografía Histórica—Social y Estudios Regionales* 5–6 (2012). http://www.uv.mx/altepetl/No5/anteriores/alt02/arts/funcaiones%20urbanas.pdf.

Rupert, Linda Marguerite. *Creolization and Contraband: Curaçao in the Early Modern Atlantic World.* Early American Places. Athens: University of Georgia Press, 2012.

Sáez, José Luis. "Una carta anua de La residencia de Santo Domingo (23 Octubre 1695)." *Archivum Historicum Societatis Iesu* 62, no. 124 (1993): 281–312.

Sainte-Croix, Félix Renouard. *Statistique de la Martinique.* Vol. 2. Paris, 1822.

Sainton, Jean-Pierre, and Raymond Boutin, eds. *Histoire et civilisation de La Caraïbe: Guadeloupe, Martinique, Petites Antilles: La construction ses sociétés antillaises des origines au temps présent, structures et dynamiques.* Vol. 1: *Le temps des genèses: Des origines à 1685.* Paris: Editions Maisonneuve et Larose, 2004.

Sala-Molins, Louis. *Les misères des lumières: Sous la raison, l'outrage.* Collection Savoirs Autonomes. Paris: Homnisphères, 2008.

Salivia, Luis A. *Historia de los temporales de Puerto Rico y Las Antillas, 1492 a 1970.* 2nd ed. San Juan: Editorial Edil, 1972.

Sandman, Alison. "Controlling Knowledge: Navigation, Cartography, and Secrecy in the Early Modern Spanish Atlantic." In *Science and Empire in the Atlantic World*, edited by James Delbourgo and Nicholas Dew, 31–52. New York: Routledge, 2008.

Sarasola, Simón. *Los huracanes en las Antillas.* 2nd ed. Madrid: B. del Amo, 1928.

Scarano, Francisco A. "Azúcar y esclavitud en Puerto Rico: La formación de la economía de haciendas en Ponce, 1815–1849." In *Azucar y esclavitud*, edited by Andrés Ramos Mattei, 13–52. San Juan: University of Puerto Rico, 1982.

———. "The Jíbaro Masquerade and the Subaltern Politics of Creole Identity Formation in Puerto Rico, 1745–1823." *American Historical Review* 101, no. 5 (December 1996): 1398–1431.

———. *Puerto Rico: Cinco siglos de historia.* San Juan: McGraw-Hill, 1993.

———. *Sugar and Slavery in Puerto Rico: The Plantation Economy of Ponce, 1800–1850.* Madison: University of Wisconsin Press, 1984.

Scarth, Alwyn. *La Catastrophe: The Eruption of Mount Pelée, the Worst Volcanic Eruption of the Twentieth Century.* Oxford: Oxford University Press, 2002.

Scatena, F. N., and M. C. Larsen. "Physical Aspects of Hurricane Hugo in Puerto Rico." *Biotropica* 23, no. 4 (December 1991): 317–23.

Schechner, Sara. *Comets, Popular Culture, and the Birth of Modern Cosmology.* Princeton, NJ: Princeton University Press, 1997.

Schlegel, John Frederic. *A Short Account of the Effects of the Late Hurricane in the West Indies: As Far as Relates to the Missions of the Brethren in the Islands of St. Croix and St. Christopher.* N.p., 1785.

Schmidt-Nowara, Christopher. "National Economy and Atlantic Slavery: Protectionism and Resistance to Abolitionism in Spain and the Antilles, 1854–1874." *Hispanic American Historical Review* 78, no. 4 (November 1998): 603–29.

Schomburgk, Robert Hermann. *The History of Barbados.* London: Brown, Green and Longmans, 1848.

Schwartz, Stuart B. *All Can Be Saved: Religious Tolerance and Salvation in the Iberian Atlantic World.* New Haven: Yale University Press, 2008.

———. "The Hurricane of San Ciriaco: Disaster, Politics, and Society in Puerto Rico, 1899–1901." *Hispanic American Historical Review* 72, no. 3 (August 1992): 303–34.

————."Hurricanes and the Shaping of Circum-Caribbean Societies." *Florida Historical Quarterly* 83, no. 4 (April 2005): 381–409.

————."Virginia and the Atlantic World." In *The Atlantic World and Virginia, 1550–1624*, edited by Peter C. Mancall, 558–70. Williamsburg, VA: Omohundro Institute of Early American History and Culture, 2004.

Sheets, Bob, and Jack Williams. *Hurricane Watch: Forecasting the Deadliest Storms on Earth.* New York: Vintage, 2001.

Shephard, Charles. *An Historical Account of the Island of Saint Vincent.* London: W. Nicol, 1831.

Shepherd, J. Marshall, and Thomas Knutson. "The Current Debate on the Linkage between Global Warming and Hurricanes." *Geography Compass* 1, no. 1 (2007): 1–24.

Sheridan, Richard B. "The Crisis of Slave Subsistence in the British West Indies during and after the American Revolution." *William and Mary Quarterly* 3rd series, 33, no. 4 (October 1976): 615–41.

————. "The Formation of Caribbean Plantation Society, 1689–1748." In *The Oxford History of the British Empire*, vol. 2: *The Eighteenth Century*, edited by P. J. Marshall, 394–414. Oxford: Oxford University Press, 1998.

————. "The Jamaican Slave Insurrection Scare of 1776 and the American Revolution." *Journal of Negro History* 61, no. 3 (July 1976): 290–308.

Shughart, William F., II. "Katrinanomics: The Politics and Economics of Disaster Relief." *Public Choice* 127, no. 1/2 (April 2006): 31–53.

Sims, Holly, and Kevin Vogelmann. "Popular Mobilization and Disaster Management in Cuba." *Public Administration and Development* 22, no. 5 (2002): 389–400.

Smith, James Patterson. "The Liberals, Race, and Political Reform in the British West Indies, 1866–1874." *Journal of Negro History* 79, no. 2 (April 1994): 131–46.

Smith, Mark M. *Camille, 1969: Histories of a Hurricane.* Athens: University of Georgia Press, 2011.

Smith, S. D. "Storm Hazard and Slavery: The Impact of the 1831 Great Caribbean Hurricane on St Vincent." *Environment and History* 18, no. 1 (February 2012): 97–123.

Smith, William. *A Natural History of Nevis, and the Rest of the English Leeward Charibee Islands in America: With Many Other Observations on Nature and Art, Particularly, an Introduction to the Art of Decyphering in Eleven Letters from the Revd. Mr. Smith, Sometime Rector of St. John's at Nevis, and Now Rector of St. Mary's in Bedford, to the Revd. Mr. Mason, B.D. Woodwardian Professor, and Fellow of Trinity-College, in Cambridge.* Cambridge: Printed by J. Bentham . . . and sold by W. Thurlbourn in Cambridge, S. Birt . . . , C. Bathurst . . . , and J. Beecroft . . . , London, 1745.

Solnit, Rebecca. *A Paradise Built in Hell: The Extraordinary Communities That Arise in Disasters.* New York: Viking, 2009.

Sorokin, Pitirim Aleksandrovič. *Man and Society in Calamity: The Effects of War, Revolution, Famine, Pestilence upon Human Mind, Behavior, Social Organization and Cultural Life.* Westport, CT: Greenwood Press, 1968.

Soto, Domingo de. *Deliberación en la causa de los pobres (1545).* Madrid: Instituto de Estudios Políticos, 1965.

Standiford, Les, and Henry Morrison Flagler. *Last Train to Paradise: Henry Flagler and the Spectacular Rise and Fall of the Railroad That Crossed the Ocean.* New York: Crown Publishers, 2002.

Steadman Jones, Daniel, *Masters of the Universe: Hayek, Friedman and the Birth of Neoliberal Politics.* Princeton, NJ: Princeton University Press, 2012.

Steele, Ian Kenneth. *The English Atlantic, 1675–1740: An Exploration of Communication and Community.* New York: Oxford University Press, 1986.

Steiger, Eric. "L'ouragan Katrina: Les leçons d'un échec: Les faiblesses du dispositif de sécurité intérieure des Etats-Unis." *Revue Géopolitique*, 1 January 2008. http://www.diploweb.com/L-ouragan-Katrina-les-lecons-d-un.html.

Steinberg, Theodore. *Acts of God: The Unnatural History of Natural Disaster in America.* New York: Oxford University Press, 2000.

Stewart, George. *Progress of Glasgow: A Sketch of the Commercial and Industrial Increase of the City during the Last Century.* Glasgow: J. Baird, 1883.

Surowiecki, James. "Disaster Economics." *The New Yorker*, 3 December 2012. http://www.newyorker.com/talk/financial/2012/12/03/121203ta_talk_surowiecki.

Tanna, Laura. "On Development and Losing Elections." *Jamaica Gleaner Online*, 14 March 2010, http://jamaica-gleaner.com/gleaner/20100314/arts/arts4.html.

Tannehill, Ivan Ray. *Hurricanes, Their Nature and History, Particularly Those of the West Indies and the Southern Coasts of the United States.* Princeton, NJ: Princeton University Press, 1938.

Tansill, Charles Callan. *The Purchase of the Danish West Indies.* Baltimore: Johns Hopkins Press, 1932.

Taylor, Charles Edwin. *Leaflets from the Danish West Indies: Descriptive of the Social, Political, and Commercial Condition of These Islands.* London: The author, 1888.

Taylor, Douglas. "Spanish Huracán and Its Congeners." *International Journal of American Linguistics* 22 (1956): 275–76.

Téfel, Reinaldo Antonio, et al. *El huracán que desnudo a Nicaragua.* Foro Democrático 5. Managua, Nicaragua: Foro Democrático, 1999.

"Testimony of Carlos Chardón, Commissioner of Agriculture." In *Relief of Porto Rico: Joint Hearings before the Committee on Territories and Insular Possessions, United States Senate and the Committee on Insular Affairs, House of Representatives, Seventieth Congress, 2nd Session on S.J. Res. 172 and H.J. Res. 333, a Bill for the Relief of Porto Rico, December 10 and 11, 1928.* Washington, DC: Government Printing Office, 1929.

Thomas, Hugh. *Cuba: The Pursuit of Freedom.* New York: Harper & Row, 1971.

Thompson, Martha, and Izaskun Gaviria. *Cuba Weathering the Storm: Lessons in Risk Reduction from Cuba.* Boston: Oxfam America, 2004.

Thornton, John K. *A Cultural History of the Atlantic World, 1250–1820.* Cambridge: Cambridge University Press, 2012.

Tillotson, John. *The Works of the Most Reverend Dr. John Tillotson.* Edinburgh: W. Ruddiman & Co., 1772.

Tilly, Charles. *Coercion, Capital, and European States, AD 990–1992.* Studies in Social Discontinuity. Cambridge, MA: Blackwell, 1992.

Tobago Hurricane of 1847: Papers Relative to the Hurricane in Tobago Presented to Both Houses of Parliament by Command of Her Majesty Queen Victoria, on April 11, 1848. Historical Documents of Trinidad and Tobago, no. 3. Port of Spain: Government Printery, 1966.

Tomich, Dale. "Econocide? From Abolition to Emancipation in the British and French Caribbean." In *The Caribbean: An Illustrated History*, edited by Stephan Palmié and Francisco Scarano. Chicago: University of Chicago Press: 2011, 303–16.

Torres, Manuel. *Huracán Mitch, 1998–2003: Retrato social de una tragedia natural.* Tegucigalpa: Centro de Documentación de Honduras, 2004.

Towner, Horace A. *Twenty-ninth Annual Report of the Governor of Porto Rico.* Washington, DC: Government Printing Office, 1930.

Tracinski, Robert. "Katrina y el estado de beneficencia." *TIADaily.com*, 2 September 2005. http://www.contra-mundum.org/castellano/tracinski/Katr_EdoBenef.pdf.

Trelles, Carlos M. *Biblioteca Científica Cubana*. Matanzas: Impr. de J. F. Oliver, 1918.

Trujillo Molina, Rafael Leónidas. *Discursos, mensajes y proclamas*. Santiago, DR: Editorial El Diario, 1946.

———. *La nueva patria dominicana: Recopilación de discursos, mensajes y memorias del generalísimo Rafael Leónidas Trujillo Molina*. Santo Domingo, 1934.

Twigg, David K. *The Politics of Disaster: Tracking the Impact of Hurricane Andrew*. Gainesville: University Press of Florida, 2012.

Udías Vallina, Augustín. "Earthquakes as God's Punishment in 17th- and 18th-Century Spain." In *Geology and Religion: A History of Harmony and Hostility*, edited by Martina Kölbl-Ebert, 41–48. Geological Society Special Publication no. 310. London: Geological Society, 2009.

———. *Searching the Heavens and the Earth: The History of Jesuit Observatories*. Dordrecht: Kluwer Academic Publishers, 2003.

United States of America, Congress. *Abridgment of the Debates of Congress, from 1789 to 1856: Nov. 7, 1808–March 3, 1813*. Volume 4, *Relief for Caracas*. New York: D. Appleton, 1857.

United States Earthquake Investigation Commission. *Los terremotos de Puerto Rico de 1918, con descripción de terremotos anteriores*. Edited by Harry Fielding Reid and Stephen Taber. San Juan: Negociado de Materiales, Imprenta, y Transporte, 1919.

Utrera, Cipriano de. *Santo Domingo: Dilucidaciones históricas*. Santo Domingo, DR: Secretaría de Estado de Educación, Bellas Artes y Cultos, 1995.

Valenzuela Márquez, Jaime. "El terremoto de 1647: Experiencia apocalíptica y representaciones religiosas en Santiago colonial." In *Historias urbanas: Homenaje a Armando de Ramón*, edited by Jaime Valenzuela Márquez, 27–65. Santiago: Ediciones Universidad Catolica de Chile, 2007.

Valero González, Mercedes. "El Observatorio del Colegio de Belén en el siglo XIX." *Anuario, Centro de Estudios de Historia y Organización de La Ciencia* (1988): 200–17.

Van Heerden, Ivor, and Mike Bryan. *The Storm: What Went Wrong and Why during Hurricane Katrina—The Inside Story from One Louisiana Scientist*. New York: Viking, 2006.

Vega, Mariano Esteban de. "La asistencia liberal en la España de la restauración." *Revista de la historia de la economía y de la empresa* no. 4 (2010): 49–61.

Victor, Rudolph Homère. "Cette nuit là les portes de l'enfer s'étaient entr'ouvertes." *Mr. Météo: Toutes Les Infos Météos*, 31 May 2013. http://mrmeteo.info/site/2013/05/31/cette-nuit-la-les-portes-de-lenfer-setaient-entrouvertes/.

Vicuña Mackenna, Benjamín. *El clima de Chile: Ensayo histórico*. Buenos Aires, Santiago de Chile: Editorial Francisco de Aguirre, 1970.

Vidal, Teodoro. *El control de la naturaleza: Mediante la palabra en la tradición puertorriqueña*. San Juan: Ediciones Alba, 2008.

Vila Vilar, Enriqueta. *Historia de Puerto Rico (1600–1650)*. Publicaciones de la Escuela de Estudios Hispano-Americanos de Sevilla, 223. Seville: Escuela de Estudios Hispano-Americanos, 1974.

Vilagrán, Martín Gelabertó. "Astrología, religión y pronóstico en el renacimiento." *Historia y Vida* 305 (August 1993): 68–75.

———. "Supersticiones y augurios climáticos en la España dela edad moderna." *Historia y Vida* 296 (November 1996): 23–28.

———. "Tempestades y conjuros de las fuerzas naturals: Aspectos magico-religiosos de la cultura en la alta edad moderna." *Pedralbes: Revista d'historia moderna* 9 (1989): 193–99.

Viñes, Benito. *Investigaciones relativas a la circulación y traslación ciclónica en los huracanes de las Antillas*. Facsimile ed. Miami: Editorial Cubana, 1993.

Vives, Juan Luis. *Tratado del socorro de los pobres*. Valencia: Impr. Hijo de F. Vives Mora, 1942.

Vogel, Roger M. "Natural Disaster and U.S. Economic Growth: 1952–2009." *International Journal of Humanities and Social Science* 1, no. 14 (2011): 46–50.

Wagenheim, Olga Jiménez de. *Puerto Rico's Revolt for Independence: El Grito de Lares*. Boulder, CO: Westview Press, 1985.

Walker, Charles F. *Shaky Colonialism: The 1746 Earthquake-Tsunami in Lima, Peru, and Its Long Aftermath*. Durham, NC: Duke University Press, 2008.

Walker, J. M. *History of the Meteorological Office*. Cambridge: Cambridge University Press, 2012.

Walsham, Alexandra. *Providence in Early Modern England*. Oxford: Oxford University Press, 1999.

Walter, François. *Catastrophes: Une histoire culturelle, XVIe–XXIe siècles*. Univers Historique. Paris: Seuil, 2008.

———. "Pour une histoire culturelle des risques naturels." In *Les cultures du risque: XVIe–XXIe siècle*, edited by François Walter, Bernardino Fantini, and Pascal Delvaux, 1–29. Travaux d'histoire suisse 3. Geneva: Presses d'Histoire Suisse, 2006.

Walter, François, Bernardino Fantini, and Pascal Delvaux. *Les cultures du risque: XVIe–XXIe siècle*. Presses d'histoire suisse, 2006.

Ward, J. R. *British West Indian Slavery, 1750–1834: The Process of Amelioration*. Oxford: Oxford University Press, 1988.

———. "The British West Indies in the Age of Abolition, 1748–1815." In *The Oxford History of the British Empire*, edited by William Roger Louis, Alaine M. Low, Nicholas P. Canny, and P. J. Marshall, vol. 2, *The Eighteenth Century*, 415–39. Oxford: Oxford University Press, 1998.

Warren, James Francis. "Scientific Superman: Father José Algué, Jesuit Meteorology in the Philippines under American Rule." In *The Colonial Crucible Empire in the Making of the Modern American State*, edited by Alfred W. McCoy and Francisco A. Scarano, 508–22. Madison: University of Wisconsin Press, 2009.

Watlington, Roy A., and Shirley H. Lincoln. *Disaster and Disruption in 1867: Hurricane, Earthquake, and Tsunami in the Danish West Indies*. St. Thomas: Eastern Caribbean Center, University of the Virgin Islands, 1997.

Watts, David. *The West Indies: Patterns of Development, Culture, and Environmental Change since 1492*. Cambridge Studies in Historical Geography 8. Cambridge; New York: Cambridge University Press, 1987.

Webster, P. J., G. J. Holland, J. A. Curry, and H.-R. Chang. "Changes in Tropical Cyclone Number, Duration, and Intensity in a Warming Environment." *Science* 309, no. 5742 (16 September 2005): 1844–46.

Westergaard, Waldemar Christian. *The Danish West Indies under Company Rule (1671–1754) with a Supplementary Chapter 1755–1917*. New York: Macmillan Company, 1917.

Wiley, James W., and Joseph M. Wunderle. "The Effects of Hurricanes on Birds, with Special Reference to Caribbean Islands." *Bird Conservation International* 3, no. 4 (1993): 319–49.

Wilkerson, Jerry. "The Florida Keys Memorial." *Keys Historeum*, 2 August 2013. http://www.keyshistory.org/hurrmemorial.html.

Will, Lawrence E. *Okeechobee Hurricane and the Hoover Dike*. St. Petersburg, FL: Great Outdoors Publishing Co., 1961.

Williams, Eric. *Capitalism and Slavery*. New York: Russell & Russell, 1944.

Williams, John M., and Iver W. Duedall. *Florida Hurricanes and Tropical Storms, 1871–2001*. Gainesville: University of Florida Press, 2002.

Williams, Tony. *Hurricane of Independence: The Untold Story of the Deadly Storm at the Deciding Moment of the American Revolution*. Naperville, IL: Sourcebooks, 2008.

Woodcock, Henry Iles. *A History of Tobago*. Printed for the author, 1867.

Woolner, David B., and Harry L. Henderson. *FDR and the Environment*. New York: Palgrave Macmillan, 2005.

World Bank and the United Nations, *Natural Hazards, Unnatural Disaster: The Economics of Effective Prevention*. Washington, DC: World Bank, 2010.

Worster, Donald, ed. *The Ends of the Earth: Perspectives on Modern Environmental History*. Studies in Environment and History. Cambridge: Cambridge University Press, 1988.

Zacek, Natalie. *Settler Society in the English Leeward Islands, 1670–1776*. New York: Cambridge University Press, 2010.

Zebrowski, Ernest. *The Last Days of St. Pierre: The Volcanic Disaster That Claimed Thirty Thousand Lives*. New Brunswick, NJ: Rutgers University Press, 2002.

PH.D DISSERTATIONS AND UNPUBLISHED PAPERS

Amador, José G. "'Redeeming the Tropics': Public Health and National Identity in Cuba, Puerto Rico, and Brazil, 1890–1940." Ph.D. dissertation, University of Michigan, 2008.

Bergman, Jonathan C. "The Shape of Disaster and the Universe of Relief: A Social History of Disaster Relief and the 'Hurricane of '38,' Suffolk County, Long Island, New York, 1938–1941." Ph.D. dissertation, State University of New York at Buffalo, 2008.

Chauleau, Liliane. "Les sources de l'histoire des Antilles françaises dans les archives: Leur repartition, leur intérèt pour la recherché historique." Paper presented to 28th International Conference of Caribbean Historians. Barbados, University of the West Indies, 1996.

Dillman, Jefferson T. "From Paradise to Tropics: Landscape in the British West Indies to 1800." Ph.D. dissertation, University of Texas at Arlington, 2011. ProQuest/UMI (AAT 3495001).

Estrada, Amelia. "'Y Vino Dos Veces': Hurricane Flora and Revolutionary Cuba at the Crossroads." Paper presented at the American Historical Association Annual Meeting, San Francisco, 3–6 January 2002.

Gannon, Peter Steven. "The Ideology of Americanization in Puerto Rico, 1898–1909: Conquest and Disestablishment." Ph.D. dissertation, New York University, 1979.

Gilbert, Melanie. *Race and the Media in Natural Disasters: The Media's Portrayal of African Americans in the Galveston Storm of 1900 and in Hurricane Katrina*. Research Paper 211. Southern Illinois University, 1 May 2011. http://opensiuc.lib.siu.edu/do/search/?q=author_lname%3A%22Gilbert%22%20author_fname%3A%22Melanie%22&start=0&context=585089.

Horowitz, Andy. "Help: Hurricane Betsy and the Politics of Disaster in New Orleans' Lower Ninth Ward, 1965–1967." Unpublished paper.

Johnson, Sherry. "El Niño and Environmental Crisis: Reinterpreting American Rebel-

464

lions in the 1790s." Paper presented at the Third Allen Morris Biennial Conference, Florida State University, 2004.

Joseph, Terencia K. "The Storm before the Calm: The 1898 Hurricane and Official Responses, Saint Lucia." Paper presented at the Annual Conference of the Association of Caribbean Historians, San Juan, 2011.

Kay, Seiler Christine. "The Veteran Killer: The Florida Emergency Relief Administration and the Labor Day Hurricane of 1935." Ph.D. dissertation, Florida State University, 2003.

Mulcahy, Matthew. "Hurricanes, Slavery, and Social Disorder in the British Greater Caribbean." Paper presented at the Third Biennial Allen Morris Conference on the History of Florida and the Atlantic World. Florida State University, 2003.

Partagás, José Fernández. "Impact on Hurricane History of a Revised Lowest Pressure at Havana (Cuba) During the October 11, 1846 Hurricane." Unpublished paper, 1993. http://www.aoml.noaa.gov/hrd/Landsea/Partagas/impacthurrhist.pdf.

Pincus, Steve, and James Robinson. "Wars and State-Making Reconsidered: The Rise of the Interventionist State." Unpublished paper, 2012.

Reynolds, Thomas. "American Red Cross Disaster Services, 1930–47." Ph.D. dissertation, Columbia University, 1954.

Ryden, David Beck. "Producing a Peculiar Commodity: Jamaican Sugar Production, Slave Life, and Planter Profits on the Eve of Abolition, 1750–1807." Ph.D. dissertation, University of Minnesota, 1999.

Thompson, Denise D.P. "Building Effectiveness in Multi-State Disaster Management Systems: The Case of the Caribbean Disaster and Emergency Response Agency." Ph.D. dissertation, Pennsylvania State University, 2010.

Vilagrán, Martín Gelabertó. "La palabra del predicador: Contrarreforma y superstición en cataluña (siglos XVII y XVIII)." Dissertation, University of Barcelona, 2003.

Webersik, Christian, and Christian Klose. "Environmental Change and Political Instability in Haiti and the Dominican Republic: Explaining the Divide," paper presented to Conference on Computer Supported Cooperative Work Workshop, (16–17 Dec. 2010).

489